PHILOLOGISCHE STUDIEN UND QUELLEN

Herausgegeben von

Jürgen Schiewe · Hartmut Steinecke · Horst Wenzel

Heft 214

Eingreifen und Begreifen

Handhabungen und Visualisierungen in Flugblättern der Frühen Neuzeit

Von
Jörn Münkner

ERICH SCHMIDT VERLAG

Bibliografische Information der Deutschen Bibliothek

Die Deutsche Bibliothek verzeichnet diese Publikation
in der Deutschen Nationalbibliografie;
detaillierte bibliografische Daten sind im Internet
über dnb.ddb.de abrufbar.

Weitere Informationen zu diesem Titel finden Sie im Internet unter
ESV.info/978 3 503 09860 6

Umschlaggestaltung unter Verwendung des Flugblatts
„Die Länge des Spann Jacob Damman"
mit freundlicher Genehmigung der Herzog August Bibliothek Wolfenbüttel.

ISBN 978 3 503 09860 6

ISSN 0554-0674

www.ESV.info

Dieses Papier erfüllt die Frankfurter Forderungen der Deutschen Bibliothek
und der Gesellschaft für das Buch bezüglich der Alterungsbeständigkeit
und entspricht sowohl den strengen Bestimmungen der US Norm Ansi/Niso
Z 39.48-1992 als auch der ISO Norm 9706.

Druck und Bindung: Difo-Druck, Bamberg

Inhaltsverzeichnis

Einleitung

Die vorliegende Studie hat überwiegend deutschsprachige Flugblätter der frühneuzeitlichen Bildpublizistik zum Gegenstand. Ihre Entstehungszeit liegt zwischen 1550 und 1700. Ich knüpfe an Untersuchungen an, die seit den 1960er Jahren in Großbritannien, Frankreich, den Niederlanden und vor allem in Deutschland durchgeführt wurden. Mein Hauptinteresse gilt einerseits den Experimenten, wie sie der frühe Buchdruck ermöglicht und die vor allem das Layout und einen ‚apparativen' Gebrauchscharakter der Blätter betreffen. Andererseits richtet es sich auf die mehrfache Adressierung und Lesbarkeit der Drucke, wobei Formen einer technisch vermittelten (Audio)Visualität, parabildliche Graphismen und Indizes als Verschaltoperatoren verstärkte Aufmerksamkeit finden. Gegenüber der früheren Forschung rückt der Appellcharakter der Blätter im Hinblick auf eine performative Wahrnehmung in den Mittelpunkt. Mit der Beschreibung zahlreicher Blätter als multimediale und interaktiv angelegte Medien soll eine kulturtechnische Dimension des Flugblatts erschlossen werden, die in der Forschung, insbesondere seitens der Literaturwissenschaft bisher noch nicht genügend Beachtung gefunden hat. Die darstellungstechnischen Zurichtungen, die dafür sorgen, dass Flugblätter als polyfunktionale Objekte einen bedeutsamen Platz in der Medienlandschaft ihrer Zeit einnehmen, begründen eine weitere Zielsetzung dieser Arbeit, und zwar die einblättrigen Druckträger als Schlüssel zum Verständnis des Medienumbruchs von einer durch Oralität geprägten Handschriftenkultur (Skriptographeum) zum typographischen Medienverbund (Typographeum) herauszustellen. Das Flugblatt mit seinem erstaunlichen Potential, auf nur einer Seite die politische, kunst- und literaturgeschichtliche ebenso wie die medienhistorische Situation seiner Zeit zu präsentieren, steht in einem spannungsreichen Wandlungsprozess der Kommunikations- und Erinnerungsdispositive. Ein Verständnis der Funktionszusammenhänge des Flugblatts kann Rückschlüsse nicht nur für die Verständigungs- und Mnemopraktiken in der jungen Buchdruckkultur, sondern auch für die Dynamik des gegenwärtigen, medialen Umwälzungsprozesses zu den Rechnern der Turing-Galaxis bieten.

Forschungsgegenstand

Vor 500 Jahren gehörten Flugblätter zu den wichtigsten Medien in einem enger werdenden Kommunikationsgeflecht. Sie wurden großenteils von einem städtischen Publikum, kollektiv und öffentlich rezipiert. Auch wenn sie als ‚fliegende' Blätter nachweislich über Stadtmauern verschossen und ungesteuert unter das Volk gebracht wurden, wodurch sie an verschiedene Leser-, Betrachter- und

Nutzergruppen gelangten, beruht ihr Name auf einem metaphorischen Gebrauch des Fliegens: Flugblätter sind, anders als Bücher, lose, nicht gebundene Druckerzeugnisse, was die relative Schnelllebigkeit und Flüchtigkeit des Mediums suggeriert.[1] Kolporteure, beweglich wie das von ihnen angepriesene Medium, sorgten zusammen mit Verleger-Druckern, Buchführern und Kunstagenten für ihren Verkauf, ihre Verbreitung und Zirkulation. In der Fachnomenklatur gilt als Flugblatt das zumeist einseitig bedruckte Einzelblatt in verschiedenen Formatgrößen. Es ist allerdings abzugrenzen von sowohl den einblättrigen, bilddominierten Inkunabelholzschnitten als auch den zahlreichen Holztafeldrucken des frühen 16. Jahrhunderts, die gemeinsam am Beginn der mechanischen Vervielfältigungstechniken (Holzschnitt, Kupferstich, nach 1450 auch Metallschnitt und Teigdruck) stehen.[2] Obwohl die Forschung terminologisch nicht eindeutig zwischen ‚Flugblatt' und ‚Einblattdruck' unterscheidet und von „unscharfen Rändern des Phänomens ‚illustriertes Flugblatt'" ausgeht, gehört es nach medientechnischen Gesichtspunkten zur Gattung des Einblattdrucks.[3] Betont wird damit, dass es sich um einen drucktechnisch hergestellten Kommunikationsträger handelt, der sich von allen mehrblättrigen Druckwerken wie bspw. der Flugschrift, seiner medienhistorisch engen Verwandten, unterscheidet. Unberücksichtigt bleiben bei dieser Klassifizierung die formale Struktur, Darstellungsstrategien, Themen sowie die Verwendungszusammenhänge und Präsentationseffekte von Flugblättern. Grundsätzlich ist festzuhalten, dass die große Mehrheit der Kommunikationsträger eigenständige und zugleich aufeinander abgestimmte, Bedeutung tragende Bild- und Textanteile aufweist. Ausnahmen bestätigen diese Regel, da sich neben Kombinationen von graphischen und Textelementen auch rein textierte Blätter finden.[4] Eine wesentliche Ursache für die Dominanz von Drucken mit Bild-Text-

---

1 Im Englischen existiert für ‚Flugblatt' neben ‚broadsheet', ‚broadside' und ‚single-leaf/single-sheet print' auch der sprechende, vor allem für anatomische Blätter gebräuchliche Terminus ‚fugitive sheet'.

2 Vgl. Peter Schmidt: Die Anfänge des vervielfältigten Bildes im 15. Jahrhundert, oder: Was eigentlich reproduziert das Reproduktionsmedium Druckgraphik? In: Übertragungen. Formen und Konzepte von Reproduktion in Mittelalter und Früher Neuzeit. Hg. v. Britta Bußmann et al. Berlin 2005, S. 129-156; ders.: Gedruckte Bilder in handgeschriebenen Büchern. Köln 2003; Volker Honemann, Sabine Griese u. Falk Eisermann: Zu Wesen und Bedeutung des textierten Einblattdrucks im 15. und frühen 16. Jahrhundert. In: Schriftlichkeit und Lebenspraxis im Mittelalter. Hg. v. Hagen Keller et al. München 1999, S. 333-348.

3 Vgl. Wolfgang Harms u. Cornelia Kemp: Einleitung. In: Deutsche illustrierte Flugblätter des 16. und 17. Jahrhunderts, Bd. IV. Tübingen 1987, S. VII-XVIII, hier: S. VII. Bei zukünftigen Verweisen auf die sechs Bände dieser Reihe kürze ich wie folgt ab: Deutsche illustrierte Flugblätter, Bd.-Nr.

4 Vgl. Wolfgang Harms: Einleitung. In: Deutsche illustrierte Flugblätter, Bd. I, 1985, S. VII-XXX; Volker Honemann: Frühe Flugblätter. In: Humanismus und früher Buchdruck. Hg. v. Stephan Füssel. Nürnberg 1996, S. 15-41; Michael Schilling: Flugblatt. In: Reallexikon der deutschen Literaturwissenschaft. Hg. v. Klaus Weimar, Bd. I, Berlin 1997, S. 607-609; Ingrid Faust: Einführung. In: Zoologische

Arrangements liegt in ihrem höheren Potential an Artikulationsmöglichkeiten. Das Flugblatt muss sich als kommerzielles Printprodukt auf einem diversifizierten Publikationsmarkt behaupten, der sich in Folge des erhöhten publizistischen Bild-, Schrift- und Textaufkommens durch die Kombination der bereits etablierten ikonographischen Vervielfältigungsverfahren mit der jüngeren Typendrucktechnologie im 15. und 16. Jahrhundert herausbildet. Bei der wechselseitigen Verquickung von Schlagwort, Text, Bild und Ziffer, Handschrift und Zeichnung mit zumeist aktueller oder tagespolitischer Brisanz garantiert die Appellstruktur und die visuelle Vergegenwärtigungseffizienz der pikturalen Bestandteile – Wolfgang Harms spricht pointiert vom ‚Schlagbild' und meint seine persuasive Kraft – eine schnellere und eindringlichere Fesselung des Betrachters und potentiellen Kunden.[5]

Flugblätter richten ihre Gestaltung und Aussagen in den meisten Fällen am Geschmack, der Neugierde (*curiositas*) und Wahrnehmungskompetenz der potentiellen Käufer und Rezipienten aus.[6] Die (Bild-)Publizistik lebt von Sensationen, Katastrophen, Krisen und Kriegen, sie ringt ständig um die Gunst ihrer Käufer und wird frühzeitig von den Hauptakteuren gesellschaftlicher Dynamik als Instrument der Meinungsbildung und -lenkung sowie der politisch-religiösen Propaganda in Dienst genommen. Dabei machen die Medien vielfach spielerisch und innovativ Gebrauch von der Drucktechnologie, deren Entwicklung sie mit vorantreiben, und die reziprok auf sie zurückwirkt. Thematisch reagieren sie auf unterschiedliche Diskurse und Personengruppen sachlich-neutral, ermahnend, suggestiv-emphatisch oder devot bis sensationsheischend, spöttisch und verunglimpfend. Die Bandbreite ihrer Gebrauchsformen und Funktionen reicht von der um Sachdienlichkeit bemühten Berichterstattung über politische, religiöse und militärische Ereignisse, von der Veröffentlichung unerklärlicher Naturvorkommnisse, prodigiöser Himmelszeichen, Missbildungen und Mirakel, der Ausdeutung des Numinosen und anderer übersinnlicher Phänomene sowie der

Einblattdrucke und Flugschriften vor 1800. Hg. v. ders., Bd. 1. Stuttgart 1998, S. XI-XVIII; Ursula Rautenberg: Warum Einblattdrucke einseitig bedruckt sind. In: Einblattdrucke des 15. und frühen 16. Jahrhunderts. Hg. v. Volker Honemann et al. Tübingen 2000, S. 129-142. Ob Inkunabeln, kleinformatige Andachtsbilder, Kalenderblätter, Landkarten und Veduten mit Legenden, Vignetten, Medaillons oder Porträtstiche als ‚Flugblatt' zu klassifizieren sind, hängt von der Auseinandersetzung mit den Materialien ab.

5 Vgl. Wolfgang Harms, Einleitung, a.a.O., hier: S. VII. Den Begriff ‚Schlagbild' übernimmt Harms von Aby M. Warburg.

6 Zur Tradition von Bild-Text-Kombinationen seit dem Mittelalter, zur Lesekompetenz und Literarizität von Bildern inklusive der Fähigkeit, bildgetragene Anspielungen nachzuvollziehen sowie zum Analphabetismus der Laien, vgl. Wolfgang Harms, Einleitung, a.a.O., hier: S. XI-XIII; zudem Rudolf Schenda: Bilder vom Lesen – Lesen von Bildern. In: IASL 12 (1987), S. 82-106 u. Erich Straßner: Text-Bild-Kommunikation. Bild-Text-Kommunikation. Tübingen 2002.

konfessionell-religiösen Polemik und Diffamierung hin zur eschatologischen Paränese und Erbauung. Flugblätter dienen der Verarbeitung von Sorgen, Ängsten, Hoffnungen und Wünschen des zeitgenössischen Publikums, sie sind Instrumente von Sozialdisziplinierung und gesellschaftlicher Reglementierung, treten als Memorial-, Andachtsblätter und Devotionalien hervor, sie finden Verwendung als Bekanntmachung für obrigkeitliche Dekrete, als Werbezettel und Ankündigungsplakate von Riesen- und Zwergwüchsigen, Seilakrobaten, Kunstfurzern und Gauklern. Sie sind Heiratsannonce, Leichenpredigt, Panegyrik und Postitinerar, und sie können auf Kurzlebigkeit produzierte, die Sensationslust, Unterhaltungsbegierde und den Spieltrieb des Publikums befriedigende Schnelldruckware sein. Zudem kommen sie als papierne Theaterbühne ebenso wie als naturkundlicher Traktat zum Einsatz, der anatomisches und zoologisches Sachwissen kommuniziert und visualisiert. Auf den Papierflächen gelangen dabei nicht nur ‚traditionelle' Bild-Text-Kombinationen zur Darstellung, sondern auch hybride Repräsentationen. Gemeint sind Zeichenformationen, bei denen Zahlen und Indizes wie Buchstaben und Ziffern, Pfeile, Punkt- und Strichlinien, Schablonen, Navigationsleisten, Maßstäbe und Messleisten sowie andere diagrammatische Auszeichnungen dominieren. Diese fungieren als Steuer- und Ordnungselemente und etablieren „technologische Koppelungen", die Friedrich Kittlers zwar technizistisch-reduktionistischer, dafür in vielerlei Hinsicht plausibler ‚Zeichenplättungstheorie' zufolge als „alphanumerischer Verbund" charakterisiert werden können.[7] Das ‚Zeichenvereinheitlichungspotential' dieses alphanumerischen Codes, das heutzutage in der computertechnischen Gleichschaltung der vormals distinkten oder distinkt gedachten Kardinalmedien bzw. Medienformate Bild, Schrift, Zahl und auch Ton einen radikalen Höhepunkt gefunden hat, wird in Folge maßgeblich für die ‚Technisierung' des typographischen Dispositivs verantwortlich sein.[8] So werden ‚herkömmliche' Bilder durch solche eher ungewohnten Zeichenarrangements über einen *prima vista* Eindruck hinaus in ikonische Bedeutungsfelder transformiert, die Ähnlichkeit mit technischen Graphismen annehmen können. Als Beispiel seien frühneuzeitliche Militärbilder ge-

7 Friedrich A. Kittler: Buchstaben – Zahlen – Codes. In: Audiovisualität vor und nach Gutenberg. Hg. v. Horst Wenzel et al. Wien 2001, S. 43-49, hier: S. 47; vgl. auch Vilém Flusser: Die Auswanderung der Zahlen aus dem alphanumerischen Code. In: Literatur im Informationszeitalter. Hg. v. Dirk Matejovski u. Friedrich A. Kittler. Frankfurt a.M. 1996, S. 9-14.

8 Wolfgang Coy rekonstruiert die historischen Voraussetzungen der sich gegenwärtig entfaltenden ‚subversiven' Kommunikationsrevolution durch die Omnipräsenz leistungsstarker Medienvernetzung in: Gutenberg & Turing. In: Zeitschrift für Semiotik, 16:1/2 (1994), S. 69-74. Ob die Rede von einer ‚Revolution' im Zusammenhang mit Medienumbrüchen gerechtfertigt ist, bleibt zu bedenken, vgl. Frieder Schanze: Der Buchdruck eine Medienrevolution? In: Mittelalter und frühe Neuzeit. Hg. v. Walter Haug. Tübingen 1999, S. 286-311; Martin Boghardt: Der Buchdruck und das Prinzip des typographischen Kreislaufs. In: Gutenberg. 550 Jahre Buchdruck in Europa. Hg. v. HAB Wolfenbüttel 1990, S. 24-44.

nannt, für die der Begriff des „wirklichkeitserfassenden und zugleich gewissermaßen technologisch orientierten Sachbildes" geprägt worden ist.[9] Daneben konstituieren Papierklappen, Drehelemente und Faltmechanismen, die auf den Blättern angebracht bzw. in sie eingearbeitet sind, das Zeichenarsenal von Flugblättern. Die Elemente strukturieren das Wahrnehmungsterrain und sorgen für eine mehrfache Lesbarkeit der Blätter. Die Darstellung eines Kriegsgeschehens kann sowohl tagesaktueller, auf Nachprüfbarkeit angelegter Bericht sein als auch Schau- und Repräsentationsbühne, auf der sich ein militärischer Sieg imaginativ und repräsentativ nachvollziehen oder ein militärstrategisches Planspiel inszenieren lässt. Das Blatt mag ferner ein Spielbrett imitieren, auf dem die Betrachter-Nutzer potentielle Eroberungen würfelnd realisieren. Das mit einer Papierklappe aufgerüstete Nachrichtenblatt, das eine Naturkatastrophe zum Inhalt hat, wird als ‚Newe Zeitung' gelesen, stillt die Schaulust und den Hunger nach sensationeller Unterhaltung. Es kann einen durch die Katastrophe zerstörten Ort modellhaft vergegenwärtigen und zugleich der herrschaftlichen Inventaraufnahme dienen. Heilige, die, einer seriellen Logik folgend, auf einem Blatt vervielfältigt sind,[10] fordern dazu auf, ausgeschnitten und als Reliquiensurrogat am Mann bzw. an der Frau getragen zu werden, so Spiegel einer erhofften Seligkeit und Garant einer inneren Haltung zu sein, damit auch als wirkungsvolles Instrument einer Heilsversicherung und als Apotropaion zu dienen. Ähnlich verhält es sich mit Oblatendarstellungen, die die Hostie substituieren und zu verspeisen sind. Das heißt: Flugblätter sind mehrfach adressiert, sie sprechen den Rezipienten nicht nur durch ihre Motive aus Zeitgeschehen und Wunderzeichen, Tod und Sexualität an, sondern sie besitzen als Sachblätter Werkzeugcharakter für operative Zweckdienlichkeiten. Als solche fordern sie den Betrachter-Leser-Nutzer auf, sich mit dem Dargestellten in einer körpergebundenen Praxis auseinanderzusetzen: sei es durch das Eingreifen in die Papierräume, sei es, dass die Drucke zu beschneiden oder in eine dreidimensionale Körperlichkeit zu überführen sind, so dass sie sich in Kruzifixe aus Kartonage für den Hausgebrauch verwandeln, sei es schließlich, dass der Rezipient die Blätter exponiert anbringen soll, damit ihr Wirkungseffekt optimiert wird. Form, Inhalt und Funktion von Flugblättern sind

---

9 Rainer u. Trudl Wohlfeil: Landsknechte im Bild. In: Bauer, Reich und Reformation. Hg. v. Peter Blickle. Stuttgart 1982, S. 104-119, hier: S. 116; vgl. auch Wolfgang Cilleßen: Vorboten des Krieges. In: Krieg der Bilder. Hg. v. dems. Berlin 1997, S. 11-36, hier: S. 14ff.

10 Vgl. Ewa Chojewska: Serienmäßigkeit und Individualität europäischer Graphik des ausgehenden Mittelalters. In: Gutenberg-Jahrbuch 1988, S. 252-256; Sabine Griese: Heilige im Druck. In: Literatur – Geschichte – Literaturgeschichte. Hg. v. Nine Miedema u. Rudolf Suntrup. Frankfurt a.M. 2003, S. 783-807; Jörg Jochen Berns: Frühformen des Seriellen in Theaterpraxis und Erzählliteratur des 15. bis 17. Jahrhunderts. In: Endlose Geschichten. Hg. v. Günter Giesenfeld. Hildesheim 1994, S. 12-24.

also heterogen und vielfältig, sie stellen keine Einzelgattung, sondern eher ein Mittel für den Einsatz von potentiell mehreren Gattungen dar.[11]

Forschungslage

Frühneuzeitliche Flugblätter des europäischen Kulturraums sind seit längerem als kulturgeschichtliche Artefakte, als populäre Massenprodukte einer medialen Umbruchszeit sowie als kunstästhetische Wissensobjekte wahrgenommen worden. Neben großen Verdiensten, die sich Johann Scheible, Hans Fehr, Hermann Wäscher und Mirjam Bohatcová durch ihre Arbeiten zu Flugblättern erworben haben,[12] gehen die neuere wissenschaftliche Auseinandersetzung mit dem Material und die editorischen Anstrengungen auf den britischen Germanisten William Coupe zurück. Seine Pionierstudie „The German Illustrated Broadsheet in the Seventeenth Century" (1966/67) „[seeks] to examine as large and as typical a selection of broadsheets as possible in the light of the social, political and religious history of the age which produced them and to trace the history and derivation of both the literary and iconographic techniques favoured by their designers."[13] In Deutschland wurde in seiner Nachfolge zunächst die sozial- und motivgeschichtliche Volkskunde durch Wolfgang Brückner auf Flugblätter aufmerksam. Er nahm sie als wesentliche Konstituenten einer auflagenstarken, populären Druckgraphik wahr.[14] Daran schloss der Münchner Germanist Wolfgang Harms an, der

11 Flugblätter sind „eine polyfunktional wirkungsreiche Form des Einblattdrucks"; sie reagieren „in ihrer Appellstruktur meist situationsbezogen." Wolfgang Harms: Flugblatt. In: Lexikon des gesamten Buchwesens. Bd. 2, 1989, S. 622-623; vgl. auch ders. u. Michael Schilling: Zum illustrierten Flugblatt der Barockzeit. In: Illustrierte Flugblätter des Barock. Hg. v. Dens. Tübingen 1983, S. VII-XVI; Michael Schilling: Bildpublizistik der frühen Neuzeit. Tübingen 1990, S. 1-10; Sabine Griese: Gebrauchsformen und Gebrauchsräume von Einblattdrucken des 15. und 16. Jahrhunderts. In: Einblattdrucke des 15. und frühen 16. Jahrhunderts, a.a.O., S. 179-208; Peter Schmidt: Beschrieben, bemalt, zerschnitten. In: ebd., S. 245-276; Elisabeth Vavra: Neue Medien – Neue Inhalte. In: Kommunikation und Alltag im Spätmittelalter. Institut für Realienkunde Wien. Wien 1992, S. 339-378, hier: S. 369ff.

12 Johann Scheible: Die Fliegenden Blätter des 16. und 17. Jahrhunderts. Stuttgart 1850; Hans Fehr: Massenkunst im 16. Jahrhundert. Berlin 1924; Hermann Wäscher: Das deutsche illustrierte Flugblatt. Dresden 1955; Mirjam Bohatcová: Irrgarten der Schicksale. Prag 1966.

13 William A. Coupe: The German Illustrated Broadsheet in the Seventeenth Century. Baden-Baden 1966/1967, S. 8. Im Anschluss an Coupe haben im englischsprachigen Raum, insbesondere in den USA, Walter L. Strauss, Dorothy Alexander und David Kunzle Quellensammlungen und thematische Untersuchungen zu Holzschnittdrucken und Flugblättern vorgelegt, vgl. Literaturverzeichnis.

14 Wolfgang Brückner: Populäre Druckgraphik Europas. München 1969; ders.: Massenbilderforschung 1968-78. Teil 1. In: IASL 4 (1979), S. 130-178.

in einer Vielzahl von Arbeiten ein breites Spektrum an Themen adressierte, die in Flugblättern verhandelt werden. Seine Untersuchungen und die parallel dazu in Kooperation mit verschiedenen Wissenschaftlern begonnene systematische Erschließung verschiedener Blattbestände gaben der Flugblattforschung entscheidende Impulse. Seine Projektgruppe recherchierte, sichtete und kommentierte mehr als 25 Jahre lang im deutschen Sprachraum erschienene Blätter aus der Frühen Neuzeit. Damit wurde, ohne die Materialien für weitere, interdisziplinäre Fragestellungen interpretatorisch festzulegen, eine seriöse Grundierung durchgeführt, wie die Kommunikationsträger Ereignisse und Sachverhalte perspektivierend in Text und Bild präsentieren, wie der empirische Kern ihrer jeweiligen Darstellung zu bewerten ist und wie die ikonographischen und poetologischen Inszenierungsleistungen zur Wirkung gelangen. Sechs Bände sind aus diesem Unternehmen bislang hervorgegangen. Sie bilden das Korpus der Gesamtserie „Deutsche illustrierte Flugblätter des 16. und 17. Jahrhunderts".[15] In den ersten drei Bänden ist der Bestand der Herzog August Bibliothek in Wolfenbüttel erfasst, Band 4 enthält die Sammlung der Hochschul- und Landesbibliothek Darmstadt. Mittlerweile liegen die Kollektaneen des Johann Jacob Wick in der so genannten Wickiana aus der Zürcher Zentralbibliothek in den Bänden 6 und 7 vor. Die Aufbereitung der Sammlung Hermann in der Bibliothèque Nationale et Universitaire in Straßburg als fünfter Band harrt seiner Fertigstellung, ebenso Band 8, der das Konvolut des Zürcher Gesamtbestandes außerhalb der Wickiana-Blätter zugänglich macht. Anzumerken ist, dass wegen des Funktionsspektrums und auch und gerade wegen der ‚ordinären' Usancen von Flugblättern – nämlich ephemere Druckträger zu sein, die neben der elaborierten Vergegenwärtigung christlicher Normative oder neben hoch artifiziellen panegyrischen Zueignungen auch sensationsreißerisch unterhalten, meinungsbildend agitieren, ironisierend fabulieren und schematisiert visualisieren –, ihnen nicht der Nimbus arkaner Gelehrsamkeit und repräsentativer Opulenz und Wirkmächtigkeit zugestanden wurde wie Handschriften oder Büchern. Das ist der Grund für ihre relativ späte Ein-

---

[15] Wolfgang Harms, Hg.: Deutsche illustrierte Flugblätter des 16. und 17. Jahrhunderts. In Zusammenarbeit mit Michael Schilling u. weiteren Wissenschaftlern. Bislang 6 Bände. Tübingen 1980ff. Band 2 mit der Sachgruppe „Historica" bildete 1980 den Auftakt (Nachdruck 1997), gefolgt von Band 1, 1985, mit der Gesamteinleitung und den Sachgruppen „Ethica" und „Physica". Der dritte Band mit „Theologica", „Quodlibetica" und der Gesamtbibliographie inkl. eines Personen- und Sachregisters erschien 1989, zwei Jahre nach dem vierten Band mit der Darmstädter Kollektion (1987). Der US-Amerikaner John Roger Paas erarbeitet ebenfalls ein ehrgeiziges Editionsprojekt, bei dem er auf eine Kommentierung der Blätter verzichtet und stattdessen eine positivistische Dokumentation aller ihm zugänglichen Blätter erstellt: The German Political Broadsheet (1600-1700). 8/10 Bde. Wiesbaden 1985ff. Unbedingt zu erwähnen ist die Faksimile-Ausgabe der Geschichtsblätter aus der Kölner Hogenberg-Werkstatt: Franz u. Abraham Hogenberg: Geschichtsblätter. Hg. u. eingel. v. Fritz Hellwig. Nördlingen 1983. Weitere Bestände warten auf ihre Erschließung, z.B. in Gotha, München, Nürnberg oder Bad Arolsen.

gliederung und Katalogisierung in Bibliotheken. Umso größer sind die Erschließungsanstrengungen wertzuschätzen, dank derer die graphischen Sammlungen zugeordneten, in Bücher als Bild-Text-Rückblicke oder Aktualisierungen eingelegten, obrigkeitlichen Erlassen beigegebenen oder in Truhen und Spinden aufbewahrten Blätter in den Editionen aufgearbeitet wurden.[16]

Als direktes oder indirektes Ergebnis der Quellensammlungen und Erschließungsarbeiten sind zahlreiche monothematische Studien entstanden.[17] Relativ früh hat Rolf Wilhelm Brednich unter volkskundlich-musikgeschichtlicher Perspektive Flugblätter untersucht und als variantenreiche Multiplikatoren von Volksliedgut herausgestellt (1974/1975). Gisela Ecker nahm Einblattdrucke als Publikationsform für literarische Gattungen in den Blick (1981), Ruth Kastner und Franz-Heinrich Beyer haben sich dem reformatorisch-polemischen Flugblatt gewidmet. Ging es bei Kastner um den historischen und publizistischen Kontext von Flugblättern anlässlich des Reformationsjubiläums von 1617 (1982), richtete Beyer sein Augenmerk auf Eigenart und Wirkung von Einblattdrucken im Zusammenhang des publizistischen Gesamtaufkommens während der Reformationszeit (1994). Eva-Maria Bangerter-Schmid hat zu den erbaulichen Flugblättern aus den Jahren 1570 bis 1670 gearbeitet (1986), Silvia Serena Tschopp sich vor dem Hintergrund pro- und antischwedischer Propaganda in Deutschland während der zweiten und dritten Phase des Dreißigjährigen Krieges mit heilsgeschichtlichen Deutungsmustern in der Bildpublizistik auseinandergesetzt (1991) und Harry Oelke ist dem Flugblatt als historische Quelle zur wissenschaftlichen Erschließung der Kirchengeschichte nachgegangen, mit Schwerpunkt auf der Konfessionsbildung im 16. und 17. Jahrhundert (1992). Dirk Kampmann analysierte das Rebusflugblatt als Bild-Text-Hybrid, auf dem die transepochale, Kulturkreise und Gattungsgrenzen überschreitende visuelle Lyrik in Form des Figurengedichts (Konkrete Poesie) zur Aufführung gelangt (1993). Ein Standardwerk, in dem das soziale Bedingungsgefüge des Flugblatts als herausragender Vertreter des bildpublizistischen Kleinschriftentums bis 1700 untersucht und eine Typologie seiner Funktions- und Gebrauchsformen erarbeitet wurde, hat Michael Schilling vorgelegt (1990).[18] Unlängst hat Suzanne Karr Schmidt an der Yale Univer-

---

16 Vgl. Michael Schilling: Geschichte von Flugblatt und Flugschrift bis um 1700. In: Medienwissenschaft. Hg. v. Joachim-Felix Leonhard et al. Berlin/New York 1999, S. 817-820.

17 Vgl. Wolfgang Adam: Theorien des Flugblatts und der Flugschrift. In: Medienwissenschaft, a.a.O., S. 132-142 sowie Wolfgang Harms: Forschungsgeschichte der Flugblätter und Flugschriften. In: ebd., S. 790-793.

18 Rolf Wilhelm Brednich: Die Liedpublizistik im Flugblatt des 15. bis 17. Jahrhunderts. 2 Bde. Baden-Baden 1974/75; Gisela Ecker: Einblattdrucke von den Anfängen bis 1555. 2 Bde. Göppingen 1981; Ruth Kastner: Geistlicher Rauffhandel. Frankfurt a.M. 1982; Franz-Heinrich Beyer: Eigenart und Wirkung des reformatorisch-polemischen Flugblatts im Zusammenhang der Publizistik der Reformationszeit. Frankfurt a.M. 1994; Eva-Maria Bangerter-Schmid: Erbauliche illustrierte

sity in New Haven, Connecticut eine Dissertation zu ‚skulpturalen‘, dreidimensionalen Druckerzeugnissen fertig gestellt, in der sie sich auf Einblattdrucke und Buchbestandteile konzentriert. Mit positivistischem Impetus klassifiziert sie bekannte und akribisch zusammengetragene Objekte, die eine aktive, taktile und autodidaktische Auseinandersetzung seitens des Betrachter-Leser-Nutzers einfordern.[19] Karr Schmidts Untersuchung kann als Pendant zu meiner Studie angesehen werden, da die von ihr unter dem Aspekt interaktiver Funktionserweiterungen in den Blick genommenen Materialien Aufschluss über das breite Spektrum der druckgraphischen Künste geben.

Die Anerkennung des fächerübergreifenden Objektstatus von Flugblättern hat des Weiteren einen kräftigen Impuls für ein interdisziplinäres, wissenschaftliches Interesse ausgelöst. Die Geschichtswissenschaft hat für sie als Zeitdokumente einen Untersuchungsmodus erarbeitet, der als „historische Bildkunde“ beschrieben werden kann.[20] Beim Wolfenbütteler Arbeitsgespräch 1997 wurden zur umfassenden Verortung des Flugblatts in der Kultur der Frühen Neuzeit dessen Polyfunktionalität, die ikonographischen Traditionslinien und die Rhetorik der Bildelemente sowie die zum Teil hochkomplexe Vielseitigkeit der Bild-Text-Kompositionen in den Mittelpunkt gestellt.[21] Hat man diese Themen seitdem ausbuchstabiert, werden sie angesichts des Millenniumwechsels von Bemühungen flankiert, das Material zur Wahrnehmungs- und Erkenntnisgeschichte, zur Wissenskompilatorik und zu seiner maßgeblichen Rolle bei der Weltbild- und Mentalitätsformierung zu befragen.[22]

Flugblätter aus den Jahren 1570-1670. Frankfurt a.M. 1986; Silvia Serena Tschopp: Heilsgeschichtliche Deutungsmuster in der Publizistik des Dreißigjährigen Krieges. Frankfurt a.M. 1991; Harry Oelke: Die Konfessionsbildung des 16. Jahrhunderts im Spiegel illustrierter Flugblätter. Berlin 1992; Dirk Kampmann: Das Rebusflugblatt. Köln 1993; Michael Schilling: Bildpublizistik, a.a.O.

19 Suzanne Karr Schmidt: Art – A User's Guide. Interactive and Sculptural Printmaking in the Renaissance. Dissertation, Yale University 2006 (Microform Edition, UMI Microform 3214230).

20 Vgl. Rainer Wohlfeil: Methodische Reflexionen zur Historischen Bildkunde. In: Historische Bildkunde. Hg. v. Brigitte Tolkemitt u. Rainer Wohlfeil. Berlin 1991, S. 17-36; Michael Schilling: Illustrierte Flugblätter der Frühen Neuzeit als historische Bildquellen. In: ebd., S. 107-119; Heike Talkenberger: Historische Erkenntnis durch Bilder? In: Bilder als Quellen der Erziehungsgeschichte. Hg. v. Hanno Schmitt et al. Bad Heilbrunn 1997, S. 11-26 sowie Peter Burke: Eyewitnessing. The Uses of Images as Historical Evidence. Ithaca 2001.

21 Wolfgang Harms u. Michael Schilling, Hgg.: Das illustrierte Flugblatt in der Kultur der Frühen Neuzeit. Frankfurt a.M. 1998. Unter ‚Bildrhetorik‘ subsumiert Michael Schilling Aspekte wie Farbgebung, Verteilung von Licht und Schatten, Linienführung, Perspektive oder das Verhältnis von Vorder- und Hintergrund, vgl. M. Schilling: Bildpublizistik, a.a.O., S. 62ff.

22 Franz Mauelshagen u. Benedikt Mauer, Hgg.: Medien und Weltbilder im Wandel der frühen Neuzeit. Augsburg 2000. Wolfgang Harms u. Alfred Messerli, Hgg.:

Ungebrochen ist nach wie vor das mediengeschichtliche Interesse an dem Material. Die Ursache dafür liegt in der Frage nach den Differenzen, Parallelen und Modifikationen der alten und neuen Medien; ferner nach der Struktur, Reichweite und Komplexität ihrer Symbolanordnungen, Materialitäten und Körperbezüge, die Implikationen für die veränderte Wirkungsästhetik und die Funktionsweisen der unterschiedlichen Medien besitzen und als Effekte einer strukturellen medialen Ausdifferenzierung herauszuarbeiten sind.[23] Die 550 Jahre alte Buchkultur erfährt in den letzten Jahrzehnten aufgrund der Durchsetzungskraft von algorithmisierten Programmsprachen in mikroelektronischen Datenverarbeitungsmaschinen tief greifende Veränderungen. Dieser Prozess hat unsere Sensibilität für den Zusammenhang zwischen den medientechnischen Neuerungen und dem Wandel unserer perzeptiv-kognitiven und kommunikativen Gewohnheiten allgemein, und für den Kontrast zwischen Mündlichkeit (*brain memory*), Handschriftlichkeit (*script memory*) und Drucktechnologie (*print memory*) im Besonderen geschärft. Für das Hier und Jetzt unserer Gegenwart ist zu beobachten, dass das Zeitalter typographischer Literalität im Zeitalter der Personalcomputer (*electronic memory*) aufgeht; Literatur als „serielles Langzeitgedächtnis" wird abgelöst durch die elektronisch-digitale Vernetzungskultur.[24] Gutenberg schloss seinerseits an Entwicklungen im Skriptographeum an, als eine zunehmende Verschriftlichung den langen Abschied von ganzheitlichen, körpergebundenen Wahrnehmungsmodi einleitete. Seine *nova forma scribendi* multiplizierte das enorme Anwachsen von Text und Bild gestützten Kommunikationsformen. Entstanden in den mittelalterlichen Skriptorien Unikate oder kleine Auflagen illuminierter Handschriften, so sorgten die graphischen Holz- und Metallschnitttechniken, in Folge dann im Verbund mit dem Typendruck, für enorme Ausstoßraten, eine potenzierte Zirkulation und Verteilungsrasanz der Druckprodukte im öffentlichen, sakralen wie

---

Wahrnehmungsgeschichte und Wissensdiskurs im illustrierten Flugblatt der Frühen Neuzeit (1450-1700). Zürich 2002.

23 Dazu gehören numerische Verschaltungen von Text-Bild-Arrangements, technische Graphismen, Perspektivkombinationen und handbasierte Zugriffsmodi in Flugblättern. Grundsätzlich gewinnt „die Frage nach der historischen Konstitution, Verschränkung und wechselseitigen Überschreibung der grundlegenden Medien – vor allem Bild, Schrift und Zahl – Bedeutung, auch für die Aufgaben einer zukünftigen Datenverarbeitung". Horst Wenzel: Einleitung. In: Zeitschrift für Germanistik, N.F. XIII/3 (2003), S. 505-508, hier: S. 506.

24 Horst Wenzel: Vom Anfang und vom Ende der Gutenberg-Galaxis. In: Über Medien. Geistes- und kulturwissenschaftliche Perspektiven. Hg. v. Sybille Krämer <http://userpage.fu-berlin.de/~sybkram/medium/wenzel.html>, Stand Juli 2007, S. 4-19, hier: S. 5. Arbeiten zur Medientheorie und Mediengeschichte sind unüberschaubar. Maßgeblich für mich sind Marshall McLuhan: Die Gutenberg-Galaxis. Düsseldorf 1968; Michael Giesecke: Der Buchdruck in der Frühen Neuzeit. Frankfurt a.M. 1998 u. Horst Wenzel: Hören und Sehen – Schrift und Bild. München 1995.

auch privaten Bereich. Mit der „Gutenbergischen Zerlegungstat"[25] wurde nicht nur die Ablösung der Kommunikation vom Körper vorangetrieben und beschleunigt, indem der Druck ihn überschrieb, überzeichnete und aus den, in semioralen Gemeinschaften üblichen Verständigungssituationen von Angesicht zu Angesicht, d.h. aus den Räumen der Ko-Präsenz und wechselseitigen Hör-, Seh-, Geruchs- und Tasterfahrung verdrängte. Sie markierte auf lange Sicht auch den Anfang des Auseinanderdenkens von Bild, Schrift/Text und Zahl. Mittelfristig dehnte sich eine begrenzte Kommunikationslandschaft aus, Poststationen und Buchmessen wurden zu Medienvertriebsorten, Post- und Stadtboten, Entdeckungsreisende, Vaganten und Viehtransporteure (geschäftsreisende Metzger!) avancierten zu frühneuzeitlichen Kommunikationsarbeitern, teilweise zu ersten Medienentrepreneuren.[26] Es entstanden neue Formen von Öffentlichkeit ebenso wie stärker individualisierte Modi der Medienrezeption im Privaten und in der Familie, die nicht zuletzt einer Privatfrömmigkeit Vorschub leisteten. Diese Entwicklung hatte entscheidenden Einfluss auf eine Umwertung der Sinneshierarchie, in deren Verlauf das Hören, Tasten, Riechen und Schmecken zugunsten des Sehens zurücktraten.[27] Auch wenn Bemühungen oder Phantasien von einer Reaktivierung bzw. Rehabilitation der seitdem vernachlässigten menschlichen Sinnesvielfalt in Kommunikationsabläufen gegenwärtig spürbar und sehr wahrscheinlich immer virulent gewesen sind, hat sich im typographischen Dispositiv das durchgesetzt, was wir als „Erweiterung des Blicks" anzuerkennen gewohnt sind und die Positivierung, in Folge die Mobilisierung und schließlich die Privilegierung des Sehens als primäre Wahrnehmungsform meint.[28]

---

25 Jörg Jochen Berns: Film vor dem Film. Bewegende und bewegliche Bilder als Mittel der Imaginationssteuerung in Mittelalter und Früher Neuzeit. Marburg 2000, S. 30.

26 Vgl. Wolfgang Behringer: Thurn und Taxis. München 1990; Klaus Beyrer: Post, Postillion, Postkutsche. In: Transit. Brügge – Novgorod. Hg. v. Ferdinand Seibt. Bottrop/Essen 1997, S. 468-472; Gerhild Scholz Williams: Formen der Aufrichtigkeit. Zeitgeschehen in Wort und Bild im Theatrum Europaeum (1618-1718). In: Die Kunst der Aufrichtigkeit im 17. Jahrhundert. Hg. v. Claudia Benthien u. Steffen Martus. Tübingen 2006, S. 343-373 u. Johannes Weber: Der große Krieg und die frühe Zeitung. In: Jahrbuch f. Kommunikationsgeschichte, 1 (1999), S. 23-63.

27 Zur Aufwertung des Auges als primäres Erkenntnisorgan, zur Prämierung von Neuigkeit und Originalität der Druckprodukte, zur Modifikation des Denkprozesses zu eher sequenzieller Linearität, zur Normierung von Sprache mit nationalstaatlichem Charakter, zum Wahrheitsstatus typographischen Wissens ebenso wie zum zunehmend routinierten Einsatz von Imagination ‚sättigenden', medialen Zurichtungen im Typographeum, vgl. Michael Giesecke: Der Buchdruck, a.a.O., S. 32-34 u. S. 560-579; ders.: Sinnenwandel – Sprachwandel – Kulturwandel. Frankfurt a.M. 1992, S. 264-270 u. ders.: Die typographische Konstruktion der ‚Neuen Welt'. In: Gutenberg und die Neue Welt. Hg. v. Horst Wenzel. München 1994, S. 15-31.

28 Erich Straßner: Text-Bild-Kommunikation, a.a.O., S. 22. Für den Ansatz einer Geschichte über die Phantasien, wenn nicht Halluzinationen eines Flottmachens auch der übrigen Sinne in modernen Kommunikationszusammenhängen, vgl. Horst

Nun ist jede Rede über das Mediale und die Medien nicht auf den Aspekt der materialen Vermittlungsinstanz zu beschränken. Sie impliziert immer kognitiv-mentale und habituelle Rückkoppelungseffekte, die in der bewusst oder unbewusst gesteuerten Übernahme des alten Mediums durch das neue begründet sind.[29] Da der inflationäre und vor allem heterogene Gebrauch des Begriffspaars ‚Medium/medial' zu argumentativen Mehrdeutigkeiten führt, fasse ich vor dem Hintergrund kommunikationsbezogener Prozesse in Anlehnung an Sybille Krämer seinen kategorialen Aspekt als die ereignishafte Ermöglichungsbedingung und Hervorbringungsleistung sinnlich wahrnehmbarer Formen und Konkretionen. Krämer betont, dass es keine Sichtbar- u. Erfahrbarmachung des kognitiv Unsichtbaren, keine repräsentational-symbolische Vermittlung von Welt ohne ihre materiale Situierung gibt. Den Medien und dem Medialen kommt Welt erzeugendes Potential zu, sie liegen jeglicher Phänomenalisierung symbolischer Welten zugrunde. „Medien markieren die Nahtstelle, an der Sinn aus nicht-sinnhaften Phänomenen entsteht. Sie bilden so etwas wie die ‚Naturgeschichte' der Kultur symbolischer Praktiken."[30] Medien, mit anderen Worten, sind Akte der Präsenzstiftung und Bezugnahme, sie machen Dinge zuallererst wahrnehmbar, indem sie auf etwas hinweisen, darauf zeigen oder etwas dazu bringen, sich zu zeigen. Der Mensch wird erst durch Medien in die Lage versetzt, zwischen seiner Wahrnehmung und der extramentalen Wirklichkeit eine Verbindung herzustellen. Vor diesem Hintergrund soll der mediengeschichtliche Blick auf die Flugblätter Aufschluss über Möglichkeiten, Bedingungen und Verlauf des Entwicklungsprozesses des Typographeums einschließlich der historischen Wahrnehmungskonventionen in der Frühneuzeit geben. Flugblätter, soviel lässt sich vorausschauend festhalten, eignen sich als variantenreiche Kommunikationsträger bestens, Wis-

---

Wenzel: Von der Gotteshand zum Datenhandschuh. In: Bild – Schrift – Zahl. Hg. v. Sybille Krämer u. Horst Bredekamp. München 2003, S. 25-56. Dort der Verweis auf Larissa Boehning: Versinnlichung von Information? Über die Geste des Tastens und die Phantasie der Berührung im Internet. MA-Abschlussarbeit, Humboldt-Universität Berlin 2002.

29 Michael Schilling geht auf Layoutgestaltungen wie die intramediale Appropriation von Gemälden und Realien (etwa Kämme, Spiegel oder Triptycha) als illusionistische Bildträger und Bilderrahmen in Flugblättern ein; er führt auch Fälle an, wenn Flugblätter als Vorlagen für Gemälde dienten, wodurch die Blätter einen enormen Repräsentationszuwachs erfuhren, vgl. in: Bildpublizistik, a.a.O., S. 53-75 u. S. 266-282 u. ders.: Pest und Flugblatt. In: ‚Gotts verhengnis und seine straffe'. Hg. v. d. HAB. Wolfenbüttel 2005, S. 93-99, hier: S. 94. Ursula Rautenberg vergleicht Holz- und Metallschnitte miteinander, vgl. in: Warum Einblattdrucke, a.a.O., S. 129-142.

30 Sybille Krämer: Von der sprachkritischen zur medienkritischen Wende? Einleitung zur Textsammlung „Über Medien. Geistes- und kulturwissenschaftliche Perspektiven". Hg. v. ders., <http://userpage.fu-berlin.de/~sybkram/medium/inhalt.html>, Stand Juli 2007, S. 1-3, hier: S. 3; vgl. dies.: Über den Zusammenhang zwischen Medien, Sprache und Kulturtechniken. In: Sprache und neue Medien. Hg. v. Werner Kallmeyer. Berlin 2000, S. 31-56.

sensdiskurse, das kollektive Reelle wie das kollektive Imaginäre und den medientechnischen Status quo ihrer Epoche zu rekonstruieren. Da sie in besonderer Weise durch zeichenhafte Figurationen und symbolische Codierung einerseits, eine manufakturelle, handwerkliche Beschaffenheit andererseits charakterisiert sind, werden an ihnen die medialen Voraussetzungen, d.h. konkret: die ‚Körperbezüglichkeiten' einer Mediengeschichte und damit eine historische Anthropologie von Medien ablesbar. Auch und gerade Flugblätter machen den unhintergehbaren Körperbezug und die Leibgebundenheit allen medialen Wirkens sinnfällig.

Last but not least wurde dem Flugblatt seit den 1980er Jahren über einen engen Fächerkreis hinaus auch öffentliche Popularität zuteil. Dazu hat eine Reihe von Ausstellungen beigetragen, die Flugblätter als epistemische Gegenstände, Objekte unterschiedlicher Gebrauchsformen und Initiatoren eines Populärspektrums im frühneuzeitlichen Medienverbund thematisiert haben, des Weiteren als Zeitdokumente mit einem vielseitigen Motivinventar. Hinzu traten Blätter, an denen der künstlerische und medientechnische *state of the art* ihrer Zeit deutlich wird: raffinierte Synthesen von (mittelalterlicher) Simultandarstellung und (frühneuzeitlicher) zentralperspektivischer Bildgebung; Einsatz schematisierter Bildelemente wie Schablonen; leere Kartuschen als Freiräume, die der Betrachter selbständig auszufüllen hat; Mehrsprachigkeit als Verkaufskalkül für ein fremdsprachiges Publikum sowie serielle Logik in Blattfolgen.[31] Stellvertretend seien die Ausstellungen „Flugblätter der Reformation und des Bauernkrieges" in Gotha 1976 und die Sammlungspräsentation des Kupferstichkabinetts des Kurpfälzischen Museums in Heidelberg „Flugblätter – Aus der Frühzeit der Zeitung" 1980-1981 erwähnt; ferner die Präsentation der Kollektion der Veste Coburg zum Thema „Illustrierte Flugblätter aus den Jahrhunderten der Reformation und der Glaubenskämpfe" 1983, die an der Herzog-August-Bibliothek in Wolfenbüttel gezeigten Drucke zum Thema „Text als Figur. Visuelle Poesie von der Antike bis zur Moderne" 1987-1988, „Monster, Wunder und Kometen. Sensationsberichte auf Flugblättern des 16. bis 18. Jahrhunderts" an der Universitätsbibliothek Erlangen 1999 sowie die Hallenser Ausstellung „Ein Neuer Korb voll Venuskinder. Die Weibermacht auf illustrierten Flugblättern des 16. und 17. Jahrhunderts" 2001-2002 und die Bayerische Landesausstellung in Amberg 2003, die dem rheinpfälzischen Kurfürsten Friedrich V. als böhmischer „Winterkönig" gewidmet war. Im Mai 2006 fand ein groß angelegtes Symposium mit dem Titel „Flugblätter vom Spätmittelalter bis zur Gegenwart als kulturhistorische Quellen und bibliothekarische Sondermaterialien" in der Staatsbibliothek zu Berlin statt.[32] Dabei ging es um den Austausch zwischen der historischen und philologischen Forschung einerseits, den bibliothekarischen Modellen der Erschließung von Flugblättern andererseits. Es galt, über die vergangenen 30 Jahre der Beschäfti-

[31] Vgl. Ewa Chojewska: Serienmäßigkeit und Individualität, a.a.O.; vgl. auch Sabine Griese: Heilige im Druck, a.a.O.

[32] Eine Tagung der Staatsbibliothek zu Berlin und der Editionswissenschaft der Freien Universität Berlin, veranstaltet vom 23.-25.03.2006 in der Staatsbibliothek.

gung mit dem Gegenstand Bilanz zu ziehen und neue Wege der Forschung aufzuzeigen.

Jüngst hat die Wanderausstellung „Aufgedeckt & rumgedreht. Bewegte Geschichten auf fliegenden Blättern“ Flugblätter als interaktive Medien sehr erfolgreich präsentiert.[33] Sie ist aus der vorliegenden Studie als Beitrag zum Jahr der Geisteswissenschaften 2007 hervorgegangen, dessen Schwerpunkt auf der Kommunikation und Übersetzung von Wissenschaft lag. Wie lässt sich eine disziplinär hoch spezialisierte Forschung, gerade der geisteswissenschaftlichen Fächer im Hinblick auf Fragen der Gegenwart und des Alltags legitimieren und plausibel machen? Wie können komplexe Forschungsergebnisse an ein heterogenes Publikum vermittelt und popularisiert werden? Die Ausstellung, die das Spannungsverhältnis von alten und neuen Medien zum Ausgangspunkt genommen hat, zeigte anhand von interaktiven Flugblättern, inwiefern der frühe Buchdruck nicht nur eine Technik des schnellen Abschreibens war,[34] sondern ein Medium für hochkomplexe Koppelungen von Bild, Schrift, Typentext und Zahl, für die Indienstnahme von Indizes zur Feinstrukturierung des Wahrnehmungsterrains ebenso wie für Sehexperimente, Optik und nicht zuletzt Haptik. So erfolgte eine Neuakzentuierung bei der Verortung des Flugblatts im frühneuzeitlichen Medienverbund unter dem Gesichtpunkt seiner interaktiven, ‚apparativen‘ Gebrauchsfunktionen sowie seiner Offenheit für die eingreifend-‚begreifende‘ Hand des Rezipienten.[35] Die präsentierten Materialien offenbaren, wie unhaltbar

33 Die Ausstellung ist ein Projekt des Hermann von Helmholtz-Zentrums für Kulturtechnik (HZK) der Humboldt-Universität Berlin, in Kooperation mit der Bundeszentrale für Politische Bildung (bpb). Von Dezember 2006 an war sie an verschiedenen Orten zu sehen, u.a. beim Wissenschaftssommer 2007 in Essen. Konzipiert und umgesetzt wurde sie von Anita Hermannstädter, Jörn Münkner und Claudia Heckel. Als Fachberater wirkte Prof. Horst Wenzel; Prof. Jochen Brüning förderte als Geschäftsführender Direktor des HZK nachhaltig das Projekt. Ab August 2008 wird die Ausstellung in den Fundus des Deutschen Zeitungsmuseums, Stiftung Saarländischer Kulturbesitz eingegliedert; für das Internet wurde sie bearbeitet und digital der Öffentlichkeit zugänglich gemacht, vgl. <http://www.humboldt-forum.de/Flugweb>. Zum Umfeld und wissenschaftlichen Kontext der Ausstellung, vgl. im Literaturverzeichnis die einschlägigen Arbeiten von Horst Wenzel, Suzanne Karr Schmidt und Jörn Münkner.

34 Gutenberg will das Schönschreibhandwerk (*ars scribendi*) mit seiner ‚Schönschreibdruckmaschine‘ ursprünglich vervollkommnen. Seine 42-zeilige, lateinische Voll-Bibel steht mit ihrer Missaltype noch ganz in der Handschriftentradition. Er und seine Zeitgenossen begreifen die Drucktechnologie zunächst als nichts anderes als eine Kunst des schnellen Abschreibens (*ars artificaliter scribendi*); vgl. Petra Bohnsack: Gutenberg und die Bibel. In: Lesekultur. Hg. v. ders. u. Hans-Friedrich Foltin. Marburg 1999, S. 7-28, hier: S. 11; zudem Holger Nickel: Buchdruck als neues Medium. In: Aderlass und Seelentrost. Hg. v. Peter Jörg Becker u. Eef Overgaauw. Mainz 2003, S. 445-458.

35 In dem 2008 erschienenen Gemeinschaftsband von Wolfgang Harms und Michael Schilling zu den Traditionen, Wirkungen und Kontexten des Flugblatts in der Frü-

die Annahme von der Entgegensetzung vom mehrdimensionalen, digitalen Hypertext und einer (vorgeblich) eindimensionalen Linearität der Drucke ist. Die ausstellungsdidaktische Realisierung, der das ‚Hands on!' Prinzip, sprich: das selbsttätige Anfassen und Berühren der Ausstellungsexponate zugrunde lag, war dabei nicht nur dem Wesen der Materialien geschuldet. Das Prinzip trug den Erkenntnissen der modernen Neuro-Kognitionswissenschaft Rechnung, wonach sich Zusammenhänge und Phänomene durch ein anfassendes Be*greif*en effizienter *begreifen* lassen.[36]

Forschungsdesiderat und Arbeitsvorhaben

Für die neuere Forschung und die vorliegende Studie im Besonderen rücken Flugblätter aufgrund ihres kulturtechnischen Potentials in den Mittelpunkt des Interesses. Speziell für meinen Zugang wird dieses durch die Beobachtung ausgelöst, dass sich zahlreiche Blätter in einem Spannungsverhältnis von künstlerischer und technischer, von artifizieller und fabrizistischer Verfasstheit, d.h. von *poiésis* und *techné* verorten lassen.

Was meint die Rede von den Kulturtechniken? Mit dem Begriff der Kulturtechnik(en) ist nicht die Vielfalt aller Techniken angesprochen, die in einer Kultur angewendet werden. Der Bezug auf das Technische will keine Totalität aller denkbaren maschinellen oder Werkzeug bezogenen Leistungen und Phänomene evozieren. Ebenso wenig wird mit ihm im engeren Sinn auf die landwirtschaftliche Kultivierung der Natur angespielt, wie es aufgrund der ursprünglichen Verwendung des Terminus naheliegt.[37] Gleichwohl rekurrieren die Kulturtechniken

hen Neuzeit resümieren die Autoren das aktuelle Forschungsfeld sowie öffentlichkeitswirksame Ausstellungen zum Untersuchungsgegenstand, vgl. W. Harms u. M. Schilling: Das illustrierte Flugblatt der frühen Neuzeit. Stuttgart 2008. Aufgrund der langen Vorlaufszeit der Publikation konnten die Autoren das Ausstellungsprojekt „Aufgedeckt & rumgedreht: Bewegte Geschichten auf fliegenden Blättern" noch nicht berücksichtigen. Die dem Ausstellungskonzept zugrunde liegende kulturtechnische und medienanthropologische Forschungsperspektive auf das Material ist folglich auch noch nicht als Ansatz innerhalb der neueren Forschungsanstrengungen zum Flugblatt erwähnt (vgl. Anm. 33).

36 Das Diktum von Frank R. Wilson, wonach „jede Theorie der menschlichen Intelligenz, die die Wechselbeziehung von Hand und Hirnfunktion […] außer acht lässt", unzureichend sei, unterstützt diese Einsicht, vgl.: Die Hand – Geniestreich der Evolution. Ihr Einfluss auf Gehirn, Sprache und Kultur des Menschen. Stuttgart 2000, S. 14.

37 Hartmut Böhme spricht von der ‚Entwilderung' der urzuständigen Welt, also der noch unbestellten, ‚unveredelten', Natur belassenen Welt zur menschlichen Lebensform und meint die Transformation des Naturraums zu einem landwirtschaftlichen, soziokulturellen und gemeinschaftlichen Nutzraum, vgl.: Vom Cultus zur Kultur(wissenschaft). In: Kulturwissenschaft – Literaturwissenschaft. Hg. v. Renate Glaser u. Matthias Luserke. Wiesbaden 1996, S. 48-68, hier: S. 54.

auf diese Bedeutungen, wobei sich in ihnen grundsätzlich die wechselseitige Bezogenheit von *techné* und *ars* im Sinne eines kunstfertigen Handelns bemerkbar macht. Kulturtechniken umfassen ein breites Spektrum von erlern- und lehrbaren, modular antrainierbaren und einzuübenden, routinisierbaren Handlungsabläufen, Verfahrensweisen und Orthopraktiken, die sich zwischen manuell-operativen Verrichtungen wie dem Kochen, Schmieden, Pflügen oder der Feldbestellung und symbolischen Aktivitäten wie dem Schreiben, Malen, schriftlichen Rechnen oder dem Programmieren bewegen. Wichtig ist, dass im entkoppelten Begriff der Techniken immer der Aspekt von Körperlichkeit enthalten ist, was viel zu oft vergessen wird, aber gerade für meine weiteren Ausführungen signifikant ist. So sind es körpergebundene Bewegungs- und Spielabläufe, die zwar still gestellt sein können, die aber Kompetenzen ermöglichen, sich in einem differenzierten Umfeld von Handlungsangeboten flexibel und angemessen mit zeichenhaftem Material zu bewegen. Kulturtechniken unterscheiden sich von allen anderen Techniken durch ihren potentiellen Selbstbezug, d.h. durch eine „Pragmatik der Rekursion“, wie Thomas Macho es nennt.[38] Als versinnlichte bzw. versinnlichende Handlungspraktiken führen sie Dingliches, d.h. dinglich-handwerkliche Arbeit und Symbolisches im Sinne symbolischer Handlungsvollzüge zusammen. Ihnen eignet ein Hervorbringungspotential, insofern mit ihrer Hilfe symbolische Arbeit verrichtet wird, deren Ergebnis ein symbolischer Mehrwert ist. Konkret meint das, dass der Mensch etwas mit Hilfe verschiedener Operationen und Techniken tut, wobei das Ergebnis seines Tuns in die Sichtbarkeit gelangt und wahrnehmbar wird. Es geht dabei nicht so sehr um materielle Produkte wie einen Teppich, der im Verlauf eines handwerklichen Webvorgangs hergestellt wird, sondern um dessen symbolische Codierung: der Teppich mit eingewebten Koranversen, ein illuminiertes Pergament, eine an der Tafel gelöste mathematische Formel. Es zeigt sich die Nähe von Kulturtechniken zur Funktion des Medialen, insbesondere zu den Kardinalmedien Bild, Schrift und Zahl, die zuallererst wahrnehmbar machen, indem sie den Menschen in die Lage versetzen, zwischen seiner Wahrnehmung und der extramentalen Wirklichkeit eine Verbindung herzustellen. Schließlich sind Kulturtechniken durch ihre Regelhaftigkeit miteinander vergleichbar und in vielen Zwischenstufen realisiert, bspw. in Form von Hand-Schrift, Typendruck und elektronischer Textverarbeitung, oder Kopfrechnen, schriftlichem Rechnen und algorithmischem Kalkulieren. Sie sind aber medial und pragmatisch unterschiedlich organisiert. Sie bilden ein Forschungsfeld, das im klassischen Disziplinengefüge der Universitäten lange unbeachtet geblieben ist, weil es sowohl den traditionellen Technik- und Naturwissenschaften als auch den klassischen Geisteswissenschaften zu viel Grenzüberschreitung zumutete. Die Rede von der kulturtechnischen Neuorientierung ist so gesehen nicht zuletzt der terminologische und konzeptuelle Versuch, Geistes- und Technikwissenschaften einander wieder anzunähern.

---

[38] Thomas Macho: Die Bäume des Alphabets. In: Neue Rundschau. 116/2 (2005), S. 66-80, hier: S. 78f; vgl. auch Sybille Krämer u. Horst Bredekamp: Kultur, Technik, Kulturtechnik. In: Bild – Schrift – Zahl, a.a.O., S. 11-22.

Die Studie ist in zwei Hauptteile (A und B) gegliedert. In Teil A gehe ich in zwei Kapiteln den Verwendungsweisen der Hand in Flugblättern nach und versuche, ihre unterschiedlichen Funktionen für die Poetik der Medien zu bestimmen. Im ersten, vergleichsweise kurzen Kapitel, untersuche ich Exemplare, in denen die Hand zeichenhaft in Erscheinung tritt. Sie kann repräsentativ als Statushand Autorität verkörpern, als ikonische Hand mnemotechnische Aufgaben übernehmen und als Zeighand zum hinweisenden Index werden. Das zweite Kapitel, auf dem der Schwerpunkt des Interesses liegt, hat Blätter zum Gegenstand, in denen einerseits die Hand das Medium, oder aber das Medium die Hand, und mit ihr den ganzen Körper in eine entsprechende Lage rückt, wenn nicht zwingt. Dabei lasse ich mich von jüngeren Forschungsergebnissen zur Performativität von Wahrnehmung leiten. Andererseits geht es um Handhabungen im wörtlichen Sinne. Die ‚Betrachterhand als Agens' avanciert zu einer interaktiven Funktionshand, die klappend, drehend oder faltend tätig wird. Im Gegensatz zur ‚Hand als Zeichen' bewerkstelligt sie das ‚vor-Augen-Stellen' eines Sachverhalts durch direkte Zugriffe und Zurichtungen. Ihr ‚manipulatives' Potential (vgl. Manipulation < lat. *manus*, dt. Hand) ist latent in ‚apparative' Zusätze von Blättern wie Klapp- und Drehelemente aufgenommen und nicht in expliziter Gebärde sicht- und erfahrbar. Die Flugblätter werden im Verlauf dieser Prozesse zu ‚Papierapparaten' und ‚Papierräumen' transformiert.

Was die Verbindung von Hand und Wort, Hand und Bild einerseits, Hand und Technik andererseits unter paläoanthropologischer Perspektive anbetrifft, so bleibt sie im Hinblick auf eine Kulturgeschichte des Lesens, Zeigens und Zurichtens noch defizitär. Die frühneuzeitlichen Flugblätter sind – abgesehen von Ansätzen – noch nicht in die einschlägige Forschungsdiskussion eingebracht worden. Zu den Basistexten, auf die ich mich stütze, gehört André Leroi-Gourhans Band „Hand und Wort. Zur Evolution von Technik, Sprache und Kunst (1980 in deutscher Übersetzung erschienen), in dem eine Paläontologie der Kommunikation geboten wird, die die Entwicklung der manuellen und symbolischen Aktivitäten des Menschen (*techné* und *poiésis*) in der biologischen und der sozialen Evolution begründet. Technik und Sprache erscheinen als Fortsetzungen unserer Physis, die sich in einem fortschreitenden Beschleunigungsprozess von der sehr viel langsamer verlaufenden biologischen Evolution lösen und gemeinsam die Entwicklung des sozialen Organismus prägen. Zudem ist Frank R. Wilsons „Die Hand – Geniestreich der Evolution. Ihr Einfluß auf Gehirn, Sprache und Kultur des Menschen" (2000) für meine Suchrichtung wichtig. Wilson setzt ebenfalls bei einer anthropologischen und evolutionären Perspektive an, erörtert dann aber die biomechanisch-physiologische Konstitution der Hand und geht auf die im engeren Sinne neurobehavioralen Fragen der Interaktion von Hand und Gehirn ein. Das betrifft u.a. Fragen der artikulatorischen Möglichkeiten der Hand im Vergleich mit der verbalsprachlichen Ausdrucksfähigkeit sowie der Händigkeit im Sinne der spezifischen Interaktion der Hände in Werk- und Kommunikationsprozessen. Programmatische Vorarbeiten zu den Darstellungs- und Wirkungsmodi vor allem der Index- und Andachtshand sowohl in Manuskripten als auch unter den Bedingungen der Drucktechnologie haben Wolfgang Brückner und Horst Wenzel vorgelegt. Die Untersuchungen zu den Kombinationsmöglichkeiten der drei kardinalen Medien Bild, Schrift und Zahl im Flugblatt sowie zu einer epochenübergreifenden Mediengeschichte der Hand von Wenzel bilden vor allem die Folie, vor der ich die Materialien des 1. Kapitels in Teil A (Hand-Zeichen) in den Blick nehme.

Teil B ist ebenfalls in zwei Kapitel untergliedert. Die Beobachtung, dass in zahlreichen Medien Brillen, Spiegel und andere Optika als prominente Darstellungselemente auftreten, ist Anlass für die Frage nach deren Funktion: Wie wird das Sehen durch eine apparative Wahrnehmungslenkung beeinflusst? Wie genau werden Effekte der Vergrößerung und Verkleinerung, Verzerrung, Fokussierung und Zusammenschau, wie sie die optischen Armaturen bewirken, in den Blättern eingesetzt? Meine These ist, dass mediale Codierungsprozesse verantwortlich dafür sind, dass die Optika als Visualisierungswerkzeuge in die Blätter Eingang finden. In Folge dieses Prozesses werden Appellzonen markiert und Schauräume entworfen. Zum anderen strukturieren ‚lediglich' die Seherfahrungen und Visualisierungseffekte optischer Instrumente, und darüber hinaus optotechnische Phantasien, wie etwa Blicke aus enormen Höhen, die Blattoberflächen. Dadurch entstehen bemerkenswerte, zum Teil ungewöhnliche Über-, Rund- und Einblicke, die durch ein geometrisches Gestaltungskalkül der Blätter weiter exponiert sein können. Es geht im Wesentlichen um dieselben Fragen, wie ich sie im Abschnitt zuvor an die Blätter gestellt habe. Inspiriert ist mein Interesse an den medial ‚eingewanderten' Optika durch Vorarbeiten von Karl Clausberg, der heuristische Vergleiche zwischen mittelalterlichen und elektronisch-digitalen Oberflächen, Benutzerflächen und Schnittstellen durchgeführt hat. Die Fruchtbarkeit einer solchen kontrastiven Gegenüberstellung hinsichtlich von Gemeinsamkeiten und Unterschieden in den Gestaltungspraktiken ganz unterschiedlicher Medientypen zeigt sich auch, wenn man aus heutiger Perspektive auf die Flugblätter schaut.

Im vierten und letzten Kapitel schließlich gehe ich der Frage nach, welche wahrnehmungsdynamisierenden Effekte eine serielle Logik, (vor-)filmische Szenenwechsel und diagrammatisch-kartographische Präsentationsmodi in Blättern hervorrufen, die ich mit dem Begriff des ‚technischen Bildes' spezifiziere. Damit nehme ich terminologische und inhaltliche Anleihen bei der ebenfalls am Helmholtz-Zentrum für Kulturtechnik angesiedelten Forschergruppe „Das Technische Bild". Zudem beziehe ich mich auf Untersuchungen zur Imaginationslenkung in Bild-Text-Zeugnissen, wie sie Jörg Jochen Berns („Film vor dem Film") und Thomas Lentes erarbeitet haben. Schließlich haben sich für mich Forschungen zur Evozierung von Zeitlichkeit bei der Wahrnehmung von Bildern als fruchtbar erwiesen, die Gottfried Boehm vorgelegt hat.

Die zwei Teile meiner Arbeit verklammert die übergreifende Frage nach den kulturtechnisch und poetologisch bedeutsamen Strategien adressatenbezogener Aufmerksamkeitslenkung in Flugblättern. Bei der Auswahl der Flugblätter habe ich keine Vollständigkeit in dem Sinne angestrebt, dass ich versucht hätte, alle relevanten Exemplare zu den von mir ausgeführten Themenschwerpunkten zu eruieren. Die Arbeit entwickelt und exemplifiziert anhand eines möglichst breiten Spektrums an (vorwiegend) einblättrigen Drucken verschiedene Thesen. Aufgrund der Tatsache, dass der weitaus größte Teil jemals produzierter Flugblätter nicht auf uns gekommen ist, steht jedes präsentierte Blatt für eine mögliche Menge vergleichbarer Exemplare.[39] Von daher rechtfertigt es sich, nur in solchen Fällen Blattvarianten anzubringen, deren Details für meinen Argumentationsgang entlang der primären Referenzobjekte relevant sind. Alle Literaturangaben in den Fußnoten, die trotz Erstnennung gekürzt sein können, finden sich ausführlich im Literaturverzeichnis zitiert.

---

39 Schätzungen über die Verlustraten mögen zu hoch gegriffen sein, können aber als Groborientierung dienen: Noch Mitte des 18. Jahrhunderts kamen auf ein erhaltenes mehrere Tausend verlorener Flugblätter, vgl. Michael Schilling: Geschichte von Flugblatt und Flugschrift bis um 1700, a.a.O., hier: S. 817.

A. Händigkeit und Körperbezüglichkeit von Flugblättern

I. Hand-Zeichen

Meine Aufmerksamkeit für Medialisierungen der menschlichen Hand in Flugblättern wurde durch die Beobachtung geschärft, dass die Hand in mittelalterlichen Kommunikations-, Repräsentations- und Darstellungszusammenhängen vielfach als Schaufläche, Andachtshand und Heilsspiegel, allgemein als Zeichenträger zum Einsatz gelangt. Mich interessierte die Frage, ob die Tradition ihrer medialen Einbindung über das Mittelalter hinaus anhält. Umfangreiche Flugblatt-Bestände haben gezeigt, dass die Hand im Typographeum (bis 1700) keineswegs verschwindet, sondern in diversen Funktionszusammenhängen weiterhin Verwendung findet. Dem drucktechnisch bedingten, quantitativen Anstieg an Medien korrespondiert ein Aufkommen von symbolischen, darstellungs- und mnemotechnischen sowie indexikalischen Händen. Das ‚vor-Augen-Halten' von objektiv-phänomenalen wie kognitiven Gegenständen, wie es die ‚Hand-*als*' ermöglicht, kann als mediales Dispositiv in der Kontinuität von einer semioralen Handschriftenkultur (mindestens) in die frühneuzeitliche Druckkultur hinein begriffen werden. Ein zunehmend komplexeres Informationsgeflecht erfordert jedoch neue Darstellungsmodi und Verweisstrukturen. Zwar wird die Hand in ihrer zentralen, wissensstrukturierenden Stellung belassen, doch binden zunehmend Indizes (Ziffern und Buchstaben) und andere Signalelemente (Richtungspointer) die bildlichen und textlichen Informationen auf den Blättern, ordnen und weisen sie einander zu. Gerade Zahlen und Buchstaben überbieten das Ordnungsschema der Hand, denn sie erlauben eine stärkere Binnendifferenzierung und Organisation der Text- und Bild-Elemente auf den komplexen Leseoberflächen. Hinzu kommt, dass in den Flugblättern die Hand als Zugriffshand zum Einsatz gelangt. Damit übernimmt sie zwar keine völlig neuen Aufgaben, doch haben sich die Felder ihres Einsatzes mit dem neuen Medium vervielfältigt.

Wichtige Untersuchungen zur menschlichen Hand als dem vielleicht bedeutsamsten körpereigenen Werkzeug des Menschen, zugleich dem natürlichsten, nächsten und einfachsten Zeichen,[40] hat der deutsche Volkskundler Wolfgang

---

[40] Vgl. Jacob Grimm: Deutsche Rechtsalterthümer. Göttingen 1881, S. 137f. Dort heißt es: „Die Hand, symbolisch betrachtet, gleicht dem Stab in der Bedeutung von Gewalt, wie schon die Redensarten etwas in der Hand halten und aus der Hand geben, anzeigen. [...] Die Hand ist das natürlichste, nächste, einfachste Zeichen. Zuweilen werden beide Hände gebraucht; wenn nur eine, ist es immer die *rechte*, die höhere, stärkere." Vgl. auch Dietmar Peils Kommentar zum Flugblatt „Die

Brückner durchgeführt. 1965 ging er in einem Aufsatz zum franziskanischen Erbauungsbuch „Der Schatzbehalter" (1491), das die Betrachtung der Leiden Christi im göttlichen Weltenplan zum Inhalt hat, der Hand und ihren dort zu beobachtenden Gebrauchsformen nach. Die Funktion der Hand könne nicht auf die eines bloßen Werkzeuges reduziert werden, sondern sie sei aktiv in gebärdensprachliche Kommunikationsprozesse involviert, die Linke bilde von alters her ein Hilfsmittel für die Gedächtnisübung, und die Hand werde dem Menschen zum Zeichen Gottes. So verquicken sich im Bild der Hand geistliches Gleichnis und Gewissensspiegel, mnemonisches Auxiliar, Symbolträger, Rechenhilfe und Kalenderberechnung mit aktiver Gebärdenfunktion.[41] Hatte sich Brückner auf eine mittel- und spätmittelalterliche Bildidee der Hand, insbesondere im geistlich-religiösen Kontext konzentriert und leicht verbittert resümiert, dass der Gebrauch der ‚Hand-*als*' im Übergang zur Frühen Neuzeit verloren gehe, so revidierte er 13 Jahre später diese Einsicht. Die Hand sei polyfunktionales Konstituens in einem Kulturkontinuum.[42]

Was eignet der menschlichen Hand, dass sie derart prominent in Erscheinung tritt und tätig wird? Die Hand ist ein vielseitiges Organ.[43] Ihr erstes Merkmal ist die „Offenheit gegenüber der Welt – ihr Interesse an den Gegenständen *und* ihre Angewiesenheit auf sie; [des weiteren] ihre Vermittlung zwischen den Dingen und dem Körper, [schließlich ihr Vermögen der] Existenzschöpfung", denn durch ihre Berührung, die durch ein Hindeuten vorbereitet wird, erzeugt sie Gewissheit, dass es den Gegenstand gibt.[44] Für die Hand ist die Gleichzeitigkeit von symbolischen, organisatorischen, operationalen und indexikalischen Dimensionen konstitutiv. Als *manus Dei*, die alles schafft, hält die ordnende Hand des ‚unbewegten Bewegers' den Kosmos im Lot und symbolisiert Autorität. Die Bedeutungshand omnipotenter Macht reklamiert im Anschluss daran der frühneuzeitliche Fürst und Souverän für sich und die Repräsentation seines Herrschaftsanspruchs. Die Hand hilft des Weiteren als körpereigene Rechenmaschine (*calculus digitalis*) beim Rechnen, Zählen, Er- und Abzählen. Sie systematisiert

Hauptst[ück christli]cher Religion" in: Deutsche illustrierte Flugblätter, Bd. VII, S. 62.

41 Vgl. Wolfgang Brückner: Hand und Heil im ‚Schatzbehalter' und auf volkstümlicher Graphik. In: Anzeiger des Germanischen Nationalmuseums, Nürnberg 1965, S. 60-109, hier bes.: S. 70 u. 104.

42 Vgl. Wolfgang Brückner: Bildkatechese und Seelentraining. Geistliche Hände in der religiösen Unterweisungspraxis seit dem Spätmittelalter. In: Anzeiger des Germanischen Nationalmuseums, Nürnberg 1978, S. 35-70, hier: S. 35 u. 66.

43 Vgl. Claire Richter Sherman, Hg.: Writing on Hands. Memory and Knowledge in Early Modern Europe. Seattle/Washington UP 2000, insb. die Einleitung, S. 13-21 u. Martin Kemp: "The Handy Worke of the Incomprehensible Creator", ebd., S. 22-27; zudem André Leroi-Gourhan: Hand und Wort, a.a.O., Kap. VIII sowie Frank R. Wilson: Die Hand, a.a.O., Prolog u. Kap. 2.

44 Vgl. Gunter Gebauer: Hand. In: Vom Menschen. Handbuch Historische Anthropologie. Hg. v. Christoph Wulf. Weinheim/Basel 1997, S. 479-489, hier: S. 479f.

Wissen, indem sie Wissensbestände gliedert, bündelt, ordnet und auf den Körper zurückspiegelt, mit ihr kann man messen und vergleichen, und sie ist als Schreib-, Bild- und Notenfläche mnemotechnisches Hilfsmittel. Als deiktische Hand zeigt sie etwas auf, deutet darauf hin und bereitet ein handgreifliches In-Besitz-Nehmen vor. Die Hand wird als Trägerin basaler Kulturtechniken erkennbar, sie ist Agens und Handwerkszeug historischer Orthopraktiken ebenso wie Konstituentin symbolischer Kommunikation.[45] Die Bedeutung der Hand als Zeichen manifestiert sich nicht zuletzt an ihrem Potential, den ganzen Menschen *pars pro toto* zu vertreten. Symbolisch lesbar, bekräftigt sie den Schwur, warnt vor Gefahr, wehrt Unheil ab und nimmt das Mündel in den ‚Vormund'. Heutzutage steckt sie noch (oder weiterhin) in der digitalen Zugriffshand wie auch im Pfeil des Mouse Cursors, die den Computer über seine Bildschirmschnittstelle steuerbar machen.[46]

Bereits Aristoteles macht auf die herausragende Bedeutung der menschlichen Hand aufmerksam, wenn er sie in seinen Ausführungen über die Köperteile der Lebewesen *De partibus animalium* als „Instrument aller Instrumente" hervorhebt. Der denkende Mensch gebrauche sie zu verschiedenen Zwecken, sie sei ihm das erste und wichtigste aller Werkzeuge.[47] Mit der prähistorischen Freistellung der Hand für technische Fertigkeiten, bedingt durch die Aufrechtstellung der Hominiden im Verlauf der menschlichen Evolution, vervielfältigte sie ihre Aktionsmodi in manufakturalen Operationsprozessen. Zugleich verband sich ihre Ausbildung zum feinmotorischen Werkzeug für handwerkliche Funktionalitäten mit ihrem Einsatz als Agens gestischer Kommunikation. Die Hand avancierte, in André Leroi-Gourhans Worten, zum „Schicksalsorgan". Die Schicksalhaftigkeit der Hand, um diesen ‚schweren' Begriff aufzunehmen, bestehe neben dem Aspekt der universellen ‚manuellen Kompetenz' gerade darin, dass die Unfähigkeit, mit seinen Händen zu denken, für den betroffenen Menschen bedeute, einen Teil seines normalen und phylogenetisch menschlichen Denkens zu verlieren. Mit pessimistischem Unterton prognostizierte Leroi-Gourhan, dass wir als Individuen und vielleicht auch als Spezies in Zukunft vor dem Problem einer Regression

45 Horst Wenzel weist für Flugblätter Aspekte von Multimedialität, Interaktivität und Virtualität sowie Hypertextstrukturen nach, die eine neuartige Dynamisierung der Präsentation bedingen, vgl.: Schrift, Bild und Zahl im illustrierten Flugblatt. In: Wissen und neue Medien. Hg. v. Ulrich Schmitz u. dems. Berlin 2003, S. 113-133.

46 Vgl. Horst Wenzel: Von der Gotteshand zum Datenhandschuh, a.a.O., ders.: Hand-Zeichen. Zur Mediengeschichte der Hand als Datenträger. In: Mehrdeutigkeit. Hg. v. Moritz Csáky u. Peter Stachel. Wien 2003, S. 179-202 u. ders.: Deixis und Initialisierung Zeighände in alten und neuen Medien. In: Deixis. Vom Denken mit dem Zeigefinger. Hg. v. Heike Gfrereis u. Marcel Lepper. Göttingen 2007, S. 110-142.

47 Vgl. Burkhard Oelmann: Auslösen/Abtrennen. Fotografierende und fotografierte Hände. In: Körperteile. Eine kulturelle Anatomie. Hg. v. Claudia Benthien u. Christoph Wulf. Reinbek b. Hamburg 2001, S. 461-484, hier: S. 462.

stehen.[48] Um auf die kulturtechnische Bedeutung der Hand zurückzukommen, so ermöglichte insbesondere die Feinmotorik der Hände dem Menschen, sein Leben auf intelligente Weise zu bewältigen und ‚in die Hand zu nehmen'. Als ‚sprechende Hand', so kann angenommen werden, lief sie der Ausbildung sprachlicher Kommunikation voraus.[49] Im Laufe der weiteren Entwicklung vervielfältigte sie ihr Kompetenzpotential als Funktionswerkzeug.

Zu Beginn des 17. Jahrhunderts betonte Francis Bacon (1561-1626) im Rückgriff auf den Organon-Begriff von Platon und Aristoteles, dass sämtlichen technischen wie symbolischen Hilfsmitteln des Menschen (Hammer, Sprache, Bilder) Werkzeugcharakter eigne. Der Hand komme nicht unbedingt Priorität unter den Werkzeugen zu. Vor die Aufgabe gestellt, für sein Hauptwerk „Novum Organon" (1620) ein programmatisches Prinzip zu formulieren, spielt Bacon mit ‚Organon' auf die Werkzeugmetapher an, doch dient sie ihm als Veranschaulichung dafür, dass weder die Hand, noch der Verstand allein viel ausrichten können.[50] Sowohl die auf den körperlich-technischen Handlungen als auch auf den symbolisch-kognitiven Aktivitäten basierenden Tätigkeiten des Menschen (*techné* und *poiésis*) bedürfen der Unterstützung von Hilfsmitteln. Erst durch medial-instrumentelle ‚Bewehrung', sprich ‚Aufrüstung' und Verstärkung könne der

---

48 André Leroi-Gourhan: Hand und Wort. Die Evolution von Technik, Sprache und Kunst. Frankfurt a.M. 1980, S. 320. Ein in den 1960er Jahren (auch) vorhandener Technikskeptizismus mag für die teilweise düstere Prognose der Überlegungen Leroi-Gourhans mit verantwortlich sein. Die kulturtechnische (auch schicksalhafte) Bedeutung einer entwickelten ‚Hand-Kompetenz' hat der Kunsthistoriker Horst Bredekamp für den Bereich der Kommunikationstechnologien sinngemäß so bestimmt, dass, egal, wohin sich die Maschinisierung des Schreibvorgangs entwickeln mag, das Denken sich immer durch die Hand auspräge. (H. Bredekamp in einem mündlichen Diskussionsbeitrag im Montagskolloquium am HZK an der HU Berlin, Mai 2004).

49 Vgl. André Leroi-Gourhan: Hand und Wort, a.a.O., hier: S. 151ff., Ludwig Jäger: Sprache als Medium. Über die Sprache als audio-visuelles Dispositiv des Medialen. In: Audiovisualität vor und nach Gutenberg, a.a.O., S. 19-42, hier: S. 22ff.; ders. u. Gisela Fehrmann: Sprachbewegung und Raumerinnerung. Zur topographischen Medialität der Gebärdensprache. In: Kunst der Bewegung. Hg. v. Christina Lechtermann u. Carsten Morsch. Bern 2004, S. 311-34; Hanna u. Ilse Jursch: Hände als Symbol und Gestalt. Berlin 1964.

50 Aristoteles profitierte von Platons denkerischer Vorleistung und übernahm dessen metaphorische Verwendung von ‚organon' als Werkzeug. Im „Novum Organon" (1620) von Francis Bacon heißt es: „Weder die bloße Hand, noch der sich selbst überlassene Verstand vermag sonderlich viel; durch Werkzeuge und Hilfsmittel wird die Sache gefördert; der Geist bedarf deren nicht minder denn die Hand. Und wie die Werkzeuge die Tätigkeit der Hand lenken und leiten, so stützen und schützen die Werkzeuge des Geistes den Verstand.", vgl. Francis Bacon: Neues Organon (1620). Hg. v. Wolfgang Krohn. Hamburg 1990, 26 (= I,2).

bloßen Hand jene Kraft (zurück) verliehen werden, die ihr einem eher abstrahierten, antiken Verständnis oder auch christlicher Vorstellung nach inhärent ist.[51]

1. Gotteshand – Symbolhände

Das Blatt, 1627 in Nürnberg entstanden, trägt den Titel „SCHOLA GENTILIUM, Der Heyden Schul vnd Unterweisung/wie sie in dem eusserlichen Erkaentnuß Gottes Staffelweiß auffsteigen köndten vnd sollten".[52] Der Bildteil ist bestimmt durch eine mächtige Gotteshand, der das hebräische Tetragramm *Jahwe* zugeordnet ist, das aus dem Strahlenglanz der himmlischen Aura hervortritt. Die *manus Dei* präsentiert in expliziter Anschaulichkeit den geozentrischen Kosmos als Kugel, deren gewölbte Mitte die Erde zeigt, während der atmosphärische Umkreis mit Himmelserscheinungen und Wunderzeichen angefüllt ist. Das Blatt gehört in die christliche Ikonographie der Schöpferhand, die den Kosmos und die Welt als ausdifferenzierte Ganzheit schafft. Entsprechend der Vorstellung von der Welt als Spiegel und ihrer Lesbarkeit, stellt Gott dem Menschen den (Welt)Spiegel vor Augen, in dem das analogische Aufeinanderbezogensein von Mikrokosmos (irdische Welt) und Makrokosmos (göttliches Universum) sichtbar ist, so dass der Betrachter die Schöpfung erkennen und sich selbst darin wiederfinden kann. Die Kosmoskugel ähnelt unter dem Aspekt einer konkreten Materialität einem Handspiegel, genauer einem Wulstspiegel, wie er im Spätmittelalter und in der Frühen Neuzeit tatsächlich geläufig war.[53]

Im innersten Zentrum kniet ein Mann vor einer aufgeschlagenen Bibel und wendet sich in einer Devotionshaltung andächtig zum Himmel. Der Erdkreis ist erfüllt mit Tieren und Pflanzen, zeigt aber auch eine stehende und eine gestürzte Säule, umgeben von Szepter, Krone, Reichsapfel und Schwert als Symbole für die Geschichte und Vergänglichkeit menschlicher Herrschaft. Unten im Rahmenstreifen, der die Erde umschließt, sind die Meere zu sehen, auf denen Segelschiffe fahren, die von den Winden der Himmelssphäre angetrieben werden. Der Raum ist mit Vögeln, Wolken und Gestirnen erfüllt, ein Komet und ein Flammenschwert versinnbildlichen himmlische Wunderzeichen, während göttliche

---

[51] Im „Willehalm" Wolframs von Eschenbach (um 1210/20) sind Christen wie Heiden als Ausdruck von Gottes Schaffeskraft „gotes hantgetât", vgl. 6. Buch, 306, 28.

[52] Horst Wenzel hat sich intensiv mit diesem Blatt auseinandergesetzt. Ich habe es gewählt, weil es in unübertroffener Anschaulichkeit und Komplexität die *manus Dei* als ordnungsstiftende Schöpferhand ins Bild setzt. In dem mir bekannten Flugblattkorpus lässt sich keine vergleichbare Darstellung finden; vgl. Horst Wenzel: Der Heyden Schul. Die doppelte Lesbarkeit des illustrierten Flugblatts. In: Wahrnehmungsgeschichte und Wissensdiskurs im illustrierten Flugblatt der frühen Neuzeit (1450-1700). Hg. v. Wolfgang Harms u. Alfred Messerli. Basel 2002, S. 60-77; vgl. zudem den Blattkommentar von Waltraud Timmermann in: Deutsche illustrierte Flugblätter, Bd. I, S. 26.

[53] Vgl. dazu in Teil B, Kap. III, den Abschnitt „Spiegel", wo ich genauer auf die Spezifik von Wulstspiegeln eingehe.

Segnungen im Füllhorn bildhaft vorgestellt sind, strafende Plagen hingegen in einem herabstürzenden Insektenschwarm und einem Hagel von Totenschädeln und Gebein (Abb. 01, Ausschnitt):

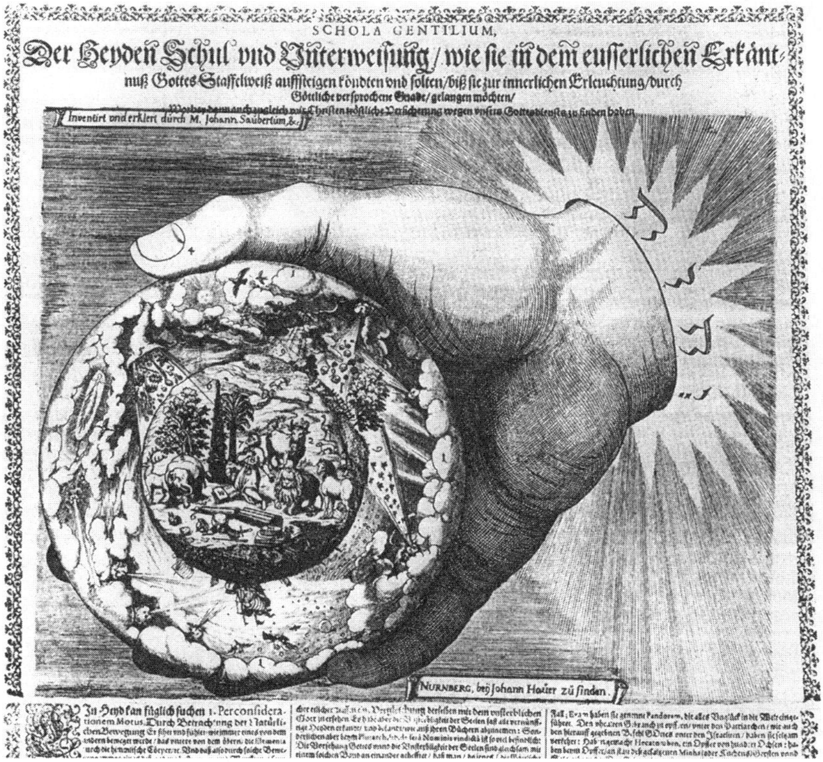

Die Ziffern 1-10, die den Bildobjekten zugeordnet sind und sie mit den Abschnitten des dreispaltigen Textes verschalten, entsprechen den zehn „staffeln" oder „stucken" des durchnummerierten Textes. Beginnend mit dem Hinweis auf Gott als ‚unbewegter Beweger', führt der Verfasser, der sich auf einem Schriftband ganz oben im Bild als Johann Saubert vorstellt,[54] die Hauptgründe für die Erkenntnis Gottes im Sinne des Existenznachweises eines einigen, gütigen und ge-

54 Saubert war ein produktiver Flugblattautor, den ein religiöses Sendungsbewusstsein antrieb. Mehrere Blätter mit vergleichbarer Thematik und anspruchsvoller Gestaltung gehen auf ihn zurück, vgl. zu seiner Person und für ein anderes Exemplar von ihm in Teil B, Kap. III, Abschnitt „Brillen".

rechten Gottes auf. Die Argumente stützen sich allein auf Beobachtungen, allgemein anerkannte Tatsachen und rationale Analyse von *visibilia* der natürlichen Welt. Dadurch sollen Heiden und Christen stufenweise („staffelweiß“) bis zur innerlichen Erleuchtung aufsteigen können, und von dort weiter zur Anerkennung der offenbarten (protestantischen) Religion gelangen. Da Saubert seinen Traktat mit einer moralisierenden Ermahnung zum rechten Glauben beschließt, wobei er besonders auf die Bedeutung einer beflissenen Bibellektüre hinweist, wird deutlich, inwiefern der Titel irreführend ist: Nicht den ungläubigen Heiden will das Blatt Anleitung zum rechten Glauben sein, sondern die Christen zur Einhaltung eines gottgefälligen Lebens auffordern.

Die Zahlenfolge verweist zugleich auf die zehn Gebote und fungiert als Matrix, d.h. als numerischer Code, der Bild und Schrift verknüpft: Während das Bild eine optische Abbreviatur der Welt für das Auge bietet, leisten der Text und seine Thesen die intelligible Argumentation für den Verstand; das Bild veranschaulicht, der Text konkretisiert und bringt auf den Begriff. Die Zahlen ermöglichen ferner, das Bild nicht nur als räumliche Anordnung wahrzunehmen, sondern es sukzessive zu durchwandern.

Insgesamt bedient sich das Bild-Text-Zahl-Arrangement eines (mindestens) dreifachen Ausdruckspotentials der überproportionierten Hand Gottes: Zum einen repräsentiert sie metonymisch die omnipotente Ganzheit des Schöpfers; zum zweiten markiert ihr Gebrauch die bedeutungsvolle Zeichenhaftigkeit der (autoritären, herrscherlichen) gestischen Handgebärde, wie sie in einer weitgehend mündlichen Kommunikationskultur noch voll zur Anwendung gelangt; drittens gewährleistet die Hand Gottes, die dank ihrer Glieder die Möglichkeit zur Ausdifferenzierung ebenso wie zur organischen Ganzheitlichkeit besitzt, eine wirkungsvolle Gedächtnistechnik für glaubensmüde Mitbürger in Nürnberg. Noch heute gilt, dass man Sachverhalte ‚an den fünf Fingern einer Hand abzählen‘ kann, so dass sie ersichtlich ‚auf der Hand‘ liegen und in ihrer wechselseitigen Beziehung als Teile eines Ganzen erkennbar werden.[55] Dieser Umstand ist zurückzuführen auf die körpergebundene Topographie der Hand, dank derer sich Merkinhalte spatialisiert verorten lassen, um bei Bedarf abgerufen und sukzessive in der Zeit entfaltet zu werden.

Der Gotteshandinszenierung in der „Schola Gentilium“ können zwar motivisch und thematisch verwandte Blätter zur Seite gestellt werden, doch reichen sie nicht an die persuasive Visualisierung der gigantischen Schöpferhand heran.

---

55 Eine Werbekampagne des Hamburger Beratungs- und Therapiezentrums für Essstörungen, Die Brücke e.V., hat sich den bekannten Kinderreim „Das ist der Daumen, der schüttelt die Pflaumen ...“ zunutze gemacht: Eine junge Mutter spricht ihrem Kleinkind den Spruch mit entsprechender Fingervorführung vor, wobei auf den hochgehaltenen, kleinen Finger der anderen Hand (als sechster) das Bekenntnis erfolgt: „Und der kotzt sie alle wieder aus.“ (2004, Anzeige in einem kostenlosen Hamburger Anzeiger), vgl. auch Horst Wenzel: Der Heyden Schul, a.a.O., hier: S. 71.

Gleichsam prototypisch sind Darstellungen, die die Hand des Herrn als ikonisch-figürliche Synekdoche für Gottes omnipotente Wirk- und Schaffenskraft als Detail ins Bild holen. In dem Exemplar „Geistlicher Eckstein: vnd ewigwaerendes Liecht“ von 1632 durchbricht das göttliche Sonnenlicht mit den Hauptstrahlen „Gratia“, „Justitia“ und „Misericordia“ den Wolkenhimmel (Abb. 02):

Die Lichterscheinung korrespondiert mit einem zentral im Bild platzierten Kerzenleuchter. Dessen Flamme steht für die Wahrheit und Unverletzlichkeit des protestantischen Glaubens, konkret bekundet sie in diesem Fall die seit mehr als 100 Jahren anhaltende Gültigkeit der Augsburger Konfession. Die Komposition wird ergänzt durch den guten Hirten mit gestricheltem Nimbus, der links im Hintergrund auf einer Anhöhe seine Schafe hütet. Er schickt mit einem Sendegestus Gustav Adolf von Schweden, den protestantischen „Leo Aquilonis“, in den interkonfessionellen Kampf. In der rechten oberen Bildhälfte erhebt schließlich, aus einer dunklen Gewitterfront mit Hagel, Blitz und Donner heraus, die Hand Gottes das Richterschwert gegen die (katholischen) Feinde, deren Heerscharen vor den (protestantischen) Kräften fliehen. Während im Vordergrund die katholische Geistlichkeit aufgeregt bemüht ist, die Kerze, die das Augsburger Glaubensbekenntnis symbolisiert, mit brachialen Mitteln auszulöschen, kündet die aufrechte Flamme von der ausdauernden Kraft von Gottes Wort.[56] Die mit dem Schwert bewehrte Gotteshand unterstützt und bestätigt die Legitimität des protestantischen Anspruchs als Führungskraft im konfessionellen Hegemoniekampf.

Die Lesbarkeit der Hand als Symbolhand ist grundsätzlich in der zeichenhaften Verwendung der Hand im Raum wechselseitiger Wahrnehmung begründet. Das Bild von der Gotteshand, die aus der Wolke oder aus der himmlischen Aura nach unten weist, ist aus dem Alten Testament bekannt, sie steht in einer langen ikonographischen Tradition und wurde zum zentralen Symbol der Schöpferkraft des Logos und zur Stellvertretung für Gottvater.[57] Somit besitzt die Hand eine reiche mediale Vorgeschichte für die Repräsentation von Status und Macht. Sie avancierte zur Schicksalshand und Herrscherhand, an der die Rückbezüglichkeit auf Gott immer inbegriffen ist.[58]

2. Merk- und Andachtshände – Ikonische Hände

Die Hand hat ein kulturgeschichtlich bedeutsames Selbstbewusstsein ausgebildet. Neben ihren bereits angesprochenen, vielfältigen Funktionen, dient sie in den europäischen Memorialkulturen auch als sprechende Hand (*manus loquens*). Gesicht und Mund fallen in ihr zusammen und übertragen auf sie die Funktion der Rede, die zur ‚manuellen Rede' wird. Darüber hinaus realisiert sich in der Hand die Verbindung von zeigen, zählen und erzählen. Dieses Potential ist in Gedächtnispraktiken überführt worden, die auf dem Gebrauch der Hand basieren: In der Hand und ihren Fingern gegliederte, geordnete und abgelegte Wissensbestände bleiben als ‚digitalisierte' Information verfügbar (lat. *digitus* > dt. Finger).[59] So wie sich die Gebote katechetischer Unterweisung hervorragend in der leicht vor Augen zu haltenden, immer verfügbaren Hand veranschaulichen und merken lassen, können auch Melodiegänge oder Rechenaufgaben über die Fingerglieder abgewickelt werden. Die Tradition handbasierter Codierung, Operation und Kommunikation ist im Übergang von der Handschriftenkultur zum Typographeum nicht verschwunden, sondern im neuen Medium beibehalten und weiterentwickelt worden. Die Hand begegnet weiterhin als Andachtshand und Heilsspiegel, als Schreib-, Schau- und Zeichenfläche, allgemein als Gedächtnishand.

---

56 Mit dem ikonographischen Motiv des (Kerzen-)Lichtes, das die katholischen Gegner vergebens zu löschen trachten, steht das Blatt in einer lutherischen Bildtradition; vgl. den Blattkommentar von Michael Schilling in: Deutsche illustrierte Flugblätter, Bd. IV, S. 254.

57 Vgl. Horst Wenzel: Der Heyden Schul, a.a.O., hier: S. 70ff.; zudem Hanna u. Ilse Jursch: Hände als Symbol und Gestalt, a.a.O., S. 11ff.

58 Vgl. Josef Engemann: Hand Gottes. In: Lexikon des Mittelalters, Bd. IV, Sp. 1902; Brian P. Copenhaver: A Show of Hands. In: Writing on Hands, a.a.O, S. 46-59, hier: S. 54.

59 Vgl. Horst Wenzel: Von der Gotteshand zum Datenhandschuh, a.a.O., hier: S. 25f.

In dem querformatigen Blatt mit dem Titel „Die Hauptst[ück christli]cher Religion“, das ohne konkrete Jahresangabe (wahrscheinlich vor 1573) und ohne seine rechte Hälfte überliefert ist, sieht man die krude gestaltete, linke Hand eines evangelischen Katechismushändepaars.[60] (Abb. 03)

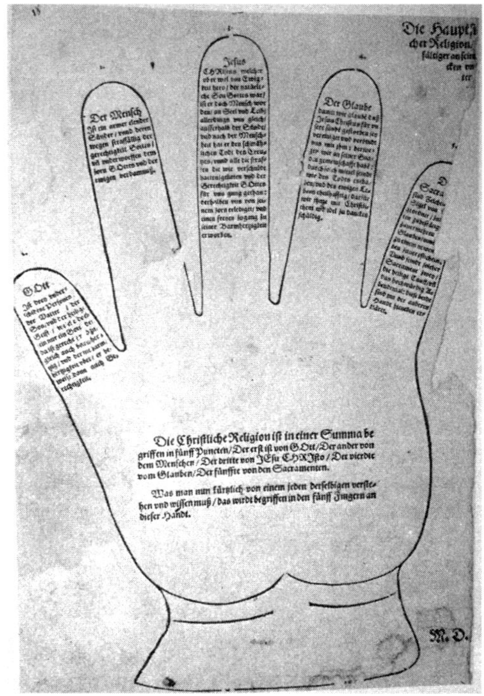

Die Umrisshand soll als Gedächtnisstütze die wichtigsten Punkte des christlichen Glaubens in Erinnerung rufen, indem sie je nach Bedarf vor die Augen gestellt wird. Sie ist mit der Innenfläche dem Betrachter zugewandt. Dass die Linke als Merkhand fungiert, kommt nicht von ungefähr, da ihr die Aufgabe der Wissensspeicherung traditionell zugewiesen scheint, während die Rechte, sofern sie Teil entsprechender Darstellungszusammenhänge ist, mit dem Digitus vornehmlich den Zugriffsmodus markiert. Exemplarisch kann dies eine Miniatur aus einem mittelalterlichen Manuskript verdeutlichen, in der eine Hand musiktheoretischen Erörterungen eine Bildfläche zur Speicherung und Visualisierung bietet. Ein Mönch – möglicherweise Guido von Arezzo, nach dem die ‚Guidonische Hand‘ benannt ist – hält seine überproportionierte linke Hand hoch, die mit Inschriften angefüllt ist. Der ebenfalls vergrößert gezeichnete Zeigefinger der Rechten folgt

[60] Die rechte Hand ist mit der rechten Blattseite verlorengegangen, vgl. auch den Kommentar von Dietmar Peil in: Deutsche illustrierte Flugblätter, Bd. VII, S. 62.

seinem Blick auf die Linke und ist im Begriff, einen Sachverhalt in der Linken hervorzuheben.[61]

Der Text im Teller der abgebildeten Katechismushand kann als Inhaltsverzeichnis und Zusammenfassung gelesen werden:

> Die Christliche Religion ist in einer Summa begriffen in fünff Puncten/Der erst ist von GOtt/Der ander von dem Menschen/Der dritte von JEsu CHRIsto/Der vierdte vom Glauben/Der fünffte von den Sacramenten. Was man nun kürtzlich von einem jeden derselbigen verstehen vnd wissen muß/das wirdt begriffen in den fünff Fingern an dieser Handt.

Den Fingern sind die wichtigsten Informationen zu den „fünff Puncten" der christlichen Religion eingeschrieben. Der Daumen, über dem eine kleine 1 als Ordinalzahl den Anfang (redundant) markiert, belehrt über die göttliche Trinität, über Gottes Gerechtigkeit und Barmherzigkeit: „GOtt Ist drey vnderschiedene Personen der Vatter/der Son/vnd der heilige Geist/[...]"; der Zeigefinger weist zum zweiten den Menschen als Sünder aus, der Gottes Gerechtigkeit und der ewigen Verdammnis unterworfen ist („Der Mensch Ist ein armer elender Sünder/"), der Mittelfinger schließt an und stellt Jesus als Mensch gewordenen Gottessohn vor, der durch seinen Kreuzestod den Menschen in die Gnade und Barmherzigkeit des Herrn geholt hat: „Jesus CHRistus welcher ob er wol von Ewig=keit hero/der natürli=che Son Gottes war/ist er doch Mensch worden/[...]". Die Erlösungstat Christi nennt der Ringfinger als wichtigsten Punkt des Glaubens („Der Glaube damit wir glaubē daß Jesus Christus für vnsere sündē gestorben sey vereinigest vnd verbindt vns mit ihm: [...]", während abschließend im kleinen Finger auf die Funktion der Sakramente Bezug genommen wird: „D[ie] Sacra[mente] sind Zeichen [...] Sigel von [...] geordnet/ [...] Vnnd seindt solcher Sacrament zwey/die heilige Tauff/vn das hochwürdig Abendtmal: diese beide sind nun der anderen Handt hieneben er=kläret." Da nur die Taufe und das Abendmahl erwähnt werden, muss es sich bei dem Blatt um ein protestantisches gehandelt haben. Wie der letzte Hinweis im kleinen Finger andeutet, wurde in der rechten Hand Auskunft über die Sakramente gegeben.

Im Vergleich zur nächsten Hand ist diese Katechismushand eine Schwundform, die sich ausschließlich auf die Auflistung der wichtigsten Merkpunkte beschränkt, ohne allegorische Bildzusätze aufzunehmen oder entsprechend der Fingersegmentierung das Thema differenzierter zu entfalten. Komplexer ist die ebenfalls im religiös-erbaulichen Zusammenhang stehende „MANVALE EXAMINIS CONSCIĒTIÆ" komponiert. Wie der Untertitel ausführt, hat sie (bzw. das Blatt) den Anspruch, ein „klarer spiegel" zu sein, das „gewissen täglich abends zu erforsch[en]". Zum Zwecke der abendlichen Gewissensüberprüfung

---

[61] Die Darstellung ist wiedergegeben in: Joseph Smits van Waesberghe: Musikerziehung. Lehre und Theorie der Musik im Mittelalter. Leipzig 1969, Abb. 57; vgl. auch Horst Wenzel: Von der Gotteshand zum Datenhandschuh, a.a.O., hier: S. 38.

verbindet das katholisch inspirierte Blatt aus dem 1. Drittel des 17. Jahrhunderts eine Memorialhand, Medaillons und Texte (Abb. 04):

Auf dem Daumen wird ein kniender Mann im Dankgebet vor Gottvater, dem Weltenherrscher abgebildet (Dank), und auf dem Zeigefinger die Taube des Heiligen Geistes, deren Licht auf den Adoranten mit gefalteten Händen ausstrahlt (Bitte). Der Mittelfinger zeigt Christus als Richter vor einem schreibenden Gläubigen (Selbstprüfung), der Ringfinger einen bekennenden Sünder vor Kreuz und Altar (Bekenntnis); der kleine Finger schließlich den *miles Christianus*, der gegen einen Drachen kämpft und ihn bezwingt (Abwehr der Sünde). Unterstützt wird die (von mir bereits getroffene) Explikation der Szenen durch Schriftbänder über dem Daumen und den Fingern, die in lateinischer und deutscher Abbreviatur den Sinngehalt konkretisieren.

Die fünf Finger entsprechen fünf Punkten der Gewissensprüfung, die auf die „Geistlichen Übungen/Exerzitien" des Ignatius von Loyola (1491-1556), den Gründer des Jesuiten-Ordens zurückgehen,[62] woraus sich u.a. die katholische

62 „Exercitia Spiritualia", religiös-didaktisches Werk, erschienen 1548. Die darin aufgestellten Regeln und Anleitungen sind für geistliche Erzieher gedacht, die ihre

Provenienz des Blattes schlussfolgern lässt. Die begleitenden (Bibel-)Texte, ebenfalls zweisprachig verfasst, erläutern die Forderungen der Gewissensprüfung und unterstreichen den Verweis auf die vier letzten Dinge, die in den mit lateinischen Bibelzitaten und einem Sinnspruch kommentierten Eckmedaillons zum Thema werden: oben links der Tod, rechts das Gericht, unten links die ewige Verdammnis und gegenüber das ewige Leben. Bild und Text korrespondieren miteinander und verstärken ihre Botschaft wechselseitig durch die jeweilige Kombination von Wort und Visualisierung.

An beiden Blättern wird die konfessionsübergreifende Popularität aufgrund der Eingängigkeit der ‚Hand zur Gewissenserforschung' manifest. Das Schema der Hand erweist sich als stabiler Garant dafür, dass die Darstellungsbedingungen von Bild, Text und Zahl im typographischen Medium erweitert und optimiert werden. Entsprechend der fünf Kern- und Merkpunkte, in denen die christliche Religion begriffen ist, werden deren Informationen auf die fünf Finger verteilt und dort verankert. Dem Betrachter wird anhand der körpergebundenen Topographie der Hand ein Hilfsmittel geliefert, das die Bewahrung und Entfaltung der christologischen Botschaft im Gedächtnis unterstützt. Dabei ist ausschlaggebend, dass der Hand eine mindestens zweifache Ordnungsstruktur eignet, nämlich die einer räumlichen und die einer numerischen Gliederung.[63] Die Handbilder evozieren eine nachvollziehbare Präsenz der Körperhand des Betrachters, auf die er imaginär die dargestellten Inhalte übertragen kann und die ihm zugleich die Gewissheit verschafft, dass es die Gegenstände gibt, die er memoriert, selbst wenn er sie nicht tatsächlich berührt. Der ‚manipulierte' christologische Gegenstand ‚antwortet' mit der Hand gewissermaßen dem Rezipienten, da die ihr inhärenten motorischen Schemata automatisch eine Reaktion freisetzen. Das im Handbild medialisierte Hinzeigen auf das in ihm festgehaltene Thema ist zwar ein imaginär-geistiges Zeigen, zugleich verläuft es aber aber auch über den Körper desjenigen, der die Hand betrachtet.

3. Fingerzeige/Zeighände – Indexikalische Hände

Miniaturen, Inkunabeln und Holztafeldrucken mit religiöser Thematik ist oftmals Text beigegeben. Die Inschriften in Form von Schrift- und Spruchbändern oder ornamentalisierte Inskriptionen, die in die Nimben von Heiligen gesetzt sind, unterstützen die ‚Sprachfähigkeit' der Bilder und Figuren. Möglicherweise wollten die Gestalter sicherstellen, dass die Darstellungen in häuslichen Andachtssituationen korrekt verstanden wurden. Eine Funktion der Schriftbeigaben wäre also, dem zunehmend individuell bildbetrachtenden und in die private Sphäre entlassenen Gläubigen bei der Bildlektüre zu assistieren. Allerdings irritiert die einge-

Zöglinge zu einem Leben der Frömmigkeit führen sollen, vgl. Kindlers Neues Literaturlexikon. Hg. v. Walter Jens, Bd. 8 (1990), S. 354f.

63 Vgl. Gunter Gebauer: Hand, a.a.O., hier: S. 481.

schränkte Schriftlesefähigkeit des Publikums im 15. und 16. Jahrhundert, die das Argument von der begrifflichen Konkretion des Ikonischen ins Leere laufen lässt. Andererseits eignet der Schrift, vor allem dem Wort Gottes, von jeher ein besonderer Status des Mystisch-Numinosen, der allein aus der Präsenz der Buchstabenfolgen hervorgeht. Die Schrift als medialisierte Verstetigung der Stimme könnte eher ein notwendiger Ersatz für die abwesende Stimme einer das Bild vermittelnden Autorität gewesen sein. Die Schrift- und Textbeigaben in den frühen Bild-Textdrucken lassen sich dann als zeichenhaftes Echo einer autoritativen Stimme deuten, die den Medien imaginativ hörbar ‚eingeschrieben' ist. Ein solches Echo geht auch von ikonischen Deiktika wie Fingerzeigen und Zeighänden aus, die sich in den Seitenrändern zahlreicher mittelalterlicher Manuskripte finden. Ihre primäre Aufgabe ist es, auf Sachverhalte, Namen, Stellenverweise und Figuren hinzudeuten und die Aufmerksamkeit des Leser-Betrachters zu lenken. Das verschriftete Wort bringe zwar „den Zeigefinger der deiktischen Rede zum Verschwinden", wie Horst Wenzel resümiert,[64] doch nehmen die Fingerzeige diesen Gestus auf und transformieren ihn zeichenhaft, so dass er in den Handschriften beibehalten wird. Und auch in den Medien des Typographeums begegnen ‚bleierne' Zeighände mit vergleichbaren Funktionen, denen numerische Deiktika zur Seite stehen können.

Das kolorierte Flugblatt „Deß Sterns Kurtze Beschreibung/ Welcher den Weisen inn Orient erschinen/ zur zeit als Christus zu Bethlehem geboren." (wahrscheinlich 1623) figuriert mit seiner Textanordnung einen sechsstrahligen Stern.[65] Der Figurentext, der zum Bild werden lässt, wovon er spricht (den Stern),[66] gibt die Legende von den Heiligen Drei Königen wieder und dient als Neujahrsgruß. Zwischen die Sternzacken sind Szenen mit Darstellungen der Weihnachtsgeschichte eingefügt (Verkündigung an Maria, Hirtenverkündigung, Geburt Jesu, Empfang und Aufnahme des Heilands). Die Leserichtung des Textes verläuft von der obersten Spitze des Sterns, Zeile um Zeile absteigend, bis zum „Amen" am Fuß des Typogramms. Es werden die Wunder bei der Geburt Jesu aufgezählt, zu denen die Hirtenverkündigung, „etliche seltzame wunder in der Stat Rom" sowie der Stern von Bethlehem gehören, der in Folge ausführlich entfaltet wird. Der Text schließt mit der Bemerkung, dass in den Wundern der Weihnacht das Leben Christi „gantz abgebildet" sei. Im Konzept des Schriftsterns ist die erste Zacke prominent, weil dort eine kleine Zeighand den Punkt markiert, an dem der Text

64 Horst Wenzel: Deixis und Initialisierung, a.a.O., hier: S. 130.

65 Eine Version des Blattes ohne die sechs Miniaturen, deren Untertitel leicht verändert ist, befindet sich in: Deutsche illustrierte Flugblätter, Bd. III, Abb. 3a, dort auch ein Kommentar zum Blatt, S. 8; vgl. zudem Horst Wenzel: Deixis und Initialisierung, a.a.O., hier: S. 130f., der sich mit dem Exemplar auseinandergesetzt hat, das in der Edition von Wolfgang Harms et al. reproduziert ist.

66 Zur visuellen Lyrik und zum Figurengedicht, vgl. Ulrich Ernst: Labyrinthe aus Lettern. In: ders.: Intermedialität im europäischen Kulturzusammenhang. Berlin 2002, S. 225-252, hier: S. 225ff., zudem in Teil B, Kap. III, den Abschnitt „Spiegel".

das erste Mal seine Richtung wechselt. Dort heißt es über Christus: „es ist auch sein Geburt wunder/barlicher weiß/ durch sonderlich […]“. Bei „sonderlich“ wandert der Blick nicht weiter nach rechts oder unten, sondern auf den linken Strahl, wo er durch eine zweite Zeighand auf das anschließende Wort gelenkt wird: „Miracul vnd […]“ (Abb. 05):

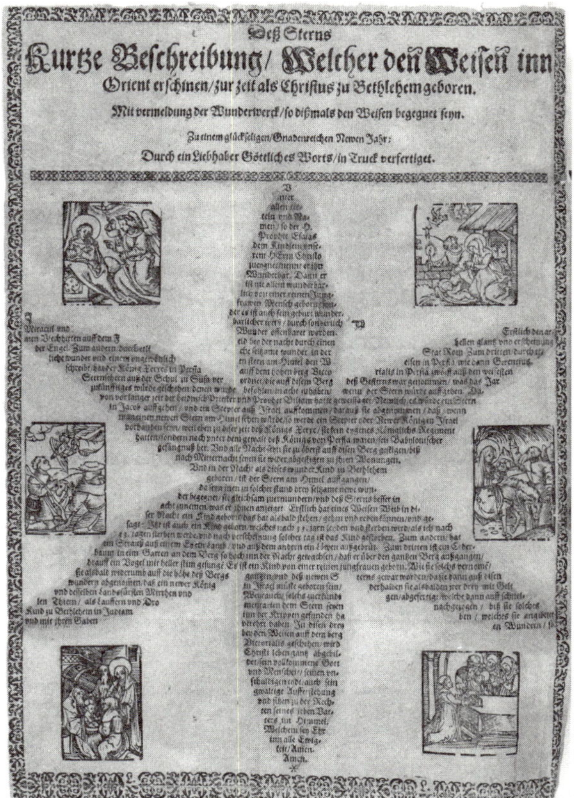
Deß Sterns
Kurtze Beschreibung/ Welcher den Weisen inn Orient erschinen/ zur zeit als Christus zu Bethlehem geboren.
Mit vermeldung der Wunderwerck/ so dißmals den Weisen begegnet seyn.
Zu einem glückseligen/ Gnadenreichen Newen Jahr:
Durch ein Liebhaber Göttliches Worts/ in Truck verfertiget.

Von dort gelangt die Sequenz nach einem Sprung über die leere Fläche zurück in den Mittelstrahl zum Satzende: „Wunder offenbaret worden.“ Den Anschluss bildet ein nächster Sprung auf den rechten Sternstrahl: „Erstlich den ar[...]“, dem ein Rücksprung nach ganz links folgt: „[...]men Viechhirten auff dem F[...]“, um entsprechend fortzulaufen. Der Zeilensprung der ikonischen Form dauert an, bis er durch die Mittelpartie der Figur ausgesetzt wird, um im unteren Segment, entsprechend der Strahlspreizung wieder einzusetzen. Dort erübrigt sich dann eine Markierung der Leserichtung, weil sie bis dahin klar geworden ist. Ohne Hilfe am Anfang würde der Rezipient jedoch lange dazu benötigen, den Textfluss zu erschließen.

Einerseits erzeugt die ikonische Figürlichkeit der Textanordnung neben der begrifflichen Aussage eine zweite Bedeutungsebene. Andererseits birgt der bildhafte Text Stolpersteine für das Auge und behindert eine fließende Lektüre. Die kleinen Zeighände überbrücken die Diskrepanz zwischen der produktionstechnischen Unvermeidbarkeit der Textbrüche und der rezeptionsästhetischen Irritation, indem sie die schwer auffindbaren Zeilensprünge markieren und das Auge des Lesers an die Stelle führen, an der die Lektüre fortsetzt. Sie betonen keine inhaltlichen Schwerpunkte, sondern gewährleisten die chronologische Lenkung der Wahrnehmungsreihenfolge als graphische Wegweiser.

Eine Handletter ist auch Teil der „Christliche Dancksagung eines Andächtigen/Hertzen". Das Blatt dürfte zwischen 1618 und 1647 entstanden sein (Abb. 06):

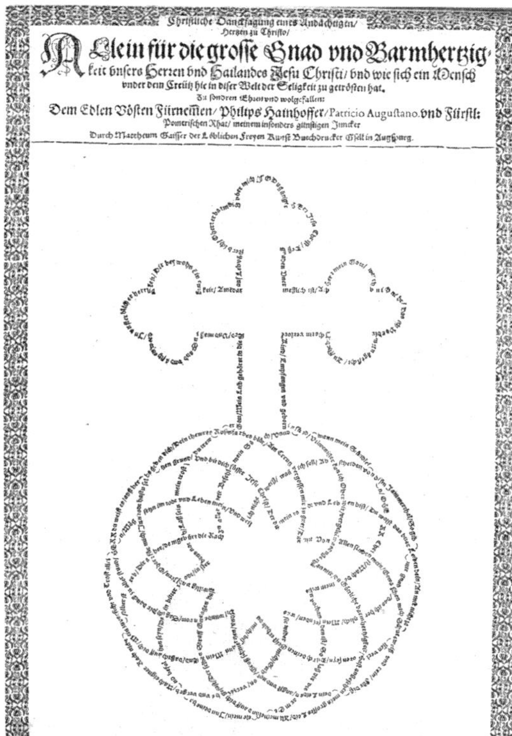

Das Figurengedicht zeigt unten die Weltkugel und ihr aufgesetzt das Kreuz. Entsprechend einem Leserichtungspfeil markiert die Zeighand den Textbeginn der ikonischen Graphie. Die Lektüre beginnt an der Kreuzspitze und führt im Uhrzeigersinn zunächst bis zum rechten Kreuzfuß (vom Betrachter aus gesehen), wo das Wort „geborn“ steht. Der Kugelbereich mit dem Knäuel verschlungener und sich kreuzender Letternbahnen konfrontiert den Leser-Betrachter mit der Aufgabe, das Blatt fortan ständig zu drehen, so dass er die durch Virgeln am jeweiligen Versende regelmäßig angezeigte metrische Form des Textes aufnehmen kann. Dies ist nicht allzu schwierig: auf „geborn“ folgt „in sünd/Vilweniger kann ich O herr Dir/vergelten was Du gethan an mir/Du Göttliche barmhertzigkeit/ [...]“, und geht in ‚runder Linearität‘ weiter bis zum linken Kreuzfuß, von wo aus der Aufstieg beginnt und die Lektüre beim Wort „mich“ vor der Zeigehand zum Abschluss bringt.[67]

In der Darstellung kommt die religiöse Signifikanz der in sich selbst zweiteilig strukturierten *figura* zum Ausdruck, die mit dem Text korrespondiert. Dem Bereich diesseitiger Vergänglichkeit und Sündhaftigkeit (die Weltkugel) kontrastiert das Kreuzzeichen, das diesen Zustand transzendiert und den Menschen auf eine neue Stufe erhebt: Die Aufrichtung des Kreuzes als Siegeszeichen über der Welt versinnbildlicht das Mysterium der Erlösung. Die Bedeutung der Zeighand liegt in einer rein räumlichen Orientierungshilfe für den Rezipienten. Während das vorgängige Exemplar das Lesen über komplizierte Zeilensprünge mittels zweier Fingerzeige lehrt, reicht in der „Dancksagung“ eine deiktische Hand aus, um den Lesefluss in Gang zu setzen. In beiden Blättern dürfte der Betrachter aber seinen eigenen, berührenden Finger eingesetzt haben, um die gebrochenen oder kreisenden Letternbahnen im Auge zu behalten.

Der frühe Buchdruck vervielfältigte nicht nur religiöse, später reformatorische Texte und Text-Bild-Kombinationen, sondern er schuf auch ein Forum für individuelle Meinungsäußerung, die nicht immer sachbezogen war. Der Schlagabtausch zwischen Johannes Reuchlin und Johannes Pfefferkorn gibt dafür ein frühes Beispiel ab. Johannes Pfefferkorn, ein zum Christentum konvertierter Jude, rief ab 1507 in Flugschriften dazu auf, den Juden ihre Bücher wegzunehmen, sie zu Bekehrungspredigten zu zwingen, ihnen den Geldverleih zu verbieten, sie zu vertreiben oder niedere Arbeiten verrichten zu lassen. Als Grund brachte er stereotype Unterstellungen vor, nach denen die Juden faul seien, auf Kosten anderer lebten, Gott lästerten und kleine Kinder ermordeten. Johannes Reuchlin, erster Hebraist im Deutschen Reich, Bundesrichter und dem Humanismus verpflichtet, versuchte in Gegendarstellungen die Argumente Pfefferkorns zu widerlegen. Die Kontroverse zwischen den beiden begann 1507 nach der Erstellung eines Gutachtens von Reuchlin für Kaiser Maximilian, in dem er Stellung zu der Frage nahm, ob die Juden ihre Religion praktizieren und ihre Bücher vernichtet werden sollten oder nicht. In seiner Expertise riet Reuchlin davon ab, die von Pfefferkorn angestrebte Konfiszierung und Vernichtung zu befürworten, da allein die Sprache der Juden als wichtige Kultur- und Religionsquelle anzuerkennen sei (vgl. das Bemühen der Humanisten, *ad fontes* die ursprüngliche Gestalt der Heiligen Schriften zu rekonstruieren). Nachdem Pfefferkorn in der Flugschrift der „Hand-

---

[67] Für eine detaillierte Wiedergabe vgl. den Blattkommentar in: Deutsche illustrierte Flugblätter, Bd. I, S. 58.

spiegel" (1511) Reuchlin wegen dessen Position angegriffen hatte, antwortete Reuchlin mit seinem „Augenspiegel" (1511).[68] Auf den hier wiedergegebenen Seitenausschnitten aus Reuchlins „Augenspiegel" sind kleine Zeighände zu sehen:

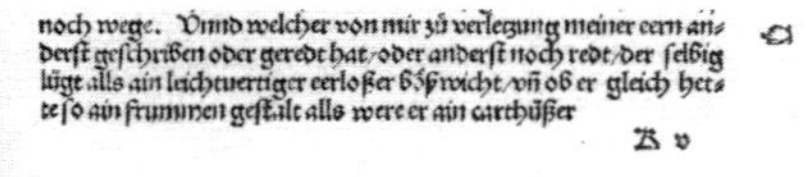
noch wege. Vnnd welcher von mir zů verlegung meiner eern an-
derst geschriben oder geredt hat/oder anderst noch redt/der selbig
lügt alls ain leichtuertiger eerloßer böswicht/vñ ob er gleich het-
te so ain frummen gestalt alls were er ain carthüßer
B v

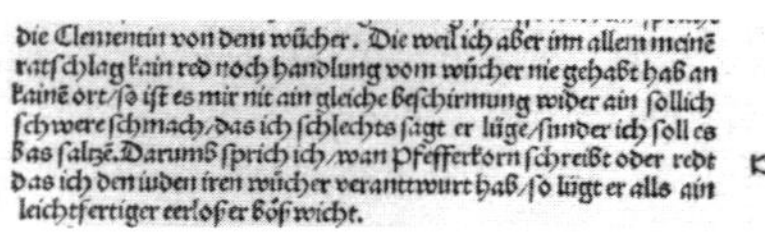
die Clementin von dem wůcher. Die weil ich aber im allem meinẽ
ratschlag kain red noch handlung vom wůcher nie gehabt hab an
kainẽ ort/so ist es mir nit ain gleiche beschirmung wider ain sollich
schwere schmach/das ich schlechts sagt er lüge/sunder ich soll es
bas saltzẽ. Darumb sprich ich/wan Pfefferkorn schreibt oder redt
das ich den iuden iren wůcher verantwurt hab/so lügt er alls ain
leichtfertiger eerloser böswicht.

Auch hier übernehmen die deiktischen Figuren nicht die Funktion einer inhaltlichen Hervorhebung, sondern zeigen zum einen in den Text, zum anderen über den unbedruckten Satzspiegelrand hinaus aus der Seite. Es scheint, als müsse dem Leser grundsätzlich der Weg hinein in den Text bzw. auf die andere Seite gewiesen werden. Es verstetigt sich hier eine rhetorische Praxis und mündliche Tradition im Medium des Typentextes, für die die Hand untrennbar mit dem Rhetor, zumal dem, der sich oder einen Sachverhalt verteidigen muss, verbunden ist. Gleichwohl ist die Hand in einer ‚statischen' Deixis eingefroren und kann gar nicht das Artikulationspotential einer beweglichen, lebendigen Hand vergegenwärtigen. Der Handzeig simuliert also eher die handbegleitete Rede und Defension des körperlich abwesenden Sprechers, den sie im Textraum zeichenhaft vertritt.

Statt Finger und Hände fungieren auch Zahlen als Deiktika und im übertragenen Sinn als numerische Blickrichtungsweiser: so bei einem Hochzeitsgedicht von 1667, das den Nachkommenswunsch zum Ausdruck bringt, der perspektivisch in der Figur einer Wiege gestaltet ist.[69] Der Text kombiniert Schlafliedinhalte, religiöse Frömmigkeit und lautmalerischen Silbenbau. Die Reihenfolge der Verse ist durch die Nummerierung vorgegeben, wobei ein Hinweis unter dem ikonischen Gedicht eine Leseanleitung offeriert.

---

68 Erasmus von Rotterdam, Willibald Pirckheimer und andere rieten Reuchlin zur Mäßigung. Am 15. September 1513 wurde Reuchlin vor das Inquisitionsgericht nach Mainz geladen. Sechzehn Punkte, die vermeintlich im Widerspruch zur reinen Glaubenslehre standen, umfasste die Anklageschrift. Im März 1514 siegte Reuchlin in erster Instanz. Die Verdächtigungen gegen den „Augenspiegel" wurden zurückgewiesen, jedoch führte ein Einspruch beim Papst zur Neuaufnahme des Verfahrens, das im Juni 1520 zur Verurteilung Reuchlins führte; vgl. das Nachwort von Josef Benzing: Johann Reuchlin. Augenspiegel. Faks.-Druck nach d. Ausgabe Doctor Johannsen Reuchlins Augenspiegel, bei Thomas Anshelm, Tübingen, 1511. München 1961, nicht paginiert. In Teil B, Kap. III, Abschnitt „Brillen" gehe ich auf den „Augenspiegel" weiter ein.

69 Vgl. Julika Funk: Text als Figur. Den Buchstaben ein optisches Gefäß geben. Konstanz 1988, S. 49-52; dort findet sich auch die Abbildung des auf der nächsten Seite wiedergegebenen Exemplars.

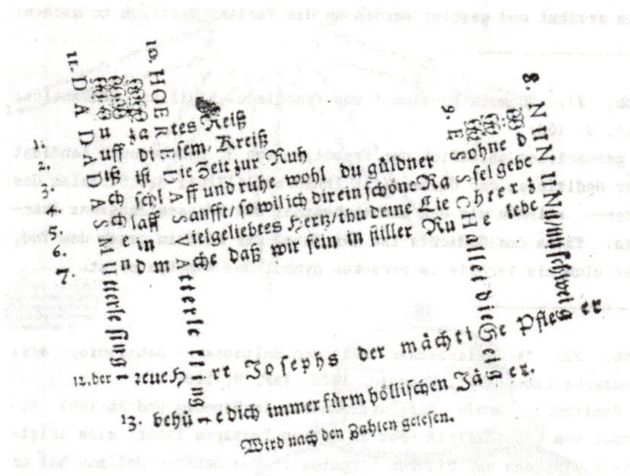

Bei 1 beginnend, verlaufen die ersten sieben Textzeilen vertikal und bilden die Liegestatt des männlichen Säuglings *in spe*. Die Zeilen 11, 10, 9 und 8 (von links gezählt), die vier Beinen auf Schaukelkufen entsprechen, die aus den verbleibenden Zeilen 12 und 13 entstehen, unterbrechen die ersten sieben Textbahnen. Horizontal verkehren sie mit entsprechend gedrehten Buchstaben den vertikalen Letternfluss.

Die zugleich auffallenden und unscheinbaren Zahlen sind grundlegend für die Bild-Text-Koordination. Während sie eine Wahrnehmungsreihenfolge des Bildes dadurch gewährleisten, dass sie das Zeichenarrangement in eine chronologische Ordnung bringen, lassen sie sich als ‚Ziffernpfeile' denken. Sie helfen, das Wahrnehmungsterrain der dargestellten Schaukelwiege aufzubereiten und zu strukturieren und fungieren damit als Ordnungsstifter.

Fingerzeige, Handzeichen, aber auch Zahlen inaugurieren eine Poetik der Visualität.[70] Sie dienen dem Blick des Rezipienten als Führungsschnur. In Exemplaren wie dem Stern-Blatt erweist sich aufgrund der Komplexität der Darstellung die Blicklenkungshilfe als äußerst sinnvoll, sogar notwendig; im „Augenspiegel" von Reuchlin hingegen wird sie eher als Relikt einer rhetorischen Argumentationspraxis erfahrbar, die in einer mündlichen Tradition steht, für die der redebegleitende Handgebrauch konstitutiv ist. Die Deiktika kündigen (weiterhin) von einer Verständigungskultur, in der im Raum körperlicher Ko-Präsenz der Sprecher durch Zuhilfenahme seiner Hände die mündliche Rede beleben, betonen und deiktisch ‚vor Augen stellen' konnte. Den medialisierten Handzeichen haftet mit anderen Worten die Spur des Körpers an, den sie als überschriebenen und übermalten zeichenhaft ersetzen. Die Annahme, dass sich mit der voranschreitenden Eigenständigkeit des Typographeums die Verwendungen der geletterten Hand als Zeig-, Signal- und Weisungshand aus den Satzspiegeln und Zeichenarrangements

70 Vgl. Horst Wenzel: Deixis und Initialisierung, a.a.O. hier: S. 132.

verabschieden würde, ist nicht zutreffend. Wie in Handschriftenkultur, so Wenzel, stehe „[die Hand] auch im gedruckten Text für eine zweite Repräsentations- oder Verweisebene, die über Schrift und Bild gelegt ist, [...] aber nicht als individuelle Rezeptionsspur [erscheine], sondern als Teil eines technisierten und standardisierten Verweissystems.“[71] Medientechnisch lässt sich die Inkorporation der ‚Figur‘ des Fingerzeigs in den Typensatz (wie auch in Folge in das digitalisierte Zeicheninventar) schlüssig erklären: Sie ist zu einer standardisierten Letter geworden, „seit die [...] Printprodukte als Type nicht mehr nur das alphabetische Letternmaterial, sondern erweiternd auch das ikonisch-bildliche Gestaltungselement [...] definier[en].“[72]

[71] Vgl. Horst Wenzel: Deixis und Initialisierung, a.a.O., hier: S. 131.

[72] Vgl. Susanne Wehde: Typographische Kultur. Tübingen 2000, S. 3 u. 384.

II. Handhabungen

1. »Medien und Lage«

Im folgenden Abschnitt und den drei Unterpunkten sind Flugblätter Gegenstand der Betrachtung, in denen in spezifischer Weise das Wechselverhältnis von Medien und einer Lagebeziehung des Betrachters zu ihnen spürbar wird. Lage meint die Tatsache, dass Flugblätter, Kunstwerke und Medien immer adressiert sind und den Betrachter-Nutzer zu einer spezifischen Einstellung oder Haltung im Wahrnehmungsprozess auffordern, wenn nicht zwingen. Die Einstellungsnotwendigkeit kann darin bestehen, körperliche Positionen einzunehmen, Akte zugreifender oder tastender Performanz zu realisieren oder Leerstellen imaginativ-assoziativ zu füllen. So, wie Medien den Dingen und Phänomenen der extramentalen Welt grundsätzlich zur sinnlichen Erfahrbarkeit verhelfen, sind es die den Medien bei ihrer Herstellung eingeschriebenen Appellstrukturen, durch die Seh- und Wahrnehmungskonventionen bedient, dirigiert, irritiert oder unterlaufen werden. Bei der Frage nach den poetischen Strategien der Visualisierung sowie der Affizierung und Involvierung des Betrachters in Darstellungszusammenhänge, auf die sich im Folgenden das Augenmerk richtet, geht es auch und gerade um „die Reziprozität der Wahrnehmung als ein Verstehen und Berührtwerden, als sensorische Partizipation im umfassenden Sinne.“[73] Anders als im Raum der Ko-Präsenz, in dem deiktische Verfahren wie der hinweisende Zeigefinger, der Blick, die Stimme oder die Körperhaltung dem Wort und der Geste „unmittelbare Evidenz“ verleihen, kommt es in Flugblättern zu einer „vermittelten Evidenz“ von Text, Bild und Zahl.[74] Die dabei ebenso unverzichtbaren, deiktischen Orien-

---

[73] Horst Wenzel u. C. Stephen Jaeger: Einleitung. In: Visualisierungsstrategien in mittelalterlichen Bildern und Texten. Hg. v. Horst Wenzel u. C. Stephen Jaeger. Berlin 2006, S. 7-16, hier: S. 10. Der Zusammenhang von Medien, Deixis und Lage ist eine Fragedominante innerhalb des Arbeitsprogramms, das u.a. von meinen Kollegen Christina Lechtermann, Carsten Morsch und Horst Wenzel im Rahmen des Sfb 447 „Kulturen des Performativen“ entwickelt worden ist.

[74] Vgl. H. Wenzel u. C. St. Jaeger, a.a.O., hier S. 8; *evidentia* ist grundsätzlich als rhetorische Technik zu verstehen, die den Hörer oder Leser zum Augenzeugen machen will. Dazu fingiert sie mit sprachlichen Mitteln Augenscheinlichkeit so überzeugend, dass die Adressaten glauben, das Dargestellte selber wahrzunehmen. Das führt zur Frage nach der dem Menschen eigenen Verbildlichungskraft, die es ihm als Rezipienten ermöglicht, aus extramentalen, sowohl sprachlichen als auch materiellen Bildern im Kopf eigene Bilder zu evozieren und zu erschließen, und zwar im Vollzug der Wahrnehmung durch die Imagination. Das heißt, der Mensch selbst

tierungen wie überproportionierte ikonische Schablonen, die ein imaginatives Eintauchen in das Dargestellte initiieren, Anweisungen, wie ein Blatt optimal zu positionieren ist, oder ein Pfeil, der den Betrachter permanent anzuvisieren scheint, sind in das Medium selbst verlegt. Die medialen Appellstrukturen führen, wie Horst Wenzel und C. Stephen Jaeger es formulieren, den Betrachter dazu, „einen bestimmten Blickpunkt einzunehmen, einer Assistenzfigur zu folgen oder einen doppelten (mehrfachen) Fokus herzustellen. Das Einnehmen einer bestimmten Lagerelation ist stets eine Syntheseleistung, ist potentiell, aber nicht notwendig ‚werkgerecht'."[75]

1.1 *imitatio Christi* – Stimulanzien imaginativer Vergegenwärtigung

Die Hand Gottes und des ‚ihm' zum Ebenbild geschaffenen Menschen (*imago Dei*) kommt in Flugblättern als ikonischer und indexikalischer Zeichenträger zum Einsatz. Sie fungiert als Autoritätshand, als Schau- und Narrationsfläche ebenso wie als Hinweishand. Es finden sich indessen auch Exponierungen der Füße Jesu, seiner Seitenwunde und der arma Christi, die vergleichbar signifikante Positionen und Funktionen in Bild-Text-Zusammenhängen übernehmen. Bevor ich auf ein Flugblatt eingehe, in dem die Fußspuren Christi prominent ins Bild gesetzt sind, wende ich mich Darstellungen zu, die die Seitenwunde und das Herz Jesu in Verbindung mit Marterwerkzeugen seiner Passion zeigen.[76] Dass solche Bilder mit religiösem Inhalt im späten Mittelalter dem Menschen als Ausweis seiner frommen Gesinnung ebenso wie seines Wohlstandes dienten, gilt mittlerweile als unbestritten. Der Gläubige konnte sie als Instrument seiner persönlichen Andacht, als greifbares Mittel der Heilsversicherung und als Spiegel seiner erhofften Seligkeit benutzen und verehren.[77] Ist die Wirkmacht der Bilder als Apotropaia oder Ablass gewährende Token zum großen Teil auf ihre Auratisierung durch Performanz im Sinne devotionaler Zuwendung und spiritueller Aufladung zurückzuführen, wurde sie durch die (Heils-)Materialität der Bilder verstärkt. Vor dem Hintergrund der Allianz von Ablass und Bild ist anzunehmen, dass die religiöse Praxis des Spätmittelalters und der Frühen Neuzeit durchaus von einer ge-

---

ist der Ort der Bilder, wie die Autoren in Anlehnung an Hans Beltings Konzept einer Bildanthropologie postulieren.

75 Vgl. ebd., hier: S. 10-11.

76 Die Seitenwunde wird seit dem 14. Jahrhundert immer häufiger zu den Marterwerkzeugen Christi gerechnet, sie ist Teil seiner Heilswaffen, vgl. Christina Lechtermann: Maßnahmen – Die Wunde zwischen Schrift, Bild und Zahl. In: Vom Körper zur Schrift. Hg. v. Maria Schnitter et al. Sofia 2007, S. 231-252, hier: S. 234.

77 Vgl. Frank Matthias Kammel: Devotio postmoderna. In: Spiegel der Seligkeit. Hg. v. G. Ulrich Großmann. Nürnberg/GNM 2000, S. 137-160, hier: S. 157.

stuften Präsenz des Heiligen ausging.[78] Indem Drucke an vorherbestimmten Stellen im Haus aufzubewahren, Neugeborenen in die Wiege zu legen oder am Körper zu tragen waren;[79] indem Herz-Christi Darstellungen mit der heiligen Lanze durchbohrt oder anderweitig eingeschnitten wurden;[80] oder indem man das Kreuz und die Seitenwunde mit einer Maßangabe versah, nahmen die Bilder einen mit dem Vorbild vergleichbaren Status verehrungswürdiger Realpräsenz an. Abgesehen von der immer schon behaupteten, inhärenten Wirkmächtigkeit der Bilder konnten die Blätter zu Stellvertretern des Originals werden und einen Nimbus magischer Instanz annehmen. Ein Pakt aus Glauben, Ansichtigkeit und konkreter Bildbenutzung sorgte dafür, dass die Wesenseigenschaften des Vorbilds im Bild wiedererkannt und als ‚absorbierte' spirituelle Kapazität vorgestellt werden konnten.

Bezüglich numerischer Bezugnahmen von Abbildern auf Vorbilder in christlich-religiösen Bild-Text-Kombinationen ist vorauszuschicken, dass sie auf einem ‚Kult messgenauer Vergleichbarkeit' bzw. einer ‚Proportionslogik' beruhen. Kult und Logik bezogen ihre Legitimität aus der Vorstellung, dass Gott (*Deus geometricus*) die Welt nach Maß, Zahl und Gewicht eingerichtet habe: *omnia in mensura et numero et pondere disposuisti* (Buch der Weisheit, 11,20). Folglich konnten oder mussten die heiligen Originale, allen voran der menschliche Körper Christi als vermessene/r vorausgesetzt werden. Es stehen die heilsgeschichtlich bedeutsamen Insignien wie die Wunde, das Kreuz oder auch die Fußspuren als Zeichenträger mit einem hohen physischen Vergegenwärtigungspotential in einer Bildtradition, die ein numerisches Kalkül des Leibes Christi und der mit ihm verbundenen Paraphernalien beinhaltet. Das heilige Längenmaß in entsprechend überproportionierten Wiedergabeformaten genoss große Verehrung. Zahlen und Größenverhältnisse übernahmen in der kollektiven Vorstellung offenbar eine wichtige Plausibilisierungsfunktion für die Glaubhaftigkeit der medialen Präsenzstiftung. Interessanterweise ist damit impliziert, dass Zahlen eine symbolische und mystische Funktion, wie sie ihnen nach mittelalterlichem und frühneuzeitlichem Verständnis zugedacht oder im Rückblick oftmals als primär unterstellt wurde, durchaus früh transzendieren.

---

78 Vgl. Thomas Lentes: Einleitung. In: Nikolaus Paulus: Geschichte des Ablasses im Mittelalter. Vom Ursprunge bis zur Mitte des 14. Jahrhunderts. Bd. 1/3. Darmstadt 2000, S. 7-39, hier: S. 34-38.

79 Vgl. Sabine Griese: Gebrauchsformen und Gebrauchsräume von Einblattdrucken, a.a.O., hier: S. 198-205; zudem Peter Schmidt: Bildgebrauch und Frömmigkeitspraxis. In: Spiegel der Seligkeit, a.a.O., S. 69-83.

80 Etwa während der Nürnberger Heiltumsweisung, bei der die Heiltümer, inkl. der Lanze öffentlich vorgezeigt und zu entsprechenden ‚Anwendungen' gebracht wurden. Zur Heiltumsweisung als Präsenzerzeugung, vgl. Christof L. Diedrichs: ‚Man zeigte uns den Kopf des Heiligen'. Bausteine zu einer Ereigniskultur in Mittelalter und Früher Neuzeit. Berlin 2008, passim. Mit der Lanze perforierte Bilder nennt die Forschung ‚Speerbildchen', ein Begriff, der auf Adolf Spamer zurückgeht, vgl. Peter Schmidt: Beschrieben, bemalt, zerschnitten, a.a.O., hier: S. 250.

Das Wissen um die Gebrauchssituationen und Funktionen früher Einblattdrucke ist von Relevanz für die Auseinandersetzung mit Flugblättern allgemein, weil kontingente Materialitäten und Handhabungen der einblättrigen Druckmedien deutlich werden.[81] Darüber hinaus lässt sich in zahlreichen frühen Blättern die Indienstnahme eines numerischen Kalküls beobachten. Beide Aspekte liegen in Latenz oder explizit dem Wirkungsprinzip des Flugblattes mit den Fußabdrücken Christi zugrunde, das ich im Anschluss an die folgenden Ausführungen interpretiere. Sabine Griese stellt einen kürzlich, auch in der Ausstellung zu den Anfängen europäischer Druckgraphik gezeigten, ca. 16 × 40 cm großen Einblattdruck vom Ende des 15. Jahrhunderts vor, dessen Funktion als Kanontafel durch die Gestaltung als Triptychon unterstützt wird. Die beiden seitlichen Text-Flügel, die eine annähernd quadratische, xylographische Beweinungsszene in der Mitte flankieren, sind zusammenklappbar. Das so komprimierbare Blatt-Quadrat konnte in einem mit einer Kreuzigung bestickten Seidentäschchen aufbewahrt werden, für das wiederum ein stabileres Kästchen bereitstand. Auch wenn es sich hier um keine Gebrauchsspuren im Sinne von Einschnitten, Perforierungen und nachträglichen Überzeichnungen oder etwa Maßstabsangaben in dem Objekt handelt, legt seine auf Handhabung angelegte, aufwendige Aufbewahrung die Vermutung nahe, dass das Blatt als tragbarer Altar zum Einsatz kam, der Zugriffen und Veränderungen ausgesetzt war. In jedem Fall wurde das der Darstellung inhärente Heilspotential durch den performativen Akt der Entpackung und des Auseinanderfaltens jedes Mal neu bestärkt.[82]

Peter Schmidt geht auf einen dreifach ‚versehrten' Holzschnitt ein, der nicht nur mit einem Schnitt versehen, sondern auch beschrieben und bemalt wurde. Das Blatt, das im letzten Viertel des 15. Jahrhunderts entstanden ist, zeigt in starker Vergrößerung das Herz Jesu mit der klaffenden Wunde, deren Drastik durch aufgemalte Blutstropfen verstärkt wird. Das Herz steht nicht allein im Bildraum, sondern wird vor einem Tuch präsentiert, das ein Engel hält. Mitten durch das Herz und zum Teil verdeckt von der Wunde läuft das Kreuz mit den drei Nägeln. Es ist durch eine auffällige Holzmaserung und einen kurzen Querbalken charakterisiert, doch gehörte es nicht zum Druck, sondern wurde nachträglich mit Tinte und Deckfarben in das Blatt gemalt. Desgleichen finden sich von zwei zeitgenössischen Schreiberhänden spätere Aufschriften am oberen Rand und unten zu den Seiten des Herzens, deren Beziehungen zum Bild unterschiedlich ausgeprägt sind.[83]

---

81 Neue Vervielfältigungstechnologien, ein gestiegener privater und ein weniger distanzierter Umgang mit Blättern und Bildern gehen Hand in Hand.

82 Vgl. Sabine Griese: Gebrauchsformen und Gebrauchsräume, a.a.O., hier: S. 208. Das Artefakt ist wiedergegeben und kommentiert in: Die Anfänge der europäischen Druckgraphik. Holzschnitte des 15. Jahrhunderts und ihr Gebrauch. Hg. v. Peter Parshall u. Rainer Schoch. Nürnberg/GNM 2005, S. 164-167, Objekt 39.

83 Peter Schmidt: Beschrieben, bemalt, zerschnitten, a.a.O., hier: S. 248 u. Abb. 1 auf S. 263; die schriftlichen Zusätze interessieren hier nicht weiter. Elisabeth Vavra erwähnt einen ähnlichen Holzschnitt vom Ende des 15. Jahrhunderts aus dem

Ohne den Bedeutungen des geöffneten Herzens bzw. der Seitenwunde im Detail nachzugehen,[84] führt Schmidts Materialschau zu einem anderen, frühen Herz-Jesu-Exemplar. Auf ihm findet sich eine handschriftliche Notiz, die den Aspekt der *imitatio* Christi ins Spiel bringt, um den es auch in dem angekündigten Fuß-Flugblatt gehen wird. Die ‚Nachahmung' des tugendhaften Lebenswandels Jesu ist in diesem Fall auf das Durchstechen des eigenen Herzen mit der Liebe Gottes übertragen: „Zw gleicher weiß alß disses hercz durchstochn ist mit dem sper, also sol wir auch durchstechen vnser hercz mit der libe Gottes."[85] Die Wunden Christi, allen voran das durchstochene Herz, als körperhafte und besonders sinnfällige Bilder beeindrucken indessen aber nicht durch eine (mit neuzeitlicher Sehgewohnheit) realistisch-mimetische Ausführung. Ihre Hauptfunktion bestand in der Konzentrationslenkung des Betrachters auf Meditation und Verinnerlichung. Einschnitte und Perforierungen erhöhten die physische Vergegenwärtigung der Leiden Christi, wobei mit dem ‚Verletzen' des Papiers stellvertretend die Marter Christi nachvollzogen wurde.

Folgt man Schmidt, rücken weitere Blätter in den Blick, in denen es um das heilige Längenmaß geht. Durch das Maßnehmen des auf ihnen dargestellten Kreuzes oder der Seitenwunde wurde deren tatsächliche Originalgröße errechenbar. Dabei stellt sich ein Zusammenhang mit dem von Schmidt anfangs präsentierten, wenig subtil gestalteten Herz-Jesu-Blatt und dessen überdimensioniertem Herz mit der Seitenwunde her. Die Überproportionalität des Herzens, dieser idealen Abbreviatur des Heilsversprechens, ebenso wie der Wunde als dem ‚Ursprung allen Heils',[86] mag zwar unter dem Gesichtspunkt ihrer visuellen Phänomenalität wie eine „Attacke aufs Auge"[87] anmuten; ihre Wiedergabe aber birgt zugleich einen aufregenden Realitätsgehalt. Dieser ergibt sich aus jenem Kreuz,

---

Nürnberger Raum, auf dem das überproportionierte heilige Herz auf einem von zwei Engeln getragenen Tuch zu sehen ist. Das Blatt wurde vorgeblich von der in Nürnberg aufbewahrten, heiligen Lanze durchbohrt, so dass ihm der herausragende Nimbus einer Berührungsreliquie zukam, vgl. in: Neue Medien – Neue Inhalte, a.a.O., hier: S. 375, Nr. 20.

84 „Man betrachtete die Wunde hauptsächlich als eine Art Eingang, als Weg, sich in die Leiden Christi zu vertiefen, mit dem Herz Jesus als Quelle göttlicher Liebe Zwiesprache zu halten und auf einer mehr mystischen Ebene mit Gott eins zu werden."; vgl. David S. Areford: Das Maß der Seitenwunde und die Länge Christi. In: Die Anfänge der europäischen Druckgraphik, a.a.O., hier: S. 258-260, Objekt 78. Christina Lechtermann hat die Wunde zwischen den Repräsentationslogiken von Bild und Zeichen verortet; abhängig vom Blickpunkt, stelle sie sich in einen anderen Funktionszusammenhang, fungiere als Abbreviatur, als Metapher oder Metonymie des Leibes Christi oder als Abbild, das der wirklichen Seitenwunde durch Ähnlichkeit verbunden sei, vgl.: Maßnahmen – Die Wunde zwischen Schrift, Bild und Zahl, a.a.O., hier: S. 236ff.

85 Zitiert nach Peter Schmidt: Beschrieben, bemalt, zerschnitten, a.a.O., hier: S. 250.

86 Vgl. Christina Lechtermann: Maßnahmen – Die Wunde, a.a.O., hier: S. 240.

87 Vgl. ebd., hier: S. 242.

das vertikal das Herz, zum Teil verdeckt durch die Wunde, bis auf den oberen Rand des Tuches durchzieht. Es ist mit keiner Maßangabe versehen, doch hat Schmidt in einer Handschrift desselben Klosters, aus dem der Herz-Jesu-Holzschnitt stammt, ein Kreuz in exakt gleicher Gestalt, Holzmaserung und dem charakteristisch kurzen Querbalken gefunden, zu dem Folgendes angemerkt ist: seine Länge, mit zwanzig multipliziert, zeige die wahre Länge Christi an. Alle, die es andächtig küssen wollten, würden am selben Tag keines unvorbereiteten Todes sterben. Dieses Kreuz, das als Motivpendant zu jenem im Herz-Jesu-Holzschnitt gelten kann, legt den Schluss nahe, dass das nicht annotierte Kreuz außer als Heilsinsignienzusatz auch als Abbild des Länge-Christi-Maßstabs in das Bild integriert wurde. Der Holzschnitt erfuhr so eine signifikante Erweiterung und Interpretation.

Der Nexus zwischen dem aufgemalten Kreuz und der gedruckten Seitenwunde ergibt sich schließlich dadurch, dass deren Übergröße ebenfalls einem numerischen Kalkül gehorcht, auch wenn dieses genauso wenig explizit angeschrieben ist. Wenn das Kreuz in maßstäblicher Verkleinerung die wahre Länge des Gottessohnes anzeigt, dann kann die Wunde, die immerhin neun Zentimeter misst, gleichfalls als Abbild der Größe der tatsächlichen Wunde verstanden werden. Das heißt: Die Wunde als zentrales Bildelement ist tatsächlich die blutige, durch den Stich der Lanze verursachte Wunde im Körper des Herrn. Aus dieser Perspektive wird plausibel, warum die weder in ihrer Position korrekte, noch anatomisch oder ästhetisch überzeugende Darstellung der Wunde gar nicht ins Gewicht fiel. Es ging primär um ihre tatsächliche Längenausdehnung.[88]

Was für dieses Herz-Jesu-Exemplar an numerischer Sinnhaftigkeit aufwendig extrapoliert werden muss, ist in einer Vielzahl von Einblattdrucken des aus-

[88] Vgl. Peter Schmidt: Beschrieben, bemalt, zerschnitten, a.a.O., hier: S. 254.

gehenden 15. und frühen 16. Jahrhunderts mit maßstabsgetreuen Darstellungen des Kreuzes und der Seitenwunde deutlich zu beobachten.[89]

Dort finden sich explizite Zusätze von zeitgenössischen Händen wie „Hec est mensura vulneris lateris domini nostri Ihesus Christi" oder in die Umrandung der Seitenwunde xylographisch eingeschrieben und mit ihr mitten ins Zentrum des Herzen gerückt "DI WAR WEIT DER WVNDEN CRISTI", mittels derer die Maßstäblichkeit der Insignien mit dem Christuskörper attestiert wird. Die Bereitstellung eines Berechnungsschlüssels für die Kalkulierung des Körpers Christi kann durch Hinweise wie folgt geschehen: „Item die leng des kreutz ob dem hertzen, so mans [XX, also zwanzigmal] mal myst, bedeyt die rechten leng des leychnams Vnsers herren Ihesu Christi; [...]" oder „Das Creißlein, das in der wunden Christi stet, zu 40 maln gemessen das macht die leng Christi in seiner menschait; [...]."[90] Wie das letzte Zitat belegt, wird das überwiegend mit einem Berechnungsfaktor von 20 Maßstabslängen belegte Kreuz bei einem kleineren Blattformat automatisch auf 40 Längeneinheiten erhöht, damit die annähernd zwei Meter Körperlänge Christi (bei normalerweise ca. 10 cm Kreuzeslänge) erreicht werden. Die Beispiele verdeutlichen, mit welcher Unmittelbarkeit die vermittelte, mediale Evidenz in den einblättrigen Medien rezipiert werden konnte und mit welchem Anspruch die Medien vorgaben, die Gestalt des Gekreuzigten höchstselbst zu ersetzen.[91]

Festzuhalten ist bis hierher, dass Zahlen – ganz gleich, ob explizit angegeben oder implizit die Bildgestaltung strukturierend –, eine hohe Plausibilisierungsfunktion für die Glaubhaftigkeit der Darstellung übernahmen. Ihnen kam eine Verstärkungsinstanz für die imaginative Vergegenwärtigung der physischen Präsenz Christi zu. Den Maßstab zu verehren, war gleichbedeutend mit dem Erhalt eines apotropäischen und heilsförderlichen Leistungsausgleichs. Die Kenntnis der wirklichen Maße ermöglichte die Evokation der realen Präsenz einer Dignität, so wie die Vorstellbarkeit der realen Größenverhältnisse den mitleidenden Nachvollzug der Passion beförderte.[92] Darüber hinaus lassen die Maßangaben ei-

---

89 Beide Exemplare ebd., (links) „Kreuz als Maßstab der Länge Christi", zw. 1460-70 (kein Druck, sondern eine kolorierte Federzeichnung), S. 269, Abb. 7; (rechts) Herz Jesu, Kruzifixus und arma Christi, vor 1500 (Holzschnitt des Meisters F. BA.), S. 275, Abb. 13.

90 Zitiert in ebd., hier: S. 260.

91 ‚Höchstselbst' verstanden als „Gleichartigkeit mit [einem] Urbild", wie es Christina Lechtermann unter Bezugnahme auf Robert Suckale formuliert, vgl.: Maßnahmen – Die Wunde, a.a.O., hier: S. 247.

92 Thomas Lentes argumentiert: „Das Wissen um die exakten Maße und Zahlen des Heils sollte den Menschen die heilswirksame Kraft der Heiligen sichern. Dies schon allein deshalb, weil durch die Kenntnis der Längenmaße einer Person diese selbst gegenwärtig gesetzt wurde", vgl.: Die Vermessung des Christus-Körpers. In: Glaube Liebe Hoffnung Tod. Hg. v. Christoph Geissmar-Brandi u. Eleonora Louis. Klagenfurt 1995, S. 144-147, hier: S. 144.

nen Zusammenhang mit zeitgleichen, kartographischen Projektionen vermuten. Grundsätzlich zeigt die Verwendung des Kreuzes als geradliniger Maßstabsanzeiger, insbesondere wenn ihm die Christusfigur eingezeichnet war, Parallelen zur frühkartographischen Darstellungstradition der *mappae mundi*. Diese integrierten ebenfalls die Figur des Körpers Christi, auch wenn nur die Hände, Füße und der Kopf Jesu zu sehen waren. Solche Karten aus der Mitte des 15. Jahrhunderts konnten zudem eine graphische Skala in Form eines einfachen Striches enthalten, dank dessen eine präzise Messung von Entfernungen möglich wurde. So äußerte sich in diesen Karten, wie auch in den entsprechenden Herz-Seitenwunde-Jesu-Holzschnitten, ein neuer Grad an Präzision und Authentizität, der noch dadurch verstärkt wurde, dass die Medien Produkte einer druckgraphischen Vervielfältigungsmaschinerie waren, aus der potentiell unendlich viele, jeweils identische Bilder hervorgehen konnten. Diese wiederum wiesen gleiche oder approximative Messergebnisse auf.[93] Interessanterweise befanden sich Länge-Christi-Darstellungen schon bald nach ihrem Aufkommen um die Mitte des 15. Jahrhunderts in einem Spannungsverhältnis: Einerseits kursierten Bilder und Zeichen, die die wahre Größe heiliger Personen repräsentieren sollten, das ganze Mittelalter hindurch, selbst bis in jüngere Zeit. Andererseits gerieten sie ab dem Ende des 15. Jahrhunderts ins Visier der kirchlichen Kritik, der zufolge ein auf Messbarkeit beruhender Verehrungsmodus abergläubischen Praktiken aufsaß, die Oranten, Adoranten und Konfitenten keinen Heilsgewinn einbringen würden.

Für das Flugblatt mit der Wiedergabe der Fußspuren Christi ist des Weiteren nach der anthropologischen, kulturellen und ikonographischen Bedeutung der menschlichen Füße zu fragen. Analog der Hand kommt dem Fuß ein besonderer Stellenwert zu. Grundsätzlich bildet er die Basis, auf der der Mensch steht und mit dem er sich durch die Welt bewegt. Wie der menschlichen Hand eignet ihm das Potential, den ganzen Menschen *pars pro toto* zu vertreten.[94] Fuß und Fußspur als Persönlichkeitssymbole gehören zu den ursprünglichen Bildern des Menschen. Auf mittelalterlichen und frühneuzeitlichen Darstellungen sind es die Spuren des Gottessohnes, die dessen Menschennatur anzeigen, während sie zugleich Sinnbild seines übermenschlichen Wesens sind, das die Spuren bei der Auffahrt gen Himmel im Staub oder Steinblock auf dem Ölberg, dem Pergament oder dem Papier hinterlässt. Wenngleich dahingestellt bleibt, ob sie real sind oder sich übernatürlich in die Materialität der Kommunikationsträger ‚in-formiert‘ ha-

---

93 Vgl. David S. Areford: Das Maß der Seitenwunde und die Länge Christi, a.a.O., hier: S. 259.

94 Vgl. Christoph Daxelmüller: Fuß/Fußspuren. In: Enzyklopädie des Märchens. Bd. 5, Sp. 600-622; Bernhard Kötting: Fuß. In: Reallexikon für Antike und Christentum, Bd. VIII, Sp. 722-743 sowie Harald Witthöft: Fuß (Fußkuss/Fußwaschung). In: Lexikon des Mittelalters. Bd. IV, Sp. 1059 (1063-1066).

ben, so sind sie grundsätzlich Indizien, womöglich Repräsentanten der Ideen, die christliches Denken ausmachen.[95]

Bevor Christus durch seine Fußspuren metonymisch angedeutet und vertreten wird, sind es bereits die Füße von Gottvater selbst, von denen in der heiligen Schrift berichtet wird und die im kulturellen Gedächtnis verankert sind. Die in der judäochristlichen Überlieferungsgeschichte älteste Szene bezieht sich auf den Bericht aus dem 2. Buch Mose (Ex. 24,9-10), in dem Mose von Gott aufgefordert wird, zusammen mit Aaron, Nadab, Abihu und siebzig der Ältesten Israels auf den Berg Sinai zu steigen, wo sich der Herr ihnen offenbart. Bevor sie seiner ansichtig werden und mit ihm gemeinsam speisen, geraten seine Füße in den Blick. Zwar wird nicht erwähnt, dass die Auserwählten die Füße direkt sehen, doch wird ihr Erscheinen und ihre Bedeutung dadurch herausgestellt, dass der gesenkte Blick der Geladenen und Zeugen auf den leuchtenden, wie mit Lapislazuli ausgelegten Boden fällt, auf dem Gottes Füße stehen. Die Blicke, so der Text, werden von der Leuchtwirkung unwiderstehlich angezogen: „Da stiegen Mose und Aaron, Nadab und Abihu und siebzig von den Ältesten Israels hinauf und sahen den Gott Israels. Unter seinen Füßen war es wie eine Fläche von Saphir und wie der Himmel, wenn es klar ist.“

Im Recht ist die Fußspur ebenfalls bedeutsam, denn ein Dieb konnte gebannt werden, indem man einen Nagel in seine Fußspur schlug. Nach altnordischem Recht ließ sich eine Bruderschaft begründen, indem die Männer in dieselbe Fußspur traten. Mit dem Fuß sind schließlich auch die Beinkleider und der Schuh verwandt. Die Übersendung von Schuhen galt als Unterwerfungsritus, und eine Adoption ließ sich vollziehen, indem die Sippe und der Anzunehmende nacheinander in denselben Schuh stiegen. Der Bräutigam schenkte beim Verlöbnis der Braut bisweilen Schuhe.[96] Die Symbolträchtigkeit von Schuhen mag zwar nicht von der christlichen Urerzählung her vorgegeben sein, gleichwohl ist eine Symmetrie zwischen beiden nicht von der Hand zu weisen. So bleibt, wie Gerhard Wolf betont, nach Christi vertikaler Auffahrt zum Himmel und der *disparitio* in der Wolke seine Spur im Fels gleichsam als Mittel- und Ausgangspunkt zurück, von dem aus die Apostel in einer Horizontalen ausgehen werden, um den Missionsauftrag zu erfüllen, und zwar das Evangelium auf den Straßen des römischen

---

95 Vgl. Christoph Geissmar-Brandi u. Eleonora Louis: Glaube Liebe Hoffnung Tod. Die Beständigkeit einiger Bildkonzepte im 15., 16. und 20. Jahrhundert. In: Glaube Liebe Hoffnung Tod, a.a.O., S. 6-12, hier: S. 11; vgl. auch Gerhard Wolf: Fels und Wolke, ebd., S. 454-459, hier: S. 456; Wolf hebt hervor, dass es sich bei den Spuren von „gott-/götternahen Religionsstiftern oder Sehern und menschennahen Göttern an himmelnahen Orten um ein weit verbreitetes Phänomen“ handelt. Dies bezeugten bspw. zahlreiche Fußabdrücke Buddhas im asiatischen Raum.

96 Adalbert Erler: Fuß. In: HRG, Bd. I, Sp. 1364. Im heutigem Sprachgebrauch klingt das Wissen um die Möglichkeit, die Erfahrungen anderer ‚hautnah‘, mit einer hohen Vergegenwärtigungsintensität nachzuerleben oder nachzuempfinden, noch an, wenn wir ‚in die Fußstapfen oder Schuhe des anderen‘ treten sollen, oder – wie im Englischen – ‚to step into someone's shoes‘.

Imperiums verkünden. Der Fuß, ein Knochen oder eine Partikel von ihm, nicht minder die Sandale eines Apostels, der in diese Fußspur getreten ist, sind seit jeher höchst sinnträchtige Reliquien, deren verehrungswürdiger Status nicht nur in die Andachts-, Votiv- und Glaubenspraxis, sondern womöglich auch in das Rechtsbrauchtum eingegangen ist.[97]

Was darüber hinaus den Fuß und seine Glieder als indexikalische Verweisorgane anbetrifft, so lässt sich sprachgeschichtlich für sie, wie für die Hand und ihre Extensionen, eine Zeigefunktion konstatieren. Vor dem Hintergrund des Zusammenhangs von Sagen und Zeigen, vor dem Horst Wenzel nach den überzeitlichen Indienstnahmen der Hand als Medium des Erkennens und der Erkenntnislenkung fragt, lässt sich vom Finger/*digitus* aus an die Zehe anknüpfen. Diese leitet sich etymologisch von mhd. *zêhe* aus germ. **taihō(n)* ab, das auf die idg. Wurzel **deik-* zurückgeht, die wie beim Finger auf lat. *dicere* und lat. *digitus* verweist. Folglich ist auch in der Zehe sprachgeschichtlich die Semantik ‚zeigen', und ‚Zeiger' enthalten.[98] Gestisch kommuniziert, geredet und gerechnet wird seit jeher nicht nur mit den Händen, sondern mit dem ganzen Körper, inklusive der Füße. Der angelsächsische Benediktinermönch, Beda Venerabilis (gestorben 735), und im über 700jährigen Anschluss an ihn der italienische Franziskaner und Mathematiker, Luca Pacioli (um 1445-1514), elaborierten und erweiterten bspw. eine ausgeklügelte Fingerrechentechnik. Für Zahlengrößen ab 10.000 ließen sie die Hand-Fingerstellungen in ein Wechselspiel mit den übrigen Körperteilen treten, bspw. durch das Zusammenführen der Arme und Hände über dem Kopf oder durch das Halten bzw. Kreuzen einer oder beider Hände vor den Brustkorb. Bei besonders großen Zahlenwerten war ein Übergang auf die Füße und Zehen im System mit angelegt.[99]

---

97 Gerhard Wolf: Verehrte Füße. In: Körperteile. Eine kulturelle Anatomie. Hg. v. Claudia Benthien u. Christoph Wulf. Reinbek 2001, S. 500-523, hier: S. 508. Zum Schuh als Reliquie bzw. Reliquiar verweist Wolf auf den Andreasschuh aus dem Trierer Domschatz, der wie ein sprechendes Reliquiar in seiner metallischen Haut anmute, in Wahrheit aber leer sei und statt dessen die Sandale in dem Kästchen unter ihm ‚auflade'.

98 Friedrich Kluge: Etymologisches Wörterbuch der deutschen Sprache. Berlin 1995, S. 905f; vgl. auch Horst Wenzel: Deixis und Initialisierung, a.a.O., hier: S. 112.

99 Die indogermanischen Zahlwörter lassen auf ein in früheren Sprachstufen ausgebildetes, duodezimales Zahlsystem schließen, vgl. die Zahlwörter ‚elf', ‚zwölf' oder ‚eleven', ‚twelve', die die Zehn als Grundeinheit setzen, zu der ein Einer oder ein Zweier hinzutritt, den die Fußzehen stellen konnten; vgl. die Katalogeinträge 40A/B u. 43 in: Claire Richter Sherman: Writing on Hands, a.a.O., hier: S. 162 u. 168; Sachiko Kusukawa: A Manual Computer for Reckoning Time, ebd., S. 28-34. Horst Wenzel führt zu Beda aus, dass bei ihm „die Zahlen körpergebunden [sind], also noch nicht von der Wahrnehmung des Körpers abstrahiert". [Sie] werden aber im Umfeld des Bildes auch schriftsprachlich erläutert. Die bildliche Darstellung der körpergebundenen Zahlen wird durch den schriftlichen Code gedeutet und verfügbar gemacht", vgl.: Von der Gotteshand zum Datenhandschuh, a.a.O., hier: S. 32.

Das durchgängig lateinischsprachige Flugblatt trägt das Incipit „Forma seu Vestiga Pedis DNI“. Es dürfte um 1626 in Rom gedruckt worden sein, was sich aufgrund der Renovierung der St. Sebastian-Kirche schlussfolgern lässt, die im Hintergrund des oberen Medaillons zu sehen ist.[100] Der Text links neben dem unteren Medaillon, auf dem das Martyrium Sebastians dargestellt ist, gibt Teile der Vita des Heiligen wieder, während der Text rechts Märtyrer und Bischöfe aufzählt, die in der Sebastianskirche bestattet wurden. Der Text darunter erläutert, welche Beziehung zwischen der Kirche, dem davor dargestellten Zusammentreffen zwischen Christus und Petrus auf der Via Appia (Quo vadis-Begebenheit) sowie dem Ort des Martyriums von Sebastian besteht (Abb. 07):

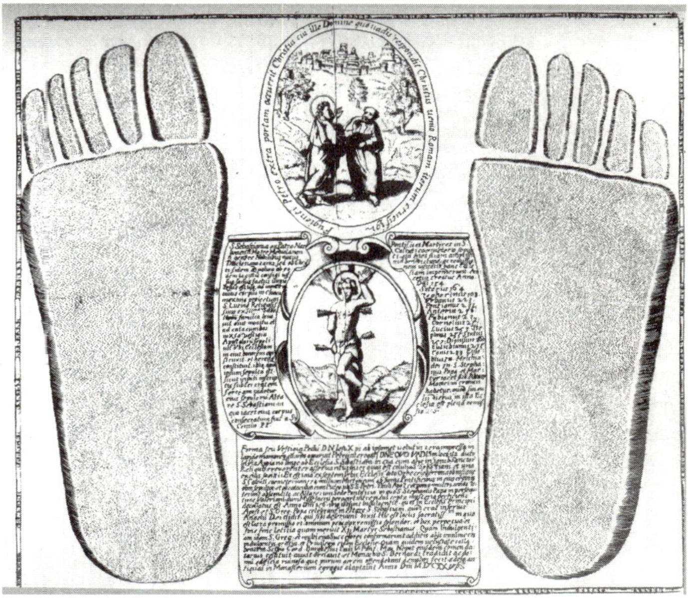

Wird die Suche nach den Gebrauchsfunktionen, den Sinnebenen und der Adressierung des Blattes von der dominanten Graphik der Fußspuren angetrieben, so rückt die im oberen Medaillon gezeigte Quo vadis-Begebenheit ins Zentrum der

[100] Dem unteren Text nach wurde die Renovierung von Kardinal Scipione Caffarelli Borghese (1576-1633) veranlasst; vgl. auch den Kommentar zum Blatt in: Illustrierte Flugblätter des Barock. Hg. v. Wolfgang Harms et al. Tübingen 1983, S. 22. Dort werden auch Überlegungen zu Verschiebungen der Datierung und des Erscheinungsortes des vorliegenden Exemplars vorgebracht, das sich im Vergleich mit einer anderen Variante, die die päpstliche Druckerlaubnis trägt, einer genauen Bestimmung entzieht.

Aufmerksamkeit.[101] Der Legende nach handelte es sich bei ihr um das Zusammentreffen des auferstandenen Jesus und seines Jüngers Petrus vor den Toren Roms, an der Via Appia Antica. Der vor dem Martertod aus Rom fliehende Apostel fragte Christus, ‚Domine, quo vadis?', woraufhin Christus antwortete, ‚Venio Romam iterum crucifigi.' Beschämt wandte sich daraufhin Petrus um und ging nach Rom zurück, wo er sein Martyrium erlitt. An dieser Stelle soll Christus seine Fußabdrücke hinterlassen haben. Die dargestellte Nachbarschaft zwischen dieser Begegnung und der im Hintergrund zu sehenden St. Sebastian-Kirche ergibt sich nur mittelbar: So befand sich das Gotteshaus unweit der Grablege des Hl. Sebastians, in dessen unmittelbarer Nähe wiederum das Quo vadis-Ereignis stattgefunden haben soll. Die Fußspuren fungieren gleichsam als Rahmung für die Kirche, die Marterszene Sebastians und die berühmte Quo vadis-Begebenheit. Sie werden als darstellungstechnische Zusammenführung dieser drei Orte und Situationen interpretierbar, ebenso wie ihre medialisierte ‚Verstetigung' als appellative, visuell aufdringliche Spuren die Gottespräsenz plausibilisiert und die Darstellung heilswirksam auflädt.[102]

Ausgehend von einer vielfach gegebenen Polyfunktionalität von Flugblättern sind mehrere Deutungen für das Exemplar erlaubt und erforderlich. Grundsätzlich dürfte es der Sebastianverehrung gedient haben. Aufgrund der Darstellung des Hl. Sebastians, dem als Pestheiliger Unheil abwendende und Schutz gewährende Wirkkraft und Dignität zukam, übernahm das Blatt für den katholischen Gläubigen die Funktion eines Apotropäums. Im Kontext der interkonfessionellen Spannungen mag mit Bezug auf Sebastian, seinen Status als Heiliger und eine flexible Erweiterung und Übertragung der Schutzqualitäten von Heiligen noch ein zweiter Aspekt ins Spiel kommen: Sebastian als Schutzpatron gegen die Pest galt in der Gegenreformation auch als *Defensor Ecclesiae Romanae*, damit als Schutzpatron gegen die ‚Pest' des Luthertums. So gesehen wäre dieses Blatt zugleich ein subtiles antiprotestantisches Exemplar.[103] Für Romreisende und Pilger kann der Druck sodann ein wunderbares Erinnerungstoken an die heiligen Stätten der Ewigen Stadt bedeutet haben. In Verbindung mit der Fußspur Christi, die die Ur-Erzählung von Christi Himmelfahrt wachruft und ein Bild von seinen, auf

101 Vgl. den Blattkommentar, a.a.O., wo auf die apokryphen Petrusakten verwiesen wird (Acta Petri, 35).

102 Hinsichtlich der eingeprägten Fußabdrücke sollte man aus heutiger Sicht eher die Quo vadis-Kirche (Chiesa Santa Maria delle Piante) für herausragend halten. Wie die St. Sebastian-Kirche an der Via Appia gelegen, reklamiert sie für sich den Anspruch, in noch engerer Nähe zum Ort des für Petrus schicksalhaften Zusammentreffens mit Christus zu liegen. Tatsächlich befinden sich in ihr, wie in San Sebastiano, Fußabdrücke. Die Kirche wurde allerdings erst 1637 errichtet. Bei den sichtbaren Abdrücken dürfte es sich um die Kopie eines Reliefs handeln, das sich im Original in der Sebastian-Kirche befindet. Dadurch würde sich der Bezug des Blattes zu San Sebastian klären. Ich beziehe mich auf die mündliche Auskunft eines Kirchenmitglieds der Quo Vadis-Kirche, Rom im Juli 2005.

103 Vgl. den Blattkommentar, a.a.O.

dem Ölberg hinterlassenen Fußabdrücke evoziert (vgl. 1. Petr. 2,21), konnten die Fußabdrücke Christi zugleich als einprägsame Ermahnung zur *imitatio* Christi verstanden werden. Damit ist die Aufforderung gemeint, Christus in seinen Taten nachzufolgen und sich als gottesfürchtiger Mensch zu erweisen.[104] Die szenische Gestaltung stellt das Blatt also in den Zusammenhang von Heiligenverehrung, apotropäischem Blattgebrauch und heilsgeschichtlicher Didaxe.

Die Fußspuren verlangen indessen eingehendere Aufmerksamkeit. Ihre visuell erfahrbare Phänomenalität ‚attackiert' – ähnlich der überproportionierten Seitenwunde oder des Herzens – geradezu den Blick des Betrachters. Grundsätzlich waren die Fußabdrücke, die Christus bei seinen himmlischen Elevationen hinterließ, und allen voran diejenigen auf dem Ölberg, spätestens seit dem frühen 5. Jahrhundert Objekt christlicher Verehrung. Was die Geschichte von Christi (erster) Himmelfahrt anbetrifft, so berichten die Evangelien nicht viel darüber. Matthäus erwähnt sie nicht und im Markusevangelium (16,19) wurde die entsprechende Stelle erst nachträglich eingefügt. In Lukas wird sie kurz erwähnt (24,50-52), Johannes wiederum referiert auf Christus und dessen Selbstauskunft über seine himmlische Abkunft und spätere Wiederkehr zum himmlischen Vater (6,6; 16,28; 20,17). Nur die Apostelgeschichte widmet sich der Himmelfahrt ausführlicher (1,9-11).[105] Seit dem frühen 5. Jahrhundert nun wurde von der magischen Kraft der Fußspuren auf dem Ölberg berichtet. So war es Handwerkern in der (an der Stelle von Christi Auffahrt errichteten) Himmelfahrtskirche angeblich nicht möglich, diese zu pflastern. Auch seien die Abdrücke im Staub trotz der Erdentnahme durch Pilger unversehrt geblieben. Galten zunächst allein die Fußspuren als Berührungsreliquien, so änderte sich das nach der Zerstörung der Himmelfahrtskirche und dem Verschwinden der Abdrücke im Zuge der Regierung des Kalifen Al-Hakim (ab 1008). Statt letzterer wurde nach der Wiedereroberung Jerusalems durch die Kreuzfahrer ein markanter Stein als der Ort deklamiert, von dem aus der Gottessohn gen Himmel aufgefahren sei. Für das vorliegende Blatt ist vor allem der Umstand interessant, dass auch andere Steine und Orte als der

104 Vgl. Eva-Maria Bangerter-Schmid: Erbauliche illustrierte Flugblätter aus den Jahren 1570-1670, a.a.O., hier: S. 101-107, wo die Idee einer Nachfolge Christi und ihre unterschiedliche Umsetzung im katholischen und protestantischen Glaubenskontext erläutert wird.

105 Vgl. Andrea Worm: Steine und Fußspuren Christi auf dem Ölberg. In: Zeitschrift für Kunstgeschichte, 66/3 (2003), S. 297-320, hier: S. 297. Die Autorin untersucht die ikonographischen Motive des Steinblocks und der Fußspuren Christi, die sich entweder darauf oder direkt in die Sandfläche des Ölbergs eingeprägt haben, in Darstellungen der Himmelfahrt Christi ab 1100 bis zur Mitte des 13. Jahrhunderts. Während sie sich vor allem auf die Darstellungsvariationen des quaderförmigen Steinblocks als Aufstiegsplattform und die Fußabdrücke im Stein oder Staub konzentriert, geht sie weniger auf die Bedeutung der Füße als metonymische oder synekdochische Abbreviatur des Gottessohnes ein. Vgl. auch George Didi-Huberman: Christi Himmelfahrt. In: Glaube Hoffnung Liebe Tod, a.a.O., S. 460-461.

Steinblock in der Himmelfahrtskirche in Jerusalem die Fußabdrücke des Herrn aufwiesen; oder dass sich Gegenstände fanden, die angeblich mit den Körperteilen des Herrn abgezeichnet waren. Andrea Worm führt den Pilger von Piacenza an, dem angeblich um 570 Fußspuren Christi auf dem Stein gewiesen wurden, auf welchem der Herr bei seiner Verurteilung vor Pilatus gestanden habe soll. Für die Verehrungstradition ist dabei höchst aufschlussreich, dass Pilger von den Fußspuren das Maß abgenommen und sich dieses (wohl ein Band aus Stoff oder Leder) zum Schutz vor Krankheiten um den Hals gehängt haben sollen.[106] Handelt es sich bei dem Ölberg in Jerusalem um den bekanntesten Ort, an dem die Fußspuren Christi verehrt wurden und werden, befindet sich auch in Rom ein solcher Ort. Dort zeigte man in einer Kapelle an der Via Appia seit dem 9. Jahrhundert jene Fußspuren Christi, die uns das Blatt präsentiert.

Die Zweidimensionalität des Drucks wird durch die übergroß abgebildeten Fußabdrücke zu einem dreidimensionalen Imaginationsraum, der einer Vergegenwärtigung Christi zuarbeitet. Das Blatt versperrt zumindest nicht den Einbezug des eigenen Körpergefühls, wenn es die gedankliche Orientierung auf die Füße des Betrachters lenkt. Der Betrachter ist aufgerufen, sich imaginativ in die Fußstapfen Christi zu stellen oder sich vor ihrer Bildvorlage in die Position eines knienden Adoranten zu begeben. Die Spuren, die zwar keine proportionale Äquivalenz mit der wahren Fußgröße Christi aufweisen, befördern in jedem Fall eine lebendige Vorstellbarkeit des Messias, der seinerzeit unweit der vorfindlichen Orte erschien. Qua plastischer und einen Größenvergleich evozierender Nachbildung der Fußabdrücke Christi, im Zusammenspiel mit dem ungewöhnlichen Proportionsverhältnis zu den übrigen Szenen, wird die Macht und Größe des Gottessohnes eindringlich sinn- und augenfällig gemacht. Die Fußspur stimuliert und ermahnt mit Nachdruck den Christen zur *imitatio* Christi. Gemäß dem Motto ‚dieser Standpunkt ist auch Dein Standpunkt, nimm ihn ein und Du wirst sehen, was Jesus gesehen hat, Dir wird an Heil zuteil, was der Herr für Dich vorbereitet hat', wird der Betrachter aufgefordert und eingeladen, sich in die Fußabdrücke hineinzuversetzen. Diese Einladung geschieht aber nicht etwa im Modus einer mimetischen Substitution der tatsächlichen Fußabdrücke Christi auf Papier, in die der Gläubige steigen könnte: dagegen sprechen die Abmessungen des Satzspiegels. Vielmehr dürfte die Imaginationskraft durch die Adressierung viszeraler Wahrnehmungsimpulse ein Vorstellungsbild evozieren, das der Plastizität der Darstellung äquivalent und einprägsam ist.

Das Fußbild als Vorlage für einen ‚Kniefall' zu interpretieren, scheint mir ebenfalls legitim. Damit wird die Möglichkeit erwogen, die Konzeption des Blattes zielte auf jenen zentralen, spätfeudalen Gestus der Ehr- und Demutsbezeugung ab. So gesehen, mag das Blatt weniger eine haptische Umsetzung der Fußstapfen als *imitatio* Christi intendieren, als vielmehr den kontinuierlich zu bezeugenden und einzuübenden Gestus der Subordination aktualisieren.[107] Es

106 Vgl. Andrea Worm, a.a.O., hier: S. 307-308 u. 312.

107 Vgl. A. Fink: Knien. In: HRG, Bd. 2, Sp. 901-903. Für diesen Hinweis danke ich Hildegard E. Keller, Zürich.

könnte das Fußbild somit zwischen religiöser und rechtshistorischer Semantik angesiedelt werden. Dies ließe die unrealistische Größe der Füße, die gleichwohl eine Übergröße, aber noch keine Realgröße darstellt, irrelevant erscheinen.

Oder noch anders: Die Fußabdrücke visualisieren und authentisieren als Erinnerung an den gen Himmel auffahrenden Christus dessen menschliche Natur und sind zugleich Zeichen der Realpräsenz des göttlichen Logos. So, wie sich die Füße des auffahrenden Christus in die Standfläche auf dem Ölberg in Jerusalem einprägten, und sich dieser Moment womöglich in Analogie zum mittelalterlichen Schreibprozess deuten lässt (wenn der Fels analog einer Tafel die sichtbare Fußabdrücke als Negativschrift eines sich der Sichtbarkeit Entziehenden festhält), so visualisieren und authentisieren diese „berühmtesten Fußspuren der christlichen Hemisphäre“[108] die Präsenz Christi. Sie sind mithin Zeichen der Realpräsenz des Numinosen oder göttlichen Logos.[109] Als Wallfahrtsmitbringsel mittelalterlicher Pilger ermöglichten sie einen haptischen Kontakt zum Erlöser.

Dem Fuß-Blatt zur Seite gestellt sei ein Exemplar, das in der 2. Hälfte des 17. Jahrhunderts entstanden ist und das Incipit „Siehe allhier hastu der du solches anschauest“ trägt. Es hat weniger mit den Fußabdrücken des Gottessohnes zu tun, doch verbindet beide die Überproportionalität einzelner Elemente, die die Bildkomposition regieren (Abb. 08):

[108] Christoph Daxelmüller: Fußspuren, a.a.O., hier: Sp. 614.

[109] Gleiches gilt auch für Abdrücke anderer Körperteile, vgl. Christoph Daxelmüller: ebd., hier: Sp. 613.

Das Blatt präsentiert einige der als Reichsinsignien und Reliquien verehrten „Heiligthümer, Regalien und Kleinodien", darunter die heilige Lanze, ein Nagel vom Kreuz Christi, das äußerst vereinfacht dargestellte Reichskreuz mit Kreuzpartikel, sowie der Reichsapfel, die achtkantige Reichskrone auf dem Haupt von Kaiser Sigismund (1368-1437) und das Zeremonieszepter in seiner linken Hand.[110] Neben der ihnen zugesprochenen Heilskraft verkörpern die Heiltümer und Reichskleinodien zugleich geistliche Kraft und weltliche Machtansprüche, was an Sigismunds Auftreten im Bild und seiner Funktion als oberster Reichsverweser der Heiltümer manifest wird. Unter dem Aspekt von Zeigen, Aufzeigen und Verweisen ist er zugleich eine deiktische Assistenzfigur für die Ostentation der heiligen und kaiserlichen Paraphernalien, wobei zu bedenken ist, dass Akte eines ostentativen Vor-Augen-Stellens immer als deiktische zu begreifen sind: Die Ostentation ist die Schwester der Deixis. Vor dem Hintergrund der Frage nach dem Heilspotential von Bildern, in Verbindung mit ihrer Medialität, erscheint in diesem Blatt die Art und Weise aufschlussreich, mit der die Heiltümer des Reiches präsentiert werden, insbesondere die *vera lancea* auf der linken Blattseite. Ihre herausragende Bedeutung wird durch ihre überproportionale Größe und Vordergründigkeit betont. Darstellungstechnisch wird damit aufgenommen und nur leicht modifiziert, was schon in frühen Holzschnittdrucken praktiziert wird, die die Lanze an zentraler Stelle, ursprünglich in der Mittelsenkrechten positionieren und sie durch ihre Größe als die im Spätmittelalter kostbarste aller Reichsreliquien hervorheben.[111] Dem Text, der die abgebildeten Gegenstände benennt, kurz beschreibt und über das Nürnberger Privileg der Aufbewahrung einiger der Reichskleinodien berichtet, ist eine interessante Auskunft zu entnehmen: Es werde hiermit aufgrund der abnehmenden Möglichkeit, die Reichskleinodien wahrhaftig zu Gesicht zu bekommen („weil sie itziger Zeit, selten zusehen sind"),[112] ihre Abbildung als Ersatz für deren leibhaftige Präsenz geboten („Du siehest allhier die vornehmsten heiligthümerr recht wie sie an ihnen selber sind, in rechtmessiger größe abgebildet [...] werden sie dir in hiesigem Kupfer gar eigentlich abgebildet vorgestellet daß du solches, wie es immer sein mag belieben und gefallen"). Einerseits wird in dem Blatt womöglich eine Kritik an der Aussetzung des traditionell, einmal jährlich stattfindenden Rhythmus der Heiltumsweisung laut. Zum anderen scheint der Verfasser von einer verbreiteten Überzeugung profitiert zu haben, wonach die Abbildung das mirakulöse Wir-

[110] Vgl. den Kommentar zum Blatt von Renate Haftlmeier-Seiffert in: Deutsche illustrierte Flugblätter, Bd. III, S. 150.

[111] Der Holzschnitt, auf den ich rekurriere, datiert von 1425-1450 (Wiederabdruck um 1600) und ist im Katalog zur Ausstellung der Anfänge europäischer Druckgraphik wiedergegeben, vgl. Rainer Schoch: Die Nürnberger Heiltümer. In: Die Anfänge der europäischen Druckgraphik, a.a.O., S. 212-214, hier: S. 213, Objekt 59.

[112] Ursprünglich lag der Rhythmus des Rituals bei einer jährlich am 14. Tag nach dem Karfreitag, am so genannten „Fest der heiligen Lanze" stattfindenden Vorzeigung des ‚Heiltums' in der Öffentlichkeit, vgl. Rainer Schoch: Die Nürnberger Heiltümer, a.a.O.

kungspotenzial des Abgebildeten, in diesem Fall die Reliquien, auf sich übertragen konnte. Nimmt man das Layout, das kompositorisch-inszenatorische Kalkül und die Textaussage des Blattes ernst, so wird die Möglichkeit dieser Wunderübertragung dem Bild nachweislich konzediert. Es übernahm Stellvertreterfunktion für die abgebildeten Gegenstände. Insbesondere an der Lanze fällt die Tendenz auf, prominente Objekte maßstäblich so ins Bild zu setzen, dass das Bild das Präsentationsanliegen dahingehend erfüllte, nicht in erster Linie für ein Bild, sondern für das Objekt selbst gehalten zu werden.

Mit Schwerpunkt auf dem Fuß-Flugblatt lässt sich konstatieren, dass es in einem darstellerischen und ikonographischen Traditionsstrom steht, der in Inkunabeln und frühen Holzschnittdrucken vorbereitet wird. Das Hauptmerkmal ist die Vergegenwärtigung und Vergewisserung des Numinosen durch überproportionierte Abbildungen von signifikanten Heilsträgern. Durch das Zusammenspiel von ikonisch-bildlicher Prominenz und einer vielfach behaupteten, messgenauen Ähnlichkeit mit den heilswürdigen Originalen und Vorbildern dienen die Abbilder als Wahrnehmungsstimulanzien, wenn sie nicht sogar die Originale substituieren. Anders als in vielen frühen Einblattdrucken wird in dem Fuß-Flugblatt an keiner Stelle eine Größenangabe für die Fußspuren offeriert, dank derer die Länge des Christuskörpers qua Aufmaß berechnet werden könnte. Gleichwohl ist aufgrund dessen, was nicht numerisch ausgezeichnete Herz-Jesu-Holzschnitte gezeigt haben, davon auszugehen, dass die überproportional entworfenen Fußabdrücke, gleichsam in Latenz, auf eine solche Vermessungs- und Proportionslogik zurückverweisen. Diese regiert zum großen Teil die graphische Umsetzung der Fußspuren ebenso wie die szenische Einrichtung des gesamten Blattes. Der visuellen Aufdringlichkeit der Fußabdrücke eignet fast ein Moment von Epiphanie, die eine Präsenzemphase evoziert. Die Fußabdrücke befördern eine imaginativ-assoziative Größenvorstellung nicht nur der Füße, sondern der Gestalt Christi, wodurch dieser in dem Flugblatt gleichsam spirituell reproduzierbar wird. Die Appellstruktur des Blattes ist darauf ausgerichtet, die Betrachter auf Christi Nachfolge hinzuweisen. Sie sollen imaginativ in die Fußspuren des Herrn treten, womöglich das Blatt als Andachtsvorlage benutzen, um des Himmels teilhaftig zu werden. Die Abwesenheit des Körpers Christi wird durch seine Körperspur vor allem im Bild kompensiert.[113] Es wird auf Christus verwiesen, auf seine Prä-

[113] Steffen Siegel hat den Willen zur Berührung von Darstellungsinhalten, damit das Verlangen, in die Tiefe (der Zeichen) zu dringen, statt auf ihre bloße Oberfläche verwiesen zu sein, anhand der Parabel vom ungläubigen Thomas im Johannes-Evangelium herausgestellt. Er rekapituliert das vielfach dargestellte Berührungsverlangen des Thomas, mehr jedoch geht es ihm um eine Auseinandersetzung mit „jene[r] binominale[n] Semantik von Oberfläche und Tiefe […], welche seit der Antike die Metaphorik für Wahrnehmungs- und Erkenntnisprozesse leitete […]". Der Tastsinn erst überwinde die Distanziertheit, die Einseitigkeit jedes Sehens. Steffen Siegel: Der haptische Blick. In: Jenseits des Postsrukturalismus. Hg. v. Marcel Lepper et al., S. 127-147, hier: S. 131 u. 142.

senz und sein Handeln, wodurch der Gläubige zu einer *imitatio* im Sinne eines nachahmenden Handelns aufgefordert ist, ebenso wie zur Andacht und zur Meditation. Was den Aspekt imaginativer Vertiefung in das Bild anbetrifft, so wäre noch einmal das aufzunehmen, was Hans Belting postuliert hat: Da der Mensch selbst der Ort der Bilder ist, insofern das Bild erst zum Bild wird, wenn es von seinem Betrachter animiert wird, lässt das Bild seinen Status als ‚nur' materieller, extramentaler Schaugegenstand hinter sich und wird zu einem Objekt performativer Wahrnehmungsstimulanz.[114]

1.2 Nota bene – Positionsvorgaben. Flugblätter bestimmen die Lage

Anhand der zwei folgenden Exemplare wird gut nachvollziehbar, mit welchen Positions- und Rezeptionsvorgaben Flugblätter entworfen wurden. Dass beide Blätter im Kontext von Vergänglichkeitsthematik und Memento mori-Symbolik stehen, ist Zufall.[115] Zum einen knüpfen die Beispiele an jene aus dem Abschnitt „Fingerzeige/Zeighände" an. Dort geben Handzeichen und Fingerzeige als Assistenzwerkzeuge eine Lese- und Blickfokussierung in den Materialien vor und führen gleichsam das Auge. Zugleich suggerieren sie die Präsenz eines abwesenden Sprechers, der durch diese Signa zeichenhaft im Schrift- und Bildraum repräsentiert wird. Die visuell-ikonischen Deiktika gleichen den Verlust dessen aus, was sprachliche Deiktika in einer mündlichen Verständigungskultur an Wahrnehmungsorientierung leisten. In den vorliegenden Blättern muss sich der Betrachter dem Regime des Mediums hingegen in einer körperlich-performativen Weise anpassen. Es sind marginale Details, die von deiktischer Relevanz für die Appellstruktur und eine optimale Wirkungseffizienz der Blätter sind. Zum anderen schließen die Exemplare an die vorangegangenen Ausführungen im Abschnitt „*Imitatio* Christi" an. Während die Füße Christi im Kontext von Devotion und Adoration verortet sind und ihr verehrungswürdiger Status durch eine Proportionslogik verifiziert und plausibilisiert wird, kommt bei den folgenden Blättern ein avancierter Perspektivgebrauch als kulturtechnische Zurichtung des Mediums zum Einsatz.

Bei den Exemplaren, die aus der ersten Hälfte des 17. Jahrhunderts stammen, handelt es sich um kunstvolle Ausführungen, die durch ihre Thematik ein breites

---

[114] Vgl. Hans Belting: Bildanthropologie. Entwürfe für eine Bildwissenschaft. München 2001, S. 30f. Gottfried Boehm zielt mit seiner zentralen Suchkategorie ‚Zeit der Darstellung' zwar auf den Aspekt von Temporalität in ikonischen Darstellungszusammenhängen, betont aber auch, dass die Bildkonstitution im Akt der Wahrnehmung, also als Ergebnis eines performativen Evokationsprozesses entsteht, vgl.: Bild und Zeit. In: Das Phänomen Zeit in Kunst und Wissenschaft. Hg. v. Hannelore Paflik. Weinheim 1987, S. 1-23.

[115] Vgl. Jörn Münkner: Tote Li/ebende – li/ebende Tote. In: L'art macabre, 8. Bamberg 2007, S. 161-176.

Publikum angesprochen haben dürften.[116] Ihre Mehrsprachigkeit lässt auf eine gehobene, auch überregionale und ausländische Käuferschaft schließen. Das Entstehungsdatum stellt die Blätter mitten hinein in das Vorspiel und den Auftakt des Dreißigjährigen Krieges. Bevor der militärische Großkonflikt mit der Schlacht am Weißen Berg nahe Prag (1620) faktisch ausbrach, schwelten die Spannungen zwischen Katholiken, Protestanten und Reformierten bereits seit Jahrzehnten. Die handfesten religiösen und konfessionellen Gegensätze, die sich zu politischen und dynastischen Hegemoniekämpfen zwischen den Großmächten West- und Nordeuropas ausweiteten (Frankreich, Österreich, Spanien, Schweden, die Niederlande und Dänemark), lagen lange vor Beginn der militärischen Eskalation in der Luft, was im Spiegel der zeitgenössischen Publizistik spürbar wird.[117] Die Kriegshandlungen, die den Zerfall des Heiligen Römischen Reiches Deutscher Nation vorantrieben und insbesondere in ihm zu weitflächigen Verheerungen, demographischen Verschiebungen, Hungersnöten sowie einem regelrechten Kollaps gemeinschaftlicher Lebenszusammenhänge führten, schürten heilsgeschichtliche Ängste und intensivierten das Nachdenken und die künstlerische Reflektion über Vergänglichkeit, Sterben und Tod.[118] Die Kommunikationsträger des frühneuzeitlichen Medienverbundes inszenierten diese kataklystische Erfahrung und entsprechende Bewältigungsversuche unterschiedlich, vielfach unter Rückgriff auf ein prototypisches Inventar des Totentanzes.[119] Aus dem Korpus einschlägiger Flugblätter liegen zahlreiche Exemplare aus dieser Zeit vor, die Totenschädel, Sensenträger, Pfeile verschießende Knochenmänner, verlöschende Kerzen und Leiber zeigen, die von Würmern und anderem Kleingetier zerfressen sind. Hinzu treten Textelemente, die das Sterben thematisieren sowie weitere Insignien der Vergänglichkeit und Funeralthematik wie Stundengläser, zerplatzende Seifenblasen, Särge und Schaufeln. Auch dort, wo Skelette lange Tanzreigen mit todgeweihten Vertretern unterschiedlicher Herkunft und Stände

---

116 Zur Vergänglichkeitsthematik und Vanitas-/Memento mori-Bildlichkeit, vgl. die einschlägigen Einträge im Lexikon des Mittelalters, in der Enzyklopädie des Märchens und im Lexikon der Kunst; zudem den Beitrag von Christoph Gerhardt: Morte tua vivis. In: Euphorion 80/1 (1986), S. 1-25, in dem der Autor zeitgleiche, themenverwandte Artefakte untersucht und zahlreiche Sekundärquellen auswertet.

117 Vgl. Johannes Weber: Der große Krieg und die frühe Zeitung. In: Jahrbuch f. Kommunikationsgeschichte, 1 (1999), 23-63, hier: 23-44; Wolfgang Cilleßen: Vorboten des Krieges, a.a.O., hier: 11-36.

118 Zwischen 1570 und 1630 war es in Mitteleuropa kälter als gewöhnlich. Die Forschung geht für diesen Zeitraum von einer Klimaschwankung aus, die unter dem Stichwort ‚Kleine Eiszeit' firmiert. Sie trug zu niedrigeren Ernteerträgen und anderen Missständen bei, vgl. Wolfgang Behringer: Kulturelle Konsequenzen der „Kleinen Eiszeit". Göttingen 2005.

119 Vgl. Joachim Fest: Der Tanzende Tod. Kunsthaus Lübeck 1986; Brigitte Schulte: Totentanz. In: Reallexikon der deutschen Literaturwissenschaft. Hg. v. Klaus Weimar et al., Bd. III. Berlin 2003, 657-660 sowie Imke Lüders: Totenreigen – Totentanz. In: L'Art macabre, 1. Düsseldorf 2000, 97-113.

anführen, sind zahlreiche dieser Elemente ins Bild geholt.[120] Während der alle Menschen gleichmachende Totentanz generell eine Auskunft darüber schuldig bleibt, was jenseits des Sterbens passiert, dient er oft als Spiegel für todesaffine Befindlichkeiten, als Medium von Gesellschaftskritik und Ermahnung, aber auch der Erbauung. Gerade die Figuration des zum Tanz auffordernden und zur Bewegung mitreißenden Todes ist medienunabhängig weit verbreitet.

Das erste Blatt inszeniert das Totentanz-Motiv in idealtypischer Manier. Das hochrechteckige, relativ große Blatt (ca. 42 cm Höhe × 30 cm Breite) trägt den Titel „Fleuch wa Du willt, des todtes bild, staets auff dich zielt". Entstanden um 1617, stammt es wahrscheinlich aus Straßburg. Entworfen und gestochen wurde es von Jakob von der Heyden (Abb. 09):

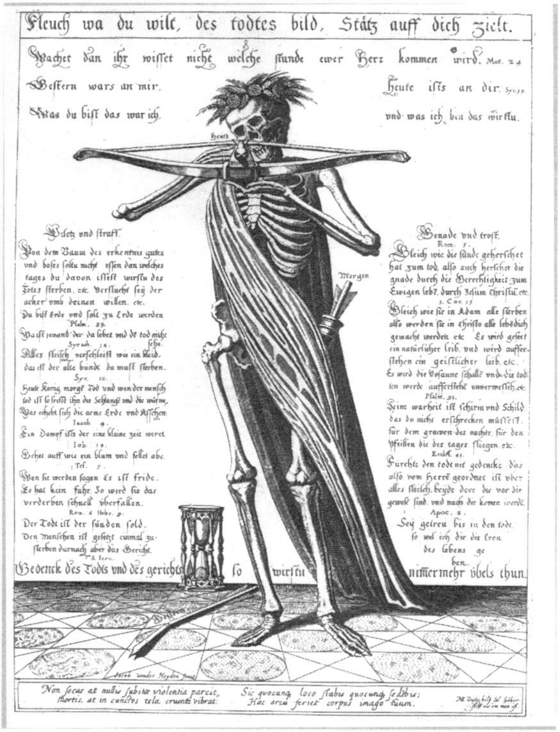

Der knöcherne Menschenjäger steht leger und mit leichter Hüftneigung, von einem Leichentuch halb bedeckt, auf einem Raumtiefe andeutenden Fliesenboden

120 Vgl. in Deutsche illustrierte Flugblätter, Bd. 3, 1989, die Nr. 104, 112, 113, 115, 120, 121, 123-128.

dem Betrachter frontal gegenüber, auf den er seine Armbrust angelegt hat.[121] Die Spitze des eingelegten Pfeils, den eine Beischrift als ‚Heute' kennzeichnet, zielt genau auf den Betrachter. Dieser Eindruck ergibt sich wegen der zentralen Position des visierenden Todesschützen im oberen Drittel des Blattes, die das schweifende Auge während der Blattlektüre fast magisch anzieht. Gekonnt ist die meisterhafte Umsetzung einer perspektivischen Flexibilität, denn egal, aus welchem Winkel das Auge auf den eingelegten Pfeil trifft, immer scheint dieser mitgewandert und beharrlich zielgenau zwischen die Betrachteraugen gerichtet. Frank Büttner macht darauf aufmerksam, dass der diesem perspektivischen Prinzip der ‚Allsichtigkeit' zugrunde liegende Bildtypus, die „imago omnia videntis" (Bild des Allsehenden), in der Kunst eine lange Vorgeschichte hat. Sie reicht mindestens bis zu Plinius (um 23-79) zurück. Über Adaptionen und Variationen dieses Prinzips in der Porträt- und Wandmalerei gibt u.a. Nikolaus Cusanus (1401-1462) Auskunft, den Büttner als Quelle über ein heute verlorenes Wandbild an der Fassade des Nürnberger Rathauses anführt (um 1452). Cusanus berichtet von einem dort dargestellten Bogenschützen, der den Betrachter ständig anzuvisieren schien, ganz gleich in welchem Winkel sich dieser davor befand. Zahlreiche Versionen dieses Figurenmusters, so Büttner, deuten darauf hin, dass dieser variierte Typus im 15. Jahrhundert im Alpenraum bereits weit verbreitet war.[122] Wenn dem so ist, kann nicht zutreffen, was Wolfgang Harms und Ulla-Britta Kuechen konstatieren, wonach der Münstersche Maler Hermann tom Ring (1521-1596) den zielenden Tod bei der Gestaltung der Zentralfigur seines Utrechter Triptychons ikonographisch vorbereitet habe.[123] Zurück zum Blatt, in dem – soviel ist sicher – eine von zahlreichen Repliken und Nachahmungen des Motivs im druckgraphischen Medium im 17. Jahrhundert zur Aufführung gelangt: Im Köcher an der linken Hüftseite des Todes steckt ein zweiter, mit ‚Morgen' markierter Pfeil, während auf dem Fliesenboden vor einer Sanduhr, deren Sand fast durchgelaufen ist, ein drittes angebrochenes, bereits zur Anwendung gekommenes Pfeilgeschoss steckt, das als ‚Gestern' die eingebrachte Todesernte impliziert. Den Schädel des Todes zieren Rosenblüten und Getreideähren, sein Mund scheint zu einem breiten Lachen geöffnet.

Während der Titel und drei Verszeilen über dem Schädel bzw. diesen aussparend über die gesamte Blattbreite hinweg laufen, flankieren zwei Spalten mit Bibelsprüchen vorrangig aus dem Alten Testament, vom Torso abwärts den advocatus mortis. Zu seiner Rechten findet sich die Rubrik „Gesetz und straff", zur Linken „Genade und trost". Unter den Kolumnen verläuft wiederum eine die gesamte

[121] Vgl. den Kommentar zum Blatt von Wolfgang Harms u. Ulla-Britta Kuechen in: Deutsche illustrierte Flugblätter, Bd. III, S. 242. Dort auch ein Hinweis zur interessanten Überlieferung des Blattes, der Aufschluss über Gebrauchs- und Verwendungszusammenhänge von Flugblättern gibt.

[122] Frank Büttner: Die Macht des Bildes über den Betrachter. In: Autorität der Form. Hg. v. Wulf Osterreicher et al. Münster 2003, S. 17-36, hier: S. 18-19.

[123] Vgl. W. Harms u. U.-B. Kuechen: Kommentar, a.a.O.

Blattbreite einnehmende Verszeile, den Abschluss bilden in der Fußleiste zwei lateinische Distichen und ein klein gestochenes *Nota Bene* (NB). Handelt es sich bei den meisten Aussagen um Bibelzitate, die um den Tod als Leben beendendes Prinzip, sein unerwartetes Kommen und den Sündenfall kreisen (Gesetz und Strafe), erbauen und trösten andere, indem sie von der Verheißung der Gnade und des ewigen Lebens künden (Gnade und Trost). Daneben finden sich aber auch Sentenzen wie die vierte Verszeile von oben, die das Motiv von den drei Lebenden und den drei Toten aufruft und den bekannten Mahnspruch der Toten zitiert: „Was du bist das war ich und was ich bin das wirstu." Allerdings ist dieser nicht im Plural formuliert (Wir waren, was ihr seid; ihr werdet sein, was wir sind/Eramus quod estis; eritis quod sumus), sondern in der Singularform wiedergegeben. Die Umformulierung ist hier deswegen sinnvoll, weil keine Dreiergruppe (die drei Toten) eine andere (die drei Lebenden) ermahnt, sondern der singuläre Tod genau ein Gegenüber anvisiert, das gleichwohl metonymisch für die Gesamtheit aller Sterblichen steht.[124] Schließlich gemahnt der Einzelvers unten durch die Aufforderung, des Todes und des Gerichts zu gedenken, so dass man von üblen Taten abgehalten werden möge, an die unhintergehbare Brisanz und Wirkmacht des Blattes. Eine ähnliche Stoßrichtung verfolgen die Distichen ganz zum Schluss, die die Gesamtkomposition abrunden und auf den Punkt bringen. Sie machen sinngemäß darauf aufmerksam, dass der Tod gewaltsam und plötzlich komme, niemand von ihm verschont bleibe, er auf alle seine blutigen Pfeile schieße, und einerlei, wo man auch stehen möge, jeder von ihm getroffen werde („Non secus at nullis subit(o)ie violentia parcit. Mortis, at in cunctos tela cruenta vibrat. Sic quocu(m)nque loco stabis quocunque sedebis; Hac arcu feriet corpus imago fuum"). Die Dominanz der Bibelsentenzen und christlich überformten Sinnsprüche machen den Sitz des Blattes in einer protestantisch geprägten Glaubens-, Denk- und Lebenswelt äußerst wahrscheinlich.[125]

Wären der Aussagegehalt und das figürliche Arrangement alles, was das Blatt in seiner Gestaltungssumme auszeichnet, würde es sich – abgesehen von seiner Kunstfertigkeit und raffinierten perspektivischen Vexierung – nicht wesentlich von variierenden oder themenverwandten Darstellungen unterscheiden.[126] Es bie-

[124] Vgl. Christoph Gerhardt: Die Tote und der Jüngling. Zu zwei Kupferstichen der Brüder Conradt Golz und Hendrick Goltzius. Trier 2000, S. 16-19, der anhand der beiden Golz'schen Kupferstiche (1592 und ohne Erscheinungsjahr) der Singular-Modifikation des Plural-Sinnspruches nachgeht, der wohl auf das 9. Jahrhundert zu datieren ist.

[125] Zu konfessionellen Vorlieben bei der Darstellung des biblischen Wortes in der Bild(Wort)kunst des 16. und 17. Jahrhunderts allgemein und zu Präferenzen für neu- und alttestamentliche Zitate im besonderen, vgl. Christoph Gerhardt: Morte tua vivis, a.a.O., hier: S. 18.

[126] William Coupe: The German Illustrated Broadsheet, a.a.O. führt drei Versionen des Blattes an, wobei ihm diejenige aus der Stadtbibliothek Ulm (keine Abbildung, Nr. 200) als Hauptreferenz für eine kurze Besprechung dient (Bd. I, S. 121). Re-

tet hingegen eine Art Kurzmanual für die Herrichtung einer optimierten Wahrnehmungssituation. Das kleine *Nota Bene* in der Fußleiste besagt, dass das Blatt höher als gewöhnlich zu hängen sei: „Dieses bild sol höher stehe als ein man ist." Unabhängig davon, dass alle drei Pfeile als Sinnbilder für einen kontingenten und unabwendbaren Tod den Betrachter imaginär (be-)treffen, visiert der bleiche Schütze diesen so lange, wie er sich das Furcht einflößende und mahnende Szenario vor Augen führt. Voraussetzung für die größte Intensität der Darstellungswirkung ist, dass dem zwar unscheinbaren, dafür medial signifikanten Aufforderungsgestus Folge geleistet wird. Der Kupfer erreicht gerade durch den deiktisch-appellativen Steuerungsakt seiner Rezeptionszurichtung, im Zusammenspiel mit seiner Formatgröße, eine eindringliche Präsenz, dank derer auf sowohl makabre als auch paränetisch-erbauliche Art und Weise die Wahrnehmung und Imagination des Betrachters beeinflusst werden. Wolfgang Harms zufolge existiert bislang zwar nur eine partielle Typologie der Situationsbezogenheit von Flugblättern, an dem vorliegenden Exemplar werde aber deutlich, „wie sehr die intendierte Rezeptionssituation eines illustrierten Flugblatts von der üblichen Lesesituation eines Buchlesers unterschieden sein kann: die doppelte Wirkung von Bild und Text kann, muss jedoch nicht in allen Fällen, nach einem Abstand verlangen, der eine volle Kombination der Wirkung aller Teile des Blattes ermöglicht. Von hier aus erklären sich besondere Situationen der Vermittlung, u.a. das moritatenähnlich vorgesungene oder vorgeführte Bildfelder-Blatt, das plakatartig angeklebte Blatt an Häusern oder in Innenräumen unterschiedlicher Art, die Kaufwerbung durch Aushang und Auslage [...]."[127]

Der Gedanke eines räumlichen Abstandes zum Bild bzw. Blatt, der die volle Entfaltung seiner ikonischen Komponenten erst ermöglicht, lässt sich weiter ausbuchstabieren, wenn man über die Implikationen der sich im 17. Jahrhundert kontinuierlich vervollkommnenden Perspektivtechnik nachdenkt. Dem perspektivisch konstruierten Bild eignet eine ganz eigene, besondere Autorität. Sie geht Frank Büttner zufolge darauf zurück, dass es seinen Wahrheitsanspruch „primär von [s]einem grundsätzlich neuen Verhältnis [...] zur Wirklichkeit ableitet. Die Etablierung der Perspektive als [...] geometrisch beweisbares Regelwerk der

---

produziert ist in Bd. II, Nr. 200a eine Version aus dem GNM in Nürnberg, die auf den Kölner Verleger Gerhart Altzenbach (1610?-1672) zurückgeht. Ohne Erscheinungsjahr, etwas niedriger und breiter im Satzspiegel, ist dort – neben Unterschieden im Detail – die Graphik seitengespiegelt, die Verse in der rechten Spalte sind durchgängig auf Französisch. Das Blatt enthält einen *Nota bene*-Zusatz, doch an anderer Position. Michael Schilling gibt eine weitere Variante aus dem GNM wieder, die aus der Nürnberger Offizin von Paul Fürst (um 1650) stammt. Das Blatt trägt ein anderes Incipit „Ach Mensch kehr dich zu Gott" und zeigt unter der (vom Betrachter aus) linken Armbrustseite eine überproportionierte ‚NB'-Ligatur, die allerdings keinen Verszusatz enthält. Der Text des Blattes ist durchgängig deutsch und mit prominenten Serifen verziert. Vgl. Michael Schilling: Bildpublizistik, a.a.O., Abb. 11, Nr. 10.

127 Wolfgang Harms: Einleitung, a.a.O., S. XV.

Wirklichkeitswiedergabe," das 1.) auf der Übernahme des optischen Paradigmas der Sehpyramide, 2.) auf der Festlegung des Betrachterstandpunktes und 3.) auf der Entdeckung des Horizonts basierte, „spielte dabei eine Schlüsselrolle".[128] Die fortan schon bei der Bild-/Blattkonzeption genau mitzudenkende Blatt-Betrachter-Beziehung implizierte eine wechselseitige Abhängigkeit, die das Bild aus jeder Beliebigkeit herauskatapultierte und den Betrachter aufforderte, den für das Bild besten Blickpunkt aufzusuchen. Das Bild gab vor, wie es wahrgenommen und gesehen werden sollte, und der Betrachter hatte sich diesem Diktat unterzuordnen, wollte er sich nicht ‚versehen'. Die Perspektive veränderte aber nicht nur die Art des Sehens, sondern auch die des Urteilens. Nunmehr wurde der Vorgang des Beobachtens selbst beobachtbar und rekonstruierbar, wobei sich jeder Beobachter als Wahrnehmender erwies, der sich in den jeweils vorgegebenen Koordinaten des Beobachtungskontextes genau verorten musste. Das wiederum führte zu seiner reziproken Beobachtbarkeit, was eine stärkere intersubjektive Vergleichbarkeit forcierte. Sybille Krämer argumentiert ähnlich, wenn sie die zentralperspektivische Bildgebung als mediale Innovation oder symbolische Form denkt, die sich zu einem kulturellen Topos mit präfigurierender Kraft verdichtet hat, die den Vorstellungsskopos ganzer Sehgemeinschaften regiert. Die Tatsache, dass seit der Renaissance der Sehakt berechenbar gemacht und dadurch kulturell stereotypisiert wurde, versetzte die zentralperspektivische Darstellung in die Lage, fiktiven Welten mit Hilfe des ihr inhärenten Illusionspotentials Realitätsprädikate zu verleihen.[129] Vor dem Hintergrund der einerseits mustergültigen Umsetzung und andererseits cleveren Manipulation der Perspektivkunst in dem Blatt lässt sich die kulturgeschichtliche Bedeutung der Entdeckung der Zentralperspektive mit Niklas Luhmann abschließend dahingehend radikalisieren, dass mit der Perspektive die Gesellschaft auf das Problem der Latenz, des blinden Flecks einer jeden Sicht gestoßen wurde. Wenn dem so ist und die Zentralperspektive in der Tat zur Einsicht bringt, dass alles Beobachten perspektivisch geschieht, dann ergibt sich als Konsequenz für den Betrachter die Erkenntnis, dass es statt einer übergeordneten Wahrheit nur eine, optisch genau definierte Wahrheit geben kann.[130] Umso größer ist die Wirkmacht des Blattes zu bewerten. Die neue Macht, die das perspektivisch konstruierte Bild auf den Betrachter-Nutzer auszuüben vermag, ist in dem vorgestellten Exemplar für die Forcierung des Geltungsanspruches des Todes mit verantwortlich. Interessanterweise wird gerade in diesem Exemplar das Dogma des festen Betrachterstandpunktes auf-

---

128 Frank Büttner: Die Macht des Bildes über den Betrachter, a.a.O., S. 17-24.

129 Sybille Krämer: Zentralperspektive, Kalkül, Virtuelle Realität. In: Medien – Welten – Wirklichkeiten. Hg. v. Gianni Vattimo u. Wolfgang Welsch. München 1999, S. 27-37, hier: S. 27-29; vgl. auch Christian Kiening: ‚Gradus visionis'. In: Mitteilungen und Forschungsbeiträge der Cusanus-Gesellschaft, 19 (1991), S. 243-272, hier: S. 262, der eine Reihe von Literaturangaben zur Geschichte der Einbeziehung des Betrachters in das Bildwerk macht. Für den Hinweis danke ich Christoph Gerhardt, Trier.

130 Niklas Luhmann: Die Wissenschaft der Gesellschaft. Frankfurt a.M. 1990, S. 90.

geweicht: und zwar zum einen durch das *Nota bene* festgelegt, zum anderen durch das Prinzip der Allsichtigkeit subversiv-spielerisch unterlaufen. Die affizierende Leistung des Blattes resultiert gleichwohl entschieden aus der kulturtechnisch-perspektivischen Perfektion der Blickzurichtung.

Der eigenartige Kopfschmuck des Knochenmanns fordert indessen noch zu einem assoziativen Vergleich mit nahe liegenden, ikonographischen Anleihen heraus. Bekanntermaßen trägt der blasse Menschenjäger nicht von ungefähr den Beinamen ‚Schnitter'. Immerhin bringt der Tod mit dem Moribundus seine Ernte ein. Da nach christlicher Heilserwartung der Tod im Diesseits keineswegs das finale Ende bedeutet – ganz gleich, in welches Jenseitsareal der Gläubige nach dem Ableben auf Erden gelangt –, sondern als Geburt zum neuen, ewigen Leben im Reich Gottes verstanden werden kann, ist er nicht nur Lebensbeender, sondern auch Lebensspender. Rosen, die Vergänglichkeit symbolisieren, und Getreideähren, die für Ernte und Auferstehung stehen, zeigen diese, in der Todesfigur angelegte antithetische Spannung an. So vermag gerade die Ährenbekränzung neben der Verheißung das tragende Gleichnis für die Auferstehung abzugeben. Wie der Wein symbolisiert auch die Ähre den Trost auf die Auferstehung und Wiedergeburt, insofern sie synekdochisch den Weizen vertritt. In seiner Untersuchung zur Motivgeschichte des Totenschädels, dem aus den Augen- und Ohrenöffnungen, dem Mund und der Kulotte Ährenhalme sprießen, führt Christoph Gerhardt eine Gedächtnistafel aus der 2. Hälfte des 17. Jahrhunderts an, die in der Bildtradition von Dürers melancholischem Hl. Hieronymus steht. Es findet sich auf ihr aber ein Spruchband, das bei Dürer nicht vorkommt, und das in die Auslegungstradition von Joh. 12,24 und Paulus, I. Kor. 15,35f. gehört. Der Vers des Bandes lautet: „Kein frucht das weitzen körnlein bringt, Es fall denn in die erden: So muß auch unser irdischer leib Zu staub und asche werden: Eh er kömmt Zu der herrlichkeit [...].“ So, wie Christus sterben musste, um das ewige Leben für die Menschen zu erlangen, muss auch der Mensch erst sterben, bevor er an der Seite des Vaters ewig weiterleben kann: *mors vitae initium*. Der mit Ähren bestückte Totenkopf als Versinnbildlichung der genannten Stellen aus dem Neuen Testament darf als genuine protestantische Bilderfindung gelten, die nicht zuletzt die Annahme vom Sitz des Blattes in einem protestantischen Umfeld unterstützt.[131]

Als nicht verifizierbarer Motivbezug mag die griechische Muttergöttin Demeter dienen, die für die Fruchtbarkeit der Erde, des Getreides, die Jahreszeiten, ebenso wie für den Tod zuständig ist. Ihre Hauptattribute sind die Weizenähre und der Mohn, und sie tritt in verschiedenen Manifestationen auf: als Gebieterin, Erntegöttin sowie Winter- bzw. Todesgöttin. Zwar schießt sie nicht mit Pfeilen, dafür aber ist sie vereinzelt mit der Labrys, der Doppelaxt, dargestellt. Den

[131] Vgl. Christoph Gerhardt: Morte tua vivis, a.a.O., hier: 9-10, 12. Als Fundus für weitere Motive im heilsgeschichtlichen Zusammenhang, vgl. auch Heimo Reinitzer: Gesetz und Evangelium. Über ein reformatorisches Bildthema, seine Tradition, Funktion und Wirkungsgeschichte. Hamburg 2006.

Schnitter und die Gottheit der griechischen Mythologie verbindet vermittels der gemeinsamen Symbolattribute und Funktionen ihre Leben nehmende wie Leben stiftende Funktion, Schnitt und Ernte. Schließlich suggerieren die in die Armbrust eingelegten Todespfeile des Thanatos ihre Wahrnehmung als bifunktionale Utensilien. Sie symbolisieren Abschied, Angst und Verzweiflung, da sie den Tod bringen. Zugleich künden sie mit heilsgeschichtlichem Verständnis von Auferstehung und Zuversicht, da sie den Weg ins ewige Leben initiieren. Die Pfeile des Knochenmannes sind damit Medium einer maximalen Entrückung, insofern sie die Befreiung all jener vom irdischen Jammertal versinnbildlichen, die das kontingente Hier-und-Jetzt zum (Ab-)Schuss freigibt und die in das Visier des Schützen geraten.

Das zweite Blatt ist anonym überliefert, seine Entstehungszeit wird auf das 2. Viertel des 17. Jahrhunderts datiert, sein Incipit lautet „Ach Gott wie ists so baldt gethon". Eingefasst in zwei kreisrunde Bildträger, die an Spiegel erinnern, sind vom Betrachter aus links ein junger Herr, rechts s/eine Dame zu sehen. Man kann sie für ein Liebespaar halten. Kopfbedeckung, Haar- und Barttracht sowie die modischen Spitzenkragen weisen sie als elegant und wohlhabend aus[132] (Abb. 10):

Die rechte Gesichtshälfte der Frau ist von Blumen verdeckt, die den Zustand blühenden Lebens suggerieren. Ziehen die feinen Herrschaften zunächst die Aufmerksamkeit auf sich, wandert der Blick weiter in die rechteckigen Bildrahmen,

132 Vgl. den Blattkommentar von Wolfgang Harms u. Ulla-Britta Kuechen in: Deutsche illustrierte Flugblätter, Bd. III, S. 236. Die Kommentatoren merken an, dass eine Hälfte des Blattes, und zwar eine seitenverkehrte Kopie des Männerkopfs, seit 1649 in den Buchausgaben des Basler Totentanzes von Matthäus Merian enthalten ist.

in die die Porträtzirkel eingefasst sind. In ihnen sieht der Betrachter vier Attribute, die einen Zeichenkomplex formieren, der mit der Erscheinung des Paares eigentlich korrespondiert: die Blume als Symbol für Jugend und Schönheit, der Spiegel, der für Ausstrahlungskraft und Eleganz steht, die Seifenblase, die die Leichtigkeit irdischen Seins evoziert und die Pfauenfeder als Zeichen für Vollkommenheit. Die Textbeigaben unter dem Mann und der Frau unterstützen diese Darstellungsabsicht. Der Mann etwa hebt einem Bibelzitat aus Lukas folgend mit den Worten des Pharisäers an: „Non sum sicut caeteri hominom.“ (Luk. 18,11; Ich bin nicht wie die übrigen Menschen). Danach ist ihm aus der Offenbarung der Ausspruch „Dives sum et locupletatus et nullius egeo“ (Off. 3,17; Ich bin reich und wohlbegütert und bedarf keiner Sache/brauche niemanden) in den Mund gelegt, während das Blatt der Frau den modifizierten Gottesspruch über die Töchter Zions zuweist: „Elevata filia sion, ambulans extento collo, plaudens et composito gradu incedens“ (Jes. 3,16; Erhoben ist die Tochter Zions und sie wandelt mit hochgerecktem Hals. Dabei applaudiert sie und geht mit wohlgesetztem Schritt einher). Auf Französisch spricht der Mann weiter unten die Worte: „Je suis bien fort/Je suis bien beau“ (Ich bin sehr stark/Ich bin sehr schön), seine Partnerin lässt verlauten „I'cstoy allors bien allumé/Mais me voila tout consumé.“ (Ich war damals sehr entflammt/aber jetzt bin ich ganz aufgezehrt.).

Diese letzte Aussage der Frau irritiert bereits. Eingedenk des in der Entstehungszeit des Blattes verbreiteten Vanitas-Gedankens und einer Alamode-Plage,[133] transportieren diese ersten bzw. zuerst in den Blick geratenden Attribute und Gegenstände einen Subtext, den der zeitgenössische Betrachter von Anfang an mitliest. Die zunächst unterdrückte Bedeutung der Zeichen soll sich indessen nicht sofort, sondern sukzessive erschließen. Entsprechend harren weitere Schriftzüge im Lauf um die Bildzentren einer Entschlüsselung, genauso wie die im oberen Teil des Blattes auf dem Kopf stehenden Gegenstände. Der Betrachter ist aufgefordert, das Blatt zu drehen, man kann sagen, *einzugreifen*, um zu *begreifen.* Beginnt der Umlauftext den Anfangsverdacht zu bestätigen, wonach Übermut, Stolz und Schönheit sowie die Leichtigkeit irdischen Seins hier mitnichten prahlerisch bestätigt werden sollen, so schafft die Blattdrehung um 180 Grad vollends Klarheit: Von der Dame ist nun die Klage zu vernehmen, wie sehr sie sich täuschte, als sie in ihrer Jugend annahm, eine Göttin zu sein. Was aus ihr, ihrem anmutigen Konterfei und dem des Mannes geworden ist, offenbart ihr skelettierter Schädel. Das verwesende Paar wird durch die konkretisierenden Textbeigaben jetzt als reflektierendes, retrospektiv bedauerndes und einsichtsvolles Paar vorgeführt. So weist die geläuterte, einstige Schönheit mit Rückgriff auf Jes. 3,17 darauf hin, wie der Schmuck und die Ornamente abhanden gekommen und statt lieblichen Geruchs nun Gestank, statt schöner Kopfbedeckung jetzt Kahlheit seien: „Ecce ablatis ornamentis pro suavi odore foetor et pro crispanti crinx calvitium.“ Sich verabschiedend fügt sie hinzu: „De grande je suis petit/Adieu tout appetit.“ (Einst groß nun so klein/Auf Wiedersehen gesamte Lebensfreude). Der

133 Zum Alamodistentum als kultursoziologisches Phänomen, vgl. die Ausführungen im Abschnitt „Klappbilder“.

Mann konstatiert resigniert: „Ecce ad nihilum redactus sum et nescivi:" (Ps. 72 bzw. 73,22; Siehe, ich bin zu nichts gemacht worden, und ich habe es nicht gewusst:), „Quam miser et miserabilis pauper caeco et nudo." (Off. 3,17; Wie unglücklich und schrecklich arm ich dadurch bin, dass ich [nun] blind und nackt bin). Es führen aber nicht nur die Kopf-Schädel demjenigen vor, der womöglich seinem ersten Blick vertraute, wie trügerisch (An-)Zeichen sein können. Der dank der Drehung nun ‚geerdete', zweite Zeichenkomplex arbeitet der diametral entgegengesetzten Blattaussage zu. Die Eule als Vogel der Nacht verweist auf das Schattenreich im Jenseits, die mechanische Uhr und die Sanduhr zählen die verbleibende Zeit im Diesseits, und die Sense allegorisiert *par excellence* den Tod. Dieser zweite Blick auf die moribunde Seite der Existenz komplettiert den Verstehens- und Auslegungsprozess des Blattes indessen immer noch nicht in Gänze. Vielmehr löst er eine Reinterpretation des zuerst Gesehenen aus: Seifenblasen symbolisieren nicht ausschließlich die Leichtigkeit, sondern auch die Vergänglichkeit irdischen Seins, den *homo bulla*; Blumen neben jugendlicher Schönheit auch Körper zersetzende Alterung, und Spiegel wie Pfauenfeder eignet Sinnbildstatus für Eitelkeit und Hochmut. Darstellungsstrategisch lotet das Blatt damit das Spannungsverhältnis von Schein und Sein sowohl spielerisch als auch mit didaktisch-moralisierendem Impetus aus. Das Memento mori-/Vanitas-Darstellungsrepertoire hat der Betrachter während seiner Hand- und Verstehensarbeit am Rätselbild zu konkretisieren. Die mehrsprachigen Verse arbeiten der sequentiellen Erkenntnis zu, indem sie menschliche Selbstüberschätzung, weltliche Freuden, Sinnlichkeit und Virilität zunächst fingieren, später bloßstellen helfen. Dank Dreheffekt und zweifach lesbarer Köpfe wird es möglich, den fließenden Übergang, das unauflösliche Miteinanderverflochtensein von Leben und Tod einprägsam zu veranschaulichen.[134] Was anfänglich augenscheinlich ist, wird erst

---

[134] Bezüglich Rätselbildern als mathematisch exakt berechnete Perspektivmanipulationen (Anamorphose) sei auf das Gemälde „Die Gesandten" (1533) von Hans Holbein d. J. verwiesen, in dem ein anamorphotischer Totenschädel verborgen ist, der als eine Bild manipulative Spielart zum Einsatz kommt. Ein irritationsresistenter Blick wird die beiden Gesandten inmitten des kultivierten und gelehrten Ambientes zwar wahrnehmen, das in der verrätselten Kontur, mittig zu ihren Füßen versteckte *caput mortuum* bleibt ihm aber verborgen. Das Bild ist für eine Rezeption im Modus zeitlicher Abfolge wie körperlicher Raumveränderung vorgesehen, der verschiedene Bild- oder Blickzustände hervorbringt. Die verzerrte, gleichwohl präzise Darstellung irritiert den Betrachter analog derjenigen auf dem Flugblatt; zur Anamorphose, vgl. Georg Füsslin u. Ewald Hentze: Anamorphosen. Geheime Bilderwelten. Stuttgart 1999. Die Verwendung von Flugblättern mit Rätselbildern als Unterhaltungs- und Scherzstücke liegt auf der Hand. Ein Blatt aus dem letzten Viertel des 17. Jahrhunderts zeigt einen Männer- und einen Frauenkopf, die sich bei Drehung jeweils in den Kopf des anderen Geschlechts verwandeln. Auch hier macht die Wendetechnik auf sich selbst aufmerksam, indem sie den Betrachter animiert: „Wer die Kunst recht will besehen der muß die Gesichter drehen." Das Exemplar ist im Besitz des GNM, Sig. HB 15844. Des weiteren waren despektierliche Anamorphosen auf Flugblättern Ende des 18. Jahrhunderts verbreitet, etwa in Schauer-

im Nachhinein auf seine Substanz hin durchschaubar. Die Doppelansichtigkeit des Mannes und der Frau inmitten der kreisrunden Bildträger-Spiegel, in die der Mensch zeit seines Lebens schaut, macht nachhaltig sinnfällig, dass mitten im Leben der Tod gegenwärtig ist.[135] Diesem Verständnis des Verwobenseins von Leben und Tod entspricht zudem das lateinische, verklausulierte und änigmatische Distichon ganz unten auf der Lebensseite: „Mors mortis morti mortem ni morte dedisset, Caelorum nobis janua clausa foret.“ (Sinngemäß: Hätte der Tod des Todes, d.h. Christus, nicht durch seinen Tod, d.h. am Kreuz, dem Tod den Tod gebracht, wäre uns die Pforte des Himmels verschlossen).[136] Recht besehen, ergibt sich sein Sinn erst in Kombination mit der interessanten Aufforderung „Tourne le feuillet/voy mon tombeau.“ (Wende das Blatt/sieh mein Grab).

Damit ist der Aspekt der Positionszurichtung angesprochen, der für dieses Blatt bedeutsam ist. Mit jenem Drehgebot, das zum einen als medialer Selbstkommentar zu deuten ist, wird zum anderen so etwas wie die notwendige Handhabung des Blattes vorgegeben. Der moderne, areligiöse Betrachter mag über die Platzierung dieser Aussage stutzen und sie für ein Versehen halten, doch hat der zeitgenössische Gestalter eine konsequente, semantisch signifikante Setzung vollzogen: Wendet man nämlich das Blatt von hier aus und schaut auf das Bild der Lebenden, so wird das Leben als Grab verstanden; als ein Grab gleichwohl, von dem aus allein der Weg ins ewige Leben möglich ist, analog dem Weg Christi, der durch seinen Tod den irdischen Tod für die Menschen überwunden hat. Der Einschätzung, dass die Kunst illustrierter Flugblätter vielfach zum Mitdenken einlade, ist uneingeschränkt zuzustimmen. Rätselhafte Unverständlichkeit gehöre zu ihrem Wesen genauso wie direkte Sprache.[137] Diese Kunst des Mitdenkens lässt sich indessen zu einem ‚sich performativ bzw. händig zum Medium Verhaltenmüssen‘ erweitern.

Die Exemplare veranschaulichen den direkten Adressatenbezug von Flugblättern, durch den der Betrachter-Nutzer in eine spezifische Lage versetzt wird. Die einzunehmende Körperhaltung dem Todesschützen gegenüber ebenso wie die Auf-

---

blättern mit ludischem Rätselgestus, in denen die Hinrichtung der Regenten des absolutistischen Frankreichs sowie der Trierer, Mainzer und Cölner Kurfürstenschaft in Suchbilder gesetzt ist. Zwei Exemplare befinden sich in der Staatsbibliothek Berlin, Handschriftenabteilung, Sig. YB10001 kl und YB10989 kl.

135 Für die sinnbildhafte Indienstnahme des Spiegels in poetischen Darstellungszusammenhängen, vgl. grundsätzlich Herbert Grabes: Speculum, Mirror und Looking-glass. Kontinuität und Originalität der Spiegelmetapher in den Buchtiteln des Mittelalters und der englischen Literatur des 13.-17. Jahrhunderts. Tübingen 1973; zudem im Abschnitt „Klappbilder“ die Ausführungen zum Alamodistenblatt und den Abschnitt „Spiegel“ im 2. Kapitel.

136 Vgl. W. Harms u. U.-B. Kuechen: Kommentar, a.a.O.

137 Joachim Kruse: Vorwort. In: Illustrierte Flugblätter aus den Jahrhunderten der Reformation und der Glaubenskämpfe. Hg. v. Wolfgang Harms. Coburg 1983, S. V-VI, hier: S. V.

forderung, das Vanitas-Blatt mehrmals zu drehen, um den Kern der Aussage zu erfassen, gehen auf die Appellsignale in den Blättern zurück. Es sind marginale Details von deiktischer Relevanz, mit denen die Medien die Seh- und Wahrnehmungskonventionen dirigieren bzw. regieren. Zugleich lassen sie eine Selbstbezüglichkeit der Blätter erkennbar werden, insofern die Appellstrukturen als autoreferentielle Kommentare dienen, die Aussagen zur Medialität treffen und teilweise als Schlüssel oder ‚Augenöffner' fungieren, dank derer sich eine komplexe Mitteilung umfassend decodieren lässt. Der Aspekt der Lage erweist sich mithin als eine wichtige Kategorie bei der Bestimmung der Funktionalität und Wirkungseffizienz von Flugblättern.

1.3 nach dem leben – Optisch-mimetische Personensubstitution

Der folgende Holzschnitt, der die Hand eines außerordentlich groß gewachsenen Menschen prominent ins Bild setzt, beschließt den Abschnitt »Medien und Lage«. Das Blatt trägt als Incipit die Angabe „Die Länge der Spann Jacob Damman" und datiert von 1613. Zu sehen ist die realistisch anmutende Wiedergabe einer überproportional großen, rechten Hand in Draufsicht (Abb. 11):

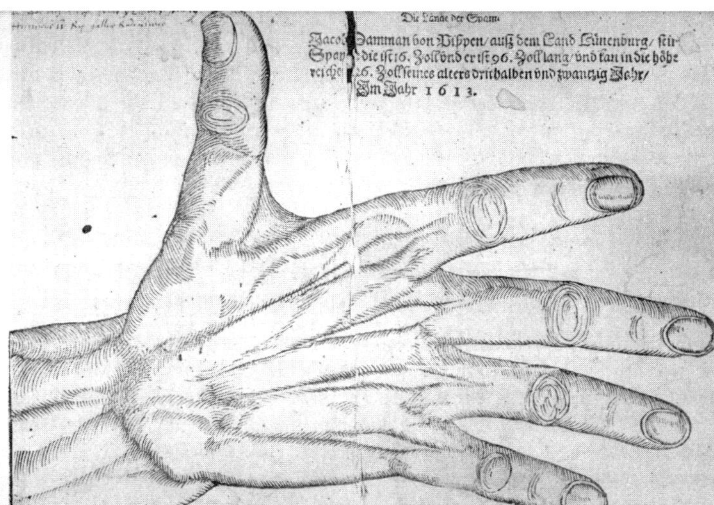

Der Handrücken vor weißem Untergrund dominiert das querliegende großformatige Blatt. Die Schraffurlinien auf der Handoberfläche bewirken den Eindruck einer Konturierung und Plastizität der Hand. Der mit beweglichen Lettern gesetzte Text am rechten oberen Bildrand zwischen Daumen und Zeigefinger nennt den Namen des ‚Handbesitzers' (*Jacob Damman von Lippen*), seine Herkunft (*aus dem Land Lünenburg*) und sein Alter (*23 Jahre*). Zudem sind seine Maße mit 16

Zoll für die Spanne und 96 Zoll für die Körperlänge angegeben, und es wird angefügt, dass Damman „126 Zoll in die höhe reichen“ könne. Ein Nachtrag von zeitgenössischer Hand links oben besagt, wo sich das Blatt befunden bzw. welchem Buch es entnommen wurde: „kupfferstich vid (?) ex folio 92. puch s 19 ... Heinricus IV. Rex galliae Rediuiuus.“

Aus anderen, zeitgenössischen Berichten über Jacob Damman im frühneuzeitlichen Medienverbund ist zu erfahren, dass sich Damman wegen seiner ungewöhnlichen Größe als Schau- und Sensationsobjekt ‚zu Markte trug‘.[138] Doch nicht allein mit dem Feilbieten seines Körpers für ein sensationsbedürftiges Publikum verdiente er seinen Lebensunterhalt, er galt auch einer interessierten Ärzteschaft als Anschauungs-, Studien- und Wissensobjekt. Damman, der nachweislich vom Lüneburgischen bis in die Schweiz zog, wurde bspw. 1613 in Basel dem Stadtphysikus, Felix Platter (1536-1614) vorgestellt. Platter vermaß ihn ebenfalls und machte u.a. medizinische Angaben zu seinen Körpermerkmalen und seinem Gesundheitszustand. Daraus geht hervor, dass der Riese höchstwahrscheinlich an dem anomalen Längenwachstum ‚Gigantismus‘ litt, das zumeist in Verbindung mit einer so genannten Akromegalie auftritt. Diese ruft neben schweren inneren Störungen ein Größenwachstum im Rumpf, vor allem aber in den Extremitäten der Betroffenen hervor.[139]

Was die Maßangaben im Text anbetrifft, so lassen sich diese weder simpel noch exakt in heutige Längenmaße umrechnen, da der damalige Gebrauch von Zoll und Spanne regional unterschiedlich war und herrschaftsterritorial arbiträr gehandhabt wurde. Mit Bezug auf den Mittelwert des damals gebräuchlichen Zoll-Maßes, wie ihn die historischen Hilfswissenschaften bereitstellen, und durch einen Messvergleich anhand des Blattes, hat bspw. Ulla-Britta Kuechen errechnet, dass die Spanne[140] von Dammans Hand etwa 36,8 Zentimeter betragen haben muss. Dieser Wert weicht zwar von dem in der ‚originalen‘ Bild-Hand ablesbaren um ca. fünf Zentimeter ab, gleichwohl ist Kuechens Vorgehensweise aufschlussreich, da sie die Graphik als ernsthafte Maßgrundlage heranzieht, was den mimetischen Status des Flugblatts als Personen- und Körpersubstitut in den Fokus rückt. Darauf wird weiter einzugehen sein. Des Weiteren lässt sich berechnen, dass der Riesenwüchsige auf eine erstaunliche Körperlänge von knapp 2,21 Meter gekommen sein muss und fast 2,90 Meter in die Höhe reichen konnte.

---

138 Außer in Wolfenbüttel befinden sich an fünf anderen Standorten Versionen des vorliegenden Blattes, in Nürnberg und Mainz mindestens drei andere Fassungen, die, wenn nicht die Hand Dammans, doch die Person des Riesen zum Inhalt haben; vgl. den Blattkommentar von Ulla-Britta Kuechen in: Deutsche illustrierte Flugblätter, Bd. I, S. 474.

139 Vgl. U.-B. Kuechens Kommentar zum Blatt, a.a.O.

140 Spanne kann unterschiedliche Begrenzungspunkte bei gespreizten Fingergliedern meinen, in Dammans Fall wahrscheinlich den Abstand zwischen der Kuppe des Daumens und der des kleinen Fingers; vgl. U.-B. Kuechens Kommentar, a.a.O.

Die Möglichkeit, das Flugblatt mit der Handdarstellung als Vorstellungsgrundlage zu gebrauchen und zum Proportionsvergleich heranzuziehen, ist durch zweierlei begründet. Zunächst ist an das zu denken, was bspw. Stephan Oettermann über die „Jahrmarkttauglichen" in der Frühen Neuzeit herausgestellt hat. Er weist auf die nicht zu unterschätzende Bedeutung öffentlicher, publikumswirksamer Darstellungen und effektvoller Präsentationsstrategien hin, die das Schausteller- und Gauklerwesen umgaben und derer es bedurfte. Die Konkurrenz unter den ‚Glaß-Fressern', den Gabel-, Messer-, Zinntafel- und Lederstück-Verputzern, den Ratten-, Mäuse- und Kot-Verkostern, den Überdicken, Überlangen und Weitfurzern ebenso wie den Trapez- und Hungerkünstlern war enorm groß. Um den Sensationshunger auch derer zu bedienen, die den *live*-Auftritten nicht *in persona* beiwohnen konnten und vor allem, um Auftritte anzukündigen und potentielle Zuschauer anzulocken, nutzte man Flugblätter. Während die Medien ihre Darstellungsinhalte nicht selten überhöhten, mussten sie diese zugleich glaubhaft erscheinen lassen.[141] Dieser Umstand geht einher mit der darstellungsstrategischen Tendenz in zahlreichen Medien der Zeit, ausgeprägte Realitätsbezüge durch realistisch-mimetische Wiedergabeformen herzustellen. Dies trifft insbesondere für Drucke zu, wie sie in den zeitgenössischen Diskursen der Anatomie oder im (para)medizinischen Bereich wie der Wundheilkunde zu beobachten sind, die zunehmend in realistischer Manier Körperteile und Organe (nachgestalten bzw.) abbilden. Ein Blatt von 1654, das weder in den medizinischen noch in den Schausteller-Kontext gehört, präsentiert steckbriefartig das realistisch anmutende Konterfei des Massenmörders, „Melcher Hedeloff/ ingemein genant Schüzze Melcher". An ihm wird u.a. deutlich, wie verbreitet die Strategie objektiver Wiedergabeformate war. Der Titel reklamiert auf zweifache Weise, dass die ‚Abnahme' von Melchers Gesicht erstens „mit allen LINEAMENTIS, wie allhier zu sehen/" und zweitens „*ad vivum*" vorgenommen wurde.[142] Der vorgebliche Authentifizierungs- und Beglaubigungsnachweis, die Darstellung gehe auf das lebende Modell, nämlich den Schützen Melcher vor seiner Hinrichtung zurück,

---

[141] Vgl. Stephan Oettermann: Allesfresser, Schau-Schlucker, Hungerkünstler, Kunstfurzer. In: Kursbuch 79 (1985). Hg. v. Karl Markus Michel u. Tilman Spengler. Berlin, S. 115-130, hier: S. 119ff.; Jörg Jochen Berns: Horribilicinefax. Von Geburt und Gebaren des Daumenkino-Flipp-Flick-Muto-Blow-&Gaukelbuchs. In: Daumenkino – The Flip Book Show. Hg. v. d. Kunsthalle Düsseldorf. Köln 2005, S. 26-33, hier: S. 27.

[142] In: Deutsche illustrierte Flugblätter, Bd. III, S. 282, Nr. 145 (Hervorhebungen im Blatt). Im Titel einer etwa zeitgleichen Flugschrift (das Exemplar in der HAB, Wolfenbüttel, DB 1965), aus derselben Offizin wie das Flugblatt (Johann Perferts Erben), allerdings nicht wie dieses in Schweidnitz, sondern „im Breslauer Perfertischen Buchladen" erhältlich, wird ebenfalls betont, dass der Abriss „Mit allen Haupt=Linien/seines Mörderischen Gesichtes vnd der Hände" vorgenommen wurde. Der vollständige Titel der Druckschrift lautet „Des Erz=Meuchel=Mörders /Melcher Hedeloffs/In gemein genannt Schüzze=Melcher/[...]/Rechteigentlicher Abrieß/Mit allen Haupt=Linien/seines Mörderischen Gesichtes vnd der Hände".

lässt sich nicht nachprüfen. Das als Holzschnittdruck vervielfältigte Antlitz zeichnet indessen eine detaillierte Feingliedrigkeit aus, die mit Hilfe einer versierten Schraffurtechnik erreicht wird. Der Fall des abgeurteilten und hingerichteten Kapitalverbrechers Hedeloff, dem man 251 Morde, Notzüchtigung, Blutschande, Anleitung zum Kindesmord und sogar Kannibalismus vorwarf, zog ein großes publizistisches Interesse auf sich.[143] Die öffentlichkeitswirksame, ausführliche Schilderung der Verbrechen Melchers und vor allem seiner Bestrafung in Form eines abschreckenden Straftheaters waren maßgeblich für die Wiederherstellung der beschädigten Macht des souveränen, feudalen Landesherrn. Das Aussehen des ‚bösen Menschen' Hedeloff, und darauf kommt es hier an, ist dabei keineswegs spektakulär verzerrt, sondern nüchtern und objektiv vorgestellt. Bezüglich des Damman-Falls wissen wir wiederum, dass man von seiner Hand einen Gipsabguss vornahm, von dem es explizit heißt, er sei „nach dem Leben gegossen". Er befand sich in Straßburg in Balthasar Ludwig Künasts (gest. vor 1668) Raritätensammlung.[144] Auf einer Blattvariante aus dem GNM in Nürnberg, die ebenfalls um 1613 entstanden sein dürfte, findet sich die zeitgenössische Notiz, dass „Herr Wolff Sigmundt von Bosenstain s. Rom: Ksl. Mt. Hoffmarschalck disen Mann [...] zu sich in sein Hauß oder Qvartier zu Regenspurg im Reichstag vnd als dan zu Ihrer Khay: Mt. in den Bischoff hoff führen lassen, *vnd hat sein handt gegenwertiges contrafet völlig bedeckt vnd die spann sich auch also befinden,* [...].[145] Wenngleich bei der Darstellung von Dammans Hand auf dem vorliegenden Blatt solch ein Hinweis fehlt, ist es Teil dieser Gemengelage.

Die Inszenierungsstrategie des ‚vorstellbar-werden-Lassens' des Riesen Damman durch die Wiedergabe seiner Hand unterscheidet sich indessen deutlich von anderen Werbe- und Ankündigungsblättern von Schaustellern mit außeror-

---

143 Es existieren mindestens ein weiterer Einblattdruck und zwei Flugschriften, eine davon in München (SB: Rar. 4311/62), die andere, in der vorhergehenden Anmerkung bereits erwähnte, in Wolfenbüttel. Die mehrblättrigen Texte machen wesentlich mehr Hintergrundinformationen zu Melchers Leben und den möglichen Ursachen seiner Delinquenz verfügbar.

144 Der Eingang in eine Raritätensammlung ist bezeichnend für eine Zeit, in denen barocke Adlige in ihren Kunstkammern ein Sammelsurium unterschiedlichster Objekte anlegten. In dem, was dort an Wissens-, Sehens- und Staunenswertem ausgestellt wurde (Steine, Pflanzen, Tiere, naturwissenschaftliche Modelle und technische Instrumente, Wundersames), ist der Wille erkennbar, die Welt in ihrer Vielfalt so zu erfassen, dass sie dem visuellen und haptischen Zugriff zur Verfügung stand. Zugleich stellten die Sammlungen den Auftraggeber und Besitzer in seiner Machtfülle heraus. Immer treibt etwas Spielerisches das kreativ-suchende Arrangement der disparaten Lebensmanifestationen voran. Es ist kein Zufall, dass das Aufkommen der Kunstkammer und die Zunahme interaktiver Drucke wie dem Damman-Blatt (oder Blätter im medizinischen Diskurs) in der Kommunikationskultur zu Beginn des 17. Jahrhunderts zusammenfallen: In beiden wird ein Moment des Entdeckens und individuellen Aneignens der natürlichen, artistischen und intellektuellen Lebenszusammenhänge manifest.

145 Beide Verweise und Zitate in U.-B. Kuechens Kommentar, a.a.O.

dentlichen Körperformen. Eine Graphikvariante zu Damman zeigt „IAKOB DAMMANN VS PISPEN/aus dem Land Lüneburg“ in Gesamtdarstellung als Soldaten aufgemacht. Hier ist keinerlei inszenatorisches Kalkül von Besonderheit anzumerken. Ein späteres Blatt aus der Mitte des 17. Jahrhunderts, das einen Zwergwüchsigen namens Jeörg Bausse in ganzer Gestalt wiedergibt, hat zwar mehr zu bieten, doch reicht auch in diesem Fall die Wirkung seiner medialen Repräsentation nicht an die von Dammans Hand heran. Da der geigende Gnom als Kuriosum einer Volksbelustigung das Interesse der Schaulustigen ohnehin auf sich gezogen haben dürfte, begnügte man sich damit, die Wirkungsästhetik des Blattes ‚nur‘ darauf anzulegen, ihn aus der Froschperspektive größer, damit bedeutender als in Wirklichkeit erscheinen zu lassen und derart als Schauobjekt mit besonderer Prominenz in das Blickfeld zu rücken.[146] Ein anderes Blatt vom Ende des 17. Jahrhunderts präsentiert abermals einen an abnormalem Gigantismus leidenden jungen Mann, doch ist dessen Person gänzlich unauffällig durch die Gesamtdarstellung seiner Figur ins Bild gesetzt. Er erscheint als aufrecht Stehender, den allein der beigegebene Text als riesenwüchsig kenntlich macht.[147] Aus heutiger Sicht ergibt sich für dieses Blatt der Eindruck, dass der optisch-visuelle Impuls der Darstellung keinerlei interessiertes ‚Nachgucken‘, geschweige denn ein die Hand ins Spiel bringendes ‚Nach*fassen*‘ wie beim Damman-Blatt auslösen sollte. Es ragt aus der umfangreichen Gruppe an Schaustellerblättern höchstens ein Blatt mit dem Titel „Symbolum Oenipontanum oder Ynßprügger Warzaichen“ heraus, das wie das Damman-Blatt relativ früh, von 1620 datiert. Es präsentiert einen ca. 50-jährigen, querschnittsgelähmten Moribundus, den seine Angehörigen als „lebendigen Tod/oder Todtlebendigen [...] bey der Kirchen der dreyn Heiligen/vor Augenligend/zum Spiegel [...]“ öffentlich zeigen, um ein Almosen zu erhalten. Die Darstellung besticht durch die in Draufsicht projizierte, ganzheitliche Ansichtigkeit des Erbarmungswürdigen, der durch diese Art ‚Ermächtigungsblick‘ als in die Tiefe gebannter, auf sein Bett gefesselter Sterbender vor die Augen gestellt ist. Gekonnt wird durch eine korrekte Perspektivanwendung einerseits ein nachvollziehbarer Wirklichkeitsraum evoziert, zum anderen wird das perspektivische Regulativ bei der Positionierung eines Kruzifixes missachtet. Auf den im (vom Betrachter aus) linken Seitenrand des Blattes untergebrachten, durch die Perspektivmanipulation irritierend-exponierten Christus ist konsequenterweise der Blick des Moribundus gerichtet, der gleichzeitig die Augenrichtung des Betrachters lenkt und dadurch ganz wesentlich die Aufmerksamkeitspriorität des Blattes festlegt.[148]

---

[146] In: Deutsche illustrierte Flugblätter, Bd. III, S. 459, Nr. 234.

[147] In: Deutsche illustrierte Flugblätter, Bd. III, S. 457, Nr. 233.

[148] In: Deutsche illustrierte Flugblätter, Bd. I, S. 477, Nr. 232. Mein Überblick über das Korpus an Schaustellerblättern lässt zwar kein verifiziertes Urteil zu, anhand der relativ frühen Provenienzen des Damman-Blattes und des Exemplars mit dem Symbolum Oenipontanum gewinnt aber die These an Attraktivität, wonach der sich entwickelnde Buchdruck, der noch in starker Konkurrenz zu den nach wie vor praktizierten Gepflogenheiten einer vorgängigen, bimedialen Handschriftenkultur

Zurück zur Hand des Jacob Damman, für die sich ein Vergleich mit Albrecht Dürers (1471-1528) berühmter Zeichnung einer linken Hand anbietet, die Bestandteil von Dürers Dresdner Skizzenbuch (erschienen 1513) ist. Sie gehört zu einer Gruppe von Studienentwürfen zur menschlichen Proportion und zur *perspectiva*, mit denen sich Dürer seit 1500 beschäftigte.[149] Mit konzentrierter Strenge und aus direkter Draufsicht projiziert, ist die Hand vom Gelenk bis zu den Fingerspitzen ins Bild gesetzt.

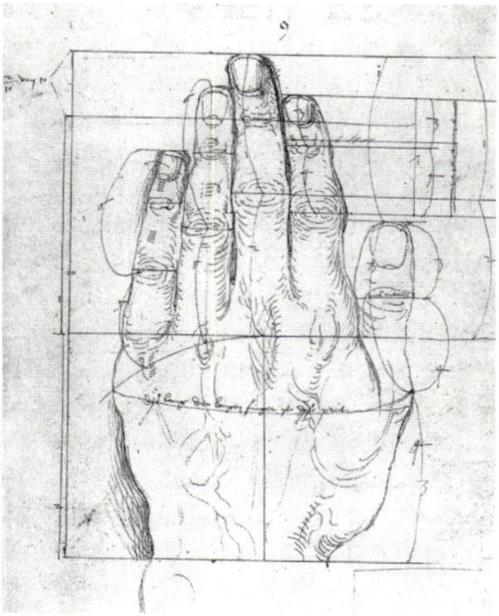

Eine vorwiegend horizontale, aber auch vertikale Linienrasterung unterteilt die Hand in Segmente. Der Handrücken, der Abschnitt von den Knöcheln bis zu den ersten Fingergelenken usw. sind durch Zahlenangaben in den Seitenrändern in ihren Proportionalitäten zueinander in Beziehung gesetzt. Die Hand ist realistisch dargestellt, wenngleich die unnatürliche Daumenstellung irritiert. Daneben ähnelt sie einer geometrischen ‚Figur', insofern ihre Projektion sorgfältig kalkuliert scheint. Dass sie als Modellvorlage für eine Proportionsstudie gedient hat, ist ohne weiteres plausibel. Dürers linke Hand, die im Modus des *pars pro toto* die mathematische Berechenbarkeit des gesamten menschlichen Körpers und die Relationalität seiner Teile vorführt, ist Teil eines Wandlungsprozesses, der das Selbstverständnis und die Fremdwahrnehmung des spätmittelalterlichen und

stand, durch eine höhere Experimentierlust gekennzeichnet ist als es später der Fall ist.

149 Ernst Ullmann: Vorwort. In: Albrecht Dürer. Schriften und Briefe. Hg. v. Ernst Ullmann. Leipzig 1973, S. 5-40, hier: S. 20ff. Das Proportionsstudium und die *perspectiva* gehörten zu den wichtigsten Gegenständen der neuen Kunsttheorie zu Dürers Zeit. Dürers extensivem Begriffsverständnis zufolge, umfasst *perspectiva* sowohl die zentralperspektivische Bildprojektion als auch die darstellende Geometrie, die Konturgestaltung, ja die Kunsttheorie allgemein.

frühneuzeitlichen *artefici* betraf. Gehörte die Malerei noch im 15. Jahrhundert zu den niederen Handwerkskünsten (*artes mechanicae*), wurde sie mit Leonardo da Vincis Schaffen (1452-1519) zur *sciencia* erhoben und dem Kanon der prestigeträchtigen Freien Künste (*artes liberales*) zugeschlagen. Das wiederum hatte zur Folge, dass sie hierarchisch aufgewertet wurde. Mit der Verwissenschaftlichung der bildenden Künste war mithin auch ihre Verweltlichung verbunden, genauso wie umgekehrt weltliche Darstellungskontexte eine Verwissenschaftlichung bedingten und beförderten.[150] In der Handstudie macht Dürer die Konstruiertheit der Modellhand mittels der Verfahren der *perspectiva* sichtbar, wobei er um deren natürliche Wiedergabe bemüht ist. Indem er die Figur in die Matrix numerisch-geometrischer Koordinaten einbettet, sie gleichsam ‚digitalisiert', ist der Nachvollzug ihres Entwurfs und ihrer Form für den (auch nachahmenden) Betrachter gewährleistet. In dem Maße, wie Dürer seine (Mal und Zeichen-)Kunst verwissenschaftlicht, exponiert und nobilitiert er sich als wissenschaftlich arbeitender Künstler.[151] Von dem expandierenden Bild-Text-Markt, der durch die Produkte der rund 100 Jahre vor Dürers Schaffenszenit eingeführten und rasant zirkulierten Bild- und Textvervielfältigungstechnologien vorbereitet wurde, sollte auch Dürer kommerziell und in seinem Renommee als Künstler profitieren.

Bei Dammans Hand verhält es sich anders. Hier ist erstens eine rechte Hand wiedergegeben und zweitens fehlt ihr jene ‚Technizität', wie sie Dürers Hand auszeichnet. Die mit dem Anspruch von Wahrhaftigkeit belegte Darstellung der gleichsam ‚analogen' Riesenhand als Vorstellungs- und Stellvertreterhand hält gemäß einer Memorialkultur die Rückbindung an den abwesenden Körper Dam-

---

150 Gerade die Perspektivmacht erlaubte es, dass der einem externen Wirklichkeitsausschnitt mimetisch-realistisch nachgestaltete Bildraum diesen Wirklichkeitsausschnitt illusionistisch so nachahmen konnte, dass er den Bewegungs- und sonstigen Sinneserfahrungen des Betrachters entsprach und kritischer Überprüfung standhielt. Der Betrachter konnte sich als konkret Handelnder und Fühlender in diesen Bildraum hineinversetzen, die Wirkung des Bildes über ihn gewann an Intensität; vgl. dazu auch im Abschnitt „*Nota bene*".

151 In seinem Widmungsschreiben an Willibald Pirckheimer, dem Dürer seine 1525 im Druck erschienene „Unterweisung der Messung mit dem Zirkel und Richtscheit" zusendet, weist er auf das Hauptziel des Werkes hin, der Malerei (den bildenden Künsten allgemein) eine wissenschaftliche Grundlage zu geben. „Dieweil aber die [Kunst der Messung] der recht Grund ist aller Malerei, hab ich mir fürgenommen, allen künstbegierigen Jungen ein Anfang zu stellen und Ursach zu geben, damit sie sich der Messunge Zirkels und Richtscheit unterwinden und daraus die rechten Wahrheit erkennen und vor Augen sehen mögen, damit sie nit allein zu Künsten begierig werden, sondern auch zu einem rechten und größeren Verstand kommen mögen." Albrecht Dürer: Widmung an Willibald Pirckheimer (Auszug). In: Albrecht Dürer. Schriften und Briefe. Hg. v. E. Ullmann. Leipzig 1973, S. 268-270, hier: S. 269; vgl. auch Christine Papesch: Dürers Entwicklung zum Kunsttheoretiker der Renaissance und seine „Unterweisung der Messung". Appendix zu Albrecht Dürer: Die Unterweisung der Messung mit dem Zirkel und Richtscheit. Faksimiledruck, nach d. Urausgabe v. 1525. Dietikon/Zürich 1966, S. 183-200.

mans fest. Die zeichenhafte Stellvertretung für die körperliche Realpräsenz Dammans wird vom Flugblatt als mediales ‚Dazwischen' geleistet, wobei die Gestaltung des Blattes wie bei Dürer auf eine Standardisierung der Wahrnehmung abzielt. Das heißt, eine Vermessungslogik, die auf numerischer Maßstäblichkeit gründet, wird mit einer optisch-mimetischen Wiedergabequalität kombiniert. Die medialisierte Visualisierung wird für alle Betrachter nachvollziehbar, indem sie auf systematische Weise Bild, Schrift/Text, Zahl und Vorbild in Beziehung zueinander setzt. Es sei an Michael Giesecke erinnert, der bezüglich des typographischen Dispositivs und der Anwendung der Zentralperspektive die These aufstellt, wonach verschiedene Menschen, die sich bei ihrer Informationsgewinnung und Modellbildung strikt von den der Perspektive inhärenten Axiomen leiten lassen, zu gleichen Informationen gelangen.[152] Anzumerken bleibt, dass sich der häufige Zusatz ‚wahrhafftig/wahr/authentisch' in frühneuzeitlichen Titeln u.a. genau von dieser vorgeblich eingelösten Forderung nach Authentifizierbarkeit und Plausibilität in der visuellen Wahrnehmung ableiten lässt.

An der Hand als dem klassischen Charaktersignum werden menschliche Grundeigenschaften ablesbar, und es schreiben sich in ihre ausdifferenzierte Ganzheit spezifische Qualitäten des Trägers ein. Chiromantiker und andere, spirituell Erleuchtete können sie bekanntlich lesen. Die in das vorliegende Exemplar überproportional eingebettete Hand drängt sich dem Blick des Betrachters förmlich auf. Mit Hilfe ihrer Wiedergabe in Draufsicht bot das Blatt Schaulustigen und Kuriositätensammlern die Möglichkeit, die eigene Hand in die Umrisse der Riesenhand zum Vergleich zu legen. Andere Interessierte beurteilten an ihr den Gigantismus des Riesen, wobei die Hand als eine pathologische Abweichung auch Eingang in den medizinischen Diskurs fand. Die Hand, die wie der erwähnte Gipsabdruck suggeriert, ‚nach dem Leben abgenommen' worden zu sein, wird als markantes Körperteil des riesenwüchsigen Mannes zum Stellvertreter seiner ganzen Person. Wenn diese Hand, wie die vorangegangenen Hände, noch nicht die Hand des *homo faber* ist, da sie der partiellen oder gar ganzheitlichen Semiotisierung des Leibes zuarbeitet, so drückt sich in ihrer mimetischen Vertretungsfunktion doch so etwas wie ein ‚manuales Selbstbewusstsein' aus. Die schiere Größe des Riesen Damman wird gleichsam ‚lebendig' vorstellbar, mehr als dies seine auf das Blattformat proportionierte ganze Person oder ihre verbale Beschreibung hätte leisten können. Weder ist Dammans Hand mit Buchstaben, Ziffern oder Bildzeichen überschrieben, noch soll das Blatt in einer Weise gehandhabt werden, dass etwas zu drehen, zu klappen oder zu falten wäre. Gleichwohl lädt das Blatt zu einem Handvergleich ein, es öffnet sich für eine ‚nachfassende', ‚nachtastende' Teilhabe für den Zuschauer. Das ikonische Kommunikat will nicht nur mit dem Auge, sondern auch mit der Hand angeeignet werden. Das Bild ist zum ‚Anfassen', der Topos der ‚manuellen Rede' wird in Anschlag gebracht, insofern der sprechende Mund auf die Hand übertragen wird, die zur ‚sprechenden Hand' avanciert. In gewisser Weise ist das Ab-Bild imaginationsgesättigter

[152] Michael Giesecke: Die typographische Konstruktion der ‚Neuen Welt', a.a.O., hier: S. 23-27.

als Sprache. Es erzählt die Geschichte des Riesen Damman, indem es seinen Gegenstand in plastischer Genauigkeit vorführt. Das Blatt bestürmt geradezu die Imagination des Betrachters durch die affizierende Präsenz der überproportional großen, die Gesamtdarstellung dominierenden Hand und verschleiert dabei die Differenz oder Distanz zwischen der Darstellung und ihrem Gegenstand. Es manifestiert sich in diesem Blatt so etwas wie die ‚Leiblichkeit' des Bild-Zeichens, das in das Inventar der Darstellungsmittel eingegangen ist.

Der Holzschnitt rückt an die dritte Stelle des Durchlaufs durch den »Medien und Lage«-Abschnitt, weil an ihm Techniken der Visibilisierung, der Sichtbar- und Lesbarmachung nachvollziehbar werden, die den Betrachter in seiner Wahrnehmung affizieren und in den Darstellungszusammenhang involvieren. Während die Texte der meisten Blätter fast durchgängig konservativ gestaltet sind, sind es zumeist die Bildelemente, an denen innovative Gestaltungsstrategien erkennbar werden. Die durch die Kombination aus bildlicher Reproduktion und Buchdruck eigentlich bewirkte Überschreibung und Überzeichnung des Körpers wird in bestimmten Fällen aufgehoben. Nicht nur Zeig-, Merk- und Andachtshände vergegenwärtigen einen abwesenden Sprecher und am Körper ausgerichtete Praktiken, wie der Mensch sich zur Welt verhalten soll; Christusfüße vertreten den Fleisch gewordenen Gottessohn und der Riese wird mit einer vergleichbaren, hohen Vergegenwärtigungsintensität durch die plastisch-realistische Inszenierung seiner rechten Hand sinnfällig vor Augen gestellt. Der visuellen Aufdringlichkeit der Hand eignet beinahe eine epiphanische Qualität. Die Person Dammans wird durch dieses Präsentationskalkül, auf das sich ein findiger Drucker-Verleger-Entrepreneur, womöglich in Absprache mit dem fahrenden Schausteller, besann, optisch-mimetisch substituiert.

Vor dem Hintergrund der vorangegangenen Ausführungen lässt sich die Präsentationsstrategie des Damman-Blattes als Synthese zweier kulturtechnisch bedeutsamer Visibilisierungs- und Plausibilisierungsverfahren interpretieren. Zum einen wird an eine Vermessungslogik angeknüpft. Zum anderen wird Dammans Hand in perspektivisch ausgereifter Kunstfertigkeit ins Bild gesetzt. In der derart realistisch anmutenden Hand beziehen sich die beigegebenen Proportionsangaben nunmehr aber auf ein Vorbild, das einem tatsächlich existierenden, identifizierbaren Riesenwüchsigen namens Jacob Damman angehört. Dessen Proportionen sind (optimalerweise) als 1:1 Wiedergabe in die Konstruktion der Darstellung eingegangen. Es wird hier zusammengeführt und überboten, was sich – noch nur in Vereinzelung – in den gezeigten Blättern unter Punkt 1 und 2 beobachten lässt. Der in den Blättern mit den Christusfüßen und den Heiltümern implizierte Größenvergleich und die im Todesschützen- und Vanitas-Blatt ausgereifte Perspektive verschmelzen zu einer (technologischen) Koppelung von zwei Präsentationsverfahren, die das Layout und den Gestaltungsmodus des Damman-Blattes bestimmen. Die Tendenz zur Vermessung der Welt und ihrer Gegenstände, deren Ergebnisse deren Wiedergabequalitäten bestimmen, wird hier greifbar.

2. »Handhabung und Manipulation – Papierapparate und Papierräume«

Im folgenden Abschnitt und seinen vier Unterpunkten geht es um den Aspekt einer performativen, interaktiven Auseinandersetzung mit Flugblättern, der mit dem Stichwortpaar ‚Handhabung/Manipulation' umschrieben werden kann. Während der Blick bislang auf die eher zeichenhafte Einbindung der menschlichen Hand oder des Fußes in Repräsentations- und Kommunikationszusammenhänge gerichtet war, stehen nunmehr Flugblätter im Mittelpunkt, in denen die Hand als mit dem Auge kurzgeschlossener, haptischer Funktionsträger zum Einsatz gelangt. ‚Handhabung' ist wortwörtlich als ein Hand basiertes Zugreifen, Betätigen und Eingreifen von und in Medien vorzustellen, der Begriff der ‚Manipulation' steht ganz im Doppelsinn seiner Verwendungsweise. Einerseits bleibt seine Semantik eng an Handhabungspraktiken angelehnt, was sich sprachgeschichtlich begründen lässt. Nimmt man ‚Manipulation' etymologisch ernst, gelangt man über die üblichen Umwege zur *manus*, der Hand. An ihr spannt sich der Bedeutungshorizont auf, in dem die Hand, die etwas halten, ergreifen und zurichten kann, einen zentralen Platz hat.[153] Diesem Gebrauch stellen sich andererseits die Bedeutungsnuancen ‚heimlicher Machenschaften, subtiler Veränderbarkeit durch die geschickte Anwendung von Kniffen oder Kunstgriffen, des Gefügigmachens und objektivierenden Arrangements oder gar der autoritären Regie und Dressur' zur Seite. Diese Konnotationen sind im Folgenden prinzipiell immer mitzudenken, da die manipulativen, quasi überdeterminierten Hand-Routinen und händigen (Ortho)Praktiken ihren Ausgangspunkt grundsätzlich in einer menschlichen ‚Hand-Kompetenz' haben. Diese Kompetenz ist aber in zahlreichen Blättern, gleichsam in Latenz, in Wahrnehmung irritierende oder auch subversive Appellstrukturen und Wirkungsabsichten aufgenommen. Es besteht also keine polare Opposition zwischen den Momenten einer Handhabung und Manipulation, sondern beide verbindet ein komplementäres Wechselverhältnis.

Weiter gedacht, rekurrieren beide Termini auf das intrikate Miteinander von mental-kognitiven Prozessen und Hand basierten Tätigkeiten wie Zeigen, Handhaben und Zurichten. Dass das kognitive Begreifen ohne die Assistenz der Hand nicht zu denken ist, haben die anthropologische und neurobehaviorale Forschung nachgewiesen: Greifen und begreifen zusammen konstituieren das, was menschliche Intelligenz (mit) ausmacht.[154] Die zugreifende, richtende, lenkende und ma-

---

[153] Manipulation, entlehnt aus frz. *manipulation*, einer Ableitung von frz. *manipuler* ‚zum eigenen Vorteil beeinflussen', zu frz. *manipule* ‚eine Handvoll, ein Bund'; dieses geht zurück auf lat. *manipulus*, *manus* (Hand) + *plēre* (füllen,eine Handvoll); vgl. Friedrich Kluge: Etymologisches Wörterbuch der deutschen Sprache, a.a.O., hier: S. 459.

[154] Vgl. Frank Wilson: Die Hand, a.a.O., hier: Kap. II „Die Verflechtung von Hand, Denken und Sprache"; André Leroi-Gourhan: Hand und Wort, a.a.O., u. Ludwig Jäger: Sprache als Medium, a.a.O. Die Forschungsergebnisse der genannten Arbeiten lassen davon ausgehen, dass gestische Kommunikationsformen (‚sprechende Hand') den auf Stimmgebrauch basierenden Vokalsprachen vorausgehen. Mit der

nipulierende Rolle der Hand nicht nur in Verfahren der Sichtbar- und Lesbarmachung, sondern grundsätzlich bei der Hervorbringung kultureller Artefakte verdient es, in den Fokus der Aufmerksamkeit gestellt zu werden.

Vor der Folie der skizzierten Suchbegriffe lässt sich mithin das Spannungsverhältnis zwischen manuellem Zugriff und Handhabbarmachung einerseits, dem objektivierenden Arrangement, der deiktischen Steuerung und dem technisch zugerichteten Begreifen des Wahrnehmungsobjektes andererseits näher bestimmen. Flugblätter, die die Hand aktivisch in ihr Layout einbinden, werden als (hybride) ‚Kunst-Hand-Werke' interpretierbar, in denen sich Ästhetik und Technik, Mechanik und Artistik überschneiden. An ihnen wird das Ineinandergehen von *poiésis* und *techné*, also dem Poietischen und Fabrizistischen manifest. Der Hand kommt eine konstitutive Rolle in der Genese des ästhetischen Artefakts zu. Mag aus der neuzeitlichen Erfahrung mit den Medienprodukten des modernen typographischen Dispositivs heraus die Hand nur vage als mediale Erzeuger- und Wirkungshand erkennbar sein, so vermitteln die ausgesuchten Flugblätter ein anderes Bild. In ihnen kehrt sich eine zum Teil ostentativ betonte A-Manufakturalität der Medien um, wenn sie die ihnen zugrunde liegenden, manuellen Prozesse des Machens, des Verfertigens und Erzeugens dezidiert in den Vordergrund rücken. Dabei wird die „artefaktische Eigenqualität" der Bild-Schrift/Text-Zahl-Objekte in ihrer physisch-sensuellen Materialität herausgestellt, und es kann zugleich die Hand als Werkzeug der Manipulation profiliert werden.[155]

Den Flugblättern der experimentierfreudigen Buchdrucktechnologie soll mit den folgenden Interpretationsdurchläufen keineswegs ein Pionierstatus bei der Funktionalisierung der zugreifenden bzw. manipulierenden Hand in Darstellungszusammenhängen zugesprochen werden.[156] Mit dem Auge koordinierte Handhabbarmachungen von auf/in Pergament oder Papier gespeicherten Wissensbeständen beginnt nicht erst mit Gutenberg, sondern schon die Manuskriptkultur greift auf Darstellungsstrategien zurück, in denen diese Verschaltung aus-

---

Freistellung der Hand durch den aufrechten Gang, bildet sie sich als feinmotorisches Werkzeug für handwerkliche wie gestische Verwendungsweisen aus, die beide auf das engste mit kognitiven Prozessen zusammenhängen.

155 Vgl. Susanne Strätling: Exposé zum Workshop „Hand-Zeichen", 2.-4. Februar 2006 an der HU Berlin (HZK) und an der FU Berlin (Peter Szondi-Institut für Allgemeine und Vergleichende Literaturwissenschaft), organisiert v. Susanne Strätling, zusammen mit Horst Wenzel, <http://www.complit.fu-berlin.de/handzeichen/>, Stand August 2007.

156 Ich betrachte nur Blätter, in denen Hand-basierte Eingriffe oder ‚Manipulationen' als intendierte Zurichtungen der Medien fassbar sind. Ansonsten herrscht an Flugblättern mit herausgeschnittenen, störenden Bestandteilen kein Mangel. Nur sind das spontane, nicht-intendierte kommunikative Akte. Auch nachträgliche Konstruktionen wie ausfaltbare Drucke als Bildbeigaben in Textkonvoluten interessieren hier nicht, wenngleich sie demselben Impuls einer ‚medialen Aufrüstung' gehorchen mögen.

gespielt wird. So konstruierte Raimundus Lullus (1232-1315/16) als wesentlichen Bestandteil seiner mechanischen Begriffskombinatorik (*ars combinatoria*) eine ‚logische Papiermaschine' („Ars Magna", nach 1273), die u.a. gegeneinander drehbare Scheibenelemente (Volvellen) enthielt, dank derer sich logische, wahrheitsfähige Aussagen über den Kosmos produzieren lassen sollten. Hinzu traten Tabellen und Tafeln als „schillernde Instrumente des Ordo des scholastischen Denkens, Werkzeuge der Erkenntnis", deren Apparatur sich in einer Kombinatorik unterschiedlichster Tabellenfolgen organisierte: alles Sein, das gesamte Wissen der Offenbarung, sollte in differenzierten Tabellen münden. Daraus würde die Welt als Datenbank hervorgehen, eine Datenbank gleichwohl, deren Informationsbestand regelgeleitet verknüpft war.[157] Leon Battista Alberti entwarf einen Papierapparat mit drehbar gelagerten Scheiben zum Zwecke von Chiffrierung und Dechiffrierung, in Losbüchern kamen handgemachte Drehwählscheiben für aleatorische Zukunftsprognosen zum Einsatz, und Athanasius Kircher (1602-1680) stattete zahlreiche seiner Werke „derart konzentriert mit Tabellen, Tafeln und Kombinationslisten aus, dass sie eher Manualen der Computerwelt glichen als philosophischen oder religiösen Traktaten des 17. Jahrhunderts."[158]

Mag der ‚Apparate'-Begriff für die Bestimmung spezifischer, einblättriger Druckträger überstrapaziert erscheinen, rechtfertigt er sich dennoch als Attribut zur näheren Kennzeichnung von Flugblättern wie den vorzustellenden.[159] Den Klappen, Volvellen (Drehscheiben) und Drehzeigern aus Papier oder Kartonage, die unter Zuhilfenahme ‚technischer' Prozessierung und Zusätze wie Klebstoff, Holz und Faden auf den Blättern angebracht sind, ebenso wie Faltmechanismen, die in die Darstellungsoberflächen eingearbeitet sind, eignet ein apparativer Charakter. Die Blätter verlangen nach der Hand des Betrachters, um in Bewegung gesetzt bzw. entfaltet zu werden. Hatte sich in den Objekten der vorangegangenen Abschnitte der Beobachter-Leser dem Regime einer (medialen) Lageerfordernis anzupassen, kommt ihm nun verstärkt die Rolle eines Benutzers zu, der analog einem ‚Maschinisten' oder ‚Operateur' die Papierapparate in Bewegung setzen muss. Anhand der folgenden Exemplare ist zu spezifizieren, wie die Hand die Kommunikationsleistung und ästhetische Wirkung der Drucke beeinflusst und wesentlich mitkonstituiert, wenn sie aufgerufen ist, Klappen zu betätigen, Volvellen zu drehen und Faltoperationen durchzuführen.

---

157 Werner Künzel u. Peter Bexte: Maschinendenken – Denkmaschinen. Frankfurt a.M./Leipzig 1996, S. 88f.

158 Vgl. ebd.

159 Die hier zur Diskussion stehenden, von mir so genannten ‚Papierapparate' haben mit den ‚Papiermaschinen' von Bernhard J. Dotzler nichts gemein. Dotzler spielt mit dem Maschinen-Begriff auf Alan Turings papierne Universalmaschine an und metaphorisiert damit Literatur gewordene Konkretionen wie Listen, Tabellen und Algorithmen, die die Gleichsetzung von Formalisierung und Mechanisierung verkörpern, vgl.: Papiermaschinen. Versuch über Communication & Control in Literatur und Technik. Berlin 1996.

Da, wie weiter oben erwähnt, auch in der Manuskriptkultur auf Darstellungsstrategien zurückgegriffen wurde, in denen die Verschaltung von Hand, Auge und apparativen Routinen ausgespielt wird, sei punktuell auf Objekte verwiesen, die der Handschriftenkultur entstammen. Werner Künzel und Peter Bexte betonen die enorme Bedeutung dieser frühen Beispiele einer epistemologischen Poetik und Mechanik, wenn sie bspw. die von Lullus um 1275 entwickelte logische Maschine der „Ars Magna“ als Gestalt gewordene Kosmologie bezeichnen. Ihre Kombinatorik habe das zu leisten angestrebt, was der Mythos älteren Kulturen bot, nämlich die Verknüpfung von allem mit allem. So seien Netzwerke vorbereitet worden, wenn nicht entstanden, deren ältester ‚Programmierer‘ Raimundus Lullus war. Seine „Ars Magna“ lieferte Basisalgorithmen, seine Tafeln offerierten den Code des Universums.[160] Kurzum, es zeichnet sich ab, dass die Geschichte einer technologisch vermittelten (Audio)Visualität über den Beginn mechanisierter Herstellungs- und Reproduktionsroutinen von Bild-Text-Produkten hinaus zurückzudatieren ist. Das Bemühen, durch ein handliches und durch apparative Zurichtungen der Medien unterstütztes Vor-Augen-Stellen von Wissensbeständen deren effektvolle Veranschaulichung und Lesbarmachung zu erreichen, wird als eine originäre menschliche Anstrengung erkennbar, die sich mühelos in die medientechnischen Umbrüche einfügt.

2.1 Klappbilder

Zahlreiche Diskurse, in die sich Flugblätter stellen, werden in Exemplaren mit Klappvarianten verhandelt. Früh hat die Volkskunde Flugblätter nicht nur unter thematischen, sondern auch mediengeschichtlichen Gesichtspunkten in den Blick genommen. Christa Pieske etwa hat nach der Wirkungsfunktion und ästhetischen Bedeutung von Klappbildern gefragt und betont, dass sich Klappbildmechanismen gerade im Kontext der Gegenüberstellung von Leben und Tod anbieten, weil sie aus der vexierhaften Kontrastierung dieser beiden Zustände ihre intensive Wirkung schöpfen.[161] Daran zu denken, dass man geboren wird, um zu sterben (*memento mori*), war bedeutender Teil der Gesinnung und alltäglichen Pflicht des frühneuzeitlichen Christen. Hinzu kam die Vorstellung von der Vergänglichkeit, Nichtigkeit und Eitelkeit alles Weltlichen und Diesseitigen (*vanitas*). Predigt, Sterbelehre und moralisierende Sinnsprüche mahnten zur Geringschätzung und Verachtung aller irdischen Güter (*contemptus mundi*). Pieske macht darauf aufmerksam, dass Klappbilder im Technischen große Genauigkeit erfordern, da die Klappe von einer zweiten Platte zu drucken ist, die den Umrissen der Grundform auf der ersten entsprechen muss. Das sorgfältige Ausschneiden und Aufbringen der Klappe auf den Druck- oder Informationsträger ist Voraussetzung für ein wohlgestaltetes und funktionsfähiges Blatt. Am häufigsten

[160] Vgl. Werner Künzel u. Peter Bexte: Maschinendenken – Denkmaschinen, a.a.O., S. 8.

[161] Christa Pieske: Die Memento-mori Klappbilder. In: Philobiblon, IV:2 (1960), S. 127-145, hier: 127f.

treten Klappbilder in der Biedermeierzeit auf, als sie zu unentbehrlichen ‚Zugaben' von Glückwunschbildchen avancierten. Jedoch reicht ihre Wurzel bis ins hohe Mittelalter zurück, von dort in die Contemptus mundi-Literatur und Ikonographie, deren Leitgedanke ‚Alles ist eitel' als bestimmende Absage an alles Irdische weit verbreitet war. In diesem Zusammenhang begegnen vor allem die bekannten, durch unterschiedliche Klebweisen hergestellten Darstellungen, in denen Unterleiber oder Beinpartien schockartig entblößt und im Status mortaler Auflösung gezeigt werden. Ich gehe im Folgenden auf sieben Blätter aus verschiedenen Themenbereichen in unterschiedlicher Ausführlichkeit ein.

Den Auftakt bildet ein Blatt, das wie die beiden im Abschnitt „*Nota bene*" gezeigten Exemplare im Kontext von Vanitas und Memento mori situiert ist. Zur Kulturgeschichte des Barock gehört das Spiel mit dem Tod und der Obszönität; die Medien der Zeit vergnügen und erschrecken, verbunden mit Sehüberraschungen, den Zuschauer, auch und gerade, wenn sie an Sterben und Vergänglichkeit mahnen. So werden in und auf frühneuzeitlichen Flugblättern, Freskos und Alltagsutensilien Todespfeile verschossen, oder es finden durch Wendeköpfe, gelüftete Röcke und abgelegte Beinkleider unerwartete Enthüllungen statt.[162] Sie konterkarieren frivol-erotische Begierden und andere Erwartungen, vor allem aber veranschaulichen sie die begrenzte irdische Existenz des Menschen. Abgesehen vom knöchernen Menschenjäger als personifizierten, wirkmächtigen Todesakteur, der dem Moribundus nachstellt, tritt der Tod auch als das im Leben unbemerkt anwesende, entpersonifizierte und amorphe Andere auf den Plan, das den Todgeweihten kaltstellt.[163] Dabei kann der Betrachter-Nutzer aufgefordert sein, selbst Hand an die Medien zu legen und zuzugreifen, um Zeuge einer im Verborgenen agierenden, konturlosen und konturauflösenden Macht zu werden. Immer geht es um das Spannungsverhältnis von Schein und Sein, das medientechnische Codierungen offen legen können, wobei oftmals ein spielerischer Impuls adressiert wird, der sich an einem weit verbreiteten, ludischen Reflex des Betrachters auszurichten scheint. Nicht selten erhält Thanatos von Eros in entsprechenden Inszenierungen Unterstützung; dessen Wirkmacht wird als perfide, weil unsichtbare und unbemerkte Subversion der Leidenschaften vorgestellt, die dem Tod zuarbeitet. Dabei stimuliert das Erotische, wie so oft, den Blick des Betrachters.

162 Vgl. ebd.; zudem die Auseinandersetzung mit medientechnisch bewirkten Doppelansichtigkeiten bei Walter Tobler: Oben lebend, unten tot. Bemerkungen zu einem Memento mori-Motiv. In: Schweizer Volkskunde 3 (1960), S. 37-45.

163 Vgl. das Wendekopfblatt „Ach Gott wie ists so baldt gethon" (unter „*Nota bene*"). Der Verzicht, den Tod als personifizierten Protagonisten zu inszenieren, kann seinen Grund im Verebben metaphysischer Weltdeutungsmuster haben. Eine Erfahrung der Indifferenz, Kontingenz und Banalität des Todes, den der zunehmend modern-aufgeklärte, vielfach a-religiöse Mensch sowieso nur schwer in figürlicher Gestalt sich auszumalen imstande ist, bewirkt, dass wir uns den Tod als das uns unerkannt begleitende, jäh aktivierte Andere nicht länger personifiziert vorstellen.

Das Blatt von 1596 geht auf den Kölner Verleger Johann Bussemacher zurück, als Stecher ist Matthäus Greuter aus Lyon (Lugdunj, Lugdunum) angegeben. Ein Sinnspruch ersetzt den Titel und bringt als Abbreviatur die Gesamtdarstellung auf den Punkt: „Omnis Caro Foenvm et Gloria Eivs Sicvt Flos Agri“.[164] Als Kurzzitat der Botschaft Jesajas entnommen, veranschaulicht das Exemplar auf eindringliche und unterhaltsame Weise, dass alles Fleisch (nur) Gras ist und der Ruhm des Menschen wie die verblühende Blume auf dem Feld.[165] Im Zentrum der bilddominierten Komposition ist eine bedeutungsperspektivisch hervorgehobene, luxuriös gekleidete junge Frau zu sehen (Abb. 12):

[164] Vgl.: Jörn Münkner: Tote Li/ebende – li/ebende Tote, a.a.O.

[165] In der Vulgata, Jes 40, 6-8, wörtlich: Vox dicentis: Clama! Et dixi: Quid clamabo? Omnis caro fenum, et omnis Gloria eius quasi flos agri; exsiccatum est fenum, et cecidit flos, quia spiritus Domini sufflavit in eo. (Es spricht eine Stimme: Predige! und ich sprach: Was soll ich predigen? Alles Fleisch ist Gras, und alle seine Güte [bzw. Größe] ist wie eine Blume auf dem Felde. Das Gras verdorrt, die Blume verwelkt; denn des HERRN Odem bläst darein. In: Nova Vulgata. Bibliorum Sacrorum. Editio. Sacro. Oecum. Der Sinnspruch ist gemeinläufiger aus Johannes Brahms' „Deutsches Requiem“ bekannt. Dort heißt es: „Denn alles Fleisch es ist wie Gras, und alle Herrlichkeit des Menschen wie des Grases Blume.“

Ihr modisches und elegantes Kleid, das einen hohen, ausladenden Kragen, legere Ärmel unter geschlitzten, lang fallenden Schulterwülsten, Spitzenwerk und kostbarer Unterrock auszeichnen, ihr Kopfschmuck mit Feder, weitere Accessoires wie Halskette, Ohrringe, das Paar Handschuhe in der rechten, ein Fächer in der linken Hand sowie ihre stolze Haltung legen es nahe, sie für eine adlige Dame zu halten. Selbstzufrieden und unangefochten von ordinären Belastungen steht sie unter zwei Halbkreisbögen: unter dem Schriftzug „Omnis Caro Foenvm" und unter einer mit Wein berankten Pergola. Diese ruht zwei Säulenkapitellen zur Linken und Rechten der Dame auf. Auf den Kapitellen sitzt je ein Putto, wobei der (vom Betrachter aus) linke ein Windfähnchen hält, während der rechte der Idee des *homo bulla* durch das Verpusten von Seifenblasen, gestützt auf einen Totenschädel, Bildlichkeit verleiht. Vor den Säulen steht links ein muskulöser Mann, der nur spärlich mit einem Blättergürtelschurz bekleidet ist, zur Dame schaut und dabei ostentativ einen Apfel in seiner Linken hochhält, während seine Rechte fragend zu gestikulieren scheint. Rechts der Dame ist eine kokett den Blick senkende, junge Frau zu sehen, die ebenfalls fast nackt, nur mit einem Gürtelschurz bekleidet ist, und ihrerseits einen Apfel gut sichtbar der Dame zugekehrt in ihrer verdrehten, rechten Hand hält, so dass die Genitalien dadurch verdeckt werden. Mit ihrer Rechten deutet sie auf die eigene Brust. Auf den beiden Säulenfundamenten sitzen zwei weitere Putti: der linke mit Sanduhr, der rechte mit Apfel und Schlange. Dieser Aufbau wird nach unten durch eine Zierleiste begrenzt, die zugleich als Sockel gedeutet werden kann, nämlich dann, wenn man im Aufbau einen übergroßen Standspiegel mit barockem Zierwerk zu erkennen bereit ist. Dieser Sockel fasst mittig-zentral eine Kartusche mit Totenkopf, gekreuzten Knochen und Schlange, die von zwei Mischwesen flankiert wird, die an Ziegenböcke mit Brüsten und Skorpionsschwänzen erinnern, sich aber genauer als „ornamentale Groteske" charakterisieren lassen.[166]

Lässt die Sentenz „Omnis Caro Foenvm" an sich und durch den Bezug auf die bekannte Jesaja-Stelle mit dem dort explizierten Vanitas-Topos die Blattaussage antizipieren, so stellt die bildliche Gestaltung das Blatt gleichfalls in den Traditionsstrom des Memento mori, ruft mithin die Mahnung vor Eitelkeit, Selbstüberschätzung, Vergänglichkeit und Tod auf. Die Putti mit ihren Attributen, der Totenkopf sowie die modische Ausstrahlung und jugendliche Schönheit der Dame situieren das Blatt entsprechend. Diese Zeichen sind aber mehrfach lesbar, denn abgesehen von ihrem unmittelbaren (An-)Schein, wonach eine modische junge Frau eine modische junge Frau ist, eine Sanduhr eine Sanduhr usw., besitzen sie eine unterschiedlich komplex codierte, mittelbar-verborgene Bedeutung. Deren Entschlüsselung dürfte der Interpretationsgemeinschaft der Zeit allerdings nicht schwer gefallen sein. Erotisch aufgeladen ist das Blatt dadurch, dass die junge Dame von Welt in einem sexuell anspielungsreichen Rahmen platziert ist. Sowohl die kokett-aufreizende, nur oberflächlich kaschierte Nacktheit der Säulenfiguren als auch die expliziten Anspielungen auf den Sündenfall

[166] Vgl. Carsten-Peter Warncke: Die ornamentale Groteske in Deutschland, 1550-1650. Berlin 1979.

und die beiden Fabeltiere lassen daran keinen Zweifel. Die gehörnten Wesen etwa rufen das Bocksmotiv auf, geben als Verkörperung des *animal lascivum* also das Sinnbild für *luxuria* ab, das auf die sexuellen Wünsche der Dame hindeutet. Hinzu kommt, dass die Dame selbst Begehrlichkeiten beim Betrachter provoziert. Sie trägt kein ihre Körperlichkeit verbergendes, entsagungsvoll hoch geknöpftes Mieder, sondern ihr Oberkleid lässt ein tiefes Dekolleté sichtbar werden, das nur von einem dünnen, mit Spitze verzierten Unterhemd bedeckt ist.[167] Das in der Taille eng zusammenlaufende Obergewand und der weit ausladende Rock betonen die weiblichen Reize der Dame. Schließlich kann auch der rankende Wein auf der Pergola erotisch-sexuelle Begehrlichkeiten anklingen lassen, doch werden diese im selben Augenblick provokativ in Frage gestellt, und zwar durch das Memento mori, das sich in der prospektiven Gewissheit des Verwelkens der gerade erblühenden Pflanze äußert. Damit ist die Auslegungsvielfalt des mythologisch vieldeutigen Weins aber nicht erschöpft, denn es bietet sich eine dritte Interpretation an: Der Weinstock beinhaltet christlich-theologischem Heilsdenken zufolge auch das Versprechen auf die Eucharistie, somit die jenseitige Erlösung. Inmitten der Vielfalt an Hinweisen auf die Vergänglichkeit alles Weltlich-Irdischen spendet der Wein damit auch Trost, wenn er das Versprechen auf ein ewiges Leben im Reich Gottes alludiert. Mögen das wohlhabende Äußere, das betont selbstsichere Auftreten und die Sinnlichkeit der Dame den (vorrangig) männlichen Blick in das Blatt hinein locken, so sind diese Phänomene selbst Anzeichen eines in das Leben der Dame bereits eingebrochenen Lasters. Der sich öffnende Unterrock kann als Signalement fleischlicher Lust interpretiert werden, der den Blick unter den Rock herausfordert. Tatsächlich lässt sich der Rock öffnen, indem man ihn anhebt. Der angehobene Rock gibt den Blick nun keineswegs auf den nackten, weiblichen Unterleib frei, sondern führt in eine Art Sepulkralkammer. Die voyeuristische Erwartung wird enttäuscht, da nicht die Schenkel und das Geschlecht, sondern das knöcherne Gebein zum Vorschein kommen. Dahinter ruht auf einem Sarg ein Totenschädel mit Lorbeerkranz. Der Schriftzug einer Banderole, die auf dem Sarg liegt, übernimmt das lateinische Motto auf französisch und wiederholt es, gleichsam bestätigend, zusammen mit der bildlichen Offenbarung: „toute la chair est foin, ce sa gloire/come la fleure au champ“ (Das ganze Fleisch ist Gras, sein Ruhm/ist wie die Blume auf dem Feld). Es wird hier das ‚Frau Welt‘-Motiv aufgerufen, und modifiziert. Während man an jenen auf den Portalen der Kathedralen stehenden Frauenskulpturen vorbeigehen muss, um ihre von Kröten, Würmern, Schlangen und anderem Kleingetier

---

[167] Diese Einschätzung ergibt sich aus Gegenüberstellungen von ehrbarer Dame vs. unehrbarer Dirne auf zeitgleichen Flugblättern. Die Blätter reflektieren, persiflieren und kritisieren ein zeitgenössisches Modenarrentum, das unter dem Stichwort ‚Alamode‘ firmiert: wohlhabende junge Herren, die so genannten Stutzer, und Damen, die den *dernier cri* der führenden Mode aus Frankreich übernehmen und prahlerisch zur Schau stellen; vgl. dazu die Besprechung des Blattes „Allomodischer DefensionSpiegel“ u. Uli Wunderlich: Tod und Tödin als Paar? In: Totentanz aktuell, N.F. 4, H. 44 (2002), S. 8-10.

zerfressenen Rücken zu sehen, hat der Betrachter hier die Klappe zu betätigen. Sie spielt Schein und (Wirklich)Sein durch ein Darüber vs. Darunter gegeneinander aus.[168]

So wie Memento mori-Attribute und Vanitas-Symbole auf die Kontingenz, Hinfälligkeit und lächerlich kurze, irdische Gnadenfrist des menschlichen Lebens anspielen, so sorgt der Klappmechanismus für die prägnante, technisch unterstützte Veranschaulichung des Kerns dieser Erkenntnis. Wird die erotische Begehrlichkeit der Dame durch den Einsicht verschaffenden Klapprock im Zusammenspiel mit den halbnackten Säulenfiguren gesteigert, dekuvriert die Darstellungstechnik sie im nächsten Augenblick und enttäuscht jede voyeuristische Begierde. Das Blatt schaut auf den Betrachter ganz anders zurück als erwartet; statt des vermeintlichen Eindringens in ein erotisches Geheimnis bietet das Blatt ein Eindringen in den Tod.

---

168 Als allegorische Gestalt, die literarisch und bildlich Schönheit und Vergänglichkeit alles Irdischen verkörpert, ist „Frau Welt" seit dem Ende des 12. Jahrhunderts bekannt. Walther von der Vogelweide formuliert in „Frô Welt, ir sult dem wirte sagen" mit seiner Anklage gegen die Doppelgesichtigkeit der „Dame Welt" eine Absage an das Irdische. Die kurz nach 1298 entstandene ‚Frau Welt'-Figur am Wormser Dom ist ein herausragendes Beispiel für den Bereich der Plastik. Das Gegenstück zur ‚Frau Welt' ist der ‚Fürst der Welt' als der Versucher, wie er an den Kirchen von Straßburg, Freiburg und Basel dargestellt ist. Die frühesten Beispiele finden sich in der zweiten Hälfte des 13. Jahrhunderts am Oberrhein (Freiburg, Basel, Straßburg), vgl. Wolfgang Stammler: Frau Welt. Freiburg 1959.

Wenngleich das Blatt hinter thematisch verwandten Darstellungen als weniger nuanciert zurückstehen mag, besticht es doch dadurch, dass es durch die spontane ‚Entblätterung' einen falschen Schein entlarvt und das kreatürliche Werden und Vergehen medientechnisch pointiert inszeniert. Analog dem verblühenden *flos agri*[169] erweist sich die jugendliche Anmut und Selbstgefälligkeit lediglich als Maske, hinter der sich der unhintergehbare Tod verbirgt. Der Anmut der Dame ist kein Glauben zu schenken, der Betrachter wird Zeuge der Invasion des Todes in ihre moribunde Existenz, deren IST-Zustand von Anfang an als totes WAR und WIRD-Sein erkennbar wird.

Es ist die Lust, womöglich auch die kommunikationsbedingte Notwendigkeit, die dazu führt, dass frühneuzeitliche Druckträger medientechnisch ‚aufgerüstet' werden, wodurch zahlreiche Flugblätter zu solchen ‚Papierapparaten' transformiert werden. Wie am Omnis caro-Blatt zu sehen, gelingt diese Verwandlung darstellungsstrategisch durch ein (mehr oder weniger) raffiniertes Layout, welches eine herkömmliche Bild-Text-Kombination durch den Einsatz des Klappmechanismus überbietet. Konstitutiv für das Blatt ist eine Leerstelle, die von der abwesend-anwesenden Hand von außen zu besetzen ist. Das Blatt erfordert den händigen Zugriff, um komplett zu werden, anders: um als Werk vollendet werden zu können. Die Klappe sorgt dafür, dass das mediale Wirkungspotential des Blattes durch ein retardierendes Moment, also eine „verzögerte Verständlichkeit" des Kommunikats gekennzeichnet ist.[170] Aus den Kombinationsmöglichkeiten von Andeutungen und klaren Signalen ergibt sich der Reiz des Rätselhaften, und der Ausdeutungsprozess fordert eine aktive Teilnahme des Betrachters heraus. Die zugreifende Hand wird zu einem medialen Operator, der das Auge bei der kognitiven und aisthetischen Wahrnehmung des Symbolischen unterstützt. Erst die manipulative Handhabung des blattinternen Mechanismus macht das in diesem Druck auf zwei Präsentationsebenen verteilte Wissensreservoir kommunikabel.

Ein Blatt aus einem ganz anderen Bereich, dem der frivolen Unterhaltung, führt in erotisch-spöttischer Anzüglichkeit den Seitensprung einer Wirtsfrau mit einem vagierenden Landsknecht vor. Das Exemplar trägt als Incipit die Zeile „DER WIRT. Heut wird werden" und ist in den ersten beiden Dekaden des 17. Jahrhunderts entstanden. Zu sehen ist ein Keller mit zahlreichen Weinfässern, von denen eins exponiert im Vordergrund platziert ist. Ein Mann, offenbar der Wirt, kniet mit erhobenem Kopf und Blick davor und ist dabei, das Fass anzustechen und neuen Wein abzufüllen. Bei zugeklapptem und geschlossenem Zustand des Fasses wird dem Betrachter vorenthalten, was sich im Fass abspielt. Erst beim Durchlauf des in sich stimmigen, durch Ziffern aber zusätzlich chronologisch markierten Textes und des Gewahrwerdens, dass sich der Wirt in einem Dreiergespräch mit seiner unsichtbaren Frau und einem ebenfalls verborgenen Lands-

---

169 Vgl. Ps 103,14; Jes 28,1 und 40,7.

170 Vgl. Wolfgang Harms: Illustrierte Flugblätter aus den Jahrhunderten der Reformation, a.a.O., hier: S. VIII.

knecht befindet, wird ein *clue* suggeriert.[171] Die mediale Spielart bezieht also auch hier ihren Reiz aus dem Vorenthalten notwendiger Informationen, indem eine ikonisch-deiktische Leerstelle inszeniert wird. Sie provoziert und stimuliert den frühneuzeitlichen Rezipienten, sich auf die Suche nach dem verborgenen Überraschungseffekt zu begeben (Abb. 13):

Das Blatt kann prinzipiell in zwei Zustandsformen betrachtet werden. Bleibt die rechte, dem unmittelbaren Blick des Wirtes verborgene Fassseite geschlossen und wird dem Text zunächst keine weitere Beachtung geschenkt, dann gibt es eine handelnde Figur, den Wirt, der in seinen Weinkeller gegangen ist, um neuen Wein abzufüllen. Öffnet man aber die Fasswand, die als bewegliche Papierklappe konstruiert ist, sieht man im Fass die Wirtin zusammen mit einem Lands-

171 Der Text ist aufgeladen mit anzüglichen Sprüchen der Liebhaber, die den gehörnten Wirt dadurch umso mehr verspotten. Interessant ist der selbstbewusste Auftritt der Frau gegenüber ihrem Ehemann. Beginnend von links, spricht zunächst der Wirt: „Heut wird werden ein sehr gros fest, Von Zech brüder, sind mir liebe gaest. Ich will hin ab in den keller gahn, Vnd da mein groß fass boren an", gefolgt vom Landsknecht im Fass: „Halt herr wirt Ihr thut nit recht gahn, Dann ihr bort das Vnrecht fas an. Es ist Vnten schon Angebort, Ewer Weibe, habt ihrs gehort", abermals abgelöst vom sich wundernden Wirt: „Ey der teuffel wer redt Ihm faß, Ich will hingehen vnd mich vmschaw bas, Sich, was macht ihr hie nun alle beid, Das ist gar hüpsch bey meinem Eid", um schließlich der Wirtin das Wort zu überlassen: „Ach lieber man ich bin gewessen kranck, Het ich nicht eingenomen diße tranck. Sonst hab ich nit mögen genessen, Las mich drauff ruhen, halt dein wessn."

knecht liegen. Abgesehen davon, dass die Aussagen der Figuren ein reiches (Liebes-)Aktionstableau im Kopf des Betrachters evozieren, ist in der Statik des Bildausschnitts zudem das Herumgehen des Wirtes um das Fass angelegt. Es ergibt sich aus dem Text, wenn der Wirt spricht: „Ey der teuffel wer redt Ihm faß, Ich will hingehen vnd mich vmschaw bas, Sich, was macht ihr hie nun alle beid [...]". Man kann sagen, dass die Hand des Betrachters dem Wirt gleichsam folgt und statt seiner die Fassrückwand öffnet. Da davon auszugehen ist, dass Flugblätter zirkuliert sind und kollektiv rezipiert wurden, sorgten Drucke mit solchen unterhaltsamen Vorher-Nachher-Effekten und Schein-Sein-Enthüllungen für Kurzweil und Vergnügen. Die ‚apparative' Mechanik des Blattes und seine Veränderbarkeit bewirken eine sequentielle Freisetzung und Aneignung des Kommunikats, die dank zugreifender und aufdeckender Hand bewerkstelligt werden. Die Klappenbedienung ist verbunden mit einem Wissensvorsprung, mit der Herrschaft über den zu erzielenden Präsentationseffekt, in diesem Fall mit der zu inszenierenden Entdeckung, Verzögerung oder auch Vorenthaltung eines schlüpfrigen *in flagranti*.

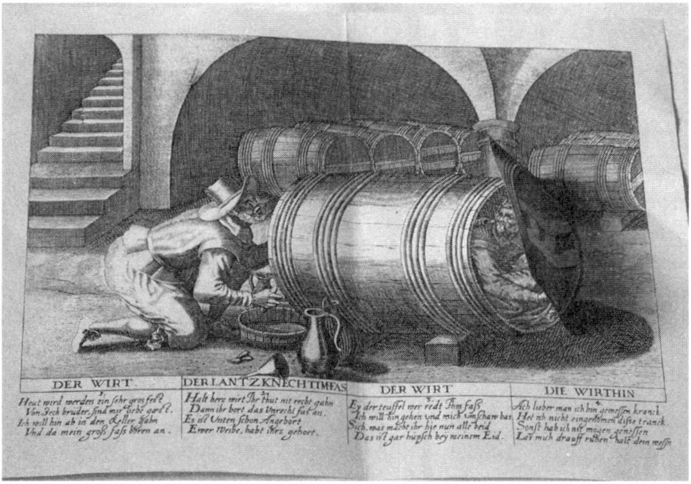

Die Hand ist, um genau zu sein, auch hier nicht-sichtbares, aber latent in das Blatt eingeschriebenes Agens. Sie ist konstitutiv für die Manipulierbarkeit des Blattes im Sinne der Überführung des stabilen Zustandes räumlicher Repräsentation in die zeitliche Sequenz, in das Vorher und Nachher, das mit der Kontrastierung von Schein und Sein korreliert.

Thematisch zu berücksichtigen ist beim Motiv der ‚Liebhaberei im Fass', dass Fässer, speziell Weinfässer, im Mittelalter und in der Frühen Neuzeit sexuell konnotiert waren. Fass und Spundloch, Fassreifen und Treibhammer waren keine ungewöhnlichen erotischen Metaphern. Für diese Auslegungstradition mag das „Büttnerlied“ stehen, das von Gottfried von Neifen stammt (um die Mitte des 13. Jahrhunderts entstanden).[172]

Ez fuor ein büttenære	Es zog ein Fassbinder
vil verre in frömdiu lant.	weit in fremde Lande,
der was sô minnebære,	Der war so liebesvoll,
swâ er die frouwen vant,	daß, wo er Frauen fand,
daz er dâ gerne bant.	er gern da band.
Dô sprach der wirt mære	Das sprach der edle Wirt
zim waz er kunde.	zu ihm, was er könne?
‚ich bin ein büttenære;	‚Ich bin ein Fassbinder:
swer mir des gunde,	wer mir's erlaubt,
sîn vaz i'im bunde.‘	dem bind ich sein Fass.‘
Dô truoc er sîne reife	Herbei trug er die Reifen,
und sînen tribelslagen.	und seinen Treibelhammer.
mit sînem vmbesweife	Mit seinem Herumziehn!
kund er sich wol bejagen,	konnt er sich gut erhalten,
ein guot geschirre tragen.	ein gutes Werkzeug mit sich führen.
Sînen tribelwegge,	Eben seinen Treibekeil,
den nam sî in die hant	den nahm sie in die Hand
mit sîner slehten egge.	auf seiner graden Seite.
sie sprach: „'heilant,	Sie sprach: ‚Heiland,
got hât iuch har gesant.‘	Gott hat Euch hergesandt.‘
Dô si dô gebunden	Als sie gebunden hatten
dem wirte sîn vaz	dem Wirte da sein Faß,
neben unde ouch unden,	seitlich und auch unten,
si sprach ‚ir sint niht laz.	sprach sie: ‚Ihr seid nicht faul.
mir wart nie gebunden baz.‘	Mir ward nie besser gebunden.‘

Eine weitere, bekannte Episode, in der ein Fass zum Ort illegitimer, amouröser Leidenschaft wird, findet sich im „Decamerone“ (1348-1353) Giovanni Boccaccios (1313-1375). Dort erzählt Filostrato am siebten Tag die zweite Geschichte, in der es um eine Frau namens Perronella, ihren Ehemann und ihren Liebhaber, Giannello geht. Perronella verbirgt, als ihr Mann unerwartet nach Hause kommt,

172 Gottfrieds Gedicht ist im Codex Manesse, Cod. Pal. germ. 848, fol. 40r. enthalten; vgl. unter <http://digi.ub.uni-heidelberg.de/diglit/cpg848/0075>, Stand August 2007. Die wiedergegebene Version und Übersetzung ist entnommen: Deutsche Lyrik des Mittelalters. Auswahl und Übersetzung von Max Wehrli. Zürich 1988, S. 357-359.

ihren Liebhaber in einem Fass, das verkauft werden soll. Obwohl der Mann ihr sagt, er habe das Fass bereits verkauft, erwidert ihm Perronella, sie habe es an einen anderen noch besser verkauft. Dieser sei eben hineingekrochen, um es zu prüfen. Daraufhin kann Giannello unbehelligt aus dem Fass steigen, während im Gegenzug, auf Perronellas Geheiß, der Ehemann hineinsteigen muss, um das Fass zu reinigen. Während Perronella mit ihrem Körper den Fasseingang vollkommen verdeckt und ihrem Mann Ratschläge erteilt, kann sich Giannello ganz der Befriedigung seiner Gelüste an Perronella widmen. Anschließend nimmt er das Fass und geht nach Hause.[173]

Die „Warhaffte abbildung deß fläckens PLVRS", die 1618 in Zürich verlegt wurde, steht wieder in einem anderen thematischen Zusammenhang. Das Blatt hat einen seinerzeit berühmten Bergsturz zum Inhalt, der die heute im Norditalienischen, in der Talschaft Bergell, östlich von Chiavenna gelegene Stadt Plurs (italienisch Piuro) im Spätsommer 1618 fast vollständig zerstörte.[174] Dem Himmelsrichtungsanzeiger zufolge, der sich links der Mitte des Bildes befindet, ist die Präsentation genordet; sie reklamiert damit (ansatzweise) Präzision und Nachprüfbarkeit für ihre Darstellung.

Auf der mit keiner Klappe partiell bedeckten, ersten Ansichtsebene des Bildes, das die obere Hälfte des Blattes einnimmt, ist in einer Mischperspektive aus Draufsicht und Tiefenblick die Stadt vor der Zerstörung wiedergegeben. Entlang der Mera, die das Bergell durchfließt, befinden sich Häuserzeilen, die sich insbesondere jenseits des Flusses bergaufwärts ziehen. Dort münden sie in den Schilano-Platz, auf dem u.a. die Kirche S. Johann von Schilano, das Schloss der Herren Bekarien und der Schilano-Brunnen stehen. Diese Gebäude und der Platz sind insofern als zentral herausgestellt, als bei ihnen eine Indizierung mit den Ziffern 1, 2 und 3 beginnt, die bis zur Ziffer 93 weiterläuft und zahlreiche Häuser, Paläste, Kirchen, Brücken, ein Spital, den Monto Conto und die in seinen Hang gegrabenen Eingänge in die Abbauhöhlen für das Lavezgestein und vieles andere mehr

---

173 Giovanni Boccaccio: Das Dekameron. Frankfurt a.M. 1999, 7. Tag, 2. Novelle.

174 Das erstmals 1021 erwähnte Plurium entwickelte sich zu einer wohlhabenden Stadt, deren Reichtum vor allem auf dem Abbau und der Verarbeitung einer weichen Art des Chloritschiefers, dem so genannten Lavezgestein, basierte. Der Bergsturz am 4. September 1618, (in anderen Darstellungen ist alter Kalenderrechnung zufolge der 25. August angegeben), der fast die ganze Stadt und über 1000 Einwohner unter sich begrub (im vorliegenden Blatt ist von 1496 Personen die Rede), war dem forcierten Lavezsteinabbau geschuldet, der den Monte Conto unterhöhlt hatte; vgl. Zedlers Universal-Lexicon, Bd. 28, 449, unter <http://www.zedler-lexikon.de/index.html>, Stand September 2007, die Kommentare von Michael Schilling zu diesem und einem anderen Plurs-Blatt mit dem Titel „Warhafftige vnd erschröckliche New Zeittung" (ebenfalls 1618), beide in: Deutsche illustrierte Flugblätter, Bd. I, S. 434 u. 436 sowie Günther Kahl: Plurs. Zur Geschichte der Darstellungen des Fleckens vor und nach dem Bergsturz von 1618. In: Zeitschrift für Schweizerische Archäologie und Kunstgeschichte, 41 (1984), S. 249-281.

auf der Darstellung markiert. Menschen sind keine zu sehen. Der in der unteren Blatthälfte befindliche Textteil, der aus vier Spalten besteht, enthält in der linken Kolumne eine prosaische Zusammenfassung des Geschehens, während rechts eine ausführliche Legende die indizierten Orte referenzialisiert.

Fein gepunktet ist des Weiteren eine hauchdünne Linie in die Radierung gestanzt, die ungefähr mittig, am oberen Bildrand, unterhalb des Titels ansetzt, nach unten wandert, sich entsprechend der Ausdehnung von Plurs als Wulst in die Breite zieht, im Halbrund den gesamten Ort bis weit diesseits des Flusses umkreist und wieder bergauf läuft, um nur wenige Zentimeter neben ihren Ausgangspunkt auf die Berghöhe zurückzukehren (Abb. 14):

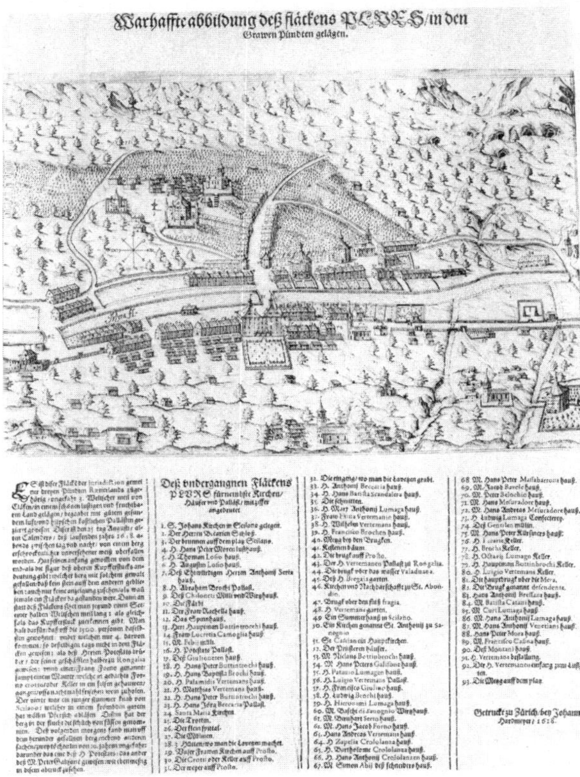

Die Linie markiert derart den Umriss der zu erwartenden Geröllausbreitung des Bergrutsches, den die Klappe anzeigen wird, die mit einer Falz kurz unterhalb der Titelzeile angeklebt ist (war) und entweder nach oben oder hinter das Blatt aus der ersten Ansicht weggefaltet werden konnte. Im Prosateil des Textes finden sich nicht nur Verweise auf die Lesart des Bildes, das den Ort in unberührter

Ausgangslage zeigt, sondern auch auf die Klappe, wobei implizit ihre Wirkungsentfaltung suggeriert wird: „Hat seinen anfang genommen [gemeint ist der Sturz des „berges erschrockenlicher unversehener weiß“] von dem end/als die figur deß oberen Kupfferstucks andeutung gibt:“ Wird hier zunächst ein Vorstellungsbild von dem Moment evoziert, da der Bergsturz abzugehen beginnt, hat sich die Katastrophe einige Zeilen weiter unten ereignet, und das klappbare Bildelement hat nunmehr die Ortschaft bedeckt und ist in die vorgesehene Umrisslinie gewandert: „Dann an statt deß Fläckens sihet man jetzund einen See/einer halben Weltschen meil lang: als gleichfals das Kupfferstuck zuerkennen gibt.“

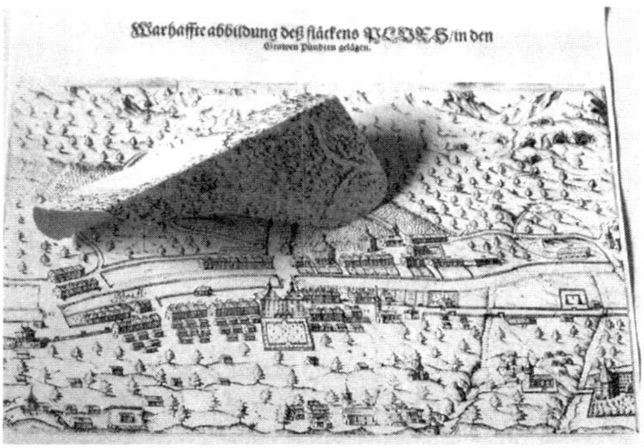

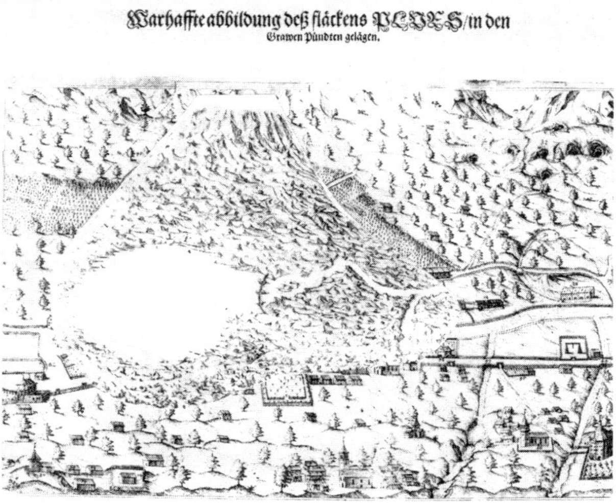

Mit Hilfe des Klappmechanismus kann der Betrachter also das verheerende Unglück modellhaft nachvollziehen. Das ganze Ausmaß der Katastrophe wird dank der Klappbildtechnik ‚filmartig' vor Augen geführt, indem das Vorher und Nachher als nahtloser, fast den gesamten Ort verschüttender Transgress erlebbar werden kann, wie es das Naturereignis den Berichten Überlebender zufolge geschah.[175] Der Betrachter kann die Katastrophe indessen nicht nur vergegenwärtigen, sondern sie wird durch die Klappe zugleich kontinuiert und verstetigt. Eine Dimension der Zeitlichkeit wird im Blatt erfahrbar, die auf einen ersten Blick an den Klappmechanismus gebunden ist, jedoch genauso mit der latent, als Leerstelle in der Klappe aufgehobenen Bewegerhand zusammenhängt. Die Hand ist so etwas wie ein Zeitscharnier zwischen Bild und Text. Die Klapptechnik verstärkt dabei den Sensationscharakter des Ereignisses, indem die Emphase quasi auf dem ‚Unglück im Verlauf' liegt. Der Verlauf ist als (abhängig von der individuellen Handhabung) kurzphasiger Bildfluss in die Darstellung integriert und überbietet eine statische Wiedergabeform. Die Klappe schafft eine exponierte Appellzone, die den Wahrnehmungsprozess dynamisiert und auf Wiederholbarkeit abstellt. Sie öffnet das Blatt für die imaginativ-rekonstruierende Teilhabe des Zuschauers, der durch den manuellen Eingriff das Ausmaß des Unglücks vergegenwärtigen und es ganz nach inszenatorischem Belieben wiedergeschehen lassen kann.

Während der Druck bei einer ersten Annäherung als Sensationsblatt erscheint, wird er im Zusammenspiel von narrativem Text und Legende mit der ausführlichen Objekterfassung und Bestandsaufnahme auch als historisch-sachliches Ereignisblatt oder Inventarisierungsbericht lesbar. Die topo- und (pseudo)kartographische Auszeichnung der Szene verleiht dem Flugblatt zudem den Charakter einer (hybriden) ‚Karten-Text-Bühne'. Das heißt, das Blatt wird zu einem mehrfach lesbaren Objekt. Aufgrund seiner Wahrnehmung als Publikation mit zeitgenössisch oder historisch relevantem Informationswert fand es u.a. Aufnahme in den 1. Band des Theatrum Europaeums, in dem es ausführlich besprochen und ebenfalls ins Bild gesetzt wurde.[176] Abgesehen davon erfuhren das

---

[175] Vgl. die acht Quartseiten umfassende Newe Zeytung „Erschrockenliche Zeitung/Wie der schöne Haupt Flecken Plurs in der Graffschafft Cleven/in der dreyen Grawen Pündten alter freyer Rhaetia, Underthanen Land/inn der nacht auff den 25. Augusti diß 1618. Jars/mit Leut und Gut/in schneller eyl undergangen seye. Gedruckt zu Lindaw im Bodensee/durch Hans Ludwig Brem/im Jahr/1618."; das Exemplar in der HAB, Wolfenbüttel: Gq 206 (12); vgl. auch im VD 17 die digitalisierte Fassung mit der Sig. VD17 23:312562G, Stand August 2007.

[176] Vgl. Theatrum Europaeum, Oder Außfuehrliche und wahrhaffte Beschreibung aller Denckwuerdigen Geschichten, [...] vom jahr Christi 1617 biß auf das Jahr 1629 sich zugetragen: Mit Kupferstichen geziert unndt verlegt durch Matthaeum Merian in Franckfurtt (1635/1643). Die textliche Darstellung erfolgt auf den Seiten 97 bis 99, zwischen den S. 96 u. 97 finden sich auf der 6. Bildtafel zwei Ansichten: oben Plurs vor dem Erdrutsch, unten danach. Matthaeus Merian, Verleger des Theatrums, spezifizierte in seiner Vorrede zum ersten der insgesamt 21 Bände umfassenden Theatrum-Reihe leider nicht, welcherart die Geschichten und Ereignisse sein mussten, um Aufnahme in die (letzten Endes) monumentale Partikular-, d.h. Gegenwartsberichterstattung zu finden. Er konstatierte nur, dass es sich um Ge-

Blatt und das Ereignis eine breite und anhaltende Rezeption. Direkte Nachdrucke, von denen einer die Vorlage für die Variante im Theatrum Europaeum stellte, und Embleme gingen auf die „Warhaffte abbildung" zurück, während das Ereignis auch anders geartete Flugblattentwürfe und die Publikation wenigstens dreier Newer Zeytungen inspirierte.[177] Interessant ist das Nebeneinander von Darstellungen, die das Naturereignis als Gottes Strafgericht interpretieren, und solchen, die Tendenzen zu einer empirisch-nüchternen Wiedergabe zeigen. Während bspw. ein Blatt aus Augsburg den Bergsturz als göttlichen Aufruf zu Buße mittels eines vergröberten Schablonismus inszeniert, der sich statt an den realen Gegebenheiten zu orientieren, eher die Erweckung einer affektiven Teilnahme des Betrachters beabsichtigt, so wird in einem anderen Exemplar eine Präzision erkennbar, wie sie auch unsere Klappbild-Blattvariante zeitigt, nur dass hier zwei verschiedene Bildausschnitte als ‚geteilte' Perspektive eine Mehransichtigkeit für den besseren Nachvollzug der Katastrophe präsentieren.[178] Die mediale Aufarbeitung des Plurser Bergsturzes ist mithin integraler Bestandteil einer kollektiven Vorstellungswelt zu Beginn des 17. Jahrhunderts, die übernatürliche wie natürliche Ursachen genauso selbstverständlich als Erklärungsmuster für das ‚unerklärliche Ereignis' in Anschlag bringt. Durchweg neuzeitliche Zuordnungsvorschriften und Sinngebungen, die ganz im Zeichen neuzeitlich-moderner Empirie stehen, sind vorerst weiterhin selten.

Das spielerische Moment des Klappens, soviel bleibt festzuhalten, kann den Wahrnehmungs- und Verwendungsspielraum von Flugblättern erweitern. In den bislang vorgestellten Exemplaren dürfte es dem zeitgenössischen Betrachter möglich gewesen sein, ausgehend von der ersten visuellen Annäherung an die Darstellung, der Kenntnisnahme der offerierten Textpassagen und der Vertrautheit mit derartigen Blättern auf ein Mehr an Überraschung und Information zu schließen. Eingedenk des kollektiven Rezeptionsmodus von Flugblättern sollte gerade bei diesen Darstellungen immer an die Unterhaltungs- und Vorführeffekte, aber auch an den didaktisch-moralisierenden Mehrwert gedacht werden, die je

---

schichten handelt, „welche zu diesen vnsern Zeiten/vnter denen Glorwürdigsten/Allendurchleuchtigsten/vnnd Vnüberwindlichsten Römischen Kaysern Matthia/ Allerhöchstseeligster Gedächtnuß/[...]/sich begeben vnd zugetragen", hier: 8; vgl. unter <http://digbib.bibliothek.uni-augsburg.de/1084/index.html>, Stand September 2007. Auf dem Portal hat die Universitätsbibliothek Augsburg alle Theatrum-Bände als Digitalisate im Internet zugänglich gemacht.

177 Vgl. die Newe Zeytung „Erschrockenliche Zeitung", a.a.O., zwei weitere Newe Zeytungen stammen aus Halle/Sachsen und Prag, vgl. auch das Flugblatt „Warhafftige vnd erschröckliche New Zeittung", a.a.O.

178 Vgl. „Warhaffte vnnd eigentliche Abbildung deß Fleckens Pluers/in den Grawen Pündten gelegen", o.J., Straßburg, bei Marx von der Heyden (Drucker), Jacob von der Heyden (Verleger) in: Deutsche illustrierte Flugblätter, Bd. IV, S. 398, Abb. 293. Hier ist das Vor-dem-Bergrutsch-Plurs klein rechts oben als Bildinsert in die große Gesamtansicht mit dem Nach-dem-Bergrutsch-Plurs eingefügt.

nach individuell gestalteter Vorher-Nachher-Inszenierung, einer auf Schockwirkung setzenden oder auf göttliche Strafandrohung hinweisenden Präsentation erzielt werden konnten. Die Einladung zur taktilen Teilhabe an der Entfaltung der auf den Blättern angebotenen Informationsmenge entbindet das Sehen von der Alleinherrschaft über die Sinneshierarchie bei der Wahrnehmung. In der Wechselseitigkeit visueller (sowohl ikonisch-graphischer als auch sprachlich-diskursiver Strukturfelder) als auch taktiler Wahrnehmung (Klappen mit Bildelementen) arbeiten sich zwei Sinne zu, und was bei einem ersten Wahrnehmungsmoment offenbar ist, wird offensichtlich oder möglicherweise enttäuscht.

Das nächste Exemplar führt zum bereits angesprochenen, durch Mode- und andere Obsessionen gekennzeichneten ‚Alamodistenwesen' (Abb. 15):

Der Kupfer datiert von 1629, sein ausführlicher Titel lautet „Allomodischer DefensionSpiegel:/Warhafftige Abbildung/deß numehr in aller Welt bekandten/und unschuldig wol vexierten Herren Allmodo Wapen/Schildt und

Helm/mit beygefügter seiner Ehrenrettung/Allen Spöttern und Verächtern/sich hierinnen zu spiegeln/an Tag geben."[179]

Bevor das Blatt in den Mittelpunkt rückt, bedarf es der Klärung, wie es motiv- und kulturgeschichtlich verankert ist, das heißt, was es mit dem Alamodistentum auf sich hatte und wer seine Vertreter, die Alamodisten, waren.[180] Der Begriff ‚À la mode' (alternativ: ‚Alamode', ‚Allomode', ‚Allmodo') wurde im 17. Jahrhundert dem Französischen entlehnt und meinte zunächst die Nachahmung von Kleider- und Verhaltenssitten der Franzosen. Das vorliegende Blatt ist Teil einer massiven Medienkampagne in der Bildpublizistik und der Literatur des aufkommenden Barock, die sich um 1630 gegen das Alamode-Gebaren und die mit ihm einhergehenden Manieriertheiten und Verderbtheiten in Kleidung, Sitte, Moral und Sprache richtete. Unter den wenigen ausführlichen Beiträgen zur Kulturgeschichte des Alamodewesens ragt Jacob Falkes Studie „Monsieur Alamode, der Stutzer des dreißigjährigen Krieges" (1856) heraus. Konzis bringt er das Phänomen wie folgt auf den Punkt: „Es [das Alamodistenwesen] war das andere Extrem des spanischen Geistes: dem Gezierten und Gespreizten trat das Groteskphantastische gegenüber; dem höfisch abgemessenen Wesen die ungebundene, zügellose Ausgelassenheit des Soldaten; der Beschränkung, dem Verdorren und Zusammenschrumpfen standen Eitelkeit, Hohlheit und Aufgeblasenheit gegenüber; [...]". Selbst kritisch-spöttische Zeitgeister wie Johann Michael Moscherosch (1601-1669) oder Andreas Gryphius (1611-1664), die zwar dem falschen

179 John Roger Paas hat das Blatt aufgenommen, doch nicht kommentiert, vgl. in: The German Political Broadsheet. a.a.O., Bd. 4, P-1220. William Coupe hat sich ausführlicher mit dem Blatt auseinandergesetzt, doch ist er weder auf die Funktionsweise der Klappen, noch auf die verschiedenen Ansichtsebenen genauer eingegangen, ebenso wenig wie ihn das Alamodistentum oder die Motive ‚menschliche Sonnenuhr', ‚fäkaler Grobianismus' bzw. das skatologische Moment interessiert haben. Allerdings hat er bei dem autoptisch studierten Exemplar aus dem British Museum eine wichtige Beobachtung im Zusammenhang mit einer der beiden Klappen gemacht, auf die ich weiter unten eingehe, vgl. in: The German Illustrated Broadsheet, Bd. II, Nr. 20 (pl. 63), Ausführungen in Bd. I, S. 130-131.

180 Jacob Falke: Monsieur Alamode, der Stutzer des dreißigjährigen Krieges. In: Zeitschrift für deutsche Kulturgeschichte 1 (1856), S. 157-188, hier: S. 159; vgl. auch Fritz Schramm: Schlagworte der Alamodezeit. In: Zeitschrift für deutsche Wortforschung, Beiheft 15 (1914), Strassburg, S. 12-30; zudem Gerhild Scholz Williams: Ways of Knowing in Early Modern Germany. Aldershot/Burlington 2006, Kap. 4 „Gender and Class: The Woman's Lot", S. 169ff.; Michael Schilling: Bildpublizistik, a.a.O., S. 222 u. 295; Wolfgang Brückner: Mode. In: Enzyklopädie des Märchens, Bd. 9, S. 744-746; Frau Hoeffart & Monsieur Alamode. Hg. v. Bärbel Zausch. Halle 1998, S. 3-5 sowie Sigrid Metken: Der Kampf um die Hose. Frankfurt a.M./New York 1996, S. 24f. und Cornelia Kemps Kommentar zum Alamode-Blatt „Wie sich ein Teütscher Monsier Kleiden soll" (um 1630, o.O.) in: Deutsche illustrierte Flugblätter, Bd. I, S. 268.

Wesen mit Witz, Satire und Ernst den Krieg machten, seien vom Übertreiben und Aufschneiden selbst nicht gefeit gewesen.[181]

Zumeist werden die jungen Stutzer, wie die männlichen Vertreter genannt werden, und ihre Damen in den Darstellungen als Modenarren, Prahlhänse, Einviertelgebildete, Flittchen und parasitäre Zeitgenossen verspottet und diffamiert. Die Thematisierung der Mode in der publizistischen Auseinandersetzung gerade vor dem Hintergrund des Dreißigjährigen Krieges wird dabei nicht zum Selbstzweck betrieben, sondern dient als Aufhänger und Vehikel, um einer profunden Verhaltens- und Ständekritik Luft zu machen, auch einen Generationenkonflikt auszutragen. Die Alamodisten müssen als Zielscheiben des Spotts herhalten, insofern sie als moralisch minderwertig deklassiert, nicht selten auch als clevere, verschlagene Zeitgenossen vorgestellt werden. Vom ‚alamodischen Affenspiel' ist die Rede, die Alamodisten bekommen Eselsköpfe aufgesetzt, den weiblichen Vertretern wird mit obszöner Geste manch Anzügliches unter den Rock geschoben. Die Alamode-Messieurs und Mesdames entblößen ihre Hinterteile und zeigen ihr wahres Gesicht durch vulgäre Umgangsformen, Deformierungen und sonstige Abweichungen von der Norm eines demütigen und Gott zugewandten Lebensstils. Ihnen sind unsinniges Gerede, vor allem mit Fremdwörtern gespickte Wortwechsel in den Mund gelegt,[182] die nicht nur ihre Aufgeblasenheit manifestieren, sondern eine grassierende Verderbnis der deutschen Sprache anzeigen. Kurz: Die Alamodisten werden als nachahmungsgeile, hirnlose und törichte, zucht- und ehrwidrige, eigenartige und eigenwillige Spezies vorgestellt, die für

---

[181] Jacob Falke: Monsieur Alamode, a.a.O., hier: S. 159. Moscherosch formuliert in seinen „Wunderliche und Wahrhafftige Gesichte Philanders von Sittewalt" (ab 1640 erschienen), genauer im „Ander Theil der Gesichte" (1643) die satirischen Verse auf das Alamodistentum: „A la mode macht mir bang/weil der Teütschen vndergang/in der Newen-Sucht/Seinen anfang sucht. Dann/wasz haben will ein schein/musz nur a la mode sein: Darnach sieht die Welt: wer sich also stelt,/Der wird vorgezogen heut. Sind wir nicht ellende leut? Ein fromm Biedermann/kompt bey Niemand an [...] A la mode bringt vns noch vnder ein frembd Reich vnd Joch.", vgl.: Visiones de Don Quevedo. Wunderliche und wahrhaftige Gesichte Philanders von Sittewalt, Kap.: „Ala mode Kherausz" (1-174). Nachdr. d. Ausg. Strassburg 1642-1643. Hildesheim 1974, hier: S. 15f. Andreas Gryphius gestaltet seine zwei Hauptleute, Don Daradiridatumtarides Windbrecher von Tausend Mord und Don Horribilicribifax von Donnerkeil auf Wüsthausen als Prototypen der marodierenden Landsknecht-Haufen. Diese sind insofern alamodisch, als sie manieriert sprechen, in allen Zungen wettern und fluchen, peinlich um ihr modisches Aussehen besorgt sind, mit dem Feind in Freundschaft das eigene Land ausplündern und sich schließlich mit eigenem Schwert davonjagen lassen, vgl. Andreas Gryphius: Horribilicribifax. Teutsch. Abdruck der ersten Ausgabe (1663). Halle/Saale 1883.

[182] Das unsinnige Gerede, die Sprachmengerei und das Spicken der deutschen Muttersprache mit Fremdwörtern wird als ‚Gallimathias' bezeichnet, vgl. Jacob Falke: Monsieur Alamode, a.a.O., hier: S. 160-161.

einen Brüller, zum Teil für eine regelrechte Aggressionsabfuhr beim Publikum gut sind.[183]

Dem Blick bietet sich ein ausgewogenes Verhältnis von Bild und Text, wobei der Text in drei Spalten, überwiegend in Reimpaarversen gesetzt ist. Die Anordnung mit ausführlichem Titel, Bild und Text erinnert an eine emblematische Struktur, wobei der vierzeilige Titel dem Motto, das Bild der Pictura und der dreispaltige Text der Subscriptio entspräche. Es bleibt zu zeigen, wie der Text als Subscriptio Bildelemente konkret benennt, und wie das Bild der sprachlichen Begrifflichkeit Anschaulichkeit verleiht. In der Mitte des Bildes befindet sich ein Wappen-Schild.[184] Auf ihm sind zwei Ziegenböcke, halb aufgerichtet und aufeinander zuspringend dargestellt; zentral-mittig auf dem Schild ist ein amorpher Aufsatz zu sehen, der einen Stoffballen, zwei sich kreuzende Pfrieme,[185] drei Kugeln und zwei senkrechte Nähnadeln zeigt. In der linken unteren Hälfte des Schildes ist ein großes Messer abgebildet,[186] überlappt von einer Art Fliegenklatsche; in der rechten Ecke ist ein Ellen- oder Schneidermaß zu sehen. Mittig auf dem oberen Wappenrand krönt ein geschlossener Helm den Schild, den Helm wiederum zieren Eselsohren und ein Fingerhut. Auf der Spitze des Fingerhutes,

---

183 Der Blätterfundus mit Alamode-Thematik ist riesig, für ein prototypisches Exemplar vgl. das Blatt „Ala Modo Monsiers. Die Newe umbgekehrte Welt." (um 1630, Nürnberg), das zufällig ebenfalls mit einem Klappbildelement arbeitet, in dem die Gegenüberstellung der alten und neuen Mode anhand ihrer Vertreter geboten wird. Dabei versinnbildlicht ein als Bild- und Differenzachse fungierender, auf dem Kopf stehender Gaukler die umgestülpte Welt. Er spricht von seiner Freiheit, sich die Welt vorzustellen, wie er allein es für richtig halte und impliziert mit dem Spruch, ‚unser sein zween', den er zum Stutzer hin richtet, dessen Komplizenschaft. Der „Engeländischen" Begleiterin des Stutzers ist zwischen ihre Beine, unter einen klappbaren Rock ein Affe gesetzt, der sein Hinterteil entblößt und seiner Flatulenz freien Lauf lässt. Ein anderes Blatt mit dem Titel „LACONICE. Sat sapienti Gnueg mann kennt di", das ebenfalls um 1630 entstanden ist, präsentiert vier weibliche Figuren wie auf einem Laufsteg und dahinter eine fragmentarische Szenenfolge. An den von links nach rechts sich wandelnden Frauen und der Mischung aus Selbstaussagen und kritischen Einwänden des Blattautors im Text wird vorgeführt, dass Prahlerei, Modetorheit und Standesanmaßung ins soziale Abseits führen. Auch hier stellt ein Klappelement den falschen Schein der maßlosen Magd bloß. Beide Exemplare in: Deutsche illustrierte Flugblätter, Bd. I, S. 252, Nr. 119 u. S. 294, Nr. 142.

184 Das Wappen beansprucht eine zentrale Stellung im Bild, das so zu einem Wappenbild transformiert wird, wodurch die Zeichen von Anfang an einen umso stärkeren Appellcharakter annehmen. Die mit Hintersinn belegte Darstellung ist auf den ersten Blick auch deiktisch nicht eindeutig auf die beiden Alamodisten ausgerichtet.

185 Der Pfriem ist ein Eisengerät zum Löcherstechen für Lederobjekte, vor allem Schuhe.

186 Das ‚Aufschneidmesser' als Versinnbildlichung des Übertreibens korrespondiert mit der Redensart ‚groß aufschneiden'; das Aufschneidmesser zum Anzeigen des Prahlens ist seit mindestens 1580 nachgewiesen.

oder dahinter, ist eine große Schere in einer Hand platziert. Die Schere ist so geöffnet, dass sie einen zurückgeschlagenen Vorhang zum Zerschneiden parat hält. Dieser Vorhang wiederum drapiert die Mittelszenerie. Mit Schere, Fingerhut, Messleisten, Nähnadeln und Garn, auch mit den Pfriemen, sind unschwer Utensilien der Kleidungs- und Schuhherstellung zu erkennen, womit das Thema der Mode alludiert wird. Die geöffnete Schere mag zugleich die ‚V-Geste' über dem Hinterkopf eines betrogenen Ehemanns imitieren, womit das Motiv der Untreue und Verführung aufgerufen wird, das ebenfalls Teil des Repertoires an Alamodistenstereotypen ist. Dem zur Seite gestellt sind die Ziegenböcke, die für *luxuria*, also Wollust und Geilheit stehen, so wie die Pfrieme die ‚bohrende' Pestilenz der Alamodisten sexuell konnotieren. Hinzu kommt das große Aufschneidmesser, das die Übertreibungssucht des fragwürdigen, gleichwohl in Selbststilisierung ritterlich erscheinenden Alamodisten versinnbildlicht. Die Bedeutung der Fliegenklatsche und der Kanonenkugeln bleibt zunächst unklar, bis aus dem Text zu erfahren ist, dass es sich bei ihnen um einen „fliegen Degn" handelt, mit dem der Alamodist „Auff einmal eines Streichs ihr neun erschlagn/Wie man so viel Kugeln aus einer Stadt/Nach ihm allein zugleich geschossen hat/."

Vom Betrachterstandpunkt aus zur Linken des Vorhangs sehen wir eine junge Frau, zur Rechten einen jungen Mann, die beide *à la mode* gekleidet sind und den ‚Stutzer' und ‚Modegecken' sowie seine weibliche Entourage prototypisch verkörpern. Sie tragen breitrandige Hüte mit Federbusch, langes Haupthaar, breite Schulterkragen, Wams, Schlumperhosen, Plusterrock und Mieder, Stulpenstiefel, Schnallenschuhe, den Mann schmückt ein zeittypischer Knebel-Spitzbart. Interessant sind die Körperhaltung, Blickrichtung und Handgesten des Stutzers und seiner Begleiterin, die manieriert wirken, irgendwie verdreht, das jedoch mit Kalkül. Während die Dame ihre Front zu präsentieren scheint, wendet der Stutzer dem Betrachter offenbar seinen Rücken zu; das jedenfalls möchte man von der Ausrichtung seiner Stiefelsporen und seines hängenden Säbels her schließen. Andererseits lassen die Kopfhaltung oder die Hose im Schritt- und Gesäßbereich an die Vorderseite denken. Die Darstellung widersetzt sich schon auf dieser ersten Ansichtsebene einer eindeutigen Bestimmung. Denkt man den Wappenschild, Helm, Fingerhut und die Schere als vertikale Mittelachse im Bild, dann stehen sich der Mann und die Frau scherenschnittgeklappt, also axial gespiegelt gegenüber. Beide Figuren schauen aus dem Bild direkt auf einen ideal positionierten Betrachter, der sich frontal vor dem Bild befindet, und beide scheinen einen direkten Blickkontakt mit dem imaginären Gegenüber zu provozieren. Schließlich sind die Handhaltungen der Figuren bemerkenswert: Während beide in ihrer Rechten ein Tuch halten, verweist die Linke der Dame hinter den Vorhang, die des Stutzers hingegen verlängert sich in seinen ausgestreckten Digitus, der ostentativ auf den Wappen-Schild in Richtung eines Ziegenbocks zeigt.

Der Text nimmt mit seinem vierzeiligen Auftakt in objektivem Ton die bereits im Titel angeklungene „Defension" der Alamodisten auf und zitiert das alle Menschen grundsätzlich gleich stellende, unveräußerliche und überpositive Naturrecht: „Das natürliche Recht vergönnen thut/Nicht alleine zu schützen Leib vnd Gut/Sondern auch Leymuth/Ehr un guten Namn/Daß sich ein jeder wehr vffs best er kan.“[187]

Anschließend stellt er mit verhaltener Empathie den „vexierten“, also verspotteten und an der Nase geführten, gleichwohl allseits verkannten und missachteten Herrn Alamodisten vor (Kursivierungen im Original):

> Weil dann *Allmodo* mit seinen *Consortn*/ So gar *sceptice* ist durchhechelt wordn/In dem sein wolmeinend *Invention*, Mit der Kleidung/vnd was sonst vff die Bahn/Von guten Kuenst: vnd Sitten er auffbracht/Man nur hönisch und spöttisch ausgelacht/

Ferner wird berichtet, wie man ihm:

> Bald hat [...] geschliffen Naß vnd Zungn/Davon die Funken in die Lufft gesprungn/Bald ist er vnter die Hanrey geflogn/Gang mit dem Affn/ward nacket ausgezogn/Bald hat man ein Liedlein von ihm gemacht/Er ist gestorben vnd zu Grab gebracht/Sein Kleider vff dem Krempel uffgehenckt/Und dem Teuffel zum newen Jahr geschenckt/Könt doch im Grabe keine Ruh nicht haben/Es starb sein Dam/ward er wiedr ausgegrabn/ Und ward also begraben noch einmal/ Sein Sohn nun in der Wiegen ligen soll/Und was sonst vff *Allmodo* vberall.

Weiterhin wird erwähnt, wie traurig und empört der Alamodist wegen dieser schmählichen Behandlung sei, und es wird die Erwartung aufgebaut, dass eine Rechtfertigung des Alamodisten folge:

> Wie solt er dann hierbey zu frieden seyn/Krümt sich doch wenn man trückt ein Würmelein. Derhalben ist hier klärlich vorgebildt/ Deß Herrn *Allmodo* Wapen/Helm vnd Schildt. Welchs wie eim solchen Cavallier gebürt/ Gantz Ritermässig geputzt und staffirt/

Was in dieser Darstellung wie auf vielen anderen Blättern Verwendung findet, sind Versatzstücke aus einem feststehenden Inventar an Bild- und Textbausteinen, die alle zur Verspottungs- und Verhöhnungsrhetorik des Alamodistenwesens gehören. Uneindeutigkeiten begegnen indessen nicht nur im Text, sondern auch das Bild ist mehrfach lesbar. So ist unklar, ob der Stutzer durch die explizite

[187] Dem ‚Naturrecht‘ steht das ‚Positive Recht‘ als Gesetzeswerk eines Staates gegenüber. Dem Naturrecht liegt die Auffassung zugrunde, dass jeder Mensch mit unveräußerlichen Rechten ausgestattet ist, was bedeutet, dass im Prinzip alle Menschen gleich sind, unabhängig von Geschlecht, Alter, Ort, Staatszugehörigkeit oder der Zeit und der Staatsform, in der sie leben. Unter das Naturrecht fallen so basale Kategorien wie das Recht auf Leben, auf körperliche Unversehrtheit und auf persönliche Freiheit. Die Naturrechte gelten folglich als vor- und überstaatliche, ‚ewige‘ Rechte. Interessanterweise erschien nur vier Jahre vor dem Flugblatt, nämlich 1625, eine liberale Theorie des Naturrechts von dem politischen Philosophen und Rechtsgelehrten, Hugo Grotius („Drei Büchern vom Recht des Krieges und des Friedens“). Die Aufnahme des Passus in das Blatt kann kein Zufall sein.

deiktische Geste, von außen in sein Wappenschild hinein, auf sich selbst verweist oder den Betrachter, damit seinen Spötter, Verächter und Verleumder adressiert, im Sinne von ‚Schau her, Du bist das, was ich Dir zeige'. Was den weiteren Verlauf des Textes anbetrifft, so nimmt das anfangs empfundene Mitleid für den vorgeblich zu Unrecht gescholtenen Alamodisten zusehends ab. Die Rede entpuppt sich als ironisch-satirische Abrechnung mit ihm. Anhand der narrativen Auslegung seines emblematischen Wappens, wobei die Verse als Subscriptio für die Pictura lesbar werden, wird der Alamodist als ein dubioses und widersprüchliches Subjekt vorgeführt; er wird verspottet und disqualifiziert. Dabei gelangen weitere Versatzstücke aus dem Fundus der Alamode-Persiflage zur Aufführung:

> Derhalben ist hier klärlich vorgebildt/ Deß Herrn *Allmodo* Wapen/Helm vnd Schildt. [...] Damit er sich wie billich *refendirt*, Vnd wird hernach einfeltig *explicirt.* Bald anfangs wird ein Tuch mit einer Scheer/Durchschnitten/welches bedeutet/daß er/Sich von der alten Welt/Art vnd Manier/Abgeschnitten vnd was newes bracht herfür/Die EselsOhren so nicht weit davon/Deß Herrn *Allmodo* Demuth zeigen an/ Dann wie lang und wol erworden vexiert, Er sich doch allzeit mit Gedult geschmiert/ Der Fingerhut gleicht sich bald einer Kron/ Dann er den Ruhm vnd Preiß wol bringt davon. [...] Sondern auch die einfeltign Weiberlein/ Derer er viel auff seine Seit gezwungn/ Und also gleich einen Pfriem durchgedrungn/ Daß nu zu finden kein Stand/Landt noch Stadt/ Da nicht *Allmodo* eingenistet hat/ Hier sicht man dass er spitzfündig/ witzig/ Wie in dem Schilde die Nadel spitzig. Durch das grosse Messer wird angedeut/ des Herrn *Allmodo* wol beredtsamkeit/ [...]

Bleibt der Text fast bis zum Schluss bei aller deutlichen Ironisierung subtil zweideutig, spitzen die letzten 16 Verse die Aussage weiter zu. Dort wird berichtet, wie sich der Alamodist aufgrund der Anfeindungen in Deutschland nach Frankreich abgesetzt bzw. zurückgezogen habe. Von dort aus habe er dieses Blatt als Spiegel zurückgesendet, der die Deutschen bessern möge:

> Weil er dann der Mißgönstigen so viel Hier in Teutschland hat/ da ein jeder wil Mit schenden/ Schmehen vnd Paßquillen bittr/ An dem frommen *Allmodo* werden zum Ritter/ Ist er in Franckreich/ in sein Vaterland Wider gewandert/ diß zurücke gesandt/ Verhoffens alle seine Feind hieran Sich werden spiegeln vom schmehen ablahn/ Und ihn als einen tapfferen Cavallier Helffen beschützen seinen Namn und Ehr/

Die Aussage kulminiert in den sechs Schlussversen, wo so etwas wie ein kathartisches Handlungsangebot für alle jene formuliert wird, die den Alamodisten hassen:

> Die aber so es ganz nicht lassen woelln/ Und allmodo auch nach dem Leben stelln/ Denen steht hier gute Gelegenheit für/ Zu ihm einkriechen durch die HinderThuer/ Vnd ihm das Hertze aus dem Leib zufressn/ Damit endlich man seiner möcht vergessn.

Abgesehen von den sprechenden Attributen ‚Aufschneidmesser, Ellenmaß, Pfriem' oder ‚fliegn Degn', ist auch die Rede vom ‚Spiegel' und ‚sich spiegeln'. Worauf läuft die Anspielung hinaus, die bereits durch den Titel vorgegeben ist? Mit der Titulierung „DefensionSpiegel" nobilitiert sich das Blatt grundsätzlich selbst, insofern es sich, wenn auch ironisierend, in den Traditionsstrom einer ehrwürdigen *specvlvm*-Literatur und Spiegelikonographie stellt.[188] Das Blatt leistet einem Anschlussbedürfnis Folge, Teil zu haben an einem zwar mehrdeutigen, dafür vielfach hochfahrenden und seriösen Spiegelverständnis. So bildet der ‚Spiegel' wegen seiner abbildenden, verzerrenden oder fokussierenden, auch verführerischen Wirkung spätestens vom Mittelalter bis in die Frühe Neuzeit hinein *die* zentrale Metapher eines von Analogiestrukturen geprägten Weltbildes. Da der ‚Spiegel' mittelalterlichem Verständnis zufolge nicht primär als (Ab)Bildreflektor verstanden wird, der mimetische Widerspiegelungen von Vorbildern hervorbringt, sondern ihm ein Erkenntnispotential im Sinne ontischer Wesensschauen eignet, wird *Specvlvm*/Spiegel zu einem der häufigsten Titel innerhalb eines heterogenen Spektrums von Darstellungen.[189] Des Spiegels sinnbildhafte Verwendung, die positiv und negativ sein kann, ist vielfältig: als Zeichen der Reinheit, als Attribut der Selbsterkenntnis, der Hoffart und des Geckentums. Als optisches Instrument kann der Spiegel (spätestens seit der Renaissance) immer auch eine bedeutsame Erweiterung des Bildraumes bewirken. Er potenziert nicht nur Herrschaft,[190] er ermöglicht die Einsichtnahme in ver-

---

188 Vgl. Herbert Grabes: Speculum, Mirror und Looking-glass, a.a.O.; zudem Paul Michel u. Cornelia Rizek-Pfister: Physik, Trug, Ideologie, Zauber und Symbolik des Spiegels. In: Präsenz ohne Substanz. Beiträge zur Symbolik des Spiegels. Hg. v. Paul Michel. Zürich 2003, S. 1-57; Rolf Haubl: Unter lauter Spiegelbildern ... . Zur Kulturgeschichte des Spiegels. 2 Bde. Frankfurt a.M. 1991, insb. Bd. 2, Kap. „Seele, Spiegel, Tod und Teufel. Die Spiegelschau des christlichen Mittelalters", S. 521ff.; Jurgis Baltrušaitis: Der Spiegel. Entdeckungen, Täuschungen, Phantasien. Gießen 1996 sowie Gerhard Jaritz: Spiegel. In: Lexikon des Mittelalters. Bd. VII, Sp. 2100f.

189 Vgl. Wolfgang Brückner: Spiegel-Erkenntnis. Mittelalterliche Realien und doppeldeutige Metapher. In: Ambivalenz. Hg. v. Otto Luthe u. Rainer E. Wiedemann. Opladen 1997, S. 83-107, hier: S. 83f.

190 Zu denken ist an den Spiegelsaal im Schloss von Versailles (*Galerie des Glaces*, 1686 errichtet), der über den Kriegssaal (*Salon de la Guerre*) betreten und über den Friedenssaal (*Salon de la Paix*) verlassen werden kann. Es mag postmodern klingen, mit Bezug auf einen Effekt der seriellen Vervielfältigung des Königs in der Versailler Spiegelgalerie von ‚Herrschaftspotenzierung' zu sprechen. Schließlich spiegeln sich in den Spiegeln alle dort Anwesenden, und der König sieht gemäß der zeitgenössischen, französischen Logik sowieso alle. Gleichwohl scheint mir, dass die Ausnutzung der „Spiegelmagie der Verdopplung, der täuschenden Ähnlichkeit, der Reproduktion und der Repräsentation" genau auf diesen Effekt abzielt; vgl. Thomas Macho: Narziß und der Spiegel. Selbstrepräsentation in der Geschichte der Optik. In: Narcissus. Ein Mythos von der Antike bis zum Cyberspace. Hg. v. Al-

schlossene Bildräume, er dient als Mittel zur Verfremdung, Verzerrung oder Verunsicherung der Wahrnehmung. Entsprechend kommt einem Spiegel, der als optische Armatur, medial codiert in das Layout von Blättern ‚einwandert', um einer gestalterischen Wirkungsabsicht zu gehorchen, ein genuin medientechnischer Aspekt zu. Im vorliegenden Blatt nun kann, wie zu sehen sein wird, mit dem ‚Spiegel' derb-ironisch noch etwas ganz anderes benannt sein: und zwar im Sinne seiner jägersprachlichen Begriffsverwendung das (helle) Hinterteil einer Kreatur, hier aber nicht von einem Reh oder Hasen, sondern eines Menschen.[191]

Das Blatt, soviel ist zuerst zu sagen, hat den Spiegel in der Tat als optisches Utensil in seine Darstellung medial integriert, wenngleich verdeckt gehalten. Der Betrachter gelangt über den ostentativen Zeighandarm des Stutzers zu einer zweiten Ansichtsebene. Während des Stutzers Arm und der seiner Dame das erste Zeigfeld, den Wappenschild, von Anfang an durch Zurückschlagen des Vorhangs dem Blick zugänglich gemacht haben, fordert der verweisende Arm des Stutzers nun die von außen zugreifende Betrachter-Hand als Verstärkung ein. Was sich nach ihrem Eingriff auftut, ist ein kreisrunder Spiegel, auf dessen Randrund steht: „Diesen Spiegel besich von hindn, Was er Dir zeigt das wirstu finden." Mit Hilfe des Spiegels und seiner Verwendungsanleitung kann das Blatt nunmehr zur Erscheinung bringen, was der unmittelbaren Ansicht nicht zugänglich war.

mut-Barbara Renger. Stuttgart/Weimar 2002, S. 13-25, hier: S. 3f. Ich danke Pablo Schneider für den Gedankenaustausch.

191 Vgl. Deutsches Wörterbuch von Jacob und Wilhelm Grimm. Bd. 16, Nachdr. München 1991, „Spiegel", Sp. 2222-2241, hier: 2240; vgl. auch das Fastnachtspiel Nr. 99, in dem von einem Buhler erzählt wird, der Pech mit einer Dirne hat, die bereits mit einem Pfaffen im Fass sitzt, um zu ‚zechen'. Der Buhler hat keine Lust auf die ‚naig' und wird beim Weggehen von den beiden aus dem Fass heraus ausgelacht. Er reagiert mit folgender Verhöhnungsgeste: „Da lies ich sie unten in meinn *spiegel* gutzen." Hier wird der nackte Hintern eindeutig als ‚Spiegel' bezeichnet: Fastnachtspiele aus dem 15. Jahrhundert. Hg. v. Adelbert von Keller. Darmstadt 1965/66, 754,21-755,7.

Auf die Suche nach dem, was hinter dem Spiegel liegt, macht sich der Betrachter abermals mit der eigenen Hand. Nach diesem zweiten Zugriff wird ihm eine neue, dritte Ansichtsebene offeriert.

Dort offenbaren sich die Alamodisten als widerwärtige Subjekte. Sie entblößen und präsentieren dem Betrachter tatsächlich ihre hellen, ‚spiegelnden' Hinterteile. Zudem defäkiert der Stutzer provokativ im Zentrum des Bildes, mitten hinein in den Blick des Zuschauers. William Coupe hat anhand des Exemplars aus dem British Museum die Raffinesse des Klappspiegels ausgemacht, wonach dieser tatsächlich wie eine optische Armatur eingesetzt wird, was ich mit dem Stichwort seiner ‚medialen Integration' gefasst habe:

> The designer is not content with such traditional heraldic satire (i.e. the mock coat of arms), however, but makes use of another device which we meet occasionally in popular literature. The coat of arms is printed on a flap which can be turned back to reveal what looks like a representation of an empty mirror. *But this mirror is itself a subtle form of Klappbild:* it is printed on very thin paper, so that *when it is held up to the light an extremely crude picture* of Allamodo excreting *becomes visible* and so gives meaning to the closing lines of the text: "Die aber so es gantz nicht lassen wölln/[...] Zu ihm einkriechen durch die HinderThür/Vnd ihm das Hertze aus dem Leib zufressn/ [...]".[192]

Hinzu kommt, dass in dieser Szene zwei links/rechts und +/- gespiegelte, lateinische Disticha zum Vorschein kommen, die ich in dechiffrierter Form zitiere:

> In bello mihi MARS LEX est, in pace sed ARS LEX. (Im Krieg ist Mars mir Gesetz, im Frieden aber die Kunst).
> LEX huic, LEX illi, LEX mihi MARS-que, tibi. (Das Gesetz, jenes Gesetz, mir ist Mars Gesetz, und dir.) Quid rides Germane? Tibi si displicet ARS LEX. (Was lachst du Germane? Wenn dir die Kunst als Gesetz missfällt).
> Esto MARS tibi LEX, ARS mihi LEX, mihi MARS. (So sei Mars dir Gesetz, mir die Kunst, mir Mars.)

Welcher Sinn ist dieser paradox anmutenden Sentenz eingeschrieben? Wird mit ihr der Alamodist bloßgestellt oder der Betrachter? Wie ist das Verhältnis von Sehen und Gesehenwerden insgesamt zu verstehen? Was meinen die menschliche Sonnenuhr des Stutzers und sein fäkaler Grobianismus? Eine den Wortsinn entschlüsselnde Annäherung an die Verssentenz führt zu keinem befriedigenden Ergebnis. Was bedeutet bspw. die letzte Zeile „So sei Mars dir Gesetz, mir Kunst, mir Mars“? Der Betrachter-Nutzer wird sich das Blatt solange nicht angemessen aneignen, wie er die Sentenz nicht laut und mit Betonung liest, sie in einem Akt stimmlicher Performanz dem Ohr als Klangereignis zuführt. Dem wortwörtlich abstrusen, manieriert und bestenfalls mehrdeutig erscheinenden Vierzeiler ist Sinn nur zu entnehmen, wenn sein lautmalerisches Potential erkannt und realisiert wird. Von „Ars lex“ und „Ars mihi lex“, von „LEX huic, LEX illi, LEX mihi MARS-que, tibi“ ist die Rede. Mag die thematische Ausrichtung des Blattes zunächst nahelegen, keine weiteren Gedanken auf die alamodische Vermischung von Kunst, Krieg und Gesetz zu verschwenden, so besteht das widersinnige Gerede von ‚Ars mihi lex‘ durchaus darauf, semantisch ernst genommen zu werden, nämlich als vulgäres, wörtlich zu verstehendes ‚Leck mich am Arsch‘. Der Sentenz liegt demnach eine intendierte Setzung zugrunde, sie soll ein Klangbild erzeugen, das die Begrifflichkeit des Bildes und die Bildlichkeit der Sprache miteinander in Beziehung setzt und kommentiert. Das Credo ‚Die Kunst ist mir Gesetz‘ wird als hehrer Sinnspruch *ad absurdum* geführt, als Laut-

192 Vgl. William Coupe: The German Illustrated Broadsheet, a.a.O., hier: Bd. I, S. 130-31 (meine Hervorhebung).

spruch aber mit semantischer Valenz funktionalisiert. Der Alamodist kehrt an dieser Stelle den Spieß um und wirft die erlittenen Schmähungen akustisch auf seine Betrachter-Feinde zurück.

Die zugleich bildhaft-argumentative und ironische Zusammenführung von *ars*, *lex* und *mars* ist für die erste Hälfte des 17. Jahrhunderts verschiedentlich belegt. Die Kombination dieser drei Begriffe und ihrer lexikalischen Grundbedeutung – wenn *mars* ~ Krieg, *ars* ~ Kunst/Können und *lex* ~ Gesetz bezeichnen –, bot sich offenbar für sachliche Bezugnahmen auf ein Thema wie die prekäre Weltordnung in und nach dem Dreißigjährigen Krieg an. Der Grund liegt darin, dass es bei diesem Sachverhalt um die Korrumpierung von Macht und Gesetz, um ein vielfach gewissen- und hemmungsloses militärisches Taktieren ebenso wie um kunstfertiges Verhandlungsgeschick ging. Zugleich ließen sich die Wörter ironisierend gebrauchen, insofern sie als sexuell aufgeladene Begriffe interpretierbar waren, dank derer Interaktion – zugegebenermaßen mit einer *gendered*, männlichen Lesart – sich der Lauf der Welt beschreiben ließ. Anhand zweier Quellen aus der ersten Hälfte des 17. Jahrhunderts wird dies nachvollziehbar. In einer anonymen Flugschrift von ca. 1650 mit dem Titel „DESCRIPTIO, Das ist: Eigendliche und gründliche Beschreibung/Was ARS, LEX, MARS, Für wunderbahre Thiere seynd“, sind die drei Begriffe aufgrund ihres grammatikalischen Geschlechts und ihrer Kollokation in der Schrift sexuell konnotiert lesbar. *Mars* (im Lateinischen männlich) kann als männliches Glied aufgefasst werden, das in intrikaten Wechselbeziehungen zu *ars* (Arsch-Loch, im Lateinischen feminin) und *lex* (Vagina, ebenfalls feminin) steht. In dem vierseitigen, aus sechs Zehnzeilern, einem lateinischen Distichon und einem abschließenden Sechszeiler bestehenden Langvers, auf dessen Titelblatt zwei Eicheln als Miniatursignets ein kleines ‚o‘ rahmen, heißt es u.a.:

> LEX ARS mulier: Fæ/œminina sunt, etc. ... [...] Gedruckt im Monat/Tag vnd Jahr/da deß MARS sein Regierung war. [...] ARS, LEX, MARS, Die gantze Welt regiert/[...] Wer nicht Lex, Ars, so stünd Mars offt gar bloß/Durch Ars, Lex wächst/vn Mars würd endlich groß. [...] Ob schon Mars Ohn Lex Ars nicht kann seyn/Sihet man doch ins gemein/daß Lex Ars Stehet leyder krum gebückt/Wenn Mars sie vnterdrückt/[...] Mars vielmahl Nimpt hin die Fröligkeit/Lex Ars bringt Nutz vnd Frewd/[...] Darumb nicht/Mars Lex Ars nur allein/ Im Krieg zu finden seyn/Doch man sicht/Lex Ars Mars seynd durchaus/Gemeinglich in jedem Hauß/ [...][193]

Diese Deutung stützt ein undatiertes Gedicht von Georg Greflinger (1620-1677) mit dem Titel „Der Mars ist nun im Ars“. Das Gedicht besteht aus zehn gleichmäßig gebauten Strophen mit je vier, endpaarreimenden Versen und einem Zweizeiler, der als apologetisches Autointerpretament den Text beendet. In der-

[193] „DESCRIPTIO, Das ist: Eigendliche und gründliche Beschreibung/Was ARS, LEX, MARS, Für wunderbahre Thiere seynd“, ein Exemplar besitzt die Staatsbibliothek Berlin, Handschriftenabteilung, Sig. Uk 281 = R; vgl. im VD 17 die digitalisierte Fassung mit der Sig. VD17 1:644012X, Stand August 2007.

selben Doppeldeutigkeit wie in der Flugschrift, werden *ars*, *mars* und *lex* hier zueinander in Beziehung gesetzt. Für die Wiedergabe der folgenden Auszüge aus dem Gedicht habe ich den Strophenbau aufgelöst:

> Sa! Lex und Ars die steigen wider hoch/ Ihr Leyd ist umb/der Mars hat nun ein Loch/Es hat genug gedauret/daß der Mars Hat Ars getrillt/nun ist der Mars im Ars. [...] Im Ars ist Lust/im Lex ist Süssigkeit/im Mars Gestanck/vom Pulver/Sturm und Streit. [...] Wolan/O Mars, scheuß nun nicht mehr so grob/Es zörnen sonst Lex und auch Ars darob. Wann Ars regiert/und Lex die Zunge braucht/So zittert Mars/scheust er gleich daß es raucht./ [...] Küßt mir nun Ars und Lex, und flucht dem Mars. Verflucht sey Mars. Geküßt sey Lex und Ars. O süsses Lex! O Lieblichkeit im Ars! Wir küssen euch/komman/verflucht sey Mars. [...] [194]

Das erotische Moment wird – so uneindeutig es sich bestimmen lässt, wie fast alles in diesem Blatt – auch in der analen und fäkalienzentrierten Betrachterverspottung fassbar, die um das Hinterteil des Alamodisten, den entblößten Arsch kreist. Das bildlich und textlich exhibitionierte Hinterteil verleiht einer grotesken Humorigkeit nicht nur intensiven Ausdruck, es ist auch von Bedeutung für die menschliche Sonnenuhr, deren Auslegung die meisten Schwierigkeiten bereitet.[195] Der Arsch des vermessenen und überheblichen Alamodisten lässt sich nicht recht mit der Sonne gleichsetzen, u.a., weil der Schattenwurf des Zeit anzeigenden Polstabs in seinem Afterloch in eine uneindeutige Richtung weist.[196] Das zwar nicht unbekannte, dafür aber meines Wissens bislang ungedeutete Motiv der menschlichen Sonnenuhr[197] mag aber vielleicht darauf abzielen, den Alamodisten als Zeitbestimmer vorzuführen, der mit dieser Funktion einen Machtanspruch geltend macht. Es ist an ihm und seinem Hintern, die Zeit anzuzeigen.

---

194 Georg Greflinger: Der Mars ist nun im Ars. In: Gedichte des Barock. Hg. v. Ulrich Maché u. Volker Meid. Stuttgart 1980, S. 104-106.

195 Sonnenuhren messen die Zeit mit Hilfe des wandernden Schattens eines Gegenstandes, zumeist eines Gnomon oder Polos (Polstab), und seiner Höhe bzw. Länge.

196 Zum Arsch als Motiv, vgl. Kurt Ranke: Arsch. In: Enzyklopädie des Märchens, Bd. 1, Sp. 823-827.

197 Aus der Bildwelt des Peter Flötner, vgl. den Holzschnitt „Menschliche Sonnenuhr“. Zu sehen ist ein kopfwärts in die Tiefe des Raumes liegender Mann, der mit beiden Händen um seine Oberschenkel greift und die Beine spreizt, an denen entlang, halbkreisförmig über den After, römische Ziffern für die Zeitanzeige laufen. Über dem Kopf ist die Hälfte der Sonne zu sehen. Die Füße liegen erhöht, aufgelehnt auf einer Sanduhr (vom Betrachter aus links) und auf einer aufgeklappten Sonnenuhr (rechts) Dem Blick bietet sich der weit geöffnete Schritt des Mannes, im After steckt ein Gnomon, der in die Höhe reicht, um dort im Winkel zum Mund zu führen. Der Mann hat gekackt, Kackeform besitzen auch die beiden Glashälften der Sanduhr, ebenso wie ein amorpher Haufen im Vordergrund der Darstellung, der dort auf einem Kissen platziert ist. Die Abbildung ist wiedergegeben in Barbara Dienst: Der Kosmos des Peter Flötner. Eine Bildwelt der Renaissance in Deutschland. München 2002, Abb. 19.

Dies lässt eine enorme Anmaßung des Stutzers erkennbar werden. Er hält sich für das Maß aller Dinge, insofern er das Sonnenlicht ‚lenkt'.

Dass die Zeitsetzung ‚vom Arsch' kommt, relativiert andererseits diesen Anspruch. Eigentlich hält der Alamodist die Zeit und die durch sie gesetzten Normen und Regeln ja für null und nichtig, abgesehen von hedonistischen Momenten einer ostentativen Selbstdarstellung wie der Modenschau oder der mannigfaltigen Übertreibung. Der Alamodist ‚scheißt' (seinem Bilde nach) auf die zeitbedingten, soziokulturell reglementierten Hierarchien und Leistungen. Normen und Etiketten sind für ihn so bedeutungslos, wie es der ephemere Schatten des Polstabs ist, der dem Kreislauf der Sonne folgend an seinem ‚Arsch' vorbeiwandert.

Eingedenk des Wechselverhältnisses von Zeit und Mode, Tradition und Erneuerung, Erbe und Einlösung, Altem und Neuem, dem Streben nach Erkenntnis und Wissenszuwachs und dem Festhalten an Althergebrachtem, dann mag die Darstellung mit der Sonnenuhr zudem einen ironischen Kommentar auf die epistemischen Umbrüche der Zeit abgeben. Die Sonnenuhr zählt neben dem Fernrohr und, etwas später, auch dem Mikroskop zu einem der Signa neuzeitlicher Wissenschaftlichkeit und Genauigkeit, Gelehrsamkeit, Wissensproduktion und Erkenntniszuwachs im angehenden Barock. Dieses Zeitalter, dessen Signatur zum einen eine spürbare Tendenz zur empirischen Verwissenschaftlichung und Suche nach neuen Sinnmustern ist, kennzeichnet zum anderen eine Gleichzeitigkeit des Ungleichzeitigen, was soviel heißt wie eine ebenso natürliche Verankerung in einer vorsichtig als ‚a-rational' zu bezeichnenden Vergangenheit. Gerhild Scholz Williams hat dies im Hinblick auf die Wahrnehmungsgewohnheiten der Zeit jüngst untersucht und glaubhaft gemacht. Anhand der Werke des populären Leipziger Polyhistors, Kompilators, Chronisten und Vielschreibers Johannes Praetorius (1630-1680) und einiger seiner Zeitgenossen lasse sich vergegenwärtigen, wie durch eine medialisierte Gleichzeitigkeit ganz heterogene Phänomene miteinander in Beziehung geraten. Unerklärlich Beängstigendes mit Sensationscharakter, von Fantasie und religiöser Ermahnung Durchdrungenes ebenso wie unaufgeregte, um empirische Verifizierbarkeit bemühte Beobachtungen naturphänomenalen Seins und physikalisch-biologischer Erscheinungen und Vorkommnisse fanden ihren Weg in die Publizistik. Das 17. Jahrhundert sei als eines mit vielfältigen „contradictions of knowing and believing, of scientific optimism and wary curiosity" zu denken:

> Characterized by multiple and multilayered stylistic devices and a textual hybridity distinctive in seventeenth-century writing, his [Praetorius] texts evidence diverse ways of knowing and as many ways of telling. [...] Constructing [...] a veritable hodgepodge of readings, he is able to hold on to the diverging parts of early modern culture long enough to help his readers see his and their century in all its contradictions of knowing and believing, of scientific optimism and wary curiosity. [...]

> These panoramas in print weave together the wondrous and the monstrous, the scientific and the superstitious, the sexual and the social.[198]

Um zu den Sonnenuhren zurückzukommen, so besaßen sie noch bis ins 18. Jahrhundert eine vorherrschende Stellung unter den anspruchsvollen ‚Zeitmess-Kunstapparaturen': Aufgrund ihrer Eigenschaft als absoluter Chronometer dienten sie der Zeitkontrolle, vor allem für die noch lange ungenau gehenden Räderuhren, aber auch Pendeluhren. Bis ins 19. Jahrhundert hinein verstand man unter Uhr zunächst ‚Sonnenuhr'. Mit der Herstellung von Sonnenuhren befasste sich der ehrbare Berufsstand der Kompassmacher, da die Geschichte des Kompasses mit der der Zeitmesser, insbesondere der Sonnenuhren, eng verknüpft ist.[199] Mit der Sonnenuhr als ‚Schönwetter-Anzeiger' mag folglich angezeigt sein, wie gleichgültig dem Alamodisten die Zeitläufte im Sinne historischer oder tagesaktueller Aufgeregtheiten sind. Er lebt gemäß dem Motto: Mach es wie die Sonnenuhr, zähl die heit'ren Stunden nur! Nur lebt der Alamodist paradoxerweise nicht zeitlos, sondern ist, wie sein Name sagt, im Gegenteil extrem zeitgebunden: *à la mode*. In diesem Spannungsverhältnis einer sinnwidrigen und absurden Zeichenassemblage muss die Sonnenuhr als Erklärungshinweis also für Verschiedenes herhalten. Galt sie im 17. und 18. Jahrhundert als Signum für Präzision und Wissenschaftlichkeit, war sie daneben auch als kunstvoll verzierte Reisesonnenuhr in den Bereichen Statusrepräsentation und Mode von Wert und Bedeutung, wodurch sie auf den Alamodisten applizierbar wird.

Es befriedigen indessen diese Erklärungsansätze nicht vollends, so dass ich einen abschließenden Interpretationsgang unternehme: Die (menschliche) Sonnenuhr wird als erotische, frivole Figuration ins Bild gesetzt, die an sich (fast) bedeutungslos ist. Sie steht aber in engstem Bezug zu den sechs Schlussversen des Haupttextes des Blattes, wo es heißt:

> Die aber so es ganz nicht lassen woelln/ Und *allmodo* auch nach dem Leben stelln/ Denen steht hier gute Gelegenheit für/ Zu ihm einkriechen durch die HinderThuer/ Vnd ihm das Hertze aus dem Leib zufressn/ Damit endlich man seiner möcht vergessn.

Wenn die Sonnenuhr nicht doch noch als Zeitanzeiger von symbolischer Relevanz ist, indem sie bildlich auf jene „gute Gelegenheit" anspielt, wie sie in den Schlussversen erwähnt wird, dann mag sie eine Art Zielscheibe versinnbildlichen. Der Gnomon wäre als Zielstab zu denken, der den Weg der Begierde (wie

---

198 Gerhild Scholz Williams: Ways of Knowing in Early Modern Germany. Johannes Praetorius as a Witness to his Time. Aldershot/Burlington 2006, hier: S. 219.

199 Vgl. Hans-Günther Körber: Zur Geschichte der Konstruktion von Sonnenuhren und Kompassen des 16. bis 18. Jahrhunderts. Berlin 1965, S. 18ff. Für ortsfeste Sonnenuhren, die bei ihrer Anbringung geeicht wurden, ist der Kompass nicht notwendig, jedoch für bewegliche Reise- und Tischsonnenuhren, wie sie zu Beginn des 17. Jahrhunderts in Mode kamen. Sie mussten nach dem Meridian ausgerichtet werden, was der Bezeichnung ‚Sonnenkompass' zugrunde lag.

auch immer diese zu denken ist) hinein in das Innere des Alamodisten weist. Aufgenommen wäre damit einerseits, und zwar in vorn/hinten Verkehrung, sowohl die erotische Umtriebigkeit des Alamodisten, der „auch die einfeltign Weiberlein/Derer er viel auff seine Seit gezwungn/Und also gleich einen Pfriem durchgedrungn" habe; andererseits die Richtung der Rache des deutschen Betrachter-Kontrahenten, die gleichsam durch den Arsch den Alamodisten ‚verarscht'. Das Zeitmanagement bliebe bei dieser Auslegung außen vor. Die Möglichkeit, es bei der Figuration mit einer Zielscheibe zu tun zu haben, kommt keineswegs von ungefähr, sondern kann mit einem konkreten ikonischen Motivpendant parallelisiert werden. Dabei handelt es sich um eine Schießscheibe aus der frühen Barockzeit, auf der eine urinierende Frau zu sehen ist. Auf ihrem nackten Hintern sitzt eine Brille. Eine Beischrift auf der Scheibe gibt den Vers wieder: „Dieser keller ist zuuermiten".[200]

Schauen wir des Weiteren genauer auf die Exponierung und Exhibitionierung des Hinterns und das, was man als ‚wortloses Sprechen' mit ihm bezeichnen kann. Dieses Gebaren erinnert stark an die mittelalterlichen Motive des Bleckens und Zannens. Bei den Bleckern und Zannern handelte es sich um groteske, zum Teil monströse Figuren mit schalkhaft beredsamen Leibern. Während die Blecker ihre Hinterteile und Genitalien entblößen, reißen die Zanner ihre Mäuler auf und strecken teilweise auch die Zungen heraus. Es finden sich auch Synthesen der beiden Formen einer grotesk-komischen Körpersprache, wenn mit der verlängerten Zunge als deiktischer *pointer*, aus dem aufgesperrten Maul zwischen den gespreizten Gliedmaßen hindurch, ungeniert auf das eigene Afterloch oder die Genitalien gezeigt wird.[201] Diese Drolerien haben in der populären, volksprachlichen Literatur, und noch häufiger in der christlichen Bildkunst, einen so festen Platz, dass sie als konventionell bezeichnet werden müssen. Sie sind ein „tragendes Element der christlich-komischen Bildtypik",[202] insofern sie für den zeitgenössischen Leser und Betrachter als Signalement und als Stichwort bzw. Schlagbild für ‚arglistigen Spott' fungierten. Es gilt als sicher, dass das Zannen und Blecken entschieden „als grober Verstoß gegen den mittelalterlichen Kodex sittsamer Gestik galt."[203] Interessanterweise sind Zanner und Blecker auf den Kapitellen in Kirchen und anderen sakralen Räumen in unmittelbarer Nähe zum Sakrosankten angebracht. Mit Bezug auf das Flugblatt lässt sich vor diesem

---

[200] Das Exemplar in: Karl-S. Kramer u. Joachim Kruse: Das Scheibenbuch des Herzogs Johann Casimir von Sachsen-Coburg. Adelig-bürgerliche Bilderwelt auf Schießscheiben im frühen Barock. Coburg 1989, S. 176, Nr. 67. Den Hinweis verdanke ich Christoph Gerhard, Trier.

[201] Katrin Kröll: Der schalkhaft beredsame Leib als Medium verborgener Wahrheit. In: Mein ganzer Körper ist Gesicht. Groteske Darstellungen in der europäischen Kunst und Literatur des Mittelalters. Hg. v. ders. u. Hugo Steger. Freiburg i.B. 1994, S. 239-240.

[202] Vgl. ebd., hier: S. 243.

[203] Vgl. ebd., hier: S. 241.

Hintergrund für das, was der Alamodist durch die Entblößung und Defäkation als wortloses Sprechen mit seinen unteren Körperteilen bewerkstelligt, vielleicht eine vergleichbar derbe, arglistige Spott- und Verunglimpfungsgeste konstatieren. Der Stutzer macht, dass sich „köpfe zuo den ersen [...] keren“, wie es in der so genannten Ofenepisode des Dialogs von Salomon und Markolf heißt, in der der Bauer Markolf, ein geistiger Verwandter Til Eulenspiegels, dem König Salomon sein Hinterteil zeigt, weil dieser sein Gesicht nicht mehr sehen will.[204] Und auch für die Synthese aus entblößtem Hintern und Spiegel im Flugblatt lässt sich eine Quelle ausmachen, die im Gestus spielerischer Anverwandlung hier Verwendung als Zitat gefunden hat. So berichtet Michael Beheim (1416-1474) in seinem „Buch von den Wienern“ (zwischen 1462-1465 entstanden), dass Wiener Bürger während der Unruhen von 1462 der Kaiserin Eleonora ihre nackten Hinterteile entgegenreckten und riefen: „du kaiserin und ir iuncfrawn! ir solt in diese spiegel schauen!“[205]

Der Spiegel enthüllt die Verschlagenheit des Alamodisten, der auf seine Feinde und Kritiker seinen Hohn ‚zurückspiegelt‘. Darstellungsstrategisch leistet er wichtige Dienste: Er verrätselt die Darstellung, erhöht die Rezeptionsspannung (was befindet sich hinter dem Spiegel?) und fordert zum genauen Hinschauen auf. Mit seiner Hilfe wird – im Zusammenspiel mit der Papierklappe – wie durch einen magischen Bildapparat ein bis dahin unerkannt gebliebener Aspekt enthüllt. Dabei fungiert der Spiegel nur vorgeblich als Spiegelbild generierende Realie. Tatsächlich ist er eine Attrappe, da er im Sinne einer Projektionsfläche, die einen Hintern zeigt, das Ab-Bild des nackten Hinterteils des Alamodisten hervorbringt. Der ehrwürdige *specvlvm*-Gebrauch im Heils- und Gewissensspiegel, in der Fürstenlehre oder Rechtssprechung wird, wenn nicht *ad absurdum* geführt, so persifliert. Anstatt, dass der Alamodist wie in den meisten zeitgenössischen, thematisch einschlägigen Darstellungen schlussendlich verhöhnt und diffamiert würde, findet eine Verspottung und Infragestellung des Betrachters und der mit ihm assoziierten, normativen Werte statt. Was der Betrachter zu vergegenwärtigen hat, ist die Inversion des Normalen, Anständigen und Bescheidenen in das Ausgelassene, Unanständige und Obszöne, mithin die Umkehrung und Enttäuschung einer Erwartungshaltung, die sich ursprünglich an den gängigen anti-alamodistischen Aussagen in Exemplaren dieses Darstellungstyps orientierte.

Mit der Denkfigur der Inversion, also der Umkehrung oder verzerrenden Zurückspiegelung zu arbeiten,[206] bietet sich an, weil die Kostümierung der Alamo-

---

204 Zitiert in ebd., hier: S. 243. Der entblößte Hintern dient aber nicht nur als Zeichen grober Verhöhnung, sondern es kommt ihm auch apotropäische Kraft zu, vgl. F. Eckstein: Entblößung. In: Handwörterbuch des deutschen Aberglaubens (HDA), Bd. II, Sp. 846-849.

205 Zitiert nach Katrin Kröll: Der schalkhaft beredsame Leib, a.a.O., hier: S. 240.

206 Inversionen sind soziologisch gesehen Pervertierungen sozialer Ordnung und kultureller Stile, vgl. Hildegard Elisabeth Keller: Inversion des Veilchens. In: Textalli-

disten an das Karnevaleske denken lässt. Damit ist grundsätzlich die zeitlich begrenzte Verkehrung der Welt im Normalzustand impliziert, die zur ‚auf den Kopf gestellten' Welt im Ausnahmezustand wird. Die im Blatt angelegte Spiegelverkehrung des kompositorischen Gesamtarrangements und der ‚Ars Mihi Lex'-Disticha kann gestalterischer Ausdruck dieser Weltverkehrung sein. Daneben mag sie als darstellungsstrategischer Schachzug, als ein An-der-Nase-Herumführen des Publikums gewertet werden. Es spricht einiges dafür, den Zeigarm des Stutzers, die durch ihn visualisierte und suggerierte Bedien- und Klappaufforderung der Blattelemente, die Betonung des Spiegels und seine Indienstnahme als medialisierte optische Armatur als Gestaltungsbausteine einer technisch vermittelten (Audio)Visualität zu begreifen, wenn man sich bspw. den axial symmetrisch gespiegelten Aufbau des Bildes und seiner Ansichtsebenen vergegenwärtigt.

Gerade der exponierte Zeighand-Arm des Stutzers lenkt den Blick des Betrachters auf etwas Drittes, das zum Teil sichtbar, zum Teil verborgen ist. Die Hand mit dem Digitus/Zeigefinger, der auch Index genannt wird, eröffnet durch den Zeigeakt ein Referenzsystem, das auf eindeutige, mithin klare Zeichen verweist, ebenso wie auf uneindeutige Zeichen, die vorerst nur ‚An-Zeichen' sind. Im Zeigefinger als Index verbinden sich sowohl die Verlockung auf das zu Zeigende, als auch die Überraschung, oder sogar die Warnung und das Verbot, welche das Aufzeigen und das Gezeigte implizieren. Exposition und Exhibition konvergieren. Während das Zeigen mit Sicherheit als unanständiger Akt klassifiziert werden kann, bleibt unbestimmbar, inwieweit er auch als didaktischer oder sogar rektifizierender Akt interpretierbar ist, der die Vielzahl an anti-alamodistischen Äußerungen und Zeichen womöglich widerlegt. Die Klappen und die drei Bildebenen jedenfalls vollführen auf ihre Weise die sequentielle Entfaltung der verbalen Argumentation, an deren Ende das fäkale Skandalon steht, das den Alamodisten als hinterlistigen Zeitgenossen disqualifiziert. Unter Rückgriff auf Karl Bühlers Überlegungen zur Deixis in Texten und Bildern entspricht der ausgestreckte Zeigarm des Alamodisten dem indexikalischen Pfeil als verbreitetes „Weg- oder Richtungszeichen", den er gleichsam nachbildet.[207] Der Arm besitzt wie der Pfeil das Potential zum Zeigen.

Während dem Zeigen bis zu einem gewissen Grad ein denunziatorisches Moment eignet, das nicht zuletzt Schamgrenzen verletzt (bei denen, die zeigen, ebenso wie bei denen, auf die gezeigt wird), kann der Zeighand-Arm in dem Exemplar aufgrund der Synthese mit dem Klappmechanismus auch in seiner Technizität erkannt werden. Er erfüllt das, was ein ‚Manipulator' übernimmt, und zwar den

anzen. Hg. v. Alexander Schwarz u. Laure Abplanalp Luscher. Bern 2003, S. 333-350, hier: S. 347.

207 Vgl. Karl Bühler: Sprachtheorie, a.a.O., hier: S. 79; auch Horst Wenzel: Deixis und Initialisierung, a.a.O., hier: S. 137ff.

ferngesteuerten Zugriff auf ein Zugriffsobjekt und dessen Handhabung.[208] In Philip Uffenbachs „Thesaurus Chirurgiae“ von 1610 findet sich die Idee von einer ‚technischen Hand‘ in wunderbarer Weise ins Bild gesetzt.[209] Ikonographisch einer Gotteshand nachgestellt (obwohl sie hier aus einem Wolkenband nach oben zeigt und aufrecht steht),[210] demonstriert eine linke, geöffnete Hand ein mechanisches Interieur. Dieses besteht aus einem komplexen Pumpensystem sowie einem Gestänge von Antriebswellen und Übertragungsrädern, die die Fingerglieder ansteuern und in Bewegung setzen. Die Hautoberfläche der *manus factitiae ex ferro* ist zum Teil mit (Eisen)Plättchen bewehrt, ähnlich einem feingliedrigen Rüstungshandschuh, und so für einen ‚technischen‘ Einsatz gewappnet. Das Bild dieser Hand verdeutlicht die Logik einer zunehmend mechanisierten Weltsicht. Es begleitet eine (früh)neuzeitliche Neugierde nach Erkenntnis und verleiht – ähnlich einer Metapher – noch nur unpräzisen Vorstellungsgehalten eine präzisierende Veranschaulichung, wenn sie solche nicht zuallererst konstruiert. Die Darstellung ist Teil eines Erkenntnisprozesses und einer Verständnisvergewisserung, an dem alle Künste beteiligt waren, wobei zu beachten ist, dass die Grenzen zwischen Wissenschaft, Technik und Kunst bis zum 18. Jahrhundert unscharf waren. Diese Grenzen konnten jederzeit überspielt werden, und nur durch die Spezialisierung auf die einzelnen Metiers waren sie überhaupt wahrnehmbar. Folglich mag die sezierte Hand aus dem Kompendium medizinischen Spezialwissens als Folie für den Denkansatz dienen, der der Konzeption des Alamodistenarms als polyfunktionales, nicht zuletzt mechanisches Medium und Werkzeug zugrunde lag.

Anhand des Alamodisten-Blattes war danach zu fragen, welchen Gebrauch es von der dargestellten, zeigenden und ‚technisch‘ zugreifenden Hand bzw. dem Arm macht, wie sich also die Hand als Zeig-Zeichen und die Hand als Greifhand im Umgang mit den Klappbildelementen zueinander verhalten? In welchem Wechselverhältnis stehen die ‚Hand-*als*‘ (als Werkzeug aller Werkzeuge), und zwar die Zeighand, Zugriffshand und der Manipulator, das Blatt als Zeigfeld und das Blatt als Papierapparat zueinander? Das appellativ durch Handgesten und Handgreiflichkeit, die Körperhaltung und Blickrichtung der Figuren sowie durch die (latente) tonale Akzentuierung im lautmalerischen Vierzeiler aufgeladene

208 Im aktuellen, technischen Fachjargon benennt ‚Manipulator‘ sprachbewusst den künstlichen, ferngesteuerten Arm, mit dessen Hilfe in abgeschlossenen Räumen hantiert werden kann, vgl. Duden. Das große Fremdwörterbuch. Hg. v. Dudenverlag. Mannheim et al. 2000, S. 837.

209 Uffenbachs Thesaurus erschien in Frankfurt a.M., vgl. Hans Holländer, Hg.: Erkenntnis – Erfindung – Konstruktion. Studien zur Bildgeschichte von Naturwissenschaft und Technik vom 16. bis zum 19. Jahrhundert. Berlin 2000, S. 9-12 u. Abb. 31.

210 Die nach oben weisende Hand Gottes (neben dem geläufigeren Bild der nach unten reichenden Gotteshand) ist seit dem 8. Jahrhundert belegt, vgl. Josef Engemann: Hand Gottes, a.a.O.

Blatt bedarf des performativen Aktes einer ‚Entblätterung' und ‚Verlautsprachlichung'. Unabdingbar für die Aneignung des Blattes sind eine äußere, zugreifende Hand des Rezipienten und Nutzers sowie der Gebrauch der Stimme, die im Lautlesemodus eine Semantik aus andernfalls un-sinnigen Wortreihungen decodieren kann. Damit die Hand als ‚manufaktureller Operator' zum Einsatz gelangt, bietet das Blatt Hilfestellung an: Für die visuelle Lenkung des Betrachters ist der dominante Zeighand-Arm des Stutzers hilfreich, der zugleich als Signalement für die Klappe fungiert. Der Arm (zusammen mit der erkennbaren Klappe) suggeriert und evoziert den Zugriff einer Hand von außen in das Blatt und das Wappen hinein. Die Hand als latent-medialisierte Leerstelle in den Klappen ist konstitutiver Teil des Blattes und verleiht diesem den Charakter einer Apparatur. Das aufeinander abgestimmte Ko-Agieren von Hand und Auge findet seine konkrete Umsetzung in der Bedienung der Klapptechnik. Es geht mithin um nicht weniger als die Notwendigkeit des Miteinander von Hand und Auge bei der Sicht- und Lesbarmachung und damit der Verfügbarmachung grundsätzlich still gestellten Wissens. Das Blatt wird als Schauraum, als Zeigfeld und als Papierapparat interpretierbar. Erst, wenn der ostentative Hand- und Fingerzeig des Alamode-Monsieurs performativ aufgenommen und mit der eigenen Hand belebt wird, kann ein still gestellter Teil des Informationsgefüges in Bewegung gesetzt und verfügbar gemacht werden.

Die folgenden beiden Blätter führen diesen Abschnitt in die Zielgerade und sind im Bereich der interkonfessionellen Auseinandersetzungen angesiedelt. Martin Luther ist zwar der berühmteste Reformator, aber nicht der Grund für die Reformation gewesen. Prangerte er mit seinen 95 Thesen 1517 zunächst die Korruption, Bereicherungssucht und Sittenlosigkeit der katholischen Würdenträger an, so war die Spaltung der Christenheit weder sein Ansinnen noch das seiner reformatorischen Mitstreiter. Wie der Name ‚Reformation' sagt, ging es um eine Reform der allen gemeinsamen, katholischen Kirche.[211] Auf die Reformation folgte die Gegenreformation, die dieses Aufbegehren zu unterdrücken, zugleich von sich aus Reformen in den eigenen katholischen Reihen umzusetzen versuchte. Es formierten sich die konkurrierenden Konfessionskirchen mit Katholiken, Protestanten und den Reformierten wie den Calvinisten, Zwinglianern und Anabaptisten. Konfessionszugehörigkeit und Glaubenbekenntnis wurden schließlich zu den primären Unterscheidungskriterien von Identitäten, politischen Überzeugungen und machtstrategischen Kalkülen. Am Ende dieser turbulenten Umwälzung stand der frühmoderne Territorialstaat, dessen Landesherr die politische, religiöse und konfessionelle Macht auf sich vereinte.

Martin Luther war zugleich *der* Vielschreiber seiner Zeit, er war ein Medienjongleur ersten Ranges und ein Virtuose im Einsatz schlagkräftiger Sprach-Bilder. Sein Textrepertoire umfasste das Pamphlet, die Predigt und den Sinn-

[211] Vgl. Albrecht Dröse: Anfänge der Reformation. In: Die Literatur im Übergang vom Mittelalter zur Neuzeit. Hg. v. Werner Röcke u. Marina Münkler. München/Wien 2004, S. 198-241, hier: S. 198-222.

spruch ebenso wie die Tischrede, den Sendbrief und das geistliche Lied. Sein publizistisches Output inspirierte Protestanten und Katholiken gleichermaßen, von seinem Wortwitz und seiner Bildsprache lernten und kupferten sie ab.[212] Die konfessionelle Publizistik bemühte sich bis weit in den Dreißigjährigen Krieg (1618-1648) um eine scharfe, bei weitem nicht immer objektive, dafür prägnante Polemik, so wie Luther sie vorgemacht hatte. Fast alle Mittel waren recht, den Gegner ethisch, moralisch und religiös zu diffamieren und diskreditieren. Auf Flugblättern wurde in Text und Bild der Gegner vielfach mit Dreck beworfen; er wurde derb und vulgär abgekanzelt oder mittels Klappen und Drehscheiben entblößend verzerrt dargestellt.[213] Das Medium war flexibel, es lud ein zur Mehrfachverwendung beliebter Motive, indem Bilder und Texte auf den Druckvorlagen problemlos ausgetauscht oder verändert wurden, auch unter den verfeindeten Seiten. Das bedeutete, dass Konfessionszugehörigkeiten keineswegs immer die Schlagrichtung der Aussagen vorgaben, sondern die verlegerischen Gewinnaussichten diese oftmals bestimmten. Vor allem die protestantischen Kräfte gebrauchten Flugblätter als Meinungsträger in großem Stil für ihre Zwecke. Während die katholischen Hochburgen im deutschen Sprachraum anfangs den Medienkrieg verschliefen, gingen protestantische Medienentrepreneure schneller und intensiver in eine publizistische Offensive. Für viele Verleger und Drucker bedeutete dies gute Gewinne. Als Beispiel sei die mediale Abdeckung der Anfangsphase des Böhmischen Krieges (1620-1622) angeführt, in der zwar auch katholische Pressen aktiv wurden, insbesondere aber Formschneider, Briefmaler, Bildentwerfer, Stecher, Drucker und Verleger in protestantischen Städten wie Augsburg als bedeutendem Verlagszentrum der oberdeutschen Reichsstädte die betreffenden Nachrichten aufgriffen, bearbeiteten, neu zusammenstellten und in Umlauf brachten. Verschiedene Drucker-Verleger, ich zähle mit Sara Mang, Andreas Aperger, Christoff Greuter, Andreas Güntsch, Martin Wörlin und Johann Ulrich Schönigk mindestens sechs, veröffentlichten bspw. schon im Vorfeld der Eskalation kaiserlich-katholische Kapitulationsangebote an Friedrich und die böhmischen Stände, genauso wie sie deren umgehende Ablehnungen als dankbare Druckaufträge annahmen.[214]

---

212 Vgl. Werner Lenk: Martin Luthers Kampf um die Öffentlichkeit. In: Martin Luther. Leben, Werk, Wirkung. Hg. v. Günter Vogler, in Zusammenarbeit mit Siegfried Hoyer und Adolf Laube. Berlin 1986, S. 53-71; Mark U. Edwards: Printing, Propaganda, and Martin Luther. Berkeley et al. 1994 sowie Horst Wenzel: Luthers Briefe im Medienwechsel von der Manuskriptkultur zur Buchdruck. In: Die deutsche Reformation zwischen Spätmittelalter und Früher Neuzeit. Hg. Thomas A. Brady. München 2001, S. 203-229.

213 Vgl. Franz-Heinrich Beyer: Eigenart und Wirkung des reformatorisch-polemischen Flugblatts im Zusammenhang der Publizistik der Reformationszeit, a.a.O., S. 13ff., S. 83-93 u. 114.

214 Vgl. Der Winterkönig – Friedrich von der Pfalz. CD-Rom Katalog. Hg. v. Haus der Bayerischen Geschichte. Stuttgart 2003, hier: Punkt 7.15.

Das anonym überlieferte Exemplar trägt den Titel „Der Jesuiter/samt ihrer Gesellschafft/Trew vnd Redligkeit.“ Die Entstehungszeit ist in der Schlusszeile, am unteren Blattrand mit 1632 angegeben, ein Vermerk für den Entstehungsort fehlt. Im Bild, das sich in der oberen Hälfte des Blattes befindet, ist links ein andächtig kniender Jesuit zu sehen. Er trägt die für den Orden typische, viereckige Kopfbedeckung und hält in seinen vor der Brust gekreuzten Händen einen Rosenkranz. Ihm gegenüber steht ein Dominikaner, der wie der Jesuit an seinem Ornat erkennbar ist und der in der Rechten ein Kardinalkreuz, in der Linken ein aufgeschlagenes Buch hält. An seinem Chormantel hängt ebenfalls ein Rosenkranz. Nicht zu übersehen sind zwei viereckige Klappen, auf denen die Köpfe der beiden Ordensmänner angebracht sind. Abhängig von ihrer Verfertigung und dem Blickabstand bei einer (anzunehmenden) öffentlich-kollektiven Blattvorführung, konnte der Betrachter sie entweder sofort erkennen oder verzögert bemerken (Abb. 16):

Während die Klappen auf ein Mehr an Information schließen lassen, suggerieren die Zweizeiler direkt über dem Bild sowie die neben dem Bild stehenden Bibelzitate, dass das würdevolle Äußere der Personen mit Vorsicht zu genießen ist. Die Passagen aus Matthäus, den Psalmen sowie aus dem zweiten Brief des Petrus nehmen in sinnbildhafter Verallgemeinerung die Vorwürfe auf, die eine Stufe höher die Zweizeiler vorbringen. Dort wird vor allem der Jesuit als gefährlicher Heuchler diffamiert, wenn es heißt „O Gleißnerey du gmeiner Gast/Bey Lojoliten angefast/".[215] Die Bibelzitate untermauern mit göttlicher Autorität diese Anschuldigung, indem sie die falschen Propheten alludieren. Hochinteressant sind die anderen Zweizeiler in der oberen Textzeile. Sie führen die Kritik an den Jesuiten nicht einfach aus, sondern verknüpfen sie mit einem Hinweis auf die mediale Beschaffenheit des Blattes, die die bis zu diesem Punkt nur behauptete Bloßstellung und Enttarnung der Jesuiten nachvollziehbar und plausibel machen wird: „Danck hab/der Deckel der ist gut/Bis einer dir ihn dannen thut/ Mit einem Mittel das Gott gefallt/Denn siht man wol dein fromme Gstalt." Die Klappbildtechnik, die Schein und Sein voneinander scheiden kann, wird dabei als göttliches Geschenk einer Erkennungshilfe aufgefasst. Leitmotivisch bringen die Verse die Gesamtdarstellung auf den Punkt.

Der Blick unter die Klappen bestätigt die aufgebaute Erwartungshaltung vollends: Hebt man sie an, so entpuppt sich der Jesuit als verkleideter Hund, der Dominikaner als Wolf mit einem Lamm im Maul.

215 ‚Gleißnerey' meint Heuchlerei; ‚Lojoliten' als alternative Benennung für die Jesuiten, leitet sich ab von dem Namen des Ordensgründers, Ignatius von Loyola (1491-1556). Ignatius von Loyola war ursprünglich Soldat, was sich in der Struktur des Ordens niederschlug. Er legte eine strikte Unterwerfung unter die Heilige Schrift fest, forderte absoluten Gehorsam und richtete den Orden auf eine straffe Hierarchie aus. Die Jesuiten galten deshalb auch als Armee der katholischen Kirche. Zugleich stellte und stellt die Bildung ein wichtiges Arbeitsfeld der Jesuiten dar.

Der bildlichen Offenbarung, Demaskierung und Enttarnung arbeitet der Haupttext entsprechend zu. Dort wird über die Gerechtigkeit Gottes nachgedacht, die dem verfolgten Frommen Hilfe, den gottlosen Verfolgern aber Strafe verspricht. Die Jesuiten, die im Zentrum der Aussage stehen, werden als Sünder angeprangert und ins Visier genommen; ihnen wird aus dem Repertoire antijesuitischer Propaganda variantenreich Verstellung, Betrug und bösartige Verräterei vorgeworfen. In der entsprechenden Passage, die auf dem Blatt „Römisch Cathol. Wunderseltzames Glückrad/“ fast wortwörtlich wiederbegegnet (vgl. im Abschnitt „Volvellen“) und die Effizienz der ökonomisch-reproduktiven Logik des Typographeums anzeigt, heißt es: „Der Jesuiter schwartzer Ordn/Ist gantz hündisch vnd mördrisch wordn. Gottes/seins Worts/der Warheit Feind/Darneben sie blutdürstig seynd:“

Das betreffende Exemplar erschien inmitten des Dreißigjährigen Krieges, seine Aussage richtete sich hauptsächlich gegen die Jesuiten, deren Orden 1534 zur Abwehr der Reformation gegründet worden war und denen die protestantische Seite besonders feindselig gegenüber stand. Anlass für das Erscheinen könnte die Flucht und Vertreibung der Jesuiten aus ihrer oberdeutschen Provinz durch den Vorstoß der Schweden zwischen 1631 und 1632 gewesen sein.[216] Interessanterweise wird im gesamten Text mit keinem Wort auf den Dominikaner eingegangen. Der Grund könnte Michael Schilling zufolge darin liegen, dass für dieses Blatt ein Holzschnitt aus der Mitte des 16. Jahrhunderts als Vorlage diente, der sich monofokal gegen die Dominikaner richtete und annähernd die gleichen, medientechnisch aufschlussreichen Verse über der Graphik enthielt.[217] Dort werden nicht die Lojoliten zur Zielscheibe des Vorwurfs von Heuchlerei, sondern es wird mit vorausdeutendem Gestus auf den Dominikaner dessen „grosser frommkeit“ in Frage gestellt. Im vorliegenden Blatt dreht sich begrifflich alles um die Jesuiten, und man tilgte den gleichsam zur Grundausstattung des Blattes gehörenden Dominikaner deswegen nicht, weil er eine prominente Stellung in der Vorlage einnahm. Es bot sich an, ihn für eine erweiterte, antikatholische Stoßrichtung des Blattes im Bild zu belassen.[218] Dass der Dominikaner (als Ver-

[216] Vgl. Michael Schillings Blattkommentar in: Deutsche illustrierte Flugblätter, Bd. II, S. 516.

[217] Vgl. ebd.

[218] Vgl. den Exkurs „Die Dominikaner als bevorzugtes Objekt der Polemik“, in Franz-Heinrich Beyer: Eigenart und Wirkung des reformatorisch-polemischen Flugblatts, a.a.O., S. 67-68.

treter des älteren Mönchsordens) anspielungsreich mit Wolfskopf gezeichnet ist, der ein Lamm reißt, liegt nicht nur an Matth. 7,15, wo es heißt: „Hütet euch vor den falschen Propheten; sie kommen zu euch wie (harmlose) Schafe, in Wirklichkeit aber sind sie reißende Wölfe." Das Motiv für die Verunglimpfung geht auch auf die satirisch verkehrende Visualisierung des etymologisierenden Namenspiels und, wie Schilling anmerkt, auf die mit legendenhaften Zügen abgesicherte Selbstdefinition des Ordens als *domini canes*, den Spürhunden des Herrn zurück.[219]

Die Klappelemente bringen ein kontrastives Gegenbild hervor, dessen Wirkung auf einen Aha-Effekt setzt. Im Zusammenspiel mit den medialen Kommentaren, die die Bedingung der Möglichkeit der Klappen, ihre Handhabung sowie ihren Wirkeffekt erläutern, ergibt sich ein Programmablaufplan. Dieser mutet simpel an, doch lässt sich an ihm vergegenwärtigen, welches Kalkül die Präsentationsstrategie des Blattes regiert, die auf Überraschung des Betrachters und die Plausibilisierung der Aussage zielte. Wird dem ‚Programm' gefolgt, offenbart sich in verzögerter, gleichwohl pointierter Deutlichkeit ein Schein-Sein-Kontrast. Dieser enthüllt die *simulatio* der Jesuiten, die ihr eigentliches, heuchlerisches Wesen unter der Oberfläche würdevoller Frömmigkeit verbergen. Die (vorgeblich) von Gott offerierte ‚Klappenapparatur', bei deren Konstitution die zugreifende Hand des Betrachters als Leerstelle von Anfang an mitgedacht ist, hilft dem Nutzer, eine der (behaupteten) Glaubenswahrheit zugrunde liegende Rechtmäßigkeit bestätigt zu finden.

Auf ähnliche Weise operiert die „Kurtze abbiltung vnd verthonung von dem ... kreigh" (1615), die eine der katholischen Kirche unterstellte Janusköpfigkeit aufdeckt. Das Blatt, das den Konflikt zwischen den Niederländern unter Moritz von Oranien (1567-1625) und den Spaniern unter Ambrosius Spinola (1569-1630) während des Jülich-Klevischen Erbfolgestreits 1615 als Kriegszug des Papstes inszeniert, liegt in einer niederländischen und einer deutschen Fassung vor.[220] Der niederländische Druck dürfte dem deutschen vorausgegangen sein, nicht nur wegen der Thematik, sondern weil in dem deutschsprachigen Exemplar bspw. die Inschriften im Bild auf Niederländisch belassen sind. (Abb. 17):

219 Vgl. Michael Schilling: Blattkommentar, a.a.O.

220 Vgl. Andreas Wangs Kommentare zu beiden Blättern in: Deutsche illustrierte Flugblätter, Bd. II, S. 176 u. 178. Das deutsche Exemplar, zuzüglich vergrößerter Reproduktion des aufgeklappten Papstes, ist zudem wiedergegeben in Hermann Wäscher: Das deutsche illustrierte Flugblatt. Bd. 1. Dresden 1955, S. 96 u. 97. Wäscher setzt die Entstehungszeit des Blattes um 1610 an.

Ohne das motivisch dichte, zitat- und anspielungsreiche Blatt in Gänze vorzustellen, sei hier die zentrale Figur des Papstes in den Blick genommen. Dieser ist als wild schreiender Mann in vollem Ornat wiedergegeben, wobei der Indexbuchstabe E (Auflösung in der Registerspalte, 3. Textkolumne) ihn als Fundament [der Kirche] heraushebt, jedoch gleichzeitig insinuiert wird, dass er ein Verbrecher sei. Ein peitschender Diabolus treibt ihn an, dessen Tätigkeit die Sentenz „Mager mort. Treck nu vort" (in etwa: Elender Schuft, geh weiter, los!) kommentiert. Der Papst zieht an einer Kette missgestaltete Vertreter der geistlichen Stände hinter sich her und kettet Spinola (Index G) als Schmied an sich bzw. um einen Baum an ein Schiff im Hintergrund. Andreas Wang zufolge könnte die Kette (auf niederländisch Ketter) etymologisierend auf ‚Ketzer' anspielen, wodurch die Szene weiter zugespitzt würde. Die Gesichter der Würdenträger jedenfalls sind karikierend verzerrt. Die Inschriften im Bild sind zum Teil spiegelverkehrt gesetzt, was im vorliegenden Exemplar eher nicht auf eine Unachtsamkeit des Stechers zurückzuführen ist, sondern die ‚verkehrte Welt' anzeigen könnte. Entscheidend ist die Klappe, die den unteren Teil des päpstlichen Ornats besetzt. Hebt man sie an, offenbart sich eine Szene des Grauens: Folter und Hinrichtung sind zu sehen.

Den Anspruch der Klapptechnik, die Scheinhaftigkeit einer ersten Ansicht zu widerlegen und die Wahrheit ans Licht zu bringen, unterstützt das Exemplar durch seine Aussagen in der Prosa. Der Verfasser betont in der ausführlichen Einleitung des insgesamt aus zwei Großteilen bestehenden Textes, dass er sich von den „Fabulen/Moralen/Traumen/Emblemata oder offbildungen" abgrenzen wolle, mit denen die „POETEN, PHILOSOPHEN, vnd mehr andere vernufftige gelehrte Menner" bislang die „warheyt [...] vekleittet" hätten. Interessant ist, welches negative Urteil hier zugleich über die Gelehrten und Gebildeten gefällt wird, die im Kontext des Blattes als korrumpierte Handlanger der Papstkirche erscheinen.

Jede mediale (Re)Präsentation sieht sich vor die Aufgabe gestellt, ihren Darstellungsgehalt aus einem behaupteten in einen glaubhaften zu überführen. Das Hochheben des päpstlichen Ornats und die Freigabe des Blicks darunter lassen sich als eklatanter Tabubruch werten. Dass sich unter der „Bedeckten heylicheit" „morden vnd braten [...] vertilgen vnd außrotten" verbergen, wiegt als sakrilegische Anschuldigung gegen den katholischen Klerus umso schwerer. Da das Blatt im Kontext einer Vielzahl von Darstellungen mit ähnlichen, antikatholischen Aussagen verankert war, konnte der Verfasser von einer prinzipiellen Offenheit beim adressierten „Gunstigen Leser" (Auftakt der Einleitung) ausgehen. Die Klappe erhöhte nicht zuletzt deswegen die Plausibilität der Darstellung, weil sie den kardinalen Vorwurf, die Katholische Kirche sei von undurchschaubaren Machenschaften durchdrungen, durch die medientechnische Umsetzung klar und prägnant veranschaulicht. Es ist anzunehmen, dass der entsprechend disponierte Betrachter, der mithelfen muss, den Papst bloßzustellen, aufgrund der unangenehmen Gesamtgestaltung der Figuren und vor allem der Klappoffenbarung schlussfolgern wird, dass das Papsttum unter dem *Deckmantel* des Gottgefälligen eine diametral entgegengesetzte Wesensart verbirgt. Die Klappbildtechnik fordert zu einer interaktiven Auseinandersetzung mit dem Blatt heraus; dank ihrer kommt eine zweite Ansichtsebene zum Vorschein, die das (Vorstellungs-)Bild der Erstbetrachtung radikal verkehrt.

Den Abschnitt „Klappbilder" beschließt ein Blatt aus dem medizinisch-anatomischen Bereich, das aufschlussreich für die Geschichte der Medizin im 16. Jahrhundert, vor allem für die Vermittlungsstrategien ihres Wissens, ist. Das Exemplar, das 1539 in der Straßburger Werkstatt Heinrich Vogtherrs gedruckt wurde, trägt den Titel „Anathomia oder abconterfettung eynes Mans leib/wie er inwendig gestaltet ist" (Abb. 18):

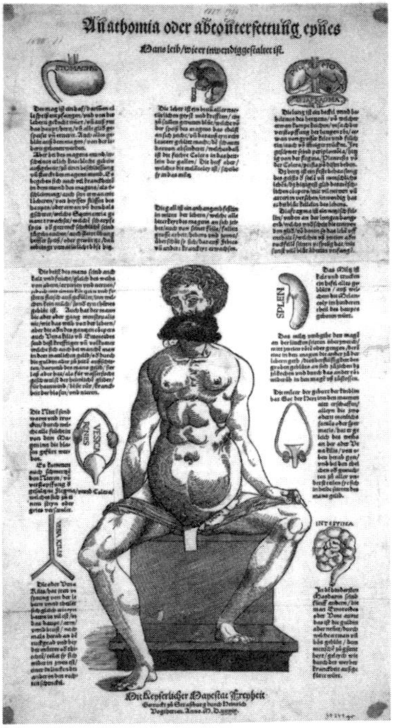

Der mehrschichtige, kolorierte Holzschnitt gibt die Anatomie eines, bis auf sein Geschlecht, nackten und bärtigen Mannes wieder. Der Begriff ‚Abconterfettung' suggeriert, dass sich die Körperstudie an einem männlichen Original als Vorlage orientiert. Das kann, muss aber nicht der Fall gewesen sein: Es existiert ein anderes Blatt von Heinrich Vogtherr, das ein Jahr zuvor, 1538 entstanden ist. Hinsichtlich des Titels und der figürlichen Wiedergabe ist es mit dem vorliegenden Exemplar nahezu identisch, nur dass dort eine Frau als Anschauungsobjekt posiert, was den optionalen Austausch von Bildvorlagen verdeutlicht. Schaut man bspw. genau auf die Partien des Bartes oder der Kopfbehaarung der männlichen Figur und vergleicht diese mit denen der Frau, treten die Retuschierungen deutlich zutage. Selbst die Texte sind bis in zahlreiche Formulierungen hinein auf beiden Blättern identisch, es wurden lediglich Veränderungen entsprechend der geschlechtlichen Spezifika vorgenommen (Abb. 19):

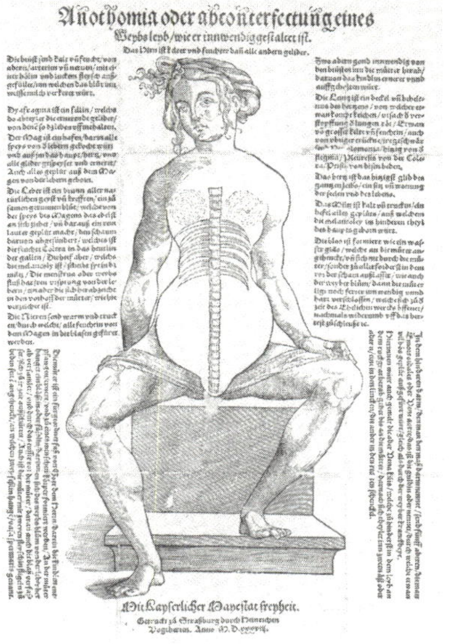

Mit ‚inwendig gestaltet' wird angekündigt, dass die Leibesvisite des Mannes (wie auch der Frau) vom Äußeren ins Körperinnere vordringt. Beide Modelle sitzen in der unteren Hälfte des Blattes exponiert auf einem Präsentationspodest, ihre Arme und Hände ruhen den Oberschenkeln auf bzw. hängen dahinter herunter, und sie präsentieren ihren geöffneten Schritt dem frontalen (Zu)Blick des Betrachters. Sowohl den Mann als auch die weibliche Figur umrahmen in symmetrischer Anordnung Textblöcke, bei der männlichen Figur treten acht Miniaturen hinzu, die Organe oder Organbestandteile abbilden. Unter dem Podest, am großen Zeh des rechten Fußes beginnend, stehen der Hinweis auf die Kaiserliche Druckerlaubnis sowie die Angaben zum Entstehungsort (Straßburg), zum Drucker und Verleger (Heinrich Vogtherr) und zum Entstehungsjahr (MDXXXIX bzw. MDXXXVIII).

Die mit lateinischen Begriffen durchsetzten Beschreibungen der inneren Organe, ihrer Funktionen und möglichen Erkrankungen geben sich den Anschein, den medizinischen Wissensstand der Zeit wiederzugeben. Jedoch sind sie mit Erklärungsansätzen aus der Humoralmedizin angereichert, was auf eine tief sitzende Verankerung im antiken Medizindiskurs schließen lässt, der auf Galen von Pergamon (2. Jahrhundert AD) zurückgeht. So wird bspw. die Milz als kalt und trocken vorgestellt, die Ursprung der Traurigkeit sei, da ihre Funktionsstörung eine durch das Blut zum Gehirn aufsteigende Melancholie bewirke.[221] Recht besehen, beruht die gesamte Gestaltung des Holzschnitts auf überlieferten Anatomiebildern der Antike. Diese Einschätzung ergibt sich aus dem Vergleich mit alexandrinischen Anatomiestudien oder persischen bzw. provençalischen Hockbildern, wie sie Robert Herrlinger in seiner Studie zur Geschichte der medizinischen Abbildung vorgelegt hat. Für diese „Systembilder", die einer Regelpoetik folgen, ist ebenso typisch, dass die Figuren auf ganz identischen Podesten sitzen und Organminiaturen vergleichbar schematisch dargestellt sind.[222] Was den deutschen Text anbetrifft, so gibt er neben den Temperamentzuschreibungen und der sie bedingenden organischen Säfteverteilung zwar Grundlagen eines zeitgenössischen medizinischen Wissens wieder. Jedoch wird dabei vor allem mit simplen Metaphern zur Erklärung der Physiologie gearbeitet, die dem Muster folgen: „die Leber ist eyn brunn", „die blos ist formiert wie ein wasser glas", „die lung ist ein deckel vnnd beheltnus des herzens" oder auch „die muoter der geburt der kindlin hat Got der Herr inn den mannen nitt erschaffen/allein die zwo adern menlichs sames" respektive beim Konterfei der Frau „die muoter ist ein fürgeordnet faß von Gott dem Herrn".

Es faszinieren beide Holzschnitte aber gerade wegen ihres Angebots, visuell in einen männlichen bzw. weiblichen Körper ein- und vorzudringen, was jeweils fünf Klappbildelemente ermöglichen. Während auf der ersten, durch kein Klappbildelement erweiterten Grundansichtsebene der Text zusammen mit dem nackten, männlichen (wie auch weiblichen) Körper das anatomische Wissen vermittelt, wird dieses in Folge durch die aufklappbaren Ansichtsebenen konkretisierend veranschaulicht. ‚Öffnung' und ‚Entschichtung' der (Papier)Körper veranschaulichen und konkretisieren also geschlechtsspezifisch die jeweiligen anatomischen Beschaffenheiten. So führt die Introspektion beim Mann u.a. zu seinen Samensträngen und den Hoden, bei der Frau zur Gebärmutter (mit hockendem, voll ausgebildetem Embryo, der einem Miniaturmenschlein gleicht) und dem Geburtskanal:

---

[221] Der Viersäftelehre zufolge, die dem humoralmedizinischen Verständnis zugrunde liegt und bis in das 19. Jahrhundert virulent blieb, entstehen Krankheiten durch ein Ungleichgewicht der Körpersäfte Blut, Schleim, schwarze und gelbe Galle.

[222] Vgl. Robert Herrlinger: Geschichte der medizinischen Abbildung, Bd. I: Von der Antike bis um 1600. München 1967, S. 11ff.; zudem Andrea Carlino: Paper Bodies, a.a.O., hier: Kap. I „Representing the Body. The Visual Culture of Renaissance Anatomy", S. 5-45. Galen erwarb seine anatomischen Kenntnisse in Alexandria, ob an Schweinen oder am Menschen ist nicht genau zu sagen. Einerseits wies Andreas Vesal (1514-1564) nach, dass viele der Aussagen Galens auf der Obduktion von Schweinen beruhten, andererseits wurde Galens eigenen Aussagen zufolge nur in Alexandria im 2. Jahrhundert AD noch Anatomie am menschlichen Skelett gelehrt. Von Alexandria aus wurde das anatomische Wissen jedenfalls auch gen Norden exportiert.

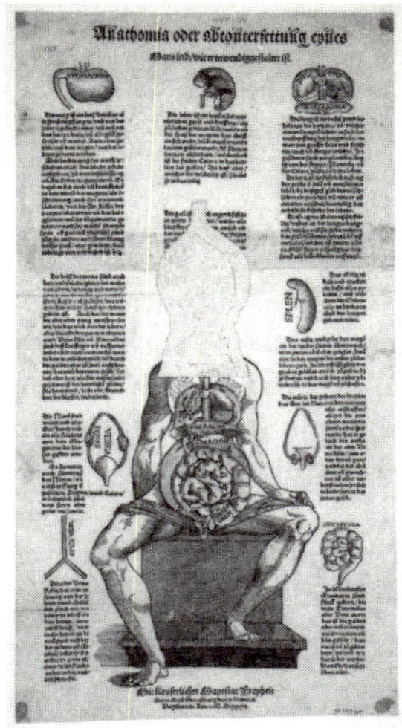

Aufgrund der Tatsache, dass ich außer der Grundansicht nur eine geklappte Ansichtsebene (von insgesamt fünf Klappen) beim autoptisch untersuchten Anatomieexemplar des Mannes aufnehmen konnte, gebe ich hier die ‚Zustände‘ des weiblichen Körpers wieder. Die Vorlage, auf die ich zurückgreife, stammt aufgrund gleichfalls unzugänglicher Ansichtsebenen nicht von Vogtherr, sondern von einem identischen Exemplar, das aus der Augsburger Werkstatt Jost de Negkers stammt (ebenfalls 1538).[223] Von links beginnend offeriert das Blatt in fünf Klappschritten – ich gebe drei wieder – vordringende Einsichten in den Körper.

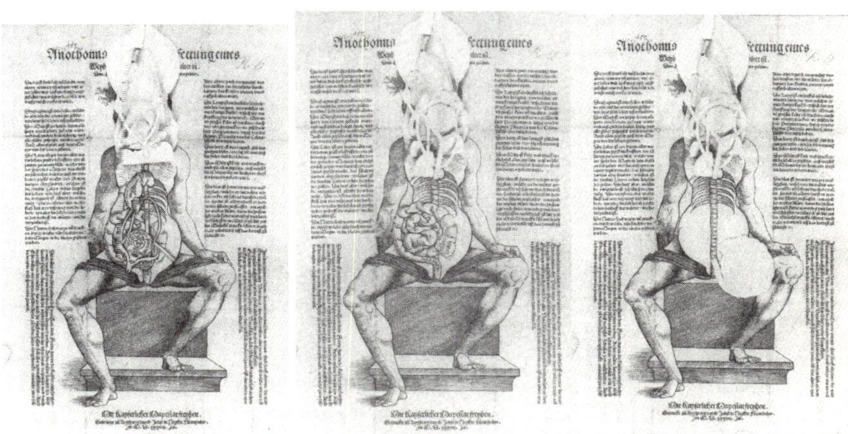

[223] Die Abbildungen in Andrea Carlino: Paper Bodies. A Catalogue of Anatomical Fugitive Sheets, 1538-1687. London 1999, S. 121-126, Abb. Cat. 2b-2f, hier: 2c, e und f.

Mag man auf den ersten Blick an aufwendig gestaltete Drucke denken, die womöglich eine anatomisch bzw. medizinisch gebildete Fachschaft adressierten, so geht man fehl. Abgesehen vom Klappensatz handelte es sich um preiswert hergestellte Flugblätter. Diese Einschätzung ergibt sich grundsätzlich aus der Tatsache, dass männliche und weibliche Figuren, wie erwähnt, unproblematisch kombiniert und synthetisiert wurden, im Falle Vogtherrs etwa nachweislich von derselben Vorlage stammten: Der Drucker tauschte die Kopfpartie des Original-Holzblocks aus und fertigte entsprechend andere Klappen an. Die inhaltliche Gestaltung richtete sich, wie ebenfalls angemerkt, an kein spezialisiertes oder fachmännisches, sondern ein breites Publikum. Vogtherrs Drucke, ebenso wie die von de Negker,

> [were] intended for a general non-specialist audience, what writers at the time would have referred to as the *Gemeine Mann*. The strange term *Abconterfettung* in the title – which from c. 1500 was increasingly used on new forms of popular informational prints to indicate a stand in for the represented object itself, a claim to representation from firsthand experience – further locates the image within this broader context.[224]

Diese Art der medialen Repräsentation des geöffneten, menschlichen Körpers befriedigte eine vormals negativ bewertete *curiositas*. In dieser neuen Form der Neugier, die „zum Habitus der Wissensgesellschaft wird [...], nicht länger Sünde ist, sondern geadelt als welt- und wissenserschließende Geste [gilt]“,[225] manifestierte sich ein im 16. Jahrhundert zunehmend anerkannter Suchimpuls nach Erkenntnis. Wie von den identischen oder auffällig ähnlich gestalteten Klappblättern mit weiblichen und männlichen Anatomiedarstellungen erkennbar, und wie nachfolgende Reproduktionen bestätigen, zirkulierten in der 2. Hälfte des 16. Jahrhunderts bedeutende Mengen an Kopien, Nachdrucken und Adaptationen des (wahrscheinlich) Vogtherrschen Originals.[226] Die Vermittlung anatomischer ‚Geheimnisse‘ erfreute sich offensichtlich großer Popularität beim Publikum. Wo sonst konnte der ‚Gemeine Mann‘ auf *eindring*liche Weise den menschlichen Körper ‚inwendig‘ gestaltet sehen und noch dazu selbsttätig, interaktiv einen solchen öffnen. Entsprechend immens war der kommerzielle Erfolg dieser Blätter,

---

224 Vgl. Karen Rosoff Encarnación: The Image Dissected. Reformation Anatomical Fugitive Sheets and the Transformation of Visual Attention. Unv. Typoskript eines Vortrags, gehalten auf dem 10. Studientag des MPIWG, 12. Juli 2003, 13 Seiten, hier: S. 2.

225 Hartmut Böhme: Der Körper als Bühne. Zur Protogeschichte der Anatomie. In: Bühnen des Wissens. Hg. v. Helmar Schramm et al. Berlin 2003, S. 110-139, hier: S. 127.

226 Vgl. Andrea Carlino: Paper Bodies, a.a.O., S. 46ff. Carlino präsentiert mindestens 57 anatomische Klappdrucke, Varianten, Repliken und/oder Adaptationen in seinem Katalog.

der erst Anfang des 17. Jahrhunderts nachzulassen begann.[227] Vogtherr und findige Nachahmer wie de Negker, Hans Guldenmundt (Nürnberg) oder Jean Ruelle (Paris) sowie zahlreiche andere, die im Sog des Vogtherrschen Erfolgs die verlegerischen Gewinnchancen erkannten, reagierten mit den Blättern auf ein populäres Interesse an anatomischen Erkenntnissen, das von einer Neuorientierung entsprechender Untersuchungsmethoden inspiriert war: Man ging an den Universitäten und in den anatomischen Theatern dazu über, Obduktionen auch an menschlichen Leichen vorzunehmen sowie Schausektionen öffentlich zu machen. Die neue Experimentalanordnung wird insbesondere mit Andreas Vesal (1514-1564) und seinem Werk „De humani corporis fabrica libri septem" (1543) assoziiert. Doch bleibt festzuhalten, dass selbst Vesal, so medizinisch fortschrittlich, präsentationstechnisch und darstellungsästhetisch innovativ und kunstfertig seine Kupfer auch waren und sind, weiterhin in einem Traditionsstrom stand, der maßgeblich vom antiken Wissensdiskurs und dessen Vermittlungspraktiken beeinflusst war.[228] Die Klappbilder markieren zusammen mit den anatomischen Gemälden, Modellen, Zeichnungen und Instrumenten, Holzschnitten und Kupferstichen der Zeit einmal mehr eine Gleichzeitigkeit des Ungleichzeitigen, die für den medizinisch-anatomischen Diskurs ins 16. Jahrhundert zu datieren ist. In Andrew Patrizios und Dawn Kemps Worten zeugen sie alle davon, „how a new prospect of the human interior emerged in the mid-sixteenth century". Auch wenn zuvörderst an die neuen Bilder und die in ihnen transportierten, neuen Ideen vom menschlichen Körper und seinem Inneren zu denken ist, wie sie Vesal vorlegte, wurde der Körper von den verschiedenen Anatomen und Künstlern unterschiedlich wahrgenommen und entsprechend präsentiert. Den Darstellungen gemeinsam ist, dass der abgebildete Mensch nicht mehr nur aus Oberfläche bestand, sondern ein Körper mit Tiefenstruktur war, in den man vordringen konnte. Vorgängige, stärker schematisierte Ansichten des menschlichen Innern wurden abgelöst.

> It was not, then, simply that Vesalius and his heirs *knew* more about the body – its morphology, its dynamic structures – than their predecessors. Rather, they imported new artistic and aesthetic conventions – most notably the deployment of perspective – into the process by which the interior of the human frame was represented. The creation of this new ‚body' was the product of a commitment to verisimilitude, or naturalism, which can, in turn, be traced to the rise of the so-called ‚New Philosophy' (a term which would later come to embrace what we think of as 'science') of the sixteenth and seventeenth centuries.[229]

---

227 Anatomische Klappendrucke waren stärker nachgefragt als jeder andere anatomische Traktat der Zeit.

228 Vgl. Steffen Siegel: Einblicke. Das Innere des menschlichen Körpers als Bildproblem in der Frühen Neuzeit. In: Verwandte Bilder. Hg. v. Ingeborg Reichle et al. Berlin 2007, S. 33-55.

229 Vgl. Andrew Patrizio u. Dawn Kemp, Hgg.: Anatomy Acts. How we come to know ourselves. Edinburgh/Birlinn 2006, insb. Kap. „The Paradoxes of Interiority. Anatomy and Anatomical Rituals in Early Modern Culture", S. 1-15.

Ergänzend kann für die Klappbilder festgehalten werden, dass sie diesen Prozess der Introspektion auf ihre eigene, medientechnisch spezifische Weise begleiteten.

Der multiple Klappensatz auf den Blättern erlaubt es dem Betrachter-Nutzer, die Sektion der Papierfiguren selbst vorzunehmen. Die Klappen ermöglichen eine virtuelle, dreidimensionale Repräsentation des Objektes, wobei der zugreifende Blatt-Operateur in die Lage des Doktors versetzt wird, dem statt des medizinischen Instrumentariums die Klappenapparatur in die Hand gegeben ist.[230] Die graduelle Enthüllung eines Menschenkörpers bedient nicht nur eine frühneuzeitliche, ‚populärwissenschaftliche' Erkenntnissuche, sondern befriedigt eine *curiositas* (Neugierde) des Publikums, die nicht zuletzt von einer sensationsheischenden und voyeuristischen Blicklust angetrieben gewesen sein dürfte.

Klappbilder verlangen den handgreiflichen Zugriff des Rezipienten von außen, der zu einem performativ tätigen, interaktiven ‚Papieringenieur' wird. Die einem Veränderungsprozess unterworfenen Bild-Text-Kombinationen setzen einen Prozess psycho-physischer Wahrnehmung in Gang, der eine anschauliche Wahrnehmung befördert, indem der Betrachter selbst zum Generator von Visualisierungen wird. Mit den Klappen wird zugleich offensiv auf einen spielerischen Reflex des Operateurs reagiert, was für den konzeptionellen Kern dieser Darstellungsvariante nicht hoch genug veranschlagt werden kann. Es liegt am Rezipienten, das Entblätterungs- und Aufdeckungsangebot der Medien anzunehmen, um latenter Darstellungs- und Sinnebenen ansichtig und teilhaftig zu werden. Die präsentierten Blätter werden als ‚Hand-Kunst-Werke' interpretierbar. Sie sind Hybride, in denen sich Ästhetik und Technik, Mechanik und Artistik, *poiésis* und *techné* überschneiden. Aufgrund der in ihnen mehr oder weniger stark ausgeprägten Handbezüge – ganz gleich ob von außen zugreifende Hände oder im Blatt in Zeichengestalt dargestellte – lässt sich für sie ein ‚Sehen mit der Hand und den Fingern' ausmachen.

An den Blättern wird erkennbar, wie die Buchdrucktechnologie heterogene Darstellungstechniken zu koppeln versucht. Es werden nicht nur klappbare Bilder produziert, kunstfertig und feinsinnig operabel gemacht, sondern Bild- und Textelemente auch durch den Einsatz von Indizes präzise miteinander verschaltet. An vielen Blätter lassen sich geometrisierte Gestaltungsbestrebungen beobachten, die Ergebnis einer zunehmend technischen Routinisierung des Druckgewerbes sind, ebenso wie sie entsprechenden Anforderungen eines Publikationsmarktes im 17. Jahrhundert gehorchen. Schließlich trifft auch noch im Zeitalter digital-elektronischer Datenströme, da Bezugnahmen auf die Seinsfülle der vorfindlichen Welt durch den direkten Handzugriff zurücktreten, nach wie vor zu, dass die Hand für das Sich-zur-Welt-Verhalten des Menschen unerlässlich ist. Verändert hat sich die mediale Distanz zwischen Hand und Gegenstand. Wäh-

230 Vgl. hierzu die bereits im Abschnitt „*imitatio* Christi" angesprochenen Überlegungen von Steffen Siegel zur ‚Versinnlichung' des einseitigen Sehens durch den händigen Zu- bzw. Eingriff auf/in das Dargestellte: Der haptische Blick, a.a.O.

rend das Flugblatt den direkten Kontakt zwischen Hand, Manufakt und Artefakt erkennen lässt, zerdehnen die modernen Medien den Abstand zwischen ihnen. Gleichwohl sind es die Finger unserer Hände, die über die Klaviatur der Maschine aller Maschinen, dem Computer, dynamische Werkzeughände ansteuern, die den Takt vorgeben.[231] Hand-Zeichen als Indikatoren symbolischer Arbeit, aber auch Funktionshände finden sich im skriptographischen, typographischen wie auch im digitalen Medium.[232]

2.2 Volvellen

Was für frühe Einblattdrucke und Flugblätter mit Klappen gilt, trifft auch für Blätter mit drehbaren Elementen wie Drehscheiben und Drehzeigern zu: Sie lassen sich unter dem Aspekt einer ‚apparativen' Zurichtung näher bestimmen. In den Drehelementen ist die zugreifende Hand des Betrachter-Nutzers von Anfang an als Leerstelle enthalten, und sie verlangen nach einer Handhabung von außen, um in Bewegung gesetzt zu werden. Das Ergebnis sind veränderte oder neue Ansichts- und Informationsebenen, mit denen die Blätter die Betrachter-Nutzer überraschen, amüsieren, propagandistisch instruieren oder sich als Wissensinstrumente in ihre Hände begeben. Die Drehelemente eröffnen zuvor uneinsehbare Sinnzusammenhänge und lenken imaginationspsychologisch die Wahrnehmung.

Ein früher, kolorierter Holzschnitt ohne Titel aus dem süddeutschen Raum, dessen Entstehungszeit aufgrund des Wasserzeichens um 1450 angesetzt wird, steht ganz im Zeichen spielerischer Unterhaltung.[233] Zu sehen sind zwei artistisch versierte Affen, die sich als Kunstreiter betätigen. Sie vollführen auf dem Rücken eines festlich bezäumten Pferdes einen akrobatischen Synchronakt, den Jonglier- und Voltigierkünste sowie eine musikalische Darbietung begleiten. Das Pferd ist im Trab unterhalb eines Torbogens ins Bild gesetzt, in Höhe des Bogenansatzes ist eine Akrobatenstange angebracht, die sich horizontal über die Pferdelänge erstreckt. Erkennbar ist ein Papierstreifen, der die beiden, eigentlich separat agierenden Affen verbindet. Durch ein kleines Loch in der Mitte des Streifens und in Abdomenhöhe der Artisten-Reiter hielt ihn seinerzeit ein Faden an einem kleinen Holzspan auf der Rückseite des Blattes befestigt, so dass der Streifen drehbar war. Teilweise hat er die Farbe des Bildhintergrundes, mit dem er unterscheidungstechnisch an den betreffenden Abschnitten identisch ist; ferner ist mit zwei passgenauen Abdomensegmenten versehen, die die Farbe der Affenkörper tra-

[231] Vor ca. 12 Jahren lautete ein Werbespruch für die britische Tageszeitung THE TIMES: „Keep the world at your fingertips"! Er lässt sich mit unveränderter Vortrefflichkeit auf die vernetzten, im WWW verankerten Computer, zumal der Nachrichtenagenturen, übertragen.

[232] Vgl. Horst Wenzel: Deixis und Initialisierung, a.a.O., hier: S. 141.

[233] Das Exemplar befindet sich in: Die Anfänge der europäischen Druckgraphik, a.a.O., S. 220-221, Nr. 63. Das Blatt ist dort mit dem Titel „Affen als Kunstreiter" ausgewiesen.

gen. Abhängig von der Position des Streifens, und zwar horizontal oder vertikal gedreht, sitzt der vorn auf dem Pferd platzierte Affe (vom Betrachter aus links) entweder in Reiterposition im Sattel, oder er turnt an der Akrobatenstange, um die er seine Unterschenkel geschwungen hat. In seiner Rechten hält er wahrscheinlich einen Handspiegel, der unbewegt und unverändert bleibt, und der das äffische Verhalten der Selbstbespiegelung anzeigen dürfte.

Unterhaltsam bewegt sich auch der andere Affe, der das Amüsement des Betrachters vergrößert: In waghalsiger Oberkörperkontorsion, rücklings zum Schweif des Pferdes gekehrt, bläst er einen Dudelsack und übernimmt durch seinen Unterleib alternativ die vormals durch seinen Kollegen besetzte Reiterposition oder löst ihn beim Turnen an der Stange ab.

Bei dem Blatt handelt es sich um das älteste erhaltene Exemplar eines ‚Verwandlungsbildes'.[234] Es involviert den Betrachter in das Blatt als aktiv Handelnden. Während das Drehprinzip dieses Bildtyps seinen Ursprung vermutlich in Rechenscheiben und Volvellen mit divinatorischer oder komputistischer Funktion hatte (vgl. dazu das anschließende Exemplar), macht das Scherzblatt auf die profanen Bild-, Seh-, Interaktions- und Unterhaltungsbedürfnisse des zeitgenössischen Publikums aufmerksam, die nicht zuletzt die Vervielfältigung und Zirkulation dieser Medien förderten. Eine nur geringfügig veränderte, formatgleiche Variante dieses Bildes wurde indessen in einer Psalterhandschrift gefunden, wie auch das vorliegende Blatt wahrscheinlich aus dem kirchlichen Milieu stammt.[235] Der Grund für diese Provenienz mag weniger am Affen liegen, der zwar seinen festen Platz in der christlichen Ikonographie hatte und in der frühchristlichen Naturlehre, dem „Physiologus“,[236] als Verkörperung des Bösen oder sogar des Teu-

[234] Vgl. den Ausstellungskatalog zu den Anfängen europäischer Druckgraphik, a.a.O., hier: S. 220. Auch Klappbilder sind ‚Verwandlungsbilder'; mir ist kein älteres Exemplar mit Klappelementen bekannt.

[235] Vgl. ebd.

[236] Der Ur-Physiologus entstand in griechischer Sprache im 2. bis 4. Jahrhundert AD, und in ihm sind Pflanzen, Steine und Tiere beschrieben und allegorisch auf das

fels galt. Selbst wenn der ‚dämonisierte' Affe hier durch die dressierten Artgenossen entdämonisiert wurde, spricht für die Beliebtheit des Motivs, auch beim Klerus, doch mehr der Aspekt, dass das Blatt eine haptische Bezugnahme ermöglichte. Gleichwohl ist nicht auszuschließen, dass das Exemplar (gleichsam im spielerischen Gestus) als didaktisches Korrektiv diente, um eine religiöse Unterweisung mittels ‚seriöser' Medien aufzulockern. Um dem Affen als Sinnträger vollends gerecht zu werden, sei daran erinnert, dass er im Mittelalter nicht nur das Böse verkörperte, sondern ein begehrtes Haustier bei Hofe war, das aufgrund seiner Dressureigenschaften auch von Schaustellern mitgeführt wurde. Die anthropomorphe Erscheinung prädestinierte den Affen, Eigenschaften des Menschen zu parodieren, insbesondere eignete er sich dazu, die Eitelkeit menschlichen Tuns zu karikieren, etwa wenn er unter die Röcke alamodistischer Damen gesetzt oder zur Ironisierung und Verspottung ehrbarer Stände und Berufe wie des Ritters, Arztes oder Handwerkers eingesetzt wurde.

Der darstellungstechnische ‚Supereffekt' und Witz des Blattes ergibt sich bei einer schnellen Streifendrehung. Sie induziert, bedingt durch die Trägheit des Auges, eine optisch erfahrbare Bewegung der beiden Kunstreiter.[237] Ähnlich wie in den ca. 100 Jahre später aufkommenden ‚Flippbüchern', die Bewegungsflüsse durch das rapide Abschnellen einer Sequenz von Buchseiten evozieren, auf denen Phasenbilder zu sehen sind,[238] werden hier zwei voltigierende Multitalente präsentiert, die dank des ‚magischen' Papierstreifens in einem (unaufhörlichen) Hin und Her zu sehen sind. Gleich animierten Affen nehmen sie blitzschnell zwei Positionen im Darstellungsraum ein und vollführen einen Tanz für die Augen. Den Effekt verdankt das Blatt dem kleinen, jedoch signifikanten, passgenau applizierten Streifen, den die Benutzerhand zu bedienen hat. Im Modus des In-Bewegung-Setzens geht der Status des Blattes über den eines Bildes hinaus. Das Blatt ist auch ein Objekt, das angefasst und spielerisch gehandhabt werden will. Dieser Umstand dürfte das Blatt insbesondere für Schausteller attraktiv gemacht haben, die ihre *live* Vorführungen mit lebenden Affen im Medium des Holzschnitts verstetigen konnten, um sie an Interessenten und Käufer zu bringen.

Ein wenig jüngerer, kolorierter Holzschnitt (um 1465/1466) stammt ebenfalls aus dem süddeutschen Raum. Es handelt sich um eine *computus*-Papierapparatur, mit deren Hilfe sich das Osterdatum für die Jahre 1466-1484 berechnen, vor allem aber effizient veranschaulichen ließ. Der Titel des lateinischsprachigen Drucks lautet „Rota paschalis".[239] Im Zentrum der Darstellung ist ein rotierbarer Engel zu sehen. Sein rechter Arm ist – einem ‚Pfeilzeiger-Manipulator' ähnlich – aus-

---

Heilsgeschehen hin ausgedeutet. Von ihm stammen lateinische Versionen und Ausgaben ab, die als Vorlagen für die althochdeutschen und mittelhochdeutschen Physiologi dienten.

237 Einen schnellen Bild-, d.h. Positionswechsel generiert hervorragend der Computer.

238 Jörg Jochen Berns: Horribilicinefax, a.a.O., hier: S. 27 u. 30.

239 Das Exemplar ebenfalls in: Die Anfänge der europäischen Druckgraphik, a.a.O., S. 200-202, Nr. 54.

gestreckt und weist auf eine Ziffer in einem von vier Kreisringen, die den Engel umlaufen.

Der Holzschnitt enthält neben dem beweglichen Element ikonische und diagrammatische Teile, xylographischen Text, Ziffern und zwei Inschriften von zeitgenössischer Hand. Letztere befinden sich in den beiden unteren Kreisen, und zwar im linken die Ziffer ‚91', im rechten der Zusatz ‚hic incipē 91'. Entlang des oberen Randes ist „rota. pasche. menses. dies. aureus. numerus" zu lesen.

Ohne auf die hochkomplizierte Funktionsweise des Scheibenapparats genauer einzugehen, ist zum Rotationsmechanismus des Engels anzumerken, dass er ebenfalls mittels Bindfaden mit dem Blatt verknüpft war: Er führte durch den linken Arm bzw. die Herzgegend des Engels und war an einem Holzspan auf der Rückseite des Blattes befestigt. Wie der Titel besagt, diente der Druck als Instrument und Hilfsmittel zur Ermittlung des bedeutsamen, ‚leider' unfesten Osterdatums.[240] Den Funktionsmechanismus zu betätigen, fällt leicht; ihn zu verstehen und komputistisch dienstbar zu machen, umso schwerer.[241] Mit Hinblick auf eine Herstellungsbegründung dieser Drehzeigervariante für die Osterberechnung

[240] Die überaus aufwändige Zeitrechnung war bis zur Einführung der mechanischen Räderuhren und der durch sie (tendenziell) bewirkten Vereinheitlichung der Stundenlänge kein Selbstzweck, sondern unterlag religiösen Anforderungen.

[241] Für eine präzise Demonstration der Berechnung des Datums für den Ostersonntag des Jahres 1471, vgl. in: Die Anfänge der europäischen Druckgraphik, a.a.O., S. 200-202.

ist aufschlussreich, dass üblicherweise Methoden und Hilfsmittel zur Anwendung kamen, die auf akribischen, kontinuierlichen Beobachtungen der himmlischen, stellaren und lunaren Konstellationen beruhten. Deren Ergebnisse wurden in Tabellen und Kalender übertragen, anhand derer sich für jedes Jahr das Osterdatum errechnen bzw. (vorgerechnet) ablesen ließ.[242]

Der ‚Mechanismus' des *rota*-Holzschnitts beruht auf einer Art Programmdurchlauf, der damit beginnt, Multiplikationen, Divisionen, Additionen und Subtraktionen im Kopf auszuführen, die sich auf das jeweilige Jahr unter Hinzunahme der ‚Goldenen Zahl' und zusätzlicher, astronomischer Zahlen bezieht. Das Programm endet damit, den Arm des Engels auf den errechneten Zahlenwert zu drehen (im inneren Kreisring), um die darüber angezeigte Zahl (im mittleren Kreisring) als Osterdatum vorgestellt zu bekommen. Beeindruckenderweise zeigt dabei der rechte Fuß, der ebenfalls als Pfeilzeiger gedeutet werden kann, das vorjährige Osterdatum an, so dass zugleich eine Kontrollinstanz vorhanden ist. Der Wert der ‚Maschine' liegt in ihrem Potential, das Osterdatum zu bestimmen und das Ergebnis in der indexikalischen Drehapparatur zu veranschaulichen und klar erkennbar zu machen. Der handhabende Benutzer ist entscheidend für die Aneignung des Blattes. Wie beim Alamodistenklappblatt fungiert der ausgestreckte Arm des Engels als Signalement für den Zugriff und verlängert den präzisen Digitus des Betrachters so, als fahre er in einer Tabelle Spalten und Zeilen ab. Die Popularität des Blattes lag möglicherweise in der Zeitersparnis, die sich gegenüber einer aufwändigen Berechnung mit einer instrumentell nicht unterstützten Komputusmethode ergab (Tabellen werden hier nicht als Instrument verstanden). Darüber hinaus lag ihr Reiz in der kompakten Visualisierung des objekthaften Instruments und seinem Spielzeugcharakter. Die Benutzer, inklusive der Klerus, dürfte die Kombination aus visueller und haptisch-spielerischer Sinnesadressierung der Papierapparatur angesprochen haben.

Es mangelt nicht an Drucken mit Rotationsfiguren und Vovellen, auch wenn sich diese nicht auf Flugblätter beschränken. Bevor ich ein Losbuch von 1485 vorstelle, das einem unterhaltsamen, kollektiven Spielvergnügen diente, sind einige Ausführungen zu einem Stadtplanentwurf Roms von Leon Battista Alberti (1404-1472) angebracht. So unterschiedlich der Medientyp sein mag, der bei Alberti begegnet, so sinnvoll scheint mir der Exkurs, da er den Aspekt einer ‚mechanischen Poetik' weiter entfaltet. Eine solche bestimmt, wenngleich in geringerer Komplexität, grundsätzlich das Wesen von Blättern mit Dreh- und Klappelementen oder Faltoperationen.

Einerseits steht Albertis Werk noch im Zeichen der Handschriftenkultur, andererseits bereits an der Schwelle des Buchdrucks. Aufgrund der Erfahrung der Unmöglichkeit von 1:1 Übertragungen von handgeschriebenen und gezeichneten Texten und Bildern, misstraute Alberti den Kopiertechniken seiner Zeit, insbe-

242 Vgl. Arno Borst: Computus. Zeit und Zahl in der Geschichte Europas. Berlin 1990. ‚Computus' bedeutet mit Bezug auf den Aspekt der Berechnung der Zeit zunächst die astrologische Ausdeutung errechneter und beobachteter Planetenbahnen.

sondere denen von Bildern. Selbstgenügsam sollte der Text sein und keiner ergänzenden Bilder, Zeichnungen oder Diagramme bedürfen.[243] Alberti vertraute sich Schrift/Text und Zahl an und überantwortete, wie Claus Pias es formuliert, „die Regeln der neuen Künste und Technologien vollständig den diskreten, alphanumerischen Zeichen von Schrift und Zahl."[244] Diese Überzeugung Albertis findet sich in einer kurzen, vierseitigen Arbeit von ihm wieder, die den Titel „Descriptio urbis Romae" trägt. Darin entwarf Alberti zwischen 1430 und 1450 einen Stadtplan Roms, der keine Abbildung enthält. Albertis Karte von Rom bestand im wesentlichen nur aus der kurzen, lateinischen *descriptio*, in der er darlegte, wie mit Hilfe einer von ihm entwickelten Methode jeder Leser in die Lage versetzt würde, sich selbst eine exakte Kopie der Masterkarte anzufertigen. Dazu baue man sich einen Kreisring, den man in eine festgelegte Anzahl von Winkelgraden unterteile. Statt eines hölzernen Kreisrings könne der Kreis auch unmittelbar auf die Papierfläche gezeichnet werden, auf der der Plan entstehen soll. Dieser Kreisring repräsentiere den Horizont. In seinem Zentrum befestige man ein drehbar gelagertes Lineal, das ebenfalls unterteilt sei, und zwar in eine gegebene Anzahl von Längeneinheiten. Es soll den Radius anzeigen. Mit dieser Apparatur könne man auf der Zeichenfläche operieren, wobei ein symbolischer Null- und Mittelpunkt als Zentrum festzulegen sei. Alberti lozierte ihn auf die Spitze des Kapitolinischen Hügels. Alle anderen (Objekt-)Punkte sind nachfolgend durch die Kombination von Kreis-Winkel und Lineal-Radius, also durch Polarkoordinaten angegeben und sind damit ohne einen ikonischen Interpretationsspielraum adressierbar.[245] Führt man dieses Programm stringent durch, entsteht am Ende ein Stadtplan bzw. eine Karte, die einem Punktgewimmel gleicht. Ohne die Terminologie der elektronisch-digitalisierten Computertechnologie hier

---

[243] Konsequenterweise ist das theoretische Oeuvre Albertis zu Kunst, Wissenschaft und Technik fast gänzlich bildlos erschienen, vgl. Mario Carpo: Alberti's Media Lab. Alberti on Reproduction and Reproducibility of Text, Pictures, and Numbers. Unver. Typoskript eines Vortrags auf der Konferenz: „Between Graphics, Instruments, and Fiction. Tools of Power in Early Modern Europe", am ZfL, Berlin, 11.05. 2001; vgl. ders.: Architecture in the Age of Printing. Orality, Writing, Typography, and Printed Images in the History of Architectural Theory. Cambridge et al. 2001, S. 119-126.

[244] Claus Pias: Malen nach Zahlen. Alberti misstraute der Illustration und ließ seine Leser selbst zeichnen. In: FAZ, 15. August 2001, <http://www.uni-essen.de/~bj0063/texte/alberti.html>, Stand September 2007.

[245] Insgesamt gibt Alberti 176 Koordinatenpaare an, von denen allein die Hälfte auf den Verlauf des Tibers fällt, die andere auf die Positionierung von Stadttoren, Kirchen und Monumenten. Bereits Claudios Ptolemaieus (ca. 100-160 a.D.) ‚übersetzte' seine Karten in Ziffern und transformierte das analoge Format von Karten in ‚digitale' Dateien. Auch ihm war bewusst, dass manuelles Kopieren zu Ungenauigkeiten führen kann. Alberti kannte offenbar Ptolemaios „Geographia", und zwar aus der durch Johannes Angelus (um 1360-1411) angefertigten, lateinischen Übersetzung von Ptolemaios' Werk, vgl. Mario Carpa: Architecture in the Age of Printing, a.a.O.

aufzunehmen, lässt sich von einem *digital file* sprechen, das vor Augen tritt. Dessen Datenmenge entspricht zum einen der Koordinatensammlung, zum anderen ist sie ein Schlüssel zum Öffnen ihrer eigenen Information. Alberti also lieferte statt eines Stadtplans in ikonischer Gestalt ein ‚Programm' für dessen Visualisierung, indem er die Schritte zur Herstellung eines Kreiswinkels und eines Längenlineals beschrieb und eine Bedienanleitung für deren Gebrauch formulierte. Die ‚mediale Logik' der Methode Albertis besteht darin, Zeichnungen oder Bilder alphanumerisch zu codieren, zu speichern, zu kopieren, zu reproduzieren und zu zirkulieren. Der alphanumerische Code ist die Karte, die Karte ist der alphanumerische Code. Albertis Rom-Plan präsentiert sich dem potentiell schauenden Betrachter *verbis solis*, wobei sein numerischer Text nach dem zugreifenden Einsatz des Betrachters verlangt. Erst dessen ‚Händigkeit' kann eine Karte herstellen, auf der die Augen eine (gewohnte) urbane Geographie und Topographie erkennen. Die Herstellung der Karte, sprich die Einlösung, Implementierung und Visualisierung des ‚eingefrorenen' Kommunikats von Albertis Werk wird durch ein ‚Programm' realisiert, das in der *descriptio* aufgehoben ist. Dieses gibt die Abfolge diskreter Arbeitsschritte vor, um die Datenmenge zu entschlüsseln und zu visualisieren.

Um 1485 druckte Martin Flach in Basel ein Losbuch, von dem hier die Rückseite des ersten Blattes (fol.1v.) und die Vorderseite des 2. Blattes (fol. 2r.) zu sehen sind.[246]

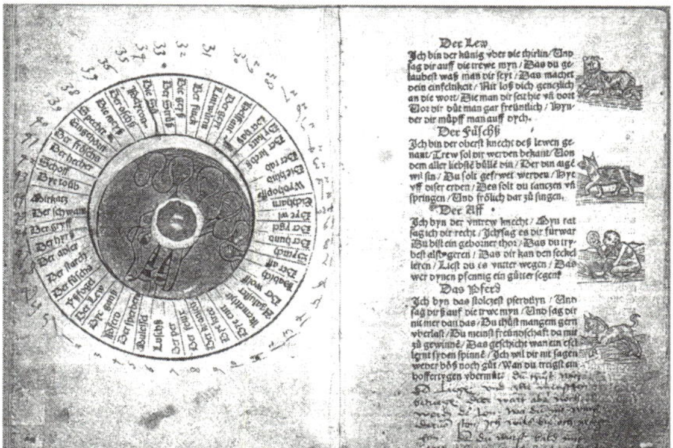

Links sind zwei Kreise dargestellt, wobei es sich bei dem Innenkreis um eine drehbar gelagerte Pappscheibe handelt. Sie ist durch ein dünnes Band auf der unbeschriebenen Rückseite von fol. 1v., also dem Deckblatt (fol. 1r.) befestigt. Auf der Scheibe ist der Kopf eines aus Wolken hervortauchenden Ungeheuers (Dra-

246 Martin Flach: Losbuch. Basel, um 1485; das Exemplar befindet sich in der Staatsbibliothek in Berlin, Handschriftenabteilung, Sig.: Na 4311 (bpk / Handschriftenabteilung, Staatsbibliothek zu Berlin - Preußischer Kulturbesitz).

che) mit herausgestreckter Zunge abgebildet. Die Zunge, deren Spitze abgebrochen ist, fungiert als Zeiger. Bei ihrer Drehung verweist sie auf eines der 51, im Außenkreis schriftlich mit Namen angegebenen und numerisch indizierten Tiere, die sich in Vierfüßer bzw. Säuger, Vögel und Fabelwesen wie Einhorn und Greif unterteilen.

Das Exemplar weist Gebrauchsspuren auf, so ist die in das Deckblatt eingelassene Drehscheibe lädiert, und die um den Außenkreis verlaufenden Ziffern ebenso wie die Glossen, die an einigen Versen stehen, wurden von zeitgenössischer Hand nachgetragen. Auf der rechten Seite (fol. 2r.) sind vier Tiere als schraffierte Holzschnittminiaturen zu sehen (Löwe, Fuchs, Affe, Pferd), denen sechs- bis achtzeilige, metrische Orakelsprüche in den Mund gelegt sind. In einer Spalte untereinander angeordnet, listen die nachfolgenden zwölf Seiten des Büchleins die übrigen Tiere auf. Werden zwar sämtliche Tiere aus dem Außenkreis des Bildes derart wieder aufgerufen, haben die ihnen zugeordneten Aussagen nur in den wenigsten Fällen etwas mit dem ihnen stereotyp unterstellten (Tier)Wesen zu tun. Ebenso wenig ergibt sich eine stringente Reihenfolge ihres Auftretens, die einer Hierarchie im Tierreich folgen könnte, wie man aufgrund des Löwen als König der Tiere an erster Stelle annehmen sollte. Eine zufällige Setzung scheint hier am Werk gewesen zu sein. Die Tiere fungieren als ikonische Abbreviaturen und Sprachrohre für Wahrsagungen, die man ihnen ‚andichtet'. Zugleich dienen sie als visuelle Signalscharniere zwischen erdrehtem Tier und Listenstelle, da dies nicht von den Ziffern geleistet wird, die um den Außenkreis herumlaufen. Sie referenzialisieren eigenartigerweise nicht das erdrehte Tier mit dessen Position im Spaltentext. Sie gehen, wie erwähnt, auf einen handschriftlichen Nachtrag zurück, wobei sich nicht mit Bestimmtheit sagen lässt, ob am Anfang (oder spätestens bei ihrem Nachtrag) eine logische Verknüpfung zwischen Rad-Tier und Spalten-Tier intendiert war.

Bezüglich der Handhabung des Buches, die auf der letzten Seite im Buch expliziert wird (vgl. dazu weiter unten), ist vorstellbar, dass die Benutzer von außen, d.h. bei geschlossenem Zustand des Buches, die Drehscheibe bedienten. Anschließend klappten sie es auf, sahen, welches Tier sie erdreht hatten und suchten es entsprechend seiner Position auf. Der entsprechende Orakelspruch konnte anschließend kollektiv ausgelegt werden.

Losbücher sind Sammlungen von prosaischen oder metrischen Orakelsprüchen, aus denen wissbegierige Benutzer-Frager einen ziehen oder zugewiesen bekommen, indem sie ein nicht von ihrer Handhabung oder Berechnung abhängiges, sondern dem Zufall unterworfenes Instrument benutzen. Die Auswahl ist folglich nicht durch bloßes Hintappen auf die Spruchliste oder blindes Hineinstechen in ein Buch herbeizuführen.[247] Vorbilder für Losverfahren mit drehbaren Zeigern

[247] Ernst Voulliéme: Losbuch. Ein scherzhaftes Wahrsagebuch gedruckt von Martin Flach in Basel um 1485. Berlin 1923, hier: S. 3ff.; vgl. auch Johannes Bolte: Zur Geschichte der Punktier- und Losbücher. In: Jahrbuch für historische Volkskunde 1 (1925), S. 185-214.

oder drehbaren Scheiben waren Glücksräder auf Jahrmärkten oder ihre geistlichen Gegenstücke in Kirchen, die es ermöglichten, Beistand gewährende Apostel auszulosen (Apostelräder).[248] Losbücher führten also zu einem Ergebnis aufgrund eines mechanischen, dafür weitgehend verstandesmäßige Erwägungen ausschließenden Verfahrens.

Die Kirche sprach über diese, in ihren Augen abergläubische Form von Wahrsagerei das Verdikt aus und untersagte die Benutzung von Losorakel als heidnisches Mittel der Zukunftserforschung. Wie so oft, sind aber Uneinheitlichkeiten bei der Auslegung dieses apodiktischen Urteils zu verzeichnen. Für Thomas von Aquin etwa war die Intention des Losens entscheidend, nämlich, ob es dazu dienen sollte, etwas zu verteilen, zu beraten oder wahrzusagen. Lediglich letzterer Gebrauch sollte seiner Meinung nach unerlaubt sein.[249] Johann Hartlieb (ca. 1400-1468), Leibarzt der Wittelsbacher Herzöge und bedeutender Vertreter der Wahrsageliteratur des Spätmittelalters, charakterisierte 1456 in seinem „puch aller verpoten Kunst, ungelaubens und der zaubrey" Losbücher wie folgt:

> Es ist ain gemain puch, das haißt man ain loßpuch; etlichs würft man mit würffeln. ettlichs treibt man umb bis uff ain zal, nach der zal sucht man dann die frag, warumb der mensch gefragt hatt, es sey von weiben, vich, eer oder ampt zu erwerben oder sunst gar manigerlay; [...]. Die poßhait ist so weit ußgetailt mit iren fragen, das kain ding in der welt ist, man vind es in disen fragen. Nach dem chomt man an ainen alten, der weißt dann zu ainem richter, der legt uß die selbigen frag. Das ist als ain ungelaub und vast wider got, wann es hat kainen grund, weder gaistlich noch natürlich und ist vast verpotten von der hailigen kirchen in decretis. Die loßpücher sol dein genad und ain yeglicher cristenmensch meiden und fliehen.[250]

Hartlieb war ergebener Christ, worauf seine negative Einstellung den Losbüchern gegenüber zurückzuführen ist. Er musste diese Praktiken verdammen, da sie als verbotene Künste galten. Um auf Flach zurückzukommen, so lieferte er eine Be-

---

248 Vgl. Fritz Boehm: Los/losen; Losbücher. In: HWDA, Bd. V, Sp. 1351-1401, hier: 1384-85.

249 Vgl. Veronika Pirker-Aurenhammer: Losbücher. In: Alpha & Omega. Geschichten vom Ende und Anfang der Welt. Hg. v. Hans Petschar. Wien/New York 2000, S. 232. Pirker-Aurenhammer bezieht sich auf die "Summa theologica, II/2q95 a8.

250 Johannes Hartlieb: Das Buch der verbotenen Künste. Aus dem Mittelhochdeutschen [...] v. Falk Eisermann u. Eckhard Graf. München 1998, S. 103-104, in Hartliebs Original das Zitat auf fol. 30r. u. 30v. Hartliebs Thematisierung dieser Reste eines heidnischen Brauchtums trug unbeabsichtigterweise dazu bei, dass die inkriminierten Praktiken der Magie und das Gedankengut zur Kräuterkunde zirkulierten und bekannt blieben. Zudem wurde ihre Verwissenschaftlichung vorbereitet, in dem Sinne, als die Wahrsageliteratur, zusammen mit Mantiken (Wahrsagekünsten), die auf den Mond, die Namen oder die Hand bezogen waren, als Teile der Geheimwissenschaften und magischen Künste (*artes magicae*) eine Systematisierung erfuhren.

dienungsanleitung und Abwertung des eigenen Werkes mit ironischem Unterton, die eine Zensur vermeiden sollte, auf der letzten Seite (fol. 8v.) mit:

> Dyß loßpuch von voglen ist gemacht/Allein vmb kürczwyl ist erdacht/Wye man nun dar in vmb gat/Das vindest du forn in dem radt/Do synd die thier innen begrieffen/Die weist ein zung scharpff gesliffen/Eyns wylden thires mitten im kreyß/Wen man den das weyß/So mag einer aussenn dreen/Und inwendig im rad sehen/Was er fur ein thir hab gewendt/Dar noch in das puch lauff behendt/Und wo er dyß thyr vindt/Und do acht rymen bey sindt/Die das thyr thut sagen/Waß dir wider far by dinen tagen/Dz geschicht glaubst dus mit dine sinne/so ein essel lert syden spynnen/du wirst geefft vnd auch betrogen/Es ist nur fabel vnd ist erlogen/Es ist gemacht für lange weil/Got vnß von synem rych nit teil/Der des ist begeren gentzlich/Der sprech Amen froelich.

Das Prinzip von Losbüchern basiert also auf der Bedienung eines aleatorischen Losmittels. Es operiert innerhalb eines gestuften Prozesses aus sinnerschließenden *Hand*lungen, Bild-, Text- und Zahllektüren sowie Ausdeutungen. Nach dem Durchlauf erhält der Benutzer bspw. Auskunft über sein Schicksal.

Eine ‚mechanische Poetik' ist auch in Flugblättern späterer Provenienz zu beobachten. Mit dem Blatt „Römisch Cathol. Wunderseltzames Glückrad/" von 1620 kehren wir in den zeitlichen und thematischen Kontext der konfessionellen Auseinandersetzungen zu Beginn des Dreißigjährigen Krieges zurück. Inklusive der Ausgangsposition, offeriert das Blatt im Scheibenrund acht Ansichten. Das Drehrad dient dazu, das Papsttum und seine Geistlichkeit bloßzustellen und zu diffamieren. Für einen mit dem Text korrespondierenden Umlauf befindet sich das Rad mit geöffnetem Scharnier zunächst nach oben ausgerichtet. Im Bild erscheint der Papst, mit seiner Tiara und Kreuzstab. Sein Gesicht verdeckt eine Maske mit leeren Augenhöhlen. Der Text legt dem Papst Mord und Sünde zur Last, spricht ihm damit jegliches Recht auf die oberste Stellvertreterfunktion Christi ab und stellt ihn als Verkörperung des Antichrist dar. Die Verse der ersten Strophe lassen kein gutes Haar an ihm, wobei der Ausspruch des Papstes zugleich die mediale Logik des Scheibenapparates expliziert:

> Dräh vmb diß Rädlein/Lieber Christ: Allhier sichstu den Antichrist. Der steht im anfang oben an/Wie bey Marco thut klärlich stahn. Dieser ist des verderbens kind/Voll laster/Mord/Geiz/Schand vnnd Sünd. Der Römisch Bapst/Oelgötz zu Rom/Steht hier/sampt Creuz vn dreyfach Cron.

Im Anschluss daran geraten bei Rechtsdrehung der Kardinal und der Bischoff als die nächsten Würdenträger in den Blick. Ihr wahres Wesen entpuppt sich als Macht der Dunkelheit (die Nachteule) und der Gewalt (der Wolf, der ein Lamm gerissen hat). Die Strophen argumentieren teilweise anders und heben das Kardinalswesen als Brutstätte der Antichristen hervor und titulieren den Bischof als Schwein, der den Christen nachstellt. In der weiteren Abfolge erscheinen der Jesuit als unterwürfiger Hund, der Kapuziner als feige Katze, der Pfarrer als Affe und somit närrischer Sünder, den seine Begierde das Zölibatsgelübde brechen lässt, und schließlich der Kartäuser, wohl als Hase, den die Sinneslust zum Verzicht auf seine Enthaltsamkeit antreibt. Den Abschluss bildet der Narr (Abb. 20, ich gebe vier Ansichtsebenen, inkl. Erstansicht wieder):

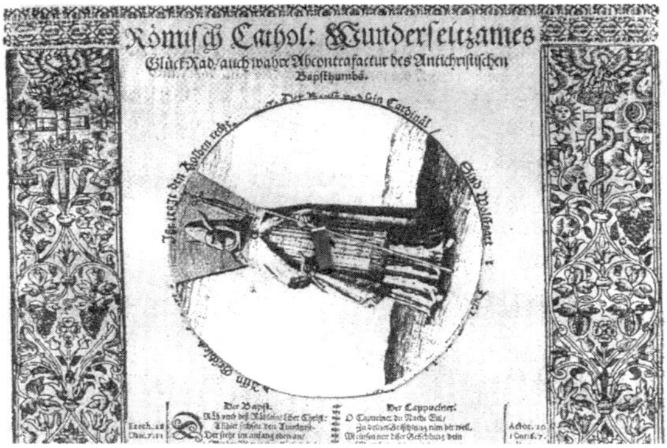

Außer der zoomorphen Entstellung und des Ornats, sind den kirchlichen Würdenträgern Funktionsstäbe als Attribute in die Hand gegeben. Der dreifache und zweifache Kreuzstab sowie der Krummstab zeigen die oberste Hirtengewalt von Papst, Kardinal und Bischof an. In satirischer Verzerrung stehen beim niederen Klerus Spottstäbe als Insignien ihrer klerikalen Autorität. Der Jesuit hält seinem Ruf als Soldat Gottes gemäß einen Streitflegel, der Kapuziner einen als Geißel dienenden Kreuzstab, der Messpfaffe einen Weihrauchwedel mit zwei Würsten und der Karteuser einen Kreuzstab, an dem zwei Fastenheringe hängen. Der Narr hat die typische Narrenmarotte, die in besonderer Weise als antithetisches Herrscherszepter lesbar wird.

Die Strophen erheben nicht nur Anklage gegen die Kirchenmänner, sondern fassen ihre Zurechtweisung und den Spott in Reime, wobei zum Teil auf die Tiere eingegangen wird. Diese sind dem Repertoire antikatholischer Propaganda entnommen: Der Jesuit wird traditionsgemäß als Hund gezeichnet, der Bischof als Wolf, der ein Lamm gerissen hat, und der Kapuziner als Nachteule. Der Narr steht für keinen geistlichen Vertreter, sondern versinnbildlicht die Torheit, an der sowohl die unaufrichtigen Geistlichen als auch der einfältige Gemeine Mann aufgrund ihres falschen Gottesdienstes und Gottesglaubens leiden. Die Torheit wird ihnen zum Verhängnis werden. Die Gestaltung des Blattes, die auf das sequentielle Drehen abzielt, und die Art der Kommentare legen es nahe, dass es öffentlich und kollektiv, in einer Aufführungssituation vorgeführt und rezipiert wurde. Ausführliches Lachen war unbedingt intendiert.

Jörg Jochen Berns, der sich auf die Suche nach den Anfängen bewegter Bilder und ihrer Poetik in frühneuzeitlichen Medien gemacht hat, ist auch auf Blätter wie dieses gestoßen.[251] Er macht darauf aufmerksam, dass – imaginationspsychologisch gesprochen – der Drehscheibenmechanismus dieser konfessionspolemischen Papstmähapparate anders als mittelalterliche Mehrfeldbilder (etwa arma Christi-Darstellungen mit zentralem Hauptbild und Nebenbildern) keine narrativ-anekdotische Bewegungsstimulation im inneren Film der Imagination bezweckt. Stattdessen vollziehen sich Veränderungen auf der Bildfläche selbst, im Glückrad-Exemplar an signifikanter Stelle, nämlich am Kopf der die Bildszenerie dominierenden und zentrierenden Kirchenvertreter.[252] Mit der Kopfvertauschung, die die Scheibenapparatur leistet, wird im Zusammenspiel mit dem Text mittels simpler Mechanik ein Schimpf- und Schmäheffekt auf neue Weise erreicht. Im Gegensatz zu Darstellungsformen, die in einer (simultanen) Zusammenschau eine verhasste oder verspottete Person mit mehreren Köpfen präsentieren (vgl. bspw. Luther als ‚Siebenkopf', wie er auf dem Titelholzschnitt von Hans Brosamer zur 1529 erschienenen Schmähschrift von Johannes Cochlaeus zu sehen ist), operieren die antipäpstlichen Schmähgeräte mit mechanisch inszenierten Bildwechseln, die für Überraschung sorgen. Sie vollziehen die Verwandlung vor den Augen der Zuschauer und zeigen gleichsam einen ‚äußeren Film'.[253] Dieser intendiert keine Meditationsanbahnung mehr. Gleichwohl verlangt auch er Decodierungsanstrengungen, die in der schrittweisen Erschließung der Blattsegmente und der Herstellung wechselseitiger Bezüge bestehen sowie in der Rückbeziehung der allegorischen Schmähzeichen auf die konfessionelle Realität.

---

[251] Vgl. Jörg Jochen Berns: Film vor dem Film, a.a.O., S. 69-76 u. 7-11. Berns will in seinem anregenden Essay, „in Absetzung von einer Praecinema-Forschung", Grunddisposition und Anbahnungsgeschichte „filmischer Wahrnehmung in Psychologie, genauer in Seelengeschichte" fundieren. Ausgehend von „erbauungstheologische[n] und psychodidaktische[n] Vorstellungen", versucht er zu ermitteln, „welche Erbauungswünsche technologische Phantasie anregten, welche imaginationspsychologischen Bedürfnisse Erfindungsimpulse freisetzten und das Austesten von wahrnehmungsphysiologischen Basisverfahren stimulierten".

[252] Zum Begriff des ‚inneren Films', vgl. Jörg Jochen Berns: Film vor dem Film, a.a.O., hier: S. 7-11 sowie in dieser Arbeit in Teil B, 4. Kap. „Serielle Logik, Vor-Film und technischer Graphismus"

[253] Vgl. Jörg Jochen Berns: Film vor dem Film, a.a.O., hier: S. 76-77.

Den Abschluss dieses Abschnitts stellt ein Exemplar, das vermutlich als Dekorvorlage für eine Schale diente und um 1558 in Frankfurt a.M. entstanden ist.[254] Der Titel lautet „Bapst Gebot ist wider Got". Das Drehbild, dessen Erscheinung wie ein Wulstspiegel mit breitem Lederrand und mittig-zentraler Spiegelfläche anmutet,[255] stellt den Machtanspruch der katholischen Kirche in Frage, wobei es die Invektive gegen den Machtanspruch mit einer Warnung gegen den Hochmut verbindet. Der zentral platzierte Papst verwandelt sich bei einer Drehung aus dem oben gezeigten Zustand in einen teufelsartigen Satyr, den animalische Lüsternheit auszeichnet. Dabei erscheint das Kinn des Papstes als Nase des Satyr, während der Mund beiden gemeinsam ist (Abb. 21):

In dem breiten Streifen, der Papst und Satyr umläuft, sind zwischen floralen Ornamenten Szenen und Figuren unterschiedlicher ikonographischer Herkunft eingefügt. Der Blick des Papstes ruht auf dem durch Obelisken hervorgehobenen Kompartiment, das den Sündenfall im Paradies in Szene setzt. Dieses Segment wird durch die Parallelschraffur seines Hintergrundes von dem dunkleren, übrigen Bildgrund abgegrenzt. Frau Hoffart mit Spiegel und Pfau als Personifikation der *superbia* steht diesem Bildsegment gegenüber. Flankiert wird es von der Hu-

---

254 Vgl. Cornelia Kemps Kommentar in: Deutsche illustrierte Flugblätter, Bd. IV, S. 32.

255 Zum vielschichtigen Gebrauch und Verständnis des ‚Spiegels' im Spätmittelalter und in der Frühneuzeit, vgl. im Teil B, Kap. III, den Abschnitt „Spiegel".

re Babylon auf dem siebenköpfigen Ungeheuer, die mit der Tiara gekrönt ist und einen Pokal in ihrer ausgestreckten Linken hält. Interessanterweise ist sie zuunterst im Kreisring platziert und steht so als einzige Figur dem Betrachter aufrecht gegenüber. Vor ihr ist eine Gruppe kniender Männer zu sehen, die als Vertreter weltlicher Macht und des mönchischen Standes erkennbar sind. Die Figur aus der Apokalypse steht für die Abkehr vom rechten Glauben, für sündiges Treiben und die Anbetung falscher Götter. Nach Luthers Auslegung war damit die katholische Kirche gemeint. Der Sturz Phaetons aus dem Sonnenwagen warnt vor den Folgen von Anmaßung und prophezeit dem Papst ein unglückliches Ende. Unterstützt wird dies durch das Abbild des Marcus Curtius, der sich kampfesmutig in den Höllenschlund stürzt.[256] Beginnend unter dem siebenköpfigen Tier, lautet die niederländische Umschrift im äußeren Ring auf Deutsch wie folgt: „Die Hoffart ist so groß und verblendet, dass sie weder Gott noch ihren Nächsten liebt. Eine Mutter der Bosheit voll Zank und Tyrannei/vor allem als sie diese versündigte Quelle getrunken hat/aus dem babylonischen Becher voll Falschheit. Und sie hat weder Macht noch Ursache in ihrer Herrschaft." Die französischen Verse im inneren Ring drücken aus: „Wer aus Stolz Verbrechen begeht und sich der Gotteslästerung bedient/Der wird für seine Schandtat die Strafe auf sich lenken."[257] Diente das Doppelkopfmotiv in den Vanitas- und Memento mori-Exemplaren als prägnante Allegorie auf das unauflösliche Verflochtensein von Leben und Tod, wird im vorliegenden Exemplar mit seiner Hilfe die Janusköpfigkeit und Hypokrisie der Papstkirche darstellungsstrategisch effektiv vorgeführt.

Die Flugblätter, Albertis Rom-Stadtplan und Martin Flachs Losbuch verklammert eine ‚mechanische Poetik'. Die Medien fordern zum einen die Betrachterhand als Agens zum zugreifenden Handeln heraus, zum anderen ist eine Art von Programm unterschiedlicher Komplexität und Sequenzialität zu absolvieren, damit die Kommunikate und Aussagegehalte der Darstellungen umfassend erschlossen werden können.

2.3 *Faltungen*

In der Zeit der Reformation und Gegen-Reformation im 16. und 17. Jahrhundert entstand der Brauch der ‚Patenbriefe', die Babys von ihren Pateneltern geschenkt bekamen. Diese umfassten ein Blatt Papier, das in einer bestimmten Form, der ‚Doppel-Blintz' (zweifache Faltung eines Bogens) vorgefaltet war, und mit den Daten der Geburt und der Taufe des Kindes versehen war. Darüber hinaus dienten religiöse Motive und fromme Botschaften als Darstellungsdekor.[258] In Folge

256 Einer antiken Volkssage nach verhinderte der mutige Marcus Curtius durch seinen Opfertod den Untergang Roms.

257 Die Auflösung der Umschriften ist dem Blattkommentar entnommen, in: Deutsche illustrierte Flugblätter, Bd. IV, S. 32.

258 Der erste Beleg von Faltvorgängen in Deutschland geht auf Tischservietten zurück, vgl. David Lister: Die Geschichte des Papierfaltens. Eine deutsche Perspektive.

wurden Faltvorgänge auch auf Flugblätter mit zum Teil komplexen Botschaften übertragen. Eher simpel mutet das folgende Exemplar mit einer Faltung aus der Mitte des 18. Jahrhunderts an, in dem das Memento mori-Motiv einmal mehr inszeniert wird.[259]

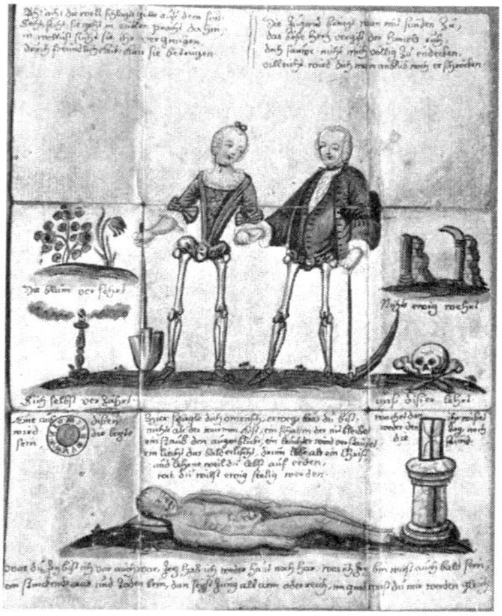

Die kolorierte Zeichnung zeigt eine modisch gekleidete und wohlhabende, junge Frau und einen entsprechenden Mann, die einander in Zärtlichkeit zugetan, in offener Landschaft stehen oder spazieren. Der handgeschriebene Text über der Dame weist zum einen auf die Sündhaftigkeit und Kurzlebigkeit irdischer und fleischlicher Genüsse und Gelüste hin und betont zum anderen das betrügerische Wesen der Frau(en): „Secht, secht, sie geht in eutlen pracht dahin, in wollust sucht sie ihr vergnügen, durch freundlichkeit, dan sie betrügen." Dem Mann wird eine ähnliche Warnung über die Kürze der Jugend und die Gefahr eines gottvergessenen Lebens zuteil, zudem offerieren die beiden letzten Zeilen einen zweideutigen Kommentar, der seine skeptische Wachsamkeit betreffen und ferner auf die mediale Verfasstheit des Blattes referieren kann: „doch saume nicht mich vollig zu endecken. villeicht wird dich mein anblick noch erschröcken." Entfaltet offenbart sich denn der wahre Zustand der beiden Figuren als moribund; die Dame und der Mann sind längst des Todes. Statt des Fächers hält die Dame den Spaten, mit dem ihr Grab geschaufelt wird, der Mann anstelle des Spazierstabs die Sense. Weitere Vergänglichkeitsattribute stehen beiden Figuren zur Seite.

<http://www.papierfalten.de/documents/papierfalten-deutschland.pdf>, Stand September 2007.

259 Das Exemplar findet sich in Hildegard Elisabeth Keller: Der Dritte im Bund. In: Liebe und Tod. Hg. v. Peter Rusterholz u. Sara Margarita Zwahlen. Bern 2006, S. 53-75, hier: S. 56, Abb. 1,2.

Auf der unteren, neu hinzugekommenen Ansichtsebene, wird die Darstellung zu einer alle Menschen betreffenden Aussage verallgemeinert, indem ein verwesender Leichnam die Vergänglichkeit des Hier-und-Jetzt im Diesseits versinnbildlicht. Aufgenommen in die Paränese ist motivtypisch auch der Trost, der sich aus der Vision eines ewigen Lebens im Reich Gottes bei einer angemessen frommen Lebensführung ergibt.

Der Titel eines Faltexemplars, das mit dem zweihundertjährigen Jubiläum der Augsburger Konfession (1530) zusammenhängt, lautet „Bleib werthes Augspurg, bleib, auf ...". Es ist 1730 in Augsburg entstanden.[260] Bei dem Blatt oder Brief handelt es sich um einen doppelseitig bedruckten Bogen, der in einzelne Felder unterteilt und mehrfach faltbar ist. Die Felder enthalten emblematische Darstellungen, Miniaturveduten, Porträts, Bibelverse, Sinnsprüche und Allegorien, die zum Teil die Bilder erklären und kommentieren (Abb. 22, Außenansicht):

Im Mittelpunkt der Außenansicht ist Augsburg dargestellt. Über der Reichsstadt wacht das Auge Gottes im Strahlenkranz der himmlischen Aura. Im rechten Seitenbild steht Gustav I. Wasa (1496-1560), der mit dem rechten Finger auf das Kruzifix zeigt, das sich auf einem Tisch, ihm zur Seite, zusammen mit Krone und

260 Als „Augsburger Konfession" gilt die historische Übergabe des protestantischen Glaubensbekenntnisses an Kaiser Karl V. auf dem Reichstag zu Augsburg 1530. Zu den Bemühungen (u.a. von Johann Saubert), das Jahrhundertjubiläum zu rekonstruieren und als Ur-Ereignis, das die protestantische Konfession bestätigt, medial aufzubereiten und zu verbreiten, vgl. Angelika Marsch: Bilder zur Augsburger Konfession und ihren Jubiläen. Weißenhorn 1980, S. 7; auch den Kommentar zum Blatt in: Illustrierte Flugblätter aus den Jahrhunderten der Reformation und der Glaubenskämpfe, a.a.O., S. 72.

Szepter befindet. Der Text im Feld unter ihm stellt ihn als den König Schwedens heraus, der das Luthertum in Schweden einführte. Links neben dem Zentralbild ist Friedrich I. von Dänemark zu sehen, der in Dänemark den Kirchenwechsel veranlasste. Die beiden oberen Seitenbilder setzen allegorisch die Bewährungsproben ins Bild, die der rechte Glaube bestehen muss (die sich verfinsternde Sonne, der Fels mit Kirchenbau in der Brandung). Die Mittelpartie, die eine der faltbaren Blattpartien bildet, betont den Anlass des Briefes bzw. der Darstellung und zeigt die Taube des Heiligen Geistes in einer Briefsigelform.

Im oberen Mittelfeld der Innenseite ist die Verlesung der Confessio Augustana zu sehen, die von zwei Psalmzitaten gerahmt ist. Das Zentraltableau gibt eine Zueignung des Blattes an den Leser durch den Verfasser wieder, wobei auf einzelne Bildfelder eingegangen wird (Innenansicht):

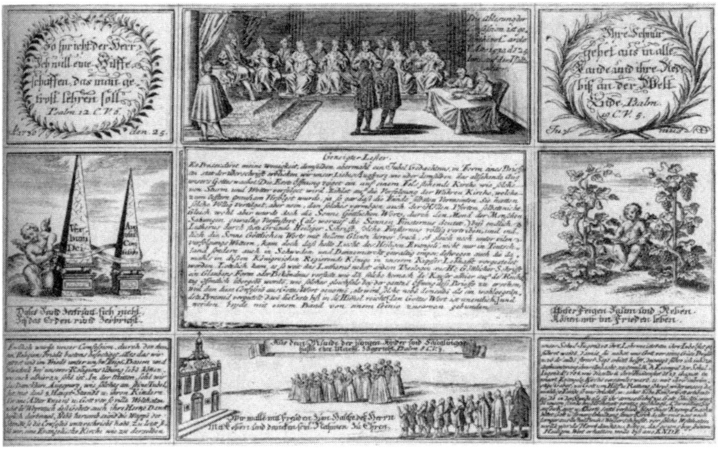

Dabei wird explizit die stufenweise Erschließung des Blattes angesprochen, jedoch nicht ausbuchstabiert. So heißt es in der dritten Zeile, dass „die erste Öffnung [...] ein auf einem Fels stehende Kirche [zeigt]“, sehr viel weiter unten, dass die Übergabe des Bekenntnisses „bey Der gantze Öffnung des Brieffs zu ersehen“ sei. Die Seitenbilder der Mittelpartie allegorisieren und beschreiben die Standhaftigkeit und Friedfertigkeit des evangelischen Bekenntnisses. Das untere Mittelbild schließlich vergegenwärtigt die dankbare Augsburger Bevölkerung samt ihrer Jugend, für die in den Seitenfeldern ein ergänzender Kommentar geliefert wird.

Was die Sequenz des Faltvorgangs angeht, so konnte ich keinen Hinweis auf seine genaue Festlegung finden. Dass eine Reihenfolge intendiert war, ist wahrscheinlich, doch bestehen mehrere Optionen. Möglicherweise setzte eine erste Öffnung des Bogens tatsächlich den Blick auf das Feld mit der Kirche auf dem Fels in der Brandung frei. Wenn dem so ist, dann könnten es vier bzw. zwei Faltschritte gewesen sein, mittels derer das Blatt komplett zusammengefaltet wurden:

Zunächst hatte man die beiden horizontalen Randstreifen, die das Mittelbild mit der Ansicht von Augsburg rahmen, umgefaltet, anschließend die oben und unten angrenzenden, vertikalen Streifensegmente. Daraus ergab sich ein handliches Kleinformat. Die Tatsache, dass als Resultat des beschriebenen Faltvorgangs auf der Rückseite die Taube des heiligen Geistes als Sigelzeichen auf der zuoberst liegenden Falt- und Ansichtfläche zu sehen war, ließen das Papier als Brief erscheinen. Hinsichtlich der medialen Logik von Falttechniken lässt sich sagen, dass sie einen Sinngehalt verdichten. Ausfaltbare Bild-Textprogramme setzen einen zweifachen Kognitionsprozess in Gang, der durch die Bildassoziation in Kombination mit den zugehörigen Texten begründet ist. Das kompositorische Arrangement ist darauf angelegt, das Kommunikat in einer mehr oder weniger festgelegten, sequentiellen, dabei sinnsteigernden Abfolge zu erschließen. Eine inhaltlich plausible Faltstruktur ist dafür die Voraussetzung. Der Wechsel und die Überlagerung der Darstellungsteile lassen sich mit filmischen Techniken vergleichen, nur mit dem Unterschied, dass der Faltrezipient des Blattes die Reihenfolge der aufzudeckenden Bildphasen und Textsegmente selbst bestimmt, sofern sie nicht vorgegeben werden.

Grundlegend für die Blätter, die ich unter dem Begriff der ‚Papierapparate' subsumiere, ist die Koppelung von Hand und Auge und der Zusammenhang von Zeigen und Greifen, um eine direkte Berührung herzustellen. Die Blätter sind mit einer Leerstelle versehen, die von der Hand von außen zu besetzen ist. Sie erfordern den händigen Zugriff, um komplett bzw. als Werk vollendet zu werden. Die abwesend-anwesende Hand ist konstitutiv für die Exemplare. Sie geben damit Aufschluss über ein kulturtechnisches Bewusstsein, das um die Bedeutung der zugreifenden Hand bei der Aneignung von Medien weiß. In der medial stimulierten Interaktion von Flugblatt und Benutzer bleibt der Zusammenhang von Handgreiflichkeit, Handhabung, dem Handwerklichen und Manufakturellen als Kulturtechniken erster Ordnung (*techné*) mit dem Sagen und Zeigen, Malen und Schreiben als Kulturtechniken zweiter Ordnung, (*poiésis* und symbolische Arbeit) eng verbunden. Zu schlussfolgern ist, dass die symbolische Arbeit erst dann zur Komplexität gelangt, wenn sie mit ihr vorausgehenden handwerklichen Tätigkeiten und Zurichtungen korrespondiert.

2.4 *Folia ludentia*

Während eine ‚apparative' Zurichtung die vorangegangenen Flugblatt-Cluster näher bestimmte, geht es im Folgenden um Exemplare, für die eine stärker räumliche und raumerzeugende Dimension charakteristisch ist: Der Begriff des ‚Papierraums' scheint mir für sie zutreffend. Die Blätter verlangen ebenfalls nach der von außen eingreifenden Hand des Betrachters, doch nicht um in Bewegung gesetzt oder entfaltet, sondern um ‚bespielt' zu werden. Damit nicht genug, denn die in Frage kommenden Exemplare stehen im militärischen Kontext, so dass der würfelnde und Spielfelder besetzende Betrachter-Nutzer während des Spielaktes bspw. Eroberungen aktueller Kriegshandlungen nachvollziehen oder vorausgreifend antizipieren kann. Übernahm der Rezipient zuvor die Rolle eines ‚Papieroperateurs', offerieren ihm diese Medien nun einen Handlungsraum für spielerischen Zeitvertreib.

Kaum ein Ereignis des Dreißigjährigen Krieges wurde so oft ins Bild gesetzt und kommentiert wie der Feldzug des Ambrosius Spinola in der Kurpfalz zwischen 1620 und 1621. Unter anderem wurde in einer Art Kriegsberichterstattung versucht, die eroberten Orte topographisch darzustellen. Der Buchdruck war gerade 170 Jahre alt, und Stadtbilder waren zu dieser Zeit eher selten. Zwar kannte man sie aus Hartmann Schedels „Weltchronik" (1493), aus den nicht selten um Authentizität bemühten Stadtansichten der Hogenbergschen Geschichtsblätter[261] oder aus den Städtebüchern von Braun-Hogenberg (ab Mitte 16. Jahrhundert). Die Herausgeber stellten aber zum einen nur die wichtigen Städte der damaligen Zeit dar, zum anderen handelte es sich um Drucke, die relativ wenigen Rezipienten zugänglich waren. Die Werke, die auch kleinere Orte aufnahmen, etwa von Mattheus Merian, sollten dagegen erst in den 30er Jahren des 17. Jahrhunderts erscheinen. Zwei Formen ephemerer Publikationen wetteiferten miteinander, aktuelle Informationen weiterzugeben: Newe Zeytungen und Flugblätter.[262]

Beim Gänsespiel handelt es sich um ein altes Würfel- und Laufspiel, das grundsätzlich zur Gruppe der Unterhaltungsspiele gehört. Die Spieler gelangen ihrer Würfelzahl entsprechend über eine bestimmte Anzahl von Feldern zum Ziel. Die Grundstruktur des Gänsespiels besteht aus spiralförmig angeordneten Feldern. Im Prinzip ist es mit dem heute geläufigen, analog als Kette von Würfelfeldern gestalteten Mensch-ärgere-dich-nicht-Spiel vergleichbar. Die Felder sind im Gänsespiel von den Spielern von innen nach außen oder andersherum, entsprechend ihrer Würfelzähler zu durchwandern. Die Aleatorik des Würfelspiels macht den Spielverlauf unberechenbar und erzeugt Spannung. Hinzu kommt, dass die einzelnen Felder inhaltlich mit brisanten Themen belegt sein können. Der Ursprung des Gänsespiels liegt wahrscheinlich in der Antike, wobei sich der Name des Spiels daher ableitet, dass auf frühen Artefakten eine ‚wandernde Gans' auf den Spielflächen abgebildet war.[263] Einer Kategorisierung über die Schwerpunkte der Spielstoffe in thematisch ausgerichteten Gänsespielen zufolge, lässt sich die Do-

---

[261] Vgl. Teil B, Kap. III, im Abschnitt „Exponierte Schauräume und Wahrnehmungsdynamisierung".

[262] Vgl. Wolfgang Reiniger u. Klaus Stopp: Wahrhafftige Abbildung derjenigen Stätt Schlösser und Flecken welche Ambrosius Spinola [...]. Mit einem Verzeichnis der abgebildeten Orte in der Pfalz und in der Wetterau. Bad Kreuznach 1982 (nicht paginiert).

[263] Vgl. Eva Kimminich: Information, Edukation und Manipulation im Spiel. Graphische Spieltafeln der Vergangenheit und Gegenwart. In: Bayerisches Jahrbuch für Volkskunde, 1989, S. 52-62, hier: S. 52-55, Abb. 21-26; vgl. auch Spielerische Seiten. Spiele und Spielebücher in der Herzog August Bibliothek. Hg. v. Georg Ruppelt. HAB Wolfenbüttel 1992, S. 10-13.

minanz historischer Themen und Ereignisse oder solcher mit tagespolitischer Aktualität konstatieren. Dazu gehört die (spielerische) Vermittlung von Sachwissen aus Bereichen wie der Geographie, Astrologie, Botanik oder der Kriegskunde. Es fällt bspw. ein Festungsbauspiel auf, in welchem die fortifikatorischen Gewerke und Anlagen auf den Feldern abgebildet sind, so dass der würfelnde Spieler über den Prozess des ‚Besuchsverlaufs' auf den Feldern das Dargestellte wahrnimmt und alphabetisch angeordnete Begriffe und Grundzüge der Kriegskunst erläutert vorfindet.[264]

Die „Abbildung der fürnembsten Stadt Schlösser vnd Flecken im Teutschland so sich seiner Ex: MARQ: SPINOLA ergeben in Anno 1620 vnd 21" von 1620/21 stellt die Eroberung der Pfalz durch Spinola dar. Im Ziel der spiralförmig angeordneten Spielfelder befindet sich das Porträt des spanischen Kondottiere als Brustbild auf einer Medaille.[265] Sein Wappen und seine Devise NVNC NVNQVAM erscheinen auf dem Revers gegenüber (Abb. 23):

Die Anordnung der Städtebilder folgt der Chronologie der Eroberungen und entwickelt sich im Uhrzeigersinn aus dem Zentrum der Spirale heraus. Diese Konzeption erlaubt es, die Spirale für weitere Eroberungen offen zu halten und sie auf den jeweils jüngsten Stand zu bringen. Das gestalterische Motiv des Gänsespiels scheint 1621 erstmalig für Spinola verwendet worden zu sein.

264 Vgl. ebd.

265 Vgl. den Kommentar zu einem sehr ähnlichen Blatt in: Deutsche illustrierte Flugblätter, Bd. IV, S. 178.

Ab 1632 wurde es auch von der protestantischen Gegenpartei der Union aufgegriffen, um den siegreichen Vormarsch von Gustav Adolf zu veranschaulichen. Obwohl nicht ganz sicher ist, ob das Blatt „Des Schweden macht und sein gelück" ebenfalls 1632 entstanden ist,[266] hat es Gustav Adolfs militärische Erfolge zum Thema. Auf dem, im schlechten Zustand erhaltenen Exemplar liegt keine spiralförmige Anordnung der Felder mit den eroberten Ortschaften durch die schwedischen Truppen vor, sondern eine Bahn in Serpentinenform. (Abb. 24)

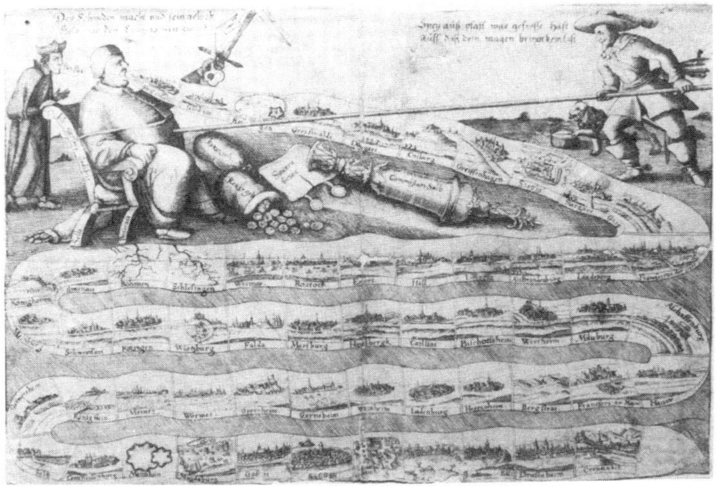

Der schwedische König stößt eine lange Stange in den feisten Wanst eines katholischen Geistlichen, aus dessen Mund die zuvor von der Liga erkämpften Eroberungen herausgedrückt werden. Das erste Auswurffeld markiert die erste katholische Eroberung, die sich der Gestalter zum historischen Ausgangspunkt nahm. Es ist nicht klar, in welche Richtung auf diesem Blatt gespielt wurde, aber aufgrund der pro-schwedischen, antikatholischen Aussage scheint wahrscheinlich, dass die Spieler am Mund ansetzten, um in Folge auf die hinzukommenden Siege der protestantischen Kräfte hinzuwürfeln. Auch hier ist für den Fall zukünftiger Entwicklungen die Feldbahn an ihrem unteren Ende offengehalten.

Gänsespiele, allen voran die gezeigten, dienten nicht zuletzt der Geschichtsschreibung, selbst wenn die Geschichte, die sie vermittelten, ideologisch gefärbt war. Festzuhalten ist, dass die Spieler in den Blättern im Rahmen ihrer konfessionell-ideologischen Einstellung mehr oder weniger stark an die Inhalte der Feldsequenz gebunden werden. Die Inhalte lassen ideologische Verzerrungen der Zeit

[266] William Coupe gibt das Blatt mit dem Titel „Eygendliche Abbildung der vornembsten Oerter/Stätt/Vestungen vnd Päß/so in kurtzer Zeit" an, vgl. in: The German Illustrated Broadsheet, a.a.O., hier: Bd. II, Abb. 67, Nr. 197b.

sichtbar werden, sie geben Einblick in offizielle oder partielle Geschichtsauffassungen, und sie beeinflussen Meinungen und Überzeugungen. ‚Papierräume' meinen keine extensiven, sinnlich erfahr- und wahrnehmbaren Räume oder Umräume. Sie beziehen sich auf die Zeichenarrangements, es handelt sich also um dargestellte Räume. Die Darstellungsflächen werden dank ihres spielerischen Verwendungszusammenhangs und des strategischen Einsatzes einer handbasierten Navigation zu Figurationen, die sich aufgrund von Kontingenz und Potenz für virtuelle Handlungen anbieten. Die Bild-Text-Gefüge adressieren den Rezipienten und offerieren ihm einen Möglichkeitsraum, in dem er über die Handhabbarmachung der Blätter als Würfel- und Gänsespiele Ereignisse zeitgenössischer Bedeutung vergegenwärtigen und nachvollziehen kann.

B Medientechnische Visualisierungen

I. Optisch codierte Schauräume

1. »Optische Armaturen«

Nachfolgend richtet sich die Aufmerksamkeit auf Flugblätter, in denen optische Realien wie Brille, Spiegel und/oder Vergrößerungsglas signifikante darstellungstechnische Funktionen übernehmen. Im Mittelpunkt des Interesses stehen Effekte der Vergrößerung und Verkleinerung, Verzerrung, Fokussierung und Zusammenschau, wie sie die optischen Armaturen bewirken können. Die Effekte, so meine These, ergeben sich durch die mediale Codierung der Optika als Visualisierungswerkzeuge und ihren Transfer in die Blätter. In Folge dieses Prozesses werden Appellzonen markiert und Schauräume entworfen, mittels derer die Blätter einen (inter-)aktiven Sehvorgang provozieren und lenken.[267]

Parallelen und Unterschiede zwischen relevanten und vergleichbaren mittelalterlichen und modernen Gestaltungspraktiken, bspw. in illuminierten Handschriften und auf graphischen Benutzeroberflächen von Computern, hat undogmatisch Karl Clausberg versucht herauszuarbeiten.[268] Er weist darauf hin, dass bereits im Mittelalter auf faszinierende Weise das Auge des Betrachters beeinflusst werde, indem szenographische Anweisungen es lenken und fokussieren. Eine Dynamisierung des Blicks werde hier vorbereitet, wenn nicht weiterentwickelt. Einem zentralperspektivisch geschulten Blick mögen die Text-Bild-Konventionen einer bedeutungsperspektivischen Darstellungspraxis ungewohnt sein, doch heben die Skribenten, Rubrikatoren und Illuminatoren durch Bildteilungstechniken wie Rankenornamentik, Kassettierungen, multiple Rahmungen, Spruchbänder und deiktische Aufmerksamkeitsappelle Szenen und Felder von semantischer Relevanz hervor. Zirkuläre Schriftringe können als Blickfang und Fokuspunkte dienen, um simultane oder ungleichzeitige Vorgänge in ein- und denselben Darstellungsraum flexibel zu integrieren und das entstehende Mehrfeldbild polyfokal zu strukturieren. Die Ergebnisse dieser Auszeichnungen adressieren, entsprechend ihrer ursprünglichen Intention, auch (noch) die Augen neuzeitlicher Betrachter;

---

[267] Einen mündlichen Hinweis von Horst Bredekamp aufnehmend, lässt sich die durch die prominent dargestellten Armaturen ausgelöste Stimulierungsqualität der Flugblätter, die eine interaktive Handhabung der Optika suggeriert, nicht nur als ‚Bildakt', sondern vielmehr als ‚Blattakt' beschreiben.

[268] Vgl. Karl Clausberg: Gummiband und Gummilinse. Mittelalterliche Vorbilder für graphische Benutzeroberflächen. In: Zeitschrift für Semiotik 16:1/2 (1994), S. 5-9.

sie vermögen ihren Blick zu lenken und zu dirigieren. Ein Grund mag darin liegen, dass die computergenerierten Möglichkeiten der Aufziehung und gummibandartigen Verfügbarkeit multipler Fenster auf elektromagnetisch angesteuerten Displays in mancherlei Hinsicht vergleichbar sind. Die funktionale Variationsbreite computertechnischer Machbarkeiten betrifft ebenso die Codierung von Stimmen, Tönen und Klängen, die über angeschlossene Audiomodule hörbar gemacht werden. Das mittelalterliche Pendant eines Stimmen- und Klangarchivs, gleichwohl in Latenz gehalten, besteht in den phantasievoll gestalteten Spruchbändern. Clausbergs Überlegungen, so heuristisch sie sein mögen, unterstützen ein Vorhaben, die Tradition des Einsatzes von solchen „szenographischen tools“[269] zur Markierung von Appellzonen in unterschiedlichen Bild-Text-Trägern von gestern wie heute genauer in den Blick zu nehmen.

Wenn im Folgenden frühneuzeitliche Flugblätter berücksichtigt sind, darf nicht übersehen werden, dass bereits Medien im 15. Jahrhundert optische Geräte darstellungstechnisch integrierten, um ihre Präsentationsräume zu konturieren.[270] Die mediale Steuerung, mittels derer die Blickrichtung und die Wahrnehmung des Betrachters gelenkt und Informationen vorstrukturiert werden, findet sich jedoch in elaborierter Form in Flugblättern. Die grundsätzlichen Fragen an das Material lauten: Wie wird die Perspektive der Drucke durch die Perspektive optischer Armaturen wie Brille oder Spiegel gelenkt? Wie korrespondieren Bild und Text, ggf. mit Ziffern und Buchstaben als Indizes und Verschaltoperatoren miteinander?

1.1 Brillen

Bei der Auseinandersetzung mit den zwei folgenden Blättern, die Brillen prominent ins Bild setzen und thematisieren, dienen die Materialien nicht als Artefakte, anhand derer die Kulturgeschichte der Brille als optische Verstärkung des menschlichen Auges eruiert werden soll. Ebenso wenig geht es darum, vor ihrer Folie die Indienstnahme der Brille als metaphorischen Sinnträger zu erschließen. Brillen, wie Lese- und Spiegelgläser auch, finden als positive Sinnträger genauso wie als pejorative Attribute in ganz unterschiedlichen Darstellungszusammenhängen Verwendung. Auf Fresken, in Miniaturen, auf Altären und in Gemälden kommt die Bügelbrille als (anachronistisches) Portraitattribut in der Hagiolatrie vor und wird zur Kennzeichnung von Gelehrsamkeit und Wissen herangezogen. Zugleich kann sie (angemaßtes bzw. Un-)Wissen karikieren, antisemitische Stereotype oder sakrilegische Inhalte kommunizieren. Ihre Einbindung als symbolisch aufgeladenes Accessoire tritt in Flugblättern gehäuft auf.[271] Auch wenn der

---

[269] Vgl. ebd., hier: S. 8.

[270] Ich gehe im Abschnitt „Spiegel“ auf einen frühen Holzschnittdruck ein, dessen Layout ein hängender Wandspiegel konturiert.

[271] Vgl. den indolenten „Hanns Unfleiß“ (1. Hälfte 17. Jahrhundert), den eine Brille ziert; den rittlings auf einer Sau reitenden, Brille tragenden Rabbi, der als Ritualmörder inkriminiert wird („A° 1476 ward das kindelein von Trient“, 1. Hälfte 17.

Fokus auf den Spielformen einer medientechnisch codierten ‚Einwanderung' von Brillen in die Drucke liegt, können die semantisch überdeterminierten Aspekte nicht vernachlässigt werden, weil die menschengemachten Sehverstärkungen diese Konnotationen immer mittransportieren.

Trotz zahlreicher Untersuchungen zum Lesestein, gestieltem Monokel (‚Einglas') und der Brille (‚Zweiglas') in ihren formenreichen Varianten, gibt es keinen Konsens darüber, wann genau Erfindung und Aufkommen der Sehhilfen zu veranschlagen sind.[272] Brennspiegel und Halbkugeln aus Quarz, Glas oder Edelstein, deren optisches Projektionspotential Gegenstände ebenfalls vergrößert, verkleinert oder verzerrt erscheinen lassen konnte, waren bereits in der Antike und im Altertum in Gebrauch. So genannte Lesesteine, die Ähnlichkeit mit den para-diaphanen Halbkugeln aufwiesen, dürften um 1220-1240 als erste taugliche Sehhilfen verwendet worden sein. Die einseitig plan geschliffenen (Halb)Kugeln und die späteren Eingläser, die auf sie zurückgingen, wurden aus Bergkristall oder dem Halbedelstein Beryl gefertigt. Ein früher literarischer Beleg für den Lesestein findet sich in Konrads von Würzburg (1220/1230-1287) Marienpreisgedicht „Goldene Schmiede" (um 1275). Darin ruft der Verfasser den „kristalînen stein", den „berille", aufgrund seiner vergrößernden Wirkung auf und verwendet ihn aufgrund seiner Klarheit und Vollkommenheit als Metapher für Maria und ihre jungfräuliche Reinheit.[273] Erwähnt wird der Lesestein als „liehte(r) spiegel" auch in der Großen Heidelberger Liederhandschrift (1. Drittel 14. Jahrhundert), wo es heißt: „swenne vns daz alter die gesiht/betimbert al ze sêre/daz wir der edelen schrifte niht/wol gesehen mugen mêre,/sô sint vnser kêre/zuo z'einem liehten spiegel klar,/der vns diu schrift erliuhten kan/vnt wol gesihtig machen./sô

Jahrhundert); den Brillenverkäufer, der seine Brillen nicht verkaufen kann, zugleich aber als närrischer Possenreißer erscheint („Tis verloren, wat sal ich gaen beginnen", 1602); den Papst, der trotz Brillenverstärkung nicht die Missstände im eigenen Haus erkennt („Des geistlichen Ordens andacht", letztes Viertel 16. Jahrhundert); schließlich den alamodistischen Landsknecht, der mit Riesenbrille und Aufschneidemesser durch die Lande zieht („Hie staht der Mann vor aller Welt", 1621), die Exemplare in: Deutsche illustrierte Flugblätter, Bd. I, die Nr. 44a, 171a u. 54; Bd. IV, Nr. 19 u. 13.

272 Vgl. Richard Greef: Eine Fälschung aus der Geschichte der Brille. In: Sammlung wissenschaftlicher Aufsätze und Berichte über die Brille und ihre Geschichte. Hg. v. den Firmen Carl Zeiss, Oberkochen u. Marwitz & Hauser, Brillenmacher, Stuttgart 1958, S. 126-127; vgl. auch Susanne Buck: Der geschärfte Blick. Zur Geschichte der Brille und ihrer Verwendung in Deutschland seit 1850, unter <http://archiv.ub.uni-marburg.de/diss/z2002/0109/pdf/Titelseite-Inhaltsverzeichnis.pdf> Stand Juli 2007, S. 18ff.; vgl. zudem Heinz Herbert Mann: Optische Instrumente. In: Erkenntnis – Erfindung – Konstruktion, a.a.O. Berlin 2000, S. 357-408 u. Chiara Frugoni: Das Mittelalter auf der Nase. Brillen, Bücher, Bankgeschäfte und andere Erfindungen des Mittelalters. München 2003, Kap. 1.

273 Vgl. Eduard Schröder, Hg.: Die goldene Schmiede des Konrad von Würzburg. Göttingen 1926, Verse 842-857 u. 1794-1821.

wir si dur in sehen an."[274] In Konrad von Megenbergs (1309-1374) „Buch der Natur" (um 1348/59), der ersten Naturgeschichte in deutscher Sprache, findet sich nicht nur das Auge mit einem Spiegel verglichen: „der augen spiegel ist sô frei, daz daz clain augäpfelein nimpt ain pild aines ganzen menschen oder ains groezern dinges", sondern Konrad merkt zur Wirkung des „berillen" an, dass er „den kranken augen guot" sei.[275]

Die Entwicklung der monokularen Augmentierungen zu komplexeren und flexibleren Sehinstrumenten wurde durch ihre Verwendung im sakralen Kontext begleitet. Schreine, Vortragekreuze und Reliquiare wiesen oftmals Edelsteine auf, die einerseits als Schmuckbeigaben gedacht waren, andererseits – vor allem wenn es sich um Bergkristalle handelte – ‚Fenstern' glichen, die den Blick in das Innere der Behältnisse freigaben. Durch diese Schaugläser konnte der Gläubige die im Inneren aufbewahrten Reliquien unmittelbar erkennen, mit ihnen in visuellen Kontakt treten und anteilig von ihrer Heilskraft berührt werden.[276] Seit Mitte des 13. Jahrhunderts dürften Zweigläser hergestellt und eingesetzt worden sein, so dass davon auszugehen ist, dass sie ab jener Zeit als bekannt galten. Ihre Bezeichnung als ‚Brille' leitete sich von der Pluralform von ‚Beryl' ab. Ca. 80 Jahre später, um 1352, datieren die ersten eindeutigen, bildlichen Darstellungen zweier, direkt vor dem Auge getragener Sehhilfen auf einem Fresko von Tomaso da Modena im Kapitelsaal des Dominikanerklosters San Niccolò zu Treviso in der Nähe von Venedig.[277] Sie zeigen zwei lesende bzw. schreibende Dominikaner an Stehpulten, und zwar die Kardinäle Hugo von Provence mit einer Nietbrille und Nikolaus von Rouen mit einem einlinsigen Leseglas.

In dem Blatt „Parallela/Deß grossen vnnd kleinen Brills/in Böhmen vnnd auff dem Rhein" von 1621/22 wird eine ‚große Brille' in Böhmen mit einer ‚kleinen Brille' aus dem Rheingebiet kontrastiert[278] (Abb. 25):

---

274 Zitiert nach Susanne Buck: Der geschärfte Blick, a.a.O., S. 20f.

275 Konrad von Megenberg: Das Buch der Natur. Hg. v. Franz Pfeiffer. Hildesheim et al. 1994, S. 10 u. 436.

276 Vgl. Christof Diedrichs: Vom Glauben zum Sehen – Die Sichtbarkeit der Reliquie im Reliquiar. Ein Beitrag zur Geschichte des Sehens. Berlin 2000, S. 59-137. Die mittelalterliche Sehstrahltheorie geht von der Berührung und quasi materiellen Teilhabe am Gesehenen durch das optische Medium aus. Sie stellt „das Ergebnis einer atomistischen Emanation, eines materiellen Verströmens dar [...]", vgl. Wolfgang Brückner: Spiegel-Erkenntnis, a.a.O., hier: S. 96f.

277 Heinz Herbert Mann wies 1992 nach, dass die bis dato behauptete, älteste bildliche Darstellung eines Einglases keine ist: Die Hypokrasfigur als Teil der Sandsteinskulpturen in der Mauritiusrotunde im Konstanzer Münster (um 1260) hält kein gestieltes Einglas, sondern eine Apothekerkelle vor der Brust, vgl.: Augenglas und Perspektiv. Studien zur Ikonographie zweier Bildmotive. Berlin 1992, S. 18-19.

278 Das Blatt ist Teil eines Aufsatzes, in dem ich der Tradition einer technisch vermittelten Audiovisualität in frühneuzeitlichen Medien nachgegangen bin: Formen ‚in-

Dem ersten Blick zeigt sich eine überdimensionale Bügelbrille, die auf Deutsch und Französisch als „DER GEVSEN BRILL resp. LVNETTE DES GEVS“ bezeichnet und mit dem Titel „PRAGA“ überschrieben ist.[279] In ihren beiden Gläsern werden die durch die Moldau getrennten Stadtteile Prags sichtbar, deren schematische Topographie erkennbar und durch Indizes und Legende am Ende des Blattes namentlich benannt sind: links der Hradschin, die Kleinseite und (fälschlicherweise) die Altstadt, rechts die Neustadt. Der gebogene Brillensteg, der die Gläser verbindet, überspannt die Moldau analog zu einer Brücke, die auf die Karlsbrücke schließen lässt.[280] Nicht eindeutig auszumachen ist, ob die zwei darauf befindlichen Gruppen von Reitern und Pikenieren sich gegenüberstehen oder verfolgen. Die Brücke wird durch Türme begrenzt, hinter denen sich in bei-

strumentellen Sehens‘ in illustrierten Flugblättern. In: Das Mittelalter 9/1 (2004), S. 77-86, hier: S. 79-82.

279 Vgl. den Blattkommentar von Wolfgang Harms in: Deutsche illustrierte Flugblätter, Bd. IV, S. 113.

280 Die Karlsbrücke erhält erst in der 2. Hälfte des 17. Jahrhunderts ihr Skulpturenensemble. Zudem sprechen die Brückentürme für die angenommene Identität.

den Glasrahmungen die Prager Stadtteile dem Auge darbieten. Im Vergleich zu den Proportionen der Brücke und der Gruppen erscheinen die Einzelheiten der Sichtfensterinhalte zwar verkleinert und entfernt, auf die Gesamtdarstellung bezogen wirken sie jedoch fokussiert.

Vom linken oberen Bildrand zieht sich um das linke Brillenglas bis in die rechte untere Bildecke kriegerisches Treiben, bei dem es sich – durch die Legende in der 4. Textspalte unten identifizierbar – um die Schlacht am Weißen Berg nahe Prag handelt (8. November 1620). Es schließt sich ein viereckiges Insert an, das eine Festung auf einer Insel im Rhein zeigt, die als „Schantz under Bonn" und „Le Fort de Bonne" ausgewiesen ist. Dabei handelt es sich um die damalige Rheininsel namens ‚Pfaffenmütz', die mittlerweile versandet ist und heute ‚Kemper Werth' heißt.[281] Im Winkel zwischen dem rechten Brillenglas und dem Bildinsert befindet sich eine miniaturisierte Brille mit der Bezeichnung „LVNETTE. DES. PRESTRES". In den Augengläsern trägt sie die Inschriften „PFAFFEN" (links) und „BRÜL" (rechts). In den beiden oberen Ecken des Blattes sind die Brustbilder einer gekrönten und einer barhäuptigen männlichen Person zu sehen: links Ferdinand II. mit Kaiserkrone, dem der Habsburger Doppelkopfadler zur Seite gestellt ist und der sich gerade die böhmische Königskrone aufsetzt; rechts Friedrich V., Kurfürst der Pfalz, der als ‚Winterkönig' für knapp ein Jahr die Regentschaft des böhmischen Reiches übernahm. Für den Entstehungszeitpunkt des Blattes (1621/22) lässt sich hinsichtlich seiner historischen Interpretation damit der *status post quem* festlegen, der mit der Rehabilitation Ferdinands als König von Böhmen zusammenfällt.[282]

In einem versifizierten Dialog zwischen der großen ‚Gevsen Brill' (die Stadt Prag), die nach der Parteinahme für die protestantische Union nunmehr wieder in der Hand der Habsburger ist, und der kleinen ‚Pfaffen Brül' (alternierend ‚Pfaffen Brill'), die für die insulare Rheinfestung nahe Bonn steht und die protestantische Union gegen die katholische Liga verteidigt, wird die Unterlegenheit der Union und ihrer Armee vorhergesagt. Die große Brille als hervorgehobene Repräsentation Prags, seiner Einwohner und politischen Machtverhältnisse klagt sich selbst der Untreue gegenüber dem Kaiser und der katholischen Seite an und warnt die kleine Brille vor den Gefahren und späten Folgen, die sich ergeben, wenn man nichts gegen die Blindheit unternehme, mit der man geschlagen sein könne.

Auffällig ist der mehrdeutige und wortspielerische Gebrauch von ‚Brill/Brilln/Brille', ‚Lvnette' und ‚brilln/brillen' in der Titelei wie auch im dialogischen Textfluss. Bezeichnen die deutsche und französische Substantivform (Brille/*lunette*) zunächst die ‚Brille' als optische Sehhilfe, meint das französische

281 Vgl. Heinrich Brodeßer: Die Pfaffenmütz. Eine bemerkenswerte Inselfestung. Troisdorf 1990, S. 5 u. S. 26-32.

282 Ferdinand II., 1617 bis 1619 König von Böhmen, wird durch die böhmischen Stände entmachtet. Sie setzen Friedrich V. auf den Thron, der im Zuge der kriegerischen Auseinandersetzung nicht nur die Krone, sondern auch seine pfälzische Kurfürstenwürde verliert.

Nomen darüber hinaus ein Fortifikationsbauwerk, das aus unter stumpfem Winkel zusammenstoßenden Wällen besteht. Frühneuhochdeutsch ,Brille' usurpiert diese semantische Option,[283] so dass die dem deutschen Lexem ursprünglich nicht gegebene Ausdrucksmöglichkeit für die Aussage ausgespielt werden kann. Die Polysemie findet sich in den zweisprachigen Versen unterhalb der Prager Brille: „BESICH MICH WER DA WILL, ICH BIN DER GEVSEN BRIL./QVIL ME REGARDE QVI VEVT, IE SVIS LVNETTE DES GEVS."[284] Das gleiche gilt für die Namensgebung der Schanze im Rhein als „LVNETTE. DES. PRESTRES" und das wörtlich übersetzte „PFAFFEN BRÜL" bzw. umgekehrt. Letztere wird im Fließtext weiter unten durchgängig als „Paffen Brill" bezeichnet, um die Wiederaufnahme von ,Brill/e' hervorzuheben.

Dass die ,Brille' als Sehhilfe gedeutet werden kann, ist kontextabhängig dadurch gegeben, dass sie als Verbform in Wortschöpfungen wie ,brilln/brillen' und ,herbrillen' eingesetzt wird. Die Lexik alludiert einerseits ein beispielhaftes Sehen, andererseits suggeriert sie Manipulations- und Verschleierungstaktiken. So fordert Prag die Verteidiger der Rheinschanze auf, durch die große ,Gevsen Brill' zu schauen, um ihre prekäre Lage zu erkennen: „Wolt ihr dann brillen/ohn gefehr/ Wie wir gebrillt haben bißher. Lerne an dem Exempel mein/Was dieses für ein Lehr mög sein" (Spalte vier, oben), und: „Nembt nun fuer gut die Brillen an, Ein andermal ichs besser kann." (Spalte vier, unten) Oder es behauptet die ,Pfaffen Brill': „Wir verblenden nach unserm Willn/Sie allesamt mit unser Brilln." (Spalte eins, unten) Schließlich meint die Verbform ,brilln' einerseits ,betrügen', ,herbrilln', andererseits aber auch ,herbeirufen' und ,herbeibrüllen': „Der die Ligam vnd Pfaffn wil brilln, Der muß mit ander Macht herbrilln." (Spalte zwei, Mitte) Der Schlagabtausch zwischen Prag und den durch sie repräsentierten habsburgischen Kräften auf der einen Seite und der verschanzten Union auf der anderen erweist sich als verbales Gefecht, in dem beide Parteien versuchen, unter geschickter Ausnutzung des semantisch-lexikalischen Terrains von

283 Für ,brill', ,b(e)rille', führt das Frühneuhochdeutsche Wörterbuch als Haupteintrag ,optisches Gerät ~ nhd. Brille' auf. Phraseologisch kann frnhd. ,brill/e, berille' bzw. ,brilln/b(e)rillen' kontextabhängig und in Zusammensetzungen bedeuten: ,jemandem etwas vormachen, jemanden betrügen', vgl. Frühneuhochdeutsches Wörterbuch. Hg. v. Ulrich Goebel u. Oskar Reichmann. Berlin/New York, Bd. 3, Sp. 1504-1506 u. Bd. 4, Sp. 1124-1125. Über die Entlehnung der Bedeutung ,Festung/Schanze' von frz. *lunette* ist nichts ausgeführt, jedoch findet sich ein Nachweis in Grimms Deutschem Wörterbuch, vgl. Jacob und Wilhelm Grimm: Deutsches Wörterbuch, a.a.O., Bd. 2, Sp. 383; vgl. auch im „Lexikon Fachbegriffe Festungsbau", unter <http://www.net-lexikon.de/Fachbegriffe-Festungsbau.html>, Stand September 2007. Das bereits im Mittelhochdeutschen belegte ,brüel' (Aue) kann im (Früh)Neuhochdeutschen die bewachsenen Gräben um und vor, auch ehemaligen, Befestigungsanlagen bezeichnen. Straßennamen wie ,Brühl' weisen heute noch darauf hin, z.B. in Leipzig.

284 ,Geusen' könnte auf die niederländischen Aufständischen im antispanischen Befreiungskrieg (1568-1648) anspielen. Möglicherweise soll mit der Benennung im warnenden Gestus auf die verlustreichen Kämpfe der Geusen hingewiesen werden.

‚Brill/e' und ‚brilln/brillen' den Gegner entweder durch spezifische Ein*sicht*en zu überzeugen und zur Vernunft zu bringen, oder ihn durch manipulierte Sichtlenkung bloßzustellen und in die Irre zu führen.

Graphisch wird diese Konstellation in der Weise umgesetzt, dass die überdimensionierte Brille den Blick auf Prag lenkt und so den Ort des Böhmischen Aufstands ins Visier nimmt, der den Auftakt des Dreißigjährigen Krieges markiert. Dies geschieht aus der dem Blatt zugrunde liegenden, habsburgischen Perspektive heraus, die das Hauptaugenmerk auf die bekehrte ‚Betrügerin' Prag legt, die (vorgeblich) uneinsichtig war, durch ihre gute ‚Optik' aber sehend und urteilsfähig geworden ist. Sie könne nunmehr mit geläuterter Weisheit an die renitenten, uneinsichtigen Unionskräfte appellieren und sie zur Umkehr ermahnen. Im Gegensatz dazu kontert die hochnäsige, winzige ‚Pfaffen Brill', sie könne die Lage sehr wohl richtig einschätzen. Sie versteigt sich gar zu der Behauptung, sie sei fähig, jedweden Gegner zu ‚brilln', sprich zu überlisten.

Über die Indienstnahme der Brillen als ‚sprechende', gleichsam symbolische Handlungsträger hinaus, zielt die graphische Gestaltung aber auf mehr ab. Die Brillen replizieren weniger die verschiedenen Rollen, die sie als Agenten und Wortführer übernehmen, sondern sie regieren den Aufbau der Graphik. Insbesondere die große Brille, die wie ein Ausrufezeichen wirkt, fordert die Aufmerksamkeit des Betrachters und suggeriert ihm, sich die Sehhilfe aufzusetzen, um genauer und weiter zu schauen. Die mediale Logik basiert indessen auf einem nur behaupteten Aufforderungsgestus zur Brillenbenutzung, einem ‚so tun als ob', da das Blatt dem Betrachter als Zuschauer diese ‚Arbeit' abnimmt und ihm mit seinen eigenen Gestaltungsmitteln die Augen öffnet. Die große Brille soll keine Details aufzeigen, sondern eine simultane Zusammenschau verschiedener Handlungsereignisse an unterschiedlichen Orten ermöglichen. Das Kampfgeschehen am Weißen Berg führt bis an die Stadt heran, die als repräsentativer Ort königlicher Macht vom Kriegsgeschehen ausgespart bleibt, was durch die Brillengläser als Perimetermarkierungen im Bild verdeutlicht wird. Andererseits bringt das menschenleere Prag eine wiederhergestellte Ordnung zum Ausdruck, die dadurch begründet ist, dass Friedrich, sein Hof und die protestantischen Truppen die Stadt geräumt haben. Die Unionisten flüchten, nur noch als winzige Punkte gezeichnet, in den Fluss, oder weichen als Pikeniere auf der Brücke zurück. Das komplexe Ereignis der Schlacht, der Flucht und des Machtwechsels wird über die Schaffung und Integration mehrerer Blickräume innerhalb und außerhalb der großen Brille wie in einem fragmentierten Tableau multiperspektivisch dargeboten.

Dank der Brille wird die Stadt Prag, trotz ihrer räumlichen Entfernung vom Schlachtfeld, also in das Sichtfeld des Betrachters eingebunden. Die Brille macht disparate Handlungsräume wie auf einer Simultanbühne einsehbar, grenzt Geschehensorte und -verläufe zugleich voneinander ab und lädt sie mit Bewertungen auf. Schließlich fokussieren die beiden Brillen im wechselseitigen Bezug aufeinander nicht nur unterschiedliche Lokalitäten, sondern markieren auch verschiedene Zeitmomente. So fungieren sie als Signalements eines narrativen Verlaufs: Der Schlacht folgt die Flucht Friedrichs aus Prag westwärts in seine

Stammlande, die Rheinpfalz. Dort harren verbündete Truppen der Union aus und verteidigen die Schanze auf der Rheininsel. Doch das Heer der Liga wird Friedrich verfolgen, die ‚Pfaffen Brill‘ einnehmen und den einstigen König weiter ins holländische Exil zwingen. Was die Buchstaben- und Ziffernindizes anbetrifft, so strukturieren sie das Blatt, indem sie die Identifizierbarkeit der stark formelhaften bildlichen Darstellung durch die erläuternde Referenz in der Legende gewährleisten. Das Blatt macht durch diese Gestaltungsstrategie auf die Artifizialität seines Informationsraumes aufmerksam, dessen Herstellung und Erschließbarkeit auf ein künstliches Sichtfeld und eine damit korrelierende, sprachlich ausformulierte, gedankliche Durchdringung der Ereignisse zurückzuführen ist.

In der „Erclärung Vber den 82. Psalm vnd Teuschlands schweren Sündenfall“ gelangt auf vergleichbare Weise eine Bügelbrille als optotechnisches Utensil für eine Appellfunktion und Wahrnehmungslenkung des Betrachters zum Einsatz. In dem Blatt beklagt der Verfasser vor der Folie des biblischen Textes den politischen Zustand Deutschlands um 1649.[285] (Abb. 26)

Im Zentrum des kalligraphisch verzierten Kupfers aus der Hand des Schreibmeisters, Adam Fabritius, befindet sich eine große Bügelbrille, in deren Gläser Texte eingeschrieben sind. Die linke Seite ist verhängt, so dass der Durchblick blockiert ist. Über dem rechten Glas ist der Vorhang zurückgeschlagen. Zwei kleinere Brillen sind in die große, als „Brill des Gesetzes“ betitelte Brille eingehängt

[285] Bei dem Exemplar handelt es sich um die identische Neuauflage eines Blattes von 1649. Auch 20 Jahre nach Ende des Dreißigjährigen Krieges und den Friedensverhandlungen waren die politischen und gesellschaftlichen Umstände der Kriegswirren augenscheinlich unverändert beklagenswert.

und zeigen in ihren Kreisformen Embleme: Im Rund erscheinen Pictura und Motto, in der Umrandung die Subscriptio. Die linke mit der Aufschrift *Coppeley* zeigt in ihrer linken Fassung einen Wolf, der ein Schaf gerissen hat, zusammen mit dem Wort *confessio*; rechts daneben ist ein Fuchs mit einem Lorbeerzweig in der Pfote zu sehen, der Wolf und Schaf entgegentritt. Ihm ist das Wort *absolutio* beigegeben. Die rechte Brille mit dem Titel *schinderey* präsentiert im linken Glas einen Esel, der Stroh aus einem Paar Schuhe frisst, und das Wort *supplicatio*; ihm gegenübergestellt im rechten Augenglas ist ein Löwe mit dem Richterstab in der rechten Pranke (*executio*). Ein entzündeter und ein erloschener dreiarmiger Leuchter mit jeweils drei Kerzen hängen an beiden Seiten des großen Brillengestells herab.

Nach oben und unten ist das Blatt von dem kalligraphisch hervorgehobenen Titel und der Selbstnennung des Verfassers sowie der Datumsangabe gerahmt. Text und Schrift füllen des Weiteren den Raum zwischen Aufhängung, Vorhängen, Leuchtern und den Brillen weitgehend aus. Sie laufen die Brillengestellrahmen entlang, bedecken die Zwischenräume unter den Brillenbügeln und die äußeren Ecken der beiden Vorhänge. Zudem ist das Blattzentrum von Kolumnen mit indizierten Bibelstellen eingefasst. Die Verweisbuchstaben, die dreimal das ABC in verschiedenen Typenformen durchlaufen, sind in den Text eingestreut, belegen seine Argumente und bestimmen im Verlauf der Bildlektüre die Reihenfolge der zu lesenden Texte. Das Auffüllen der Indizes während des Lesens ist höchst zeitintensiv; der Rezipient – Gewissenhaftigkeit vorausgesetzt – muss sich zwischen dem Blatt und der Bibel als ‚sekundärer Primärquelle' hin- und herbewegen, wenn er die Gesamtaussage in ihrer Dichte erschließen will. Diese differenzierende Lektüre des Textes lässt sich in gewisser Weise als kombinatorische Erschließungsarbeit charakterisieren, selbst wenn davon auszugehen ist, dass die Bibeltexte nicht nachgelesen wurden, sondern – einer autoritären Stimme in Latenz gleich – dem Blatt den Anspruch von Legitimität und Rechtschaffenheit attestierten.

Der Text des linken, verhängten Brillenglases, der als erster zu lesen ist, formuliert den Fluch über die Ausbeuter der Schutzlosen und eine Zusammenstellung biblischer Gebote. Dem göttlichen Gesetz gegenübergestellt ist das willkürliche Gesetz der Gottlosen. Im rechten Glas wird anhand des Schicksals der Ausgebeuteten aufgerufen, die göttliche Ordnung wiederherzustellen. Die kleinen Brillen veranschaulichen die falsche Rechtsprechung, die den Mächtigen (Wolf) trotz seines Unrechts schont und den Armen (Esel) hart straft. Das Blatt wendet sich konkret gegen „die vngerechte[n] geitzige[n] Richter in Teutschland", weil sie „den hellen Schein vnd das Liecht deß Evangely [...] mutwillig verachtet" haben, weshalb sie und das durch sie schlecht vertretene Land nun mit „finstere[n] Augen vnd [in] dunckele[n] zeiten" leben. Während der überdimensionierte „Brill des Gesetzes" die Autorität der biblischen Gesetzgebung symbolisiert, kann die Gegenüberstellung von dunkel und hell im christlich-theologischen Kontext grundsätzlich das typologische Verhältnis von Altem und Neuem Testament bedeuten. So gesehen würde links die christliche Vorgeschichte mit der Übergabe der Gesetze an das Volk Israel im Dunkeln harren, ihre

Einlösung und Überbietung, gleichsam aus dem Schatten der Vergangenheit heraus, in die Jetzt-Zeit und das Licht der christlichen Gnade treten. In dem Blatt versinnbildlichen die Zustände verhängt/dunkel auf der einen Seite, transparent/licht auf der anderen jedoch eine antithetische Spannung zwischen den Gesetzesvorschriften und deren Einlösung. Entgegengesetzt einer Erwartung, die auf die Ikonographie von hell/licht = gottnah und eschatologisch erfüllt setzt, manifestiert sich im rechten Augenglas keineswegs die Erfüllung der Gesetze, sondern ihre Pervertierung. Die Gottlosen, Überheblichen und Mächtigen, so der dortige Text, würden die alttestamentarischen Vorschriften willkürlich auslegen und umdeuten Statt Gott gegenüber gehorsam zu sein, strafen sie die Armen wegen geringer Vergehen hart und bringen sie durch eigennützige Forderungen in Konflikt mit den göttlichen Geboten. Da die Juden im Text mehrfach als Komplizen der schuldigen Richter erwähnt werden, mag die Dunkel-Hell-Gegenüberstellung auch auf den Topos der Synagoge als blinder, uneinsichtiger Frauenfigur anspielen, die von einer triumphierenden, klarsichtigen Ecclesia in den ‚Schatten gestellt' wird.

Das Blatt setzt darüber hinaus den „Brill[e] des Gesetzes" mit dem „schönen geistlichen Brille" in Beziehung, und meint mit dieser zweiten Brillenallegorie die Heilige Schrift. Das regulative und normative Buch der Bücher sei einer Brille vergleichbar, durch die hindurch der Christenmensch beständig schauen soll. So wie das verinnerlichte Wort Gottes dem Gläubigen als Richtschnur für sein Leben gilt, so soll der „geistliche Brille" vor dem inneren Auge jedes Christenmenschen dessen Blick auf die Welt bestimmen. Der Gedanke, durch Projektionen für das Auge die Seele des Betrachtenden zu beeinflussen, ist psychologiegeschichtlich durch die Annahme bedingt, dass das äußere Auge mit einem inneren Auge korrespondiert, welches zu den Seelenkräften des Menschen wie Imagination, Gedächtnis und Wille in Beziehung steht und die eigentliche, von der Außenwelt gereinigte Erkenntnisleistung erbringt.[286] Der Blattbetrachter ist folglich aufgerufen, auf doppeltem Weg zum Augenzeugen zu werden: einerseits durch eine tatsächliche, technisch-medial codierte Zeugenschaft (die Brille

[286] Dass die Schöpfung für den Menschen eine Sehhilfe ist, um Gott zu erkennen, ist traditionell belegt, etwa bei Meister Eckhart (Mystiker, 1260-1327/28). Diese Sehhilfe kann eine Brille sein, die vergeistigt ist. Als Metapher wird die ‚geistliche Brille' spätestens seit dem 15. Jahrhundert verwendet, vor allem in der Emblematik: bspw. in Johann Mannichs „Sacra Emblemata" (1624), wo auf der linken Seite einer emblematischen Szene, unter dem Motto „Die einzige Richtschnur sei das Wort Gottes", ein aufgeschlagenes Buch gezeigt wird. Eine Hand hält aus den Wolken heraus eine Brille vor das Buch, das als Heilige Schrift identifizierbar ist. Die Brille bedeutet, dass derjenige, der die Schrift auslegen will, nicht seine eigene Auslegung (Glosse) höher schätzen solle als die Schrift: „wanns ohn verstand/Ist eytel Tand". Die Heilige Schrift avanciert hier ebenfalls zur Brille; vgl. zum Sehvorgang bei Meister Eckhart, zu Mannichs Emblem und zur ‚geistlichen Brille' bei Gudrun Schleusener-Eichholz: Das Auge im Mittelalter. München 1985, Bd. I, hier: S. 116-127, S. 469ff. u. Abb. 81, zum Motiv ‚innere Blindheit'/‚sehenden Auges blind sein', vgl. ebd. S. 532-541.

im Blatt), andererseits im Sinne einer metaphorischen Bezeugung durch die Vergegenwärtigung der Heiligen Schrift (die Brille als gelebtes und sinnlich erfahrbares Christentum). Der „geistliche Brille“ kann einerseits die Blindheit der falschen Richter kurieren, andererseits die nicht eingelösten Gesetze aus der Dunkelheit in die Sichtbarkeit holen. Ist das geschehen, wird der „Brill des Gesetzes“ für Rechtschaffenheit sorgen, da seine Evidenzherstellung den Christen die Augen für die wahren Missstände öffnet.

Um Einsicht und Evidenz geht es auch in der Flugschrift „Augenspiegel“ von Johannes Reuchlin, aus der ich im Abschnitt „Fingerzeige/Zeighände“ zwei Seiten mit Indexhänden vorgestellt habe.[287]

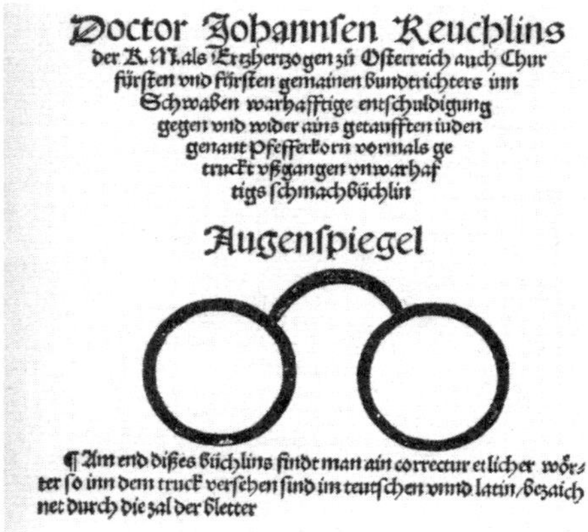

Doctor Johannſen Reuchlins
der K. M. als Ertzhertzogen zů Oſterreich auch Chur
fürſten vnd fürſten gemainen bundtrichters inn
Schwaben warhafftige entſchuldigung
gegen vnd wider ains getaufften iuden
genant Pfefferkorn vormals ge
truckt vßgangen vnwarhaf
tigs ſchmachbüchlin

Augenſpiegel

¶ Am end diſſes büchlins findt man ain correctur etlicher wör-
ter ſo inn dem truck verſehen ſind im teutſchen vnnd latin/bezaich
net durch die zal der bletter

Der Titel und die groß ins Bild gesetzte Brille spielen gleichfalls auf den Aspekt des Sehens und Erkennens an. Reuchlin reklamierte und metaphorisierte zum Zweck der Widerlegung von Pfefferkorns absurden Anschuldigungen und seiner eigenen Rechtfertigung den Begriff ‚Augenspiegel‘ zum einen für den Text selbst, zum anderen für eine ‚Brille‘ als Sehhilfe,[288] die die Leser aufsetzen sollten, wenn sie seinen Sendbrief lesen. Analog der Heiligen Schrift, die als Prisma gedacht wird, durch das hindurch Gottes Offenbarung klar und deutlich in das (innere) Auge des Christen strömt, dient Reuchlins ‚Text-Brille‘ dazu, die Aufmerksamkeit der Leser im Sinne einer vorteilhaften Lektüre seiner Thesen auszu-

[287] Johann Reuchlin: Augenspiegel. Faks.-Druck nach d. Ausgabe Doctor Johannsen Reuchlins Augenspiegel, a.a.O., hier: Titelblatt.

[288] Das Bedeutungsfeld von mittelalterlich und frühneuzeitlich ‚Spiegel‘ ist umfassender als das neuzeitliche. ‚Spiegel‘ meint nicht nur den Lichtreflektor, der (Ab)Bilder hervorbringt, sondern auch die Brille und das Leseglas; als ‚Sehstrahlfänger‘ und ‚optischer Miniaturisierungsapparat‘ auch das Auge, vgl. dazu die Ausführungen im Abschnitt „Spiegel“.

richten. Suggeriert wird, dass auf diese Weise eine wahrheitsgemäße, innere Einsicht in den Streitgegenstand zu erreichen ist. Darüber hinaus alludiert der ‚Augen-Spiegel' tatsächlich das Auge, dem analog einem Spiegel die Fähigkeit zugesprochen wird, den Makrokosmos im okularen Mikrokosmos abzubilden. Reuchlins Traktat ist wie ein ‚spiegelndes Auge', in dem mehr aufscheinen soll als der unmittelbaren Ansicht zugänglich ist und das den Dingen wie ein Spiegel bildliche Gestalt verleihen kann.

Die Dichotomie der brennenden und nicht entzündeten Kerzen in dem Blatt von Fabritius erfährt durch die Dunkel-Hell-Brille eine irritierende, die Wahrnehmung aber dynamisierende Erweiterung. Die Indienstnahme der Brille als prominentes Gestaltungselement ist dabei mehrdeutig. Einerseits fungiert sie als ‚ikonoskripturales Instrument', andererseits ist sie als Sinnbild lesbar. Als optische Sehhilfe verleiht sie der Aufforderung an die Christenheit, die biblischen und weltlichen Gesetzesvorschriften ständig vor Augen zu haben, eine bildliche Entsprechung. Die schiere Größe der inskribierten Brille suggeriert eine visuelle Erfahrbarkeit der Aussage. Daneben kommuniziert sie als Metapher die Aufforderung, richtig und genau zu schauen. Grundsätzlich erscheinen körperliches (äußeres) Sehen/Auge und geistiges (inneres) Sehen/Auge dissoziiert voneinander, d.h. das geistige Auge ist ‚blind'. Eine solche Diskrepanz von Sehen und (An)Erkennen sowie Nicht-Sehen und Verkennen ist jeder Brille inhärent. Der Dualismus dunkel vs. hell, der das Motiv einer natürlich gegebenen, visuellen Wahrnehmbarkeit kritisch unterläuft, arbeitet der Bewusstmachung dieser Diskrepanz produktiv zu. Die ‚Brille', die äußere Blicke nicht nur schärfen, sondern (als verkannte, innere Erkenntnis) auch schwächen und verdunkeln kann, befördert grundsätzlich die innere Einsicht in das Gute, wenn sie dazu ermahnt, in permanenter Hinwendung auf die Gebote des Herrn zu leben. Diese Ermahnung ist in ihr als ‚geistliche' Brille angelegt, indem sie als Abbreviatur der göttlichen Gebote die rechte, christliche Bewehrung des inneren Auges versinnbildlicht.

Bei der Suche nach Sehapparaturen in Funktionszusammenhängen wie den hier thematisierten liegt es nahe, auch nach Flugblättern Ausschau zu halten, in die Fernrohre als innovative optische Instrumente des 17. Jahrhunderts medientechnisch codiert Eingang finden. Meine Recherchen haben zu keinen eindeutigen Funden geführt. Gleichwohl ist das folgende Exemplar interessant, und das aus zweierlei Gründen: Zum einen wird in ihm anhand des Fernrohrgebrauchs und einer Lichtbildlichkeit der Wert der menschlichen Ratio kritisch beurteilt, wobei leider keine Teleoptik das Blatt als Sichtraum strukturiert. Doch steht das Blatt mit dem vorangegangenen in enger Beziehung, da auch hier hell/dunkel-Kontraste symbolisch aufgeladen sind und die Aussage determinieren. Zum anderen lassen die Verse nachvollziehbar werden, wie man sich neuronale Prozesse vorstellte, die für die Generierung intramentaler Bilder verantwortlich sind (Abb. 27):

MYSTERIUM RATIONIS HUMANÆ ET
certa ad salutem via:
Das ist:
Geheimnuß Menschlicher Vernunfft / sampt einer
Andeutung / wie man den gewissen Weg zur Seligkeit treffen könne.
Den Hochwolgebornen Herren / Herrn Johann Friderichen von Wolffstein / Freyherrn in Ober Sultzbürg / Herrn in Pyrbaum / rc. Und Herrn Wolffgang-Carln / und Sigmund-Ludwigen / Freyherren in Polheim / rc.
Meinen gnädigen Herren / zu schuldigen Ehren dedicirt, &c.

Quid te cernere perspicillo, inani
Humanæ Rationis arbitraris
In Salutem Animæ? Nihil profecto,
Nisi Somnia ficta, picta, pacta
In tuo cerebro, nisi atra monstra.
At, VERBO præeunte, CREDE, sisque
Cultor SIMPLICITATIS innocentis,
CARCERE & Rationis Ausa CLUDE:
Hæc est certa tibi via ad Salutem!

Das ist:

WEr allzu hoch auffsteigen will /
Und sehen mit dem Perspicill
Seiner Vernunfft / die Seligkeit /
Und das Wort Gottes allezeit
Nach seinem Kopff zu regulirn
Sich untersicht / läßt sich abführn
Durch Menschen Witz / und glaubet nit /
Als was er fühlet greifft und sicht:
Der sicht nicht weit / kompt auch nit fort /
Ob er schon sucht deß Himmels Port /
Ja in sein Hirne lassen sich
Sehen die Träum gantz wunderlich /
Von ungehewren Wunderthiern /
So wider die Schrifft speculirn:
Aber O Menschenkind / wofern
Du hörst und liest das Wort deß Herrn
Ohn Widerred und allen schertzen /
Mit Glaubn und einfältigm Hertzen /
Verläst also auff Christum dich /
Und lebst zugleich Gottseliglich / (ein /
Schleust dein Vernunfft ins Gfängnuß
Unter den Ghorsam Christi fein /
So bist du auff der rechten Baan /
Laß dich dabey nicht fechten an /
Daß sie eng und mit Dornen bstrewt /
Gfährlich zur rechtn und lincken Seit /
Sihe / die starcke GOttes Wach
Bhütt dich vor allem Ungemach.

à M. J. S. A.

Das Blatt, das sich mit dem „MYSTERIUM RATIONIS HUMANÆ“, also dem „Geheimnuß Menschlicher Vernunfft“ auseinandersetzt (nach 1637), verdeutlicht anhand eines Fernrohrs als Signifikator neuzeitlicher Wissenschaftlichkeit und gegensätzlicher Lichtverhältnisse, welchen geringen Wert die menschliche Ratio in allen Glaubensdingen besitzt, die die menschliche Vernunft transzendieren. Das kompositorische Arrangement der Darstellung ist durch den antithetischen Gegensatz von dunkel und hell bestimmt. Vom Betrachter aus links steht ein Mann auf einer Leiter und schaut durch ein Fernrohr zum Himmel. Während einerseits eine Eule (wohl als Symboltier der Weltweisheit) in seiner Nähe auf ihn herabschaut, assistiert ihm andererseits ein Dämon beim Aufstieg; der Blick des Mannes reicht in der ihn umgebenden Dunkelheit nicht weit, sondern bleibt an einem zweiten Dämon hängen. Jener sitzt direkt in seiner Blickrichtung, in der Krone eines toten Baumes. Grinsend und mit spöttischer Mine blickt er ihm durch ein eigenes Fernrohr entgegen. Was der ‚Vernünftige' und von Erkenntnisdrang Getriebene erschaut, sind keine Himmelsphänomene, die sein Wissen erweitern könnten. Schon gar nicht rücken Gott bzw. das Numinose in seinen suchenden Blick, so dass er deren Phänomenalität und Seinsqualität besser verstünde. Insinuiert wird, dass weder die optische Verstärkung noch das Drängen vorwärts zu ‚neuen Ufern' (aufgerufen in der Leiter- und Wegebildlichkeit) eine Neugierde befriedigen können, da diese ins Leere, konkret ins Dunkle läuft. Philosophisch-epistemisch interpretieren lässt sich die Bild-Text-Konstellation vor der Folie frühneuzeitlicher Erkenntnistheorie dahingehend, dass das Licht als Attribut des menschlichen Geistes nicht hell genug strahlt. Der menschliche Verstand, den bspw. René Descartes (1596-1650) als *lumen naturalis* bezeichnet, vermag die Ideen des Suchenden auf der Bühne seines Bewusstseins nicht ausreichend klar und distinkt ‚anzustrahlen', so dass er sie richtig deuten könnte. Trotz technisch verstärkter Sehkraft und einer außerordentlichen Anstrengungsbereitschaft erlangt er nicht mehr Weisheit, sondern die Neugierde sorgt im Gegenteil dafür, dass er törichter wird: Der Blick in den unerforschten, dunklen Himmel gebiert nur Monster. Der prominente Einsatz des wissenschaftstechnischen Fernrohrinstruments erinnert an die Vorbehalte gegenüber der Astronomie, die das frühneuzeitliche Weltbild revolutioniert hatte, hier aber in die Nähe teuflischer Machenschaften gestellt ist. Es ist anzunehmen, dass mit dem *vana curiositas*-Motiv ganz bewusst ein Ressentiment gegen das neue Wissenschaftsverständnis zum Ausdruck gebracht werden soll, demzufolge Wissen nicht mehr als Mittel und Weg zur göttlichen Erkenntnis angesehen wird, sondern als Instrument der Macht, das letztendlich (so die Unterstellung) nur die Eitelkeit des Menschen verstärkt.

Die deutschsprachigen Verse, die gegenüber einem lateinischen Neunzeiler dominieren, der den zweispaltigen Text einleitet, führen entsprechend aus:

> Wer allzu hoch auffsteigen wil/Vnd sehen mit dem Perspicill/Seiner Vernunfft/d.e Seligkeit/Vnd das Wort Gottes allezeit/Nach seinem Kopff zu regulirn/Sich vntersteht/läst sich abführn/Durch Menschen Witz/vnd glaubet nit/Als was er fühlet/greifft vnd siht: Der steht nicht vest/kompt auch nit fort/Ob er schon sucht deß himmels Pfort/Ja in seim Hirne lassen sich/Sehen die Träum gantz wunderlich/Von vngeheren Wunderthiern/So wider die Schrifft speculirn: [...]

Abgesehen von der sprachlichen Paraphrasierung und schrittweisen Ausdeutung des bildlich Dargestellten, die durch eine numerisch-indexikalische Verschaltung zwischen Bild und Text unterstützt wird, stellt auch dieses Blatt ein physiologisches bzw. technisch vermitteltes Sehen (Perspicill < *perspicere* ~ mit dem Blick durchdringen, speculirn < *speculārī* < *specere* ~ sehen) einem ‚geistigen' Sehen gegenüber, das durch die ‚Brille' der Heiligen Schrift erfolgt (ebenfalls speculirn < *speculārī* ~ die Mystiker gebrauchen das ins Mittelhochdeutsche entlehnte Wort im Sinne von ‚sich in religiöse Betrachtung versenken, Gott erforschen').[289] Die visuell-optische Sinneserfahrung ist der zweiten, über das geistige, innere Auge realisierten Gottesschau unterlegen. Der reformorthodoxe Auslegungszusammenhang des Blattes erklärt dabei den abschätzigen Gebrauch, mit dem hier „speculirn" belegt ist.[290] Die auf Luther zurückgehende, negative Semantik des Wortes als ‚ein auf Phantasterei, gerade nicht auf biblischer Überlieferung beruhendes Nachsinnen und Sehen' wird entsprechend der Aussageintention geschickt mit der neutralen Bedeutung von ‚sehen, schauen, forschen' kombiniert. Für den orthodoxen Protestanten bekommt demnach nur derjenige, der ‚richtig', also in vorgeschriebener Weise, die extramental erfahrbare Gottesoffenbarung (als Ding/*res* oder Schrift/*scriptura*) ‚sieht' und anzuerkennen bereit ist, ein durch die dominante Interpretationsgemeinschaft anerkanntes und sanktioniertes, intramentales Bild zu sehen. Nebenbei gibt das Blatt Aufschluss darüber, wie man sich eine Bilderzeugung im Kopf prinzipiell denkt. Zum einen entsteht bei einer regelgeleiteten Schau auf Gott ein inneres Bild von ihm, das wohl eher einer übersinnlichen Gottespräsenz ähneln dürfte; zum anderen führen eine regelwidrige Verstandestätigkeit im Sinne von „nach seinem Kopff regulirn", und vor allem die Dominantsetzung äußerer Sinneswahrnehmungen gemäß der Devise „was er fühlet, greifft vnd siht" zur Evokation von Schreckensbildern, die idealiter mit den Träumen emporsteigen: „Träum gantz wunderlich/Von vngeheren Wunderthiern/So wider die Schrifft speculirn:" Dem unzulänglichen Gebrauch der Vernunft jedenfalls, der durch das Dunkel *ad absurdum* geführt wird, ist im rechten Bildteil der gewisse Weg zur Seligkeit in einer von Licht erfüllten Szenerie gegenübergestellt. Dort ist der Weg des gläubigen Gottsuchers vom „VERBUM Dei" erhellt. Zu den Eigenschaften dieses *homo viator*, die genannt werden, gehören „Fides", „Patientia" sowie „Simplicitas". Um sicherzugehen, dass er nicht den Versuchungen der Vernunft erliegt, hat dieser Christ seine Ratio ins dunkle Verlies verdammt, das rechts unten zu erkennen ist. Von dort schaut eine Frauengestalt durch ein Fernrohr zum Himmel.

---

289 Vgl. Michael Giesecke: Der Verlust der zentralen Perspektive und die Renaissance der Multimedialität. In: Carlo Ginzburg – Die Venus von Giorgione, u.a. Vorträge aus dem Warburg-Haus, Bd. 2. Berlin 1998, S. 85-116, hier: S. 97. Der Autor setzt sich u.a. mit den Bedeutungsverschiebungen von *perspicere*, *vedere* und *speculare* auseinander, wie sie mit Leonardo einsetzen und im Zusammenhang mit einer (zentral)perspektivischen Theorie als Handlungstheorie stehen.

290 Beim Verfasser des Blattes handelt es sich wahrscheinlich um den orthodoxen Lutheraner Johann Saubert (1592-1646). Saubert war ab 1622 Pastor in Nürnberg. Die religiöse Polemik, die er in Anschlag bringt, dürfte auf die Diffamierung nichtorthodoxer Positionen gezielt haben, die im zeitgenössischen Nürnberg zugenommen hatten; vgl. Waltraud Timmermann: Die illustrierten Flugblätter des Nürnberger Predigers Johann Saubert. In: Bayerisches Jahrbuch für Volkskunde, 1983/84, S. 117-135, hier: S. 117ff. u. 131.

Festzuhalten bleibt, dass optische Instrumente wie die Brille für die Layoutgestaltung von Flugblättern dienstbar gemacht werden. Die Brille als prominentes Bildelement ‚wandert' in die Blattoberflächen ein, und Effekte ihres optischen Gebrauchs strukturieren diese. Die Brille markiert Appellzonen und exponiert Blickflächen, um Sehgewohnheiten zu irritieren, möglicherweise zu unterminieren, andererseits auch zu bestätigen. Die Brillen insistieren auf Sichtbarkeit, selbst wenn sie Opazität erzeugen. Die Blätter werden zu medial codierten Schauräumen, in denen der Anspruch einer Evidenzerzeugung spürbar wird: Die durch die optische Armatur explizierte Sichtbarkeit soll den Eindruck größtmöglicher Nachvollziehbarkeit und Plausibilisierung des Dargestellten nicht nur suggerieren, sondern verstärken.

Daneben wird mit der Brille ein Dualismus von äußerem und innerem Sehen ausgespielt und problematisiert.[291] Als ikonische Abbreviatur kann sie sowohl Durchsicht, Einsicht, Erkenntnis und Rechtschaffenheit als auch Blindheit, Uneinsichtigkeit und Rechtsbruch versinnbildlichen. Das heißt, die Brille visualisiert die Mehrdeutigkeit des Sehens selbst, sie verklammert gleichsam (äußere) physiologische Sinneserfahrung, äußeres Auge und extramentale Bilder mit innerem Auge, innerem Blick, einer regelgeleiteten, vorschriftsmäßigen Gottesschau und einer Bildgenerierung im Kopf.

Die Blätter machen an den Betrachter auch das Angebot eines interaktiven Wechselspiels mit den prominent in Szene gesetzten, optischen Utensilien. Dieses Angebot lösen sie aber selbst ein, denn die Drucke offerieren nicht wirklich die Handhabung mit der Brille. Sie simulieren vielmehr das Ergebnis ihres Einsatzes, indem sie die visuellen Wirkeffekte antizipieren und gemeinsam mit der Formbeschaffenheit der Brillen für ihre eigene Medialität appropriieren. In dieser Anverwandlung der Optika manifestiert sich ein spielerischer und experimenteller Impuls zugleich.

1.2 Spiegel

Spiegel werden gleichfalls medientechnisch codiert, um als Visualisierungsapparatur in Flugblättern eine darstellungsstrategisch relevante Aufgabe zu übernehmen. Als Gebrauchsgegenstände, für die der Sehakt konstitutiv ist, werden sie analog den Brillen dazu verwendet, Appellzonen zu markieren und Schauräume zu eröffnen. Jedoch lenken und dynamisieren spätmittelalterliche und frühneuzeitliche Spiegel nicht nur die visuelle Wahrnehmung des Betrachters, sondern belegen die Darstellungsflächen unvermeidlich *a priori* mit einer vielschichtigen Sinnhaftigkeit. Diese ist durch eine lange Spiegeltradition vorgegeben und kann gegenläufig zur vordergründigen Aussage sein. Im Folgenden stehen Blätter im Mittelpunkt eines Spiegelinteresses, in denen der Spiegel (bzw. das Lupenglas oder die Glaskugel) als Realie im Sinne einer optischen Gerätschaft deutlich

---

291 Vgl. Gudrun Schleusener-Eichholz: Das Auge im Mittelalter, a.a.O., hier: den Abschnitt zu den ‚äußeren' und ‚inneren' Augen, Bd. II, S. 931ff.

wahrnehmbar wird und zugleich als semantisches, symbolisch aufgeladenes Gestaltungselement zur Geltung kommt.

Für den ‚Spiegel' als polyvalentes Bildelement ist vorauszuschicken, dass sich an ihn in ausgeprägterem Maße als an die Brille, das Fernrohr oder auch das Mikroskop übertragener Sinn heftet. Für mittelalterliche und frühneuzeitliche *specvlvm*-Darstellungen gilt, dass der Spiegel – ganz gleich, wie konkret er als materiell-gegenständlicher Lichtreflektor in Erscheinung tritt – als mehrfach lesbares Motiv zu decodieren ist. Einer der Gründe liegt im vielfachen Wortsinn, der nach mittelalterlichem Verständnis allen Dingen (*res*) der sinnlich erfahrbaren Welt aufsitzt.[292] Um hier nur die ersten beiden Sinnebenen zu entfalten: Wortwörtlich und literaler Bedeutung nach handelt es sich beim Spiegel um eine optische Armatur, die Licht als elektromagnetisches Spektrum visuell wahrnehmbar reflektiert, wodurch identische (Ab)Bilder entstehen können. Für den Spiegel sind die Aspekte Visualität, Visibilisierung und Optik konstitutiv. Der ‚Spiegel' kann, davon ausgehend, mit allegorisch-metaphorischer Bedeutungserweiterung zum Schlagwort und/oder Schlagbild von weitreichenden Sinnzusammenhängen werden, die in angemessenen Lesarten zu erschließen sind.

Dem mittelalterlichen und frühneuzeitlichen ‚Spiegel' ist weit mehr als eine bloße Widerspiegelungsfunktion zu konzedieren, wie mechanistische Abstrahlungstheorien der Neuzeit dies für den Spiegel der Moderne nahelegen. Der mittelalterliche ‚Spiegel' ist ein „Ambivalenzreflektor";[293] er ermöglicht jene ontische Wesensschau, von der im Zusammenhang mit dem „Allomodischen DefensionsSpiegel" (Abschnitt „Klappbilder") oder dem Vanitas-Blatt „Ach Gott wie ists so baldt gethon" (Abschnitt „*Nota bene*") die Rede war. Die ursprüngliche Gestalt des Spiegels ist eine klare Wasserfläche oder auch das Auge des Mitmenschen. So verzerrt wie deren Widerspiegelungen waren auch noch die schemenhaften (Ab)Bilder der ersten künstlichen Spiegel, die seit der Antike aus Stein (Obsidian) oder glänzendem Metall hergestellt wurden. Mit den Glasspiegeln nahm die Bildqualität keinesfalls sofort zu, da diese zunächst nur als konvexe Kugelteile gefertigt werden konnten: Der Blick in den relativ kleinen, nach außen gewölbten Rundungspunkt der Spiegelflächenmitte gibt allein noch kein unverzerrtes Bild wieder. Die Spiegelbilder wurden erst schärfer und distinkter, nachdem Anfang des 14. Jahrhunderts venezianische Glasbläser auf Murano die Technik entwickelten, Glaszylinder zu blasen und aufzuschneiden, so dass einigermaßen plane Spiegelgläser entstanden. Diese belegte man auf der Hinterseite mit einer Schicht aus Amalgam. Bis 1687 gab es in der Herstellung von Glasspiegeln kaum Verbesserungen und erst danach erhöhte sich die Qualität der Re-

292 Vgl. Wolfgang Brückner: Spiegel-Erkenntnis, a.a.O., hier: S. 84f.; zum mehrfachen Wortsinn im Mittelalter, Friedrich Ohly: Vom geistigen Sinn des Wortes im Mittelalter. In: Schriften zur mittelalterlichen Bedeutungsforschung. Darmstadt 1977, S. 1-31.

293 Vgl. Wolfgang Brückner: Spiegel-Erkenntnis, a.a.O., hier: S. 83.

flektoren durch das Walzen gleichmäßiger Glastafeln.[294] Die Vervollkommnung der Spiegelproduktion braucht hier nicht zu interessieren, aufschlussreich ist vielmehr die Tatsache, dass bereits im Buch Hiob (37,18) der Himmel mit einem ‚gegossenen Spiegel' verglichen wird, in dem der Mensch Dinge, Anweisungen, Prophezeiungen oder Warnungen erschauen, lesen und verstehen konnte. Seitdem ist die Versuchung, den ‚Spiegel' über seinen Status als ‚bloßen' Licht(wider)Strahler hinaus als bildhaftes Gleichnis zu benutzen, nicht abgerissen.

Semiotisiert man den ‚Spiegel', so ist er nach neuzeitlichem Verständnis kein Zeichen, da das Wesen von Zeichen die Vergegenwärtigung von Abwesendem ist: Der neuzeitliche Spiegel bildet ab, was sich vor ihm befindet.[295] Der mittelalterliche Spiegel dagegen macht nicht unbedingt sichtbar, was sich vor ihm realpräsent zeigt, sondern er kann andere Dinge aufscheinen lassen. Folglich lässt er sich als Zeichengeber interpretieren. Spielt ‚specvlvm/Spiegel' einerseits auf die optische Realie an, in der etwas zu sehen ist, impliziert der Blick in einen mittelalterlichen oder frühneuzeitlichen Spiegel zugleich die Möglichkeit, etwas zu ‚sehen' zu bekommen, das abwesend ist, womöglich vorbildlich, regulativ, Norm gebietend oder Ehrfurcht einflößend; etwas, was durch den ‚Spiegel' vermittelt werden soll. Derjenige, der in solch einen Spiegel blickt, erschaut mit anderen Worten eine darin sichtbar gemachte, zeichenhafte Stellvertretung, eine Botschaft, einen Anspruch, eine Ermahnung, eine Apparition, womöglich eine Emanation des Übersinnlichen und Göttlichen. Ausgehend vom lateinischen Mittelalter, avancierte specvlvm/Spiegel zum führenden Titel innerhalb eines heterogenen Spektrums von Darstellungen, das von Vorbild stiftenden, Tugenden und Laster, Vorschriften und Strafen aufführenden Schriften bis hin zu Urteilssammlungen, Rechtsprechungen oder religiös inspirierten Ermahnungen und Unterweisungen reichte.

Die spätmittelalterlichen und frühneuzeitlichen ‚Spiegel', um die es hier geht, sind damit grundsätzlich Instrumente der Erkenntnis des ansonsten Verborgenen, das zu weit innerhalb oder außerhalb der unmittelbaren Einsichtskraft des Menschen liegt. Diese Erkenntnis hat moralische und handlungsorientierte Implikationen. Die Schöpfung kann als Spiegel Gottes erscheinen, wobei nicht nur jedes Ding der Welt, sondern auch die Heilige Schrift zum Spiegel des göttlichen Wirkens wird, in dem Gottes Wille sich offenbart. Des Weiteren bietet der ‚Spiegel' als Gewissensspiegel oder Heilsspiegel die Möglichkeit der Selbsterkenntnis eigener Unzulänglichkeiten, so wie er als Instrument der Entlarvung des schönen, äußeren Scheins fungiert und auf die menschliche Vergänglichkeit verweist. In Umkehrung dessen birgt er zugleich die Gefahr der Selbsttäuschung und der Lust an der eigenen Schönheit. Aus der Beschaffenheit des optischen Instruments wird

294 Vgl. Paul Michel u. Cornelia Rizek-Pfister: Physik, Trug, Ideologie, Zauber und Symbolik des Spiegels, a.a.O., hier: S. 6f. sowie Charles Panati: Universalgeschichte der ganz gewöhnlichen Dinge. Frankfurt a.M. 1996, S. 244-245.

295 Vgl. Umberto Eco: Über Spiegel. In: Über Spiegel und andere Phänomene. München 1993, S. 26-61, hier: S. 26-34.

zudem eine Analogie zwischen Spiegel und Mensch entwickelt, insofern das formbare Blei der (frühen) Spiegel der Seele des Menschen ähnele, die ebenso formbar und reflektierend sei. Diese Vorstellung erinnert an das Gleichnis von der Seele des Menschen als leeres Blatt, das Gott beschreibt. Dem ‚Spiegel' eignet somit die Bedeutung eines Vorbildes oder Buches, das im erzieherischen Sinn durch eine Person ersetzt werden kann. Ein solches Buch wie auch eine entsprechende Person mit Vorbildcharakter sind dann ‚Spiegel' der Belehrung, die Idealbilder zeigen, wobei die Assimilation mit dem Spiegelbild zur Aufgabe des eigentlichen Spiegelsubjekts wird.[296] Mittelalterliche und frühneuzeitliche Titel, die diesen vielschichtigen Gebrauch der Spiegelmetaphorik anzeigen, lauten „Heilsspiegel", „Krankenspiegel", „Todesspiegel", „Lebensspiegel", „Liebes- und/oder Venusspiegel", „Buhlerspiegel", „Spiegel des Antichrist", „Narrenspiegel", „Spiegel der Unvernunft" und „Fastenspiegel". Sie alle rekurrieren zwar auf den einen oder anderen Bedeutungsgehalt des Spiegels, doch verwenden sie den Spiegel keineswegs durchweg als (mehr oder weniger exponierten) Bildträger und Strukturelement für ihr Layout.[297]

Als suggestiver Bildträger wird ein Spiegel auf einem frühen Einblattholzschnitt inszeniert, der den Titel „Spiegel der Vernunft" trägt und gegen Ende des 15. Jahrhunderts entstanden sein dürfte. Das Blatt adressiert den Betrachter mittels eines ganzseitig abgebildeten, in einen breiten Lederrand eingefassten, kreisrunden Wulstspiegels. Vorstellbar ist, dass er an einem Band befestigt an einer Wand hängt. Er ist ausgefüllt mit Szenen des Memento mori, die xylographische Texte flankieren. Das Blatt dient didaktischen Zwecken, indem es dem Menschen ‚vorspiegelt', auf seiner irdischen Pilgerschaft stets nach Gottes Gebot zu leben und Sünden zu vermeiden.

Im eigentlichen Spiegelfeld tritt der Mensch als gottesfürchtiger Pilger auf, der auf einer, seine Lebensbahn symbolisierenden, Brücke wandert, im leichten Anstieg auf deren Mitte, damit auf seine Lebensmitte zu. Bedrängt ihn bei die-

---

296 Zum Aspekt des Vorbildhaften gehört der der Reinheit: Maria wird als „kristalîner stein" (Berill) bezeichnet und einem ‚liehten spiegel klar' verglichen.

297 Abgesehen von den zahllosen ‚Spiegel/specvlvm'-Titeln, kann auch die menschliche Hand ein Spiegel und Auge (*oculata manus*) zur Heilsversicherung und Gewissensüberprüfung sein: Der Mensch hat sie naturgemäß immer bei sich, sie ist einfach vor Augen zu halten und sie erfüllt dank ihrer ausdifferenzierten Ganzheit eine mnemonische Speicher- und Wiedervergegenwärtigungsfunktion; Altäre avancieren zu Klappspiegeln und werden zu Spiegel-Triptycha, die dem Betrachter das Wesen und Wirken des Antichrist vor Augen führen; oder es figuriert eine Grotte mit überladener Memento mori- u. Vanitassymbolik als „Spiegel Menschliches Lebens", vgl. die Blätter „MANVALE EXAMINIS CONSCIĒTIÆ" (1. Drittel 17. Jahrhundert, wie im Abschnitt „Merk- und Andachtshände") und „SPECVLVM HVMANÆ VITÆ" (ca. 1617/1618) in: Deutsche illustrierte Flugblätter, Bd. III, S. 167, Abb. 86 u. 229, Abb. 118; das Blatt „Spiegel des Antichrists" in William Coupe: The German Illustrated Broadsheet, a.a.O., hier: Bd. II, Abb. 101, Nr. 318.

sem Gang bereits der Teufel, der an seinem Überhang zieht, erwartet ihn am Brückenende der bogenschießende Tod (Abb. 28):

Dem Vergänglichkeitstopos entsprechend misst und verweist die Uhr, unmittelbar über dem Tod, auf die gestundete Lebenszeit des Menschen. Die Inschrift auf der Doppeltafel, die sich auf einer Säule mit Kruzifixus auf der Mitte der Brücke befindet, ermahnt den Pilger zur Gottes- und Nächstenliebe. Im Spiegelrahmen wechseln vier von Engeln gehaltene Spruchbänder mit zugehörigen Darstellungen ab. Schräg über dem Pilger steht geschrieben „Sich hinter dich pilgram vnd gedencke doran. Was guetz dir got vnd dein nechster hat gethan. Auch wastu widersy gethan hast das vnrecht ist. O bedencke wastu darvmb schuldig pist.“ Die figürliche Szene im Rücken des Pilgers, auf die mit deiktischem Gestus der Engel zeigt, der die Spruchtafel hält, veranschaulicht das Gesagte:[298] Im Vordergrund wird sündhaftes irdisches Treiben (menschliche Verfehlungen) vorgeführt, dahinter frommes irdisches Leben (Guttaten Gottes und der Nächsten). Unter der Jüngste Gericht-Darstellung gegenüber im Kreisrund, auf die der Pilger zugeht, steht zu lesen: „Sich für dich pilgram hye plyebestu nicht. Du muest sterben vnd für das letzt gericht. Vnd wayst nit wenn wie wo vnd wuhin darnach. Darvmb so schick dich darzu allzeyt vnd tag.“ Wieder unterstützt der zugehörige Engel die Blickaufforderung, und zwar nicht nur die des Pilgers, sondern auch die des Betrachters. Beide sollen vor sich bzw. nach vorn im doppelten Sinne schauen, und zwar auf die bildliche Ausmalung dessen, was begrifflich ausgeführt wurde, und, gleichsam mit antizipatorischem, inneren Blick, auf das, was der Lauf des irdischen Lebens für jeden Sterblichen bereithält. Der Verweisgestus durch den ausgestreckten rechten Arm dirigiert das Auge und vereindeutigt den Bild-Text-Bezug. Ohne die beiden anderen Texte in Gänze zu zitieren, die um die ewige Verdammnis und den Himmel kreisen, fungieren die ihnen zugewiesenen Engel ebenfalls als deiktische Figuren. Sie verstärken und dirigieren durch ihren Verweisgestus analog das Blickgebot, das als Aufforderung, „Sich über dich“ erscheint (oben rechts, Verweis auf die Darstellung des Himmels mit Gnadenstuhl und dabei sitzender Maria, dem Blutbrunnen und zwei Engeln), zum anderen als „Sich vnter dich“ (unten links, die Hölle).

Um die Aufhängung des Spiegels windet sich ein Schriftband, das linkerseits Hinweise auf die Herrschaft Gottes über alle Kreatur enthält und rechts Fragen nach dem Muster „wan kumstu/wer pistu, vn wie lebstu, frag ich/wo mustu hin, vn wo pleibstu ewiglich“ formuliert.[299] Das Himmelsemblem, das wie in eine idealtypische Zeigerspitze nach oben ausläuft, lenkt den Blick des Pilgers wie des Betrachters auf dieses Schriftband und den Titel des Blattes, den „Spiegel der Vernunft“. Von dort aus sollen sich beide der Herrschaft Gottes vergewissern, indem sie sich nicht zuletzt jene fundamentalen Seinsfragen zu stellen haben.

Der Memento mori-Druck, der sich als Spiegel ‚tarnt‘, lädt regelrecht dazu ein, wie ein Wandspiegel aufgehängt und tagtäglich angeschaut zu werden. Nicht nur die Spiegelbildlichkeit, auch das wiederholte deiktisches Sprechen des „sich ~ sieh“ in den Tableaus, unterstreichen den Aspekt des Sehens und Schauens. Das Auffordern und Verweisen wird durch die Figuration der Engel visuell bekräftigt. Der zu seiner Entstehungszeit übliche Rund- bzw. Wulstspiegel spezifiziert als prominentes Bildgerüst den moralisch-belehrenden Inhalt als vorbildhaft, den es durch das tagtägliche Anschauen zu vergegenwärtigen gilt.

---

[298] Soweit man das aufgrund des schlechten Erhaltungszustandes des Blattes sagen kann.

[299] Vgl. Dieter Kuhrmann: Der Spiegel der Vernunft. In: Die Frühzeit des Holzschnitts. Staatliche Graphische Sammlung München 1970, S. 33-34, Nr. 91, dort auch die Transkriptionen der schwer lesbaren Inschriften im Blatt; vgl. auch Sabine Griese: ‚viel Andacht gehabt vor den heiligen Briefen‘, a.a.O., hier: S. 25.

In dem Blatt „Schola Gentilium. Der Heyden Schul“, das bereits im 1. Kapitel, im Abschnitt „Gotteshände“ zu sehen war, erinnert der geozentrische Kosmos ebenfalls an einen Wulstspiegel. Neben die aufdringliche Prominenz der *manus Dei*, die den Kosmos als Sinnbild der universalen Mikro-/Makrostruktur vor Augen hält, stellt sich der Wulstspiegel als kugelförmige Schaufläche. Für die Gleichsetzung von Kosmos und Spiegel, die aufgrund der mittelalterlichen Vorstellung von der ‚Welt als Spiegel der Erkenntnis und des Wirken Gottes‘ plausibel ist, sprechen volkskundliche Befunde aus dem 15. und 16. Jahrhundert, wie sie Wolfgang Brückner recherchiert hat. „Es handelt sich [...] um runde Hand- und Wandspiegel, die mit Lederwülsten eingefaßt waren, wozu man wissen muß, daß im Spätmittelalter und der frühen Neuzeit Glasspiegel nur als konvexe Kugelteile gefertigt werden konnten [...].“[300] Vor dem Hintergrund der Bedeutungsvielfalt des Spiegels, wird die Lesbarkeit der Kosmosdarstellung als ‚Weltspiegel‘ in der Hand Gottes also dadurch plausibel, dass sich der Betrachter, analog der Menschenfigur mit der Indexzahl 8 über dem Herzen, in der Mitte des Spiegelrunds wiederfinden und erkennen soll. Gleichzeitig zeigt ihm der Spiegel Dinge auf, die als Ideal-, Wunsch-, aber auch Mahn- und Vergänglichkeitsbilder interpretierbar sind.[301] Darstellungsstrategisch hebt das Spiegelrund in der Hand einen Schauraum hervor, der einen Blickfang konstituiert und umso exponierter erscheint, als er umgeben ist von der tonlosen Hintergrundschraffur des Universums, der Gotteshand und zwei Textkolumnen. Neben der mimetisch-veristischen *manus Dei* und dem Jahwe-Tetragramm im Strahlenglanz der himmlischen Aura, wird der Appellwert des Spiegels noch dadurch gesteigert, dass die verdichtete Szenographie in seinem Inneren ein Bild im Bild erzeugt.

Ein weiteres Spiegel-Exemplar stellt dem Betrachter „Ein schöne Newe Fasten Spiegel“ vor Augen, der anzeigt, wie „ieden Tag die Fasten durch alle Evangelia [führen], die in der H.Kirchen geleszen werden.“ Der Spiegel oder die „Scheibe“, wie es in der „Außlegung dieser Fasten Scheiben vnd der beygefügten Figuren“ im unteren Textband heißt, steht im Kontext katholischer Anleitungen für eine christliche Lebensführung, für die es im übertragenen Sinn eine Vorschrift bietet.[302] Die Graphik wird von einer Art Schau-Scheibe dominiert, die sich als Wulstspiegel interpretieren lässt. In seinem äußeren Lederrand sind kreisförmig Fische angeordnet. Sie versinnbildlichen die 40 Wochentage der Fastenzeit (Aschermittwoch bis Karsamstag). Die sieben Sonntage (Invocavit, Reminiscere, Oculi, Laetare, Iudica, Palmorum, Pascha) sind bis auf den siebten Sonntag durch große Fische hervorgehoben; Pascha vertritt das *agnus Dei* (Abb. 29).

300 Vgl. Wolfgang Brückner: Spiegel-Erkenntnis, a.a.O., hier: S. 87f.

301 Vgl. Horst Wenzel: Der Heyden Schul, a.a.O., hier: S. 63.

302 Vgl. Eva-Maria Bangerter-Schmid: Erbauliche illustrierte Flugblätter, a.a.O., hier: S. 129f. Das Blatt entzieht sich einer genauen zeitlichen Bestimmung, es wird zwischen 1613 und 1672 entstanden sein.

Auf jedem der Tage, also auf jedem Fisch, steht ein Evangelientext geschrieben. Im Zentrum, dem eigentlichen Spiegelfeld, führt ein Simultanbild Szenen aus Jesu Versuchung in der Wüste vor, die durch denselben Verweisbuchstaben C in der Legende konkretisiert werden. Diese Evangelienstelle bildet traditionellerweise die Perikope zum ersten Sonntag der Fastenzeit und dient daher als biblisches Vorbild für das Gebot des 40tägigen Fastens.[303] Der Indexbuchstabe A, im Bild auf dem linken Schienbein Jesu, bietet in 22 paargereimten Versen eine Begründung für das Fasten und macht damit auf die Herkunft des Nachahmungsgedankens aufmerksam: „Vnd wisse daß er faste hier, Zu mehrung der genaden dir/Drumb ist der Kirchen alt gebott, Daß wir auch fasten zu ehren Gott".

Im Anschluss an Eva-Maria Bangerter-Schmid lässt sich konstatieren, dass sich das Blatt zur Veranschaulichung seines Themas der gleichen Bildelemente bedient, die auch in katholischen Gebetbüchern und Katechismen zur bildlichen Gestaltung des Fastengebots verwendet werden. Die Bildteile im vorliegenden Exemplar fangen die Aufmerksamkeit des Betrachters ein und werden durch ihre Verankerung im biblischen Meistertext zu mnemotechnischen Zeichen für die religiöse Didaxe. Sie unterstützen die Aneignung des Textes, indem sie ihn in eine

303 Vgl. ebd.

Anschaulichkeit überführen. Damit sind sie Teil einer Gewährleistung, dass die in den Texten konkretisierte Verbindlichkeit des Fastengebots nachvollziehbar erläutert und zur Einhaltung der 40tägigen Fastenzeit ordentlich angeleitet wird.

Wenn Bangerter-Schmid resümiert, dass solche appellativen Text-Bild-Kompositionen der Beförderung der Frömmigkeit dienlich seien, so ist damit die Darstellungswirkung des Spiegels noch nicht ausreichend gewürdigt. Die Spiegelbildlichkeit leistet die Konkretisierung der ‚Scheibe' auf die Spezifik eines Spiegels hin. Gerade der Spiegel löst ein, worauf der Verfasser des Blattes in den ersten vier Zeilen seiner „Außlegung" auffordernd hinweist, nämlich das Blatt gleich einem Spiegel anzuschauen und zu betrachten, da es (vorbildhafte) Dinge aufscheinen lässt, die sich nicht unmittelbar sichtbar vor dem Spiegel befinden: „O Christen Mensch nimb wol in acht/Die Fasten scheib Sie offt betracht/Hier viertzig tag dir Gott der Herr/Fur augen stelt dein glaub vermehr."

Da der Spiegel mittelalterlicher Sehstrahltheorie zufolge in den Radius seiner Strahlung gelangte Phänomene auffangen und festhalten kann,[304] vermag ‚Spiegel' außer Leseglas und Brille auch das Auge selbst zu bezeichnen. Im „Buch der Natur" beschreibt Konrad von Megenberg im Abschnitt „Von den augen" das Auge als eine Kugel, die aus einer bildprojizierenden Spiegelfläche bestehe:

> Daz aug versêrt oft den luft und die tier, die ez ansiht, dar umb daz in dem leib des augen fauleu fäuhten ist und vergiftiger dunst. [...] Der augen gestalt und ir varb sint zaichen der guoten und der poesen siten in des menschen sêl. [...] Daz aug ist gesetzt in siben röcke, daz sint siben häutel, dâ mit ist diu cristallisch fäuht verhüllt [...] der augen spiegel ist sô frei, daz daz clain augäpfelein nimpt ain pild aines ganzen menschen oder ains groezern dinges.[305]

Ähnlichkeit mit dem Auge als kugelförmiges Organ mit optovisuellen Eigenschaften weisen Weltkugeln auf. Sie finden sich in Darstellungen als ‚magische' Schaukugel entworfen, in der Bilder und Szenen aufscheinen. Das deutsch- und französischsprachige Blatt mit dem lateinischen Titel „VANITÆS ET VANITATES" aus dem frühen 17. Jahrhundert bringt Kritik an den Zuständen seiner Gegenwart zum Ausdruck, wobei es die Indienstnahme einer Weltkugel als optisches Gestaltungselement des Blattes exemplifiziert (Abb. 30):

---

304 Zur Sehstrahltheorie, vgl. Wolfgang Brückner: Spiegel-Erkenntnis, a.a.O.

305 Konrad von Megenberg: Das Buch der Natur, a.a.O., hier: S. 9-10. Johann Amos Comenius (1592-1670) argumentiert ähnlich, wenn er das Auge mit einem Spiegel vergleicht. Er sieht aber auch Unterschiede zwischen reflektierenden Spiegelflächen und lichtdurchlässigen bzw. lichtabsorbierenden Spiegel- und Lesegläsern: „der augapffel, welcher im augenweis sitzet, ist ein in etwas erhobenes spiegelglasz, so die bildnissen der vorgeworffenen dingen durchlässet, nicht aber wie ein spiegel zurück schläget", vgl.: Jacob und Wilhelm Grimm: Deutsches Wörterbuch, a.a.O., Bd. 16, Sp. 2223.

Im Zentrum der Darstellung befindet sich eine auf den Kopf gestellte Weltkugel, zu deren Linken (vom Betrachter aus) der lachende Demokrit sitzt, zur Rechten der weinende Heraklit. Die antiken Philosophen bringen ihre – antithetische – Befindlichkeit gegenüber der verkehrten Welt entsprechend zum Ausdruck. Während zuoberst auf der umgedrehten Kugel der Satan, ein Mann und eine Dame von Welt agieren, die Narren- und Vanitasmotive begleiten (so trägt der Mann etwa eine Narrenkappe), liefert die Weltkugel im Inneren ein graphisches Panorama verschiedener Szenen, die dieses Motiv aufnehmen und ebenfalls veranschaulichen. Die Aufzählung der menschlichen Narrheiten erfolgt in den deutschsprachigen Versen im Textband, wo es heißt: „Buhlen doplen [würfeln], Spillen Morden [...] Rauben zu Wasser vnd zu landt.“ Hinzu kommt die Gier nach „gutt vnd gelt“ sowie nach „fleishlich Wollustigkeit“, die sich als Mord, Totschlag, Verführung und das Personal von Narrenkappenträgern im Schauraum der Kugel dargestellt finden. Das an ein Wandgemälde erinnernde, illusionistisch gestaltete Blatt mutet wie eine architektonische Bogenkomposition an. Durch die rahmenüberschreitende Darstellung der skulpturenähnlichen und mit Vanitasattributen ausgestatteten Putten in den Bogenzwickeln wird dieser Eindruck noch verstärkt.[306]

Die Weltkugel markiert im Zentrum des Blattes einen Schauraum herausgehobener Signifikanz. Die in ihr dargestellten Personen erscheinen im Vergleich zu den übrigen Personen außerhalb der Kugel verkleinert, was eine Analogie zum Augen-Spiegel herstellt: Wie die Pupille eines Auges, die einen ‚großen

306 Vgl. den Kommentar zum Blatt in: Illustrierte Flugblätter des Barock, a.a.O., S. 64.

Menschen‘ in ein ‚kleines Mädchen‘ verwandelt[307] und qua Spiegelähnlichkeit den Makrokosmos im okularen Mikrokosmos abzubilden vermag, scheint in der Welt-Schau-Kugel mehr auf, als der unmittelbaren Ansicht zugänglich ist. Die Weltkugel, die Bilder des Makrokosmos einfängt, korrespondiert mit dem Modell vom Augen-Spiegel. Die Schaukugel verlängert den (Ein)Blick in die verkehrte Welt, indem sie einen Sichtkorridor in die Tiefe ihres Raumes öffnet, in dem weitere, negativ zu bewertende Szenen wie grausame Eroberungen etc. ins Bild gesetzt sind. Die Kugel fokussiert auf diese Weise die visuelle Aufmerksamkeit des Betrachters, indem sie sie an sich und ihren eigenen Darstellungsraum im Gesamtbild bindet.

Die Weltkugel als Bildgenerator erinnert an die Fernbilder projizierende Wundersäule, die Wolfram von Eschenbach (1160/80 bis ca. 1220) in der Schastel Marveille-Episode im „Parzival“ (1. Jahrzehnt 13. Jahrhundert) literarisch fingiert.[308] Die Ansichten und Bilder anderer Länder und Menschen in „der grôzen siule“ geben Ritter Gawan Auskunft über das Geschehen und die Zeitläufte anderswo. Sowohl in der Wundersäule als auch in der diaphanen Bild-Kugel wird so etwas wie die Phantasievorstellung von einer Alleinsichtigkeit bzw. das Wunschdenken von einer visuellen Beherrschbarkeit von Raum und Zeit spürbar. Befragt man den frühneuzeitlichen Alltag nach dem (fingierten, womöglich phantasierten) Gebrauch einer vergleichbaren Televisionsapparatur, geben Archivalien Auskunft über Anton Fugger, der Mitte des 16. Jahrhunderts Herr über ein globales Handelsimperium war. Dieses wollte überblickt, überwacht und (fern)gesteuert sein. Im Zuge dieser Verantwortlichkeit hatte Fugger mit einem Informationsdefizit zu kämpfen, das vor allem um die Frage kreiste: Was treiben meine Agenten in der Ferne? Angeblich vertraute er der Dorfhellseherin Anna Megerler und ihrer Kristallkugel, wenn er über die Machenschaften seiner Handelsbevollmächtigten ins ‚rechte Licht‘ gesetzt sein wollte.[309] In jener leuchtenden Kristallkugel konnte Anton Fugger seine verwaltenden Zuarbeiter sehen, ohne selbst gesehen zu werden – eine panoptische Idealität!

Der nachfolgende „Spiegel Menschliches Lebens“ (1619) macht für die Strukturierung seines Darstellungsterrains ebenfalls experimentell und technisch ambitioniert zugleich die suggestive Wirkung eines Spiegelglases zu Nutze. In einer als

---

307 Deutsch ‚Pupille‘ wird im 18. Jahrhundert entlehnt aus gleichbedeutend lat. pūpilla (wörtlich: Mädchen, Waise), das auf lat. pūpa ~ Mädchen zurückgeht. Die Bedeutungsübertragung erfolgte aufgrund der Tatsache, dass man im Auge des Gegenübers das eigene Spiegelbild sieht, vgl. Friedrich Kluge: Etymologisches Wörterbuch der deutschen Sprache, a.a.O., hier: S. 571.

308 Wolfram von Eschenbach: Parzival, 12. Buch, 590-593. Stuttgart 1996.

309 Die Historikerin Lyndal Roper will dies beim Studium alter Augsburger Gerichtsakten herausgefunden haben, vgl. Birgit Althans: Zeitungszeit und Gerüchtezeit. In: FREITAG, 21. Mai 1999.

Lebensspiegel oder Lese- bzw. Lupenglas deutbaren Kreisform im Zentrum der Graphik schreitet der Mensch seinen Lebensweg ab.[310] (Abb. 31):

Geburt und Tod, allegorisch wiedergegeben durch die Mutter mit dem Kind in der Krippe und den dicht hinter der Frau stehenden Tod, der das Kind bereits mit einem Pfeil bedroht, befinden sich in einer Grube zu Füßen des *homo viator*. Dessen Weg nimmt seinen Anfang in der Grube, um an einer Sanduhr vorbei dorthin zurückzukehren. Zwei Bibelzitate aus dem Alten Testament geben iko-

310 Vgl. den Kommentar zum Blatt in: Illustrierte Flugblätter des Barock, a.a.O., S. 30. Ich greife auf die Blattbeschreibung zurück, die ich im Rahmen des Aufsatzes zu den Frühformen technisch vermittelter Audiovisualität formuliert, hier aber gekürzt und modifiziert habe, vgl.: Formen ‚instrumentellen Sehens' in frühneuzeitlichen Flugblättern, a.a.O., hier: S. 83-85.

noskriptural eine elliptische Bahn vor,[311] die interessanterweise von rechts nach links verläuft und imaginäre Lebensabschnitte enthält, die durch die Ziffern 10 bis 100 durchnummeriert sind. Während das enge Beieinander von Geburt und Sterben an die gestundete Zeit im Diesseits erinnert, wird unter Verwendung weiterer allegorischer Bildmotive die Welt als Ort der Anfechtung für den Christen gekennzeichnet. Während der Engel Gottes (SPIRITVS) ihn leitet und mit seinem rechten Zeigefinger auf den Himmel verweist, treten die Gegenkräfte der Fleischlichkeit (CARO), der Teufel (DIABOLVS) und ‚Frau Welt' mit dem Szepter und der Weltkugel auf der Schulter auf, um den Menschen an seinem Weg zu hindern. Die Trias der Gefährdungen wird durch die Hintergrundszenerie mit Darstellungen weltlicher Annehmlichkeiten angereichert. Das Himmelsgewölbe innerhalb der Kreisform wird von Engeln, Heiligen, Propheten und einer teuflischen Figur bevölkert. Ausgestattet ist die Szenerie zudem mit 16 Texttafeln, auf denen Bibelzitate aus dem Alten und Neuen Testament das Geschehen kommentieren.

Den Bildaufbau außerhalb des kreisrunden Bildausschnitts strukturiert ein antithetisches Gegeneinander von ewigem Tod und ewigem Leben. Eine mechanische Uhr, ein mit Pfeil und Bogen auf den Kreis zielender Tod, verstorbene weltliche und kirchliche Würdenträger sowie Szenen der Höllenqualen stehen im unteren Teil des Bildes; Gottes Richteramt und die Aufnahme der Gerechten zum ewigen Leben im Himmel sind im oberen Teil dargestellt. Dem Betrachter werden damit die vier letzten Dinge vor Augen geführt, um ihn an eine christliche Lebensführung zu gemahnen und ihn aufzufordern, den weltlichen Versuchungen zu widerstehen. Die Bibelverse auf den zahlreichen Texttafeln flankieren die bildlichen Aussagen auch in diesen Darstellungsarealen und statten sie mit der Autorität des göttlichen Wortes aus.

Titel und inhaltliche Konzeption verorten das Blatt in einer vielschichtigen Spiegelschautradition, die Gestaltung hingegen verweist auf einen konkreten Spiegel als optische Armatur. Dabei ist einmal mehr zu berücksichtigen, dass sich das Blatt ein Verständnis von ‚Spiegel' zu Nutze macht, das umfassender ist als sein neuzeitlicher Begriff. Der Spiegel als Realie meint hier nicht den Lichtstrahlungsreflektor, sondern ein blickfokussierendes Leseglas. Obwohl der Kreisausschnitt seine Szenen nicht vergrößert, suggeriert insbesondere die Schattierung an seinen Rändern das Auflegen eines optischen Utensils. Der zentral platzierte, symmetrisch-kreisrunde Bildausschnitt ist klar als Visualisierungsraum hervorgehoben. Was das semantische Surplus der Darstellung anbetrifft, so wird der Kreis in der Graphik als irdisches Hier-und-Jetzt interpretierbar, in dem der Makrokosmos des jenseitigen Ganzen als Entsprechung im Mikrokosmos zur Anschauung gebracht wird. Der Spiegel lässt mehr aufscheinen als der unmittelbaren Ansicht zugänglich ist. Der „Spiegel Menschliches Lebens" greift so gese-

311 Die Zitate thematisieren die Vergänglichkeit irdischen Seins. In Jos. 23,14 heißt es: „Ich selbst muss heute den Weg alles Irdischen gehen", im Buch der Weisheit, 2,5: „Unsere Zeit geht vorüber wie ein Schatten, unser Ende wiederholt sich nicht; es ist versiegelt, und keiner kommt zurück."

hen auf eine vertraute Spiegelmetaphorik zurück, derzufolge im konvexen Spiegel die Welt aufscheint, die sich als Mikrokosmos in die überzeitliche Gültigkeit des sie transzendierenden Makrokosmos einfügt. Die Titulierung ‚Spiegel' gehorcht abermals einem Anschlussbedürfnis an eine vielfach hochfahrende *specvlvm*/Spiegelschautradition, dank derer das zur Darstellung Gebrachte nobilitiert wird.

Das Schreibmeisterblatt mit dem Titel „Speculum Hominis" von 1668 beschließt den Abschnitt „Spiegel". Es stammt von Adam Fabritius, der bereits als eigenwilliger Verfasser des Brillen-Blattes mit der „Erclärung Vber den 82. Psalm vnd Teuschlands schweren Sündenfall" hervorgetreten ist. (Abb. 32):

Wie beim Brillen-Exemplar handelt es sich um ein religiöses Erbauungsblatt, doch steht es nicht im Kontext einer zeitgenössisch-politischen Krise, sondern mahnt angesichts der allgemeinen Gefahr ewiger Verdammnis zur Buße.[312] Das Blatt ist ausgefüllt von Zugwerkornamentik, Figürlichem und Text, die auf einen oberflächlichen Blick hin unentwirrbar scheinen. Der Titel auf dem Schriftband mit Totenschädel unter dem hebräischen Jahwe-Tetragramm am oberen Blattrand wird durch acht Verse erläutert, die dem Ovalrand folgen, die Darstellung gleichsam rahmen und unten links beginnen: „Wer Gotts Gesetz vollkomlichhelt, Dem hab dieß Werck nit fürgestelt, Wer aber seine Sünd bekent, der liebet es biß an sein End/Denn hie sieht Jedermann fürwar, Wie lebt vnd schwebt er in Gefahr, Thut man nun Buß, meid ewign Schadn, So steht noch offn die Thür d'Gnadn." Die weitere Blatterschließung, die durch die Nummerierung der Texte vorgegeben ist, beginnt unter dem *caput mortuum*, geht zur Vertreibung aus dem Paradies und folgt im Uhrzeigersinn dem Bildfeld bis zur ersten Strophe, wo mit der *Lamentatio Peccatoris* und der *Responsio Salvatoris* in der Mittelachse die kleine Gestalt Gottes gegenüber dem ikonoskriptural aus Bibelzitaten geformten, sündigen Menschen abgegrenzt wird. Der Höllenrachen, der sich zu Füßen des Menschen auftut, enthält weitere Bibelzitate, die in die Vision der Verdammten aus der Apokalypse (Nr. 14) unten rechts einmünden. Adam Fabritius stellt sich schließlich unter Strophe 4 als Verfasser vor, der das Blatt „Gott zu Ehren vnd allen Christen zu Nutz zuerst Colligirt, auß freÿer Hannd geschrieben vnnd ins Kupffer verlegt" habe.

Das Oval der Kupferplatte imitiert durch seine Gestalt einen Spiegel, in dem der Mensch sich betrachten soll. Mit dem *speculum hominis* hält, wie die erste und zweite Strophe ausführen, das Blatt dem Betrachter also wieder (s)ein doppeltes Spiegel-Bild vor, denn abgesehen von dem materialiter konkreten Spiegel ist auch ein Spiegel gemeint, der mehr aufscheinen lässt, als was sich unmittelbar sichtbar vor ihm befinden mag: „Allhir siehstu O Leser milt, Dein selbst vnd aller Sünder Bild, Vbr dir der allrGerchste Gott, Trewt nit allein den ewign Todt./Sondrn auch wan du dein Vngestalt, In Pfaenfeddern verbergst, balt, Mit Martis Schwert vnd andern Plagn, Der zornig Gott thut auff dich schlagn." Konkret bedeutet das für das vorliegende Blatt, dass der Spiegel dem Betrachter sein sündiges Leben vor Augen führt, das sich hinter seiner äußeren Erscheinung verbirgt. In dem kalligraphischen Schreibmeisterkunstblatt semiotisiert aber nicht nur die all-inklusive Spiegelform die Gesamtaussage, sondern die Ikonizität der Schrift belegt die Texte und Text-Bilder durch ihre visuelle Disposition und Figuration mit einer mnemonischen Semantik. So nutzt Fabritius die Sprach-Kunsttradition der visuellen Lyrik, um Inhaltliches auch formal zur Gestaltung zu bringen. Dies ist eindringlich bei dem aus Bibelzitaten geformten Sünder zu beobachten, bei dem jedem Körperteil (ent-)sprechende Texte zugeordnet sind.[313]

---

312 Vgl. Cornelia Kemps Kommentar zu diesem Blatt in: Deutsche illustrierte Flugblätter, Bd. IV, S. 362.

313 Im Kopf steht: „Das gantze Haupt ist kranck." Es. 1, im linken Arm: „Vnnd wenn du schon deine Hände ausbreitest vnd viel bettest, wirstu doch nit erhöret denn deine Hänrde sind voll Blut." Es:1 Ver. 1. Zur visuellen Lyrik und dem Figurengedicht, vgl. Ulrich Ernst: Labyrinthe aus Lettern, a.a.O.

Fabritius' kalligraphisch-künstlerisches Talent wird zudem in der Vertreibungsszene aus dem Paradies sowie der Bocksgestalt des Teufels deutlich.

Die in diesem Abschnitt vorgestellten Exemplare verdeutlichen, mit welcher Raffinesse Flugblätter unter Zuhilfenahme optischer Armaturen wie Bügelbrille, Spiegel oder Lese- bzw. Lupenglas Bild und Text in wechselseitige Bezüge stellen. Komplexe Darstellungsinhalte führen dazu, dass Indizes der Verschaltung von Bild und Text dienen und dass Legenden Bildkomplexe erläutern. Oftmals konkretisiert die Präsenz des Wortes Gottes den Bildsinn und ordnet das Blatt einem immer schon vorgegebenen, christlichen Heilsplan zu, wie umgekehrt Bildelemente abstrakte Aussagen veranschaulichen. Während die sprachlichen Ausführungen für das Verständnis der Blätter von unterschiedlicher Wichtigkeit sind, lenken insbesondere die pikturalen Bestandteile die Aufmerksamkeit des Betrachters. Optische Erfahrungen mit zeitgenössischen Sehhilfen und vor allem die Optika selbst werden auf die Oberflächen der Blätter übertragen, die sie als auffällige Gestaltungselemente mit strukturieren, wobei gerade beim Spiegel mehrdeutige Konnotationen mitzuberücksichtigen sind.

Vor dem Hintergrund der Möglichkeiten und Leistungen der Buchdruckkultur bereits im 16., vor allem zu Beginn des 17. Jahrhunderts exemplifizieren die Blätter auf eindrückliche Weise, wie das Sehen des Menschen durch eine medial codierte, apparative Wahrnehmungslenkung (über)determiniert wird. Die Formen einer optotechnisch vermittelten (Audio)Visualität erweisen sich als aufschlussreich hinsichtlich des zeitgenössischen Bewusstseins für medial amplifizierte Repräsentationsräume und Kommunikationsformen. Während die sprachlichen Ausführungen für das Verständnis der Blätter von unterschiedlicher Wichtigkeit sind, lenken insbesondere die pikturalen Bestandteile die Aufmerksamkeit des Betrachters. Ein instrumentell gestütztes Sehen gewährleistet privilegierte (Ein-) Blicke in große und kleine Welten.

2. »Visualisierungseffekte unsichtbarer Optotechniken«

2.1 Exponierte Schauräume und Wahrnehmungsdynamisierung

Die Aufmerksamkeit auf sich ziehende Schaubereiche, Blickterrains und Perspektiven werden nicht nur durch konkrete, medial codierte optische Armaturen erzeugt. In vielen Exemplaren strukturieren Seherfahrungen und Visualisierungseffekte von optischen Instrumenten wie dem Fernrohr, oder auch optotechnische Phantasien wie Blicke aus enormen Höhen, die Blattoberflächen. Dadurch entstehen bemerkenswerte, zum Teil ungewöhnliche Schauräume und Blickfenster, die durch ein geometrisches Gestaltungskalkül weiter exponiert sein können. Kompartimentierungen in Simultandarstellungen, die Handlungssequenzen einen Raum zuweisen, arbeiten einer Dynamisierung der Wahrnehmung zu.

Das Blatt mit dem Titel „Die Stadt und Festung CORON, wie dieselbe durch die Venetianische Waffen beschossen und erobert worden, Anno 1685“ (1685) hat eine kriegerische Auseinandersetzung zwischen Venezianern und Türken zum Thema. In dem Exemplar werden eine (para)perspektivische Blickzurichtung und ein bedeutungsperspektivisch aufgeladener Schauraum miteinander kombiniert. Im Mittelpunkt meines Interesses stehen die graphisch-narrativen Techniken, die das Flugblatt zu einem Objekt mehrfacher Lesbarkeit machen. In dem komplexen Zusammenspiel der Zeichen entfaltet sich eine nachhaltige Dynamik des Mediengefüges, die das Blatt als Nachrichtenträger attraktiv macht und darüber hinaus sein Panoramabild in eine Bühne verwandelt, auf der ein bewegtes Geschehen imaginativ rekonstruiert werden kann.[314]

Dem Blick bietet sich ein Großbildpanorama, das die Festung Coron in der gleichnamigen Bucht (Koróni) im Südwesten des Peloponnes zeigt (Abb. 33):

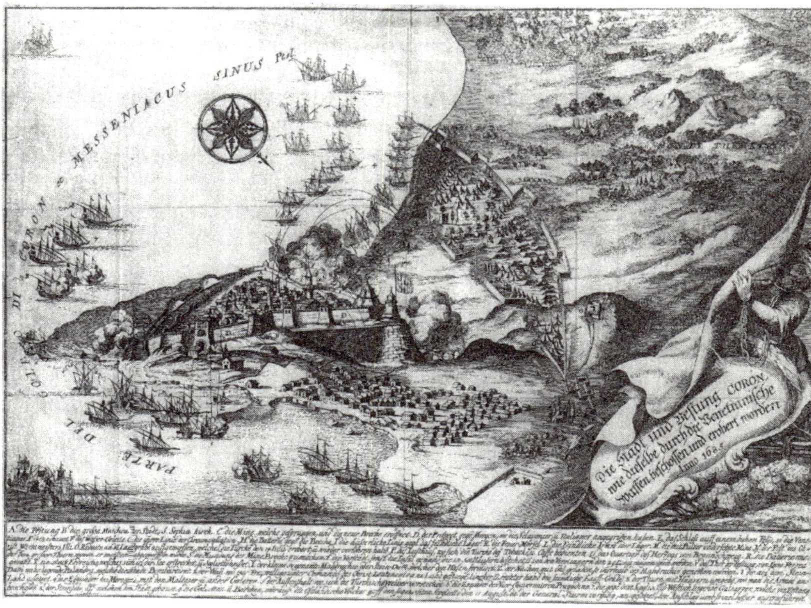

Aufgrund des überwiegenden Bildanteils lässt sich der Druck als Kunstblatt, präzisiert als Schlachtbild mit Textlegende charakterisieren, das Ähnlichkeit mit den so genannten Geschichtsblättern aus der Kölner Hogenberg-Offizin aufweist.[315]

---

314 Vgl. Nadia Ghattas u. J. Münkner: Dynamische Bildlichkeit als Erzählstrategie. In: Sprache und Literatur, 91/92 (2003), S. 54-68.

315 Die Geschichtsblätter von Franz und Abraham Hogenberg (Wirkungszeit etwa 1570-1630) sind ähnlich strukturiert, auch wenn die Graphiken zumeist schablonenhafter und die Texte in den Schriftbändern am unteren Rand versifiziert sind.

Man kann diesen Blatttypus als Vorläufer eines bilddominierten, auf Aktualität ausgerichteten Journalismus begreifen. Die Medien nahmen nicht selten den Status historischen Kartenmaterials an, wenn sie in Folge in Stadtansichten, Welttheater oder Geschichtskompendien aufgenommen wurden.

Der linke Bildteil wird von der stark schraffierten Spitze der Landzunge eingenommen, auf der sich die perspektivisch gestauchte Festung erhebt. Die Mauern laufen nach hinten dreiecksförmig zu und treffen sich in einer Art Richtpunkt, der eine Tiefenperspektive suggeriert. Gegen das Hinterland wird die Festung durch ein Feldlager abgegrenzt. Im Gegensatz zur perspektivisch gestalteten Vorstadt blickt der Betrachter beim Feldlager in halb schräger Draufsicht auf dessen gebogene, viertelringförmige Verteidigungsmauer. Während die Zelte perspektivisch den Häusern entsprechen, die der Festung vorgelagert sind, widersprechen die Größenverhältnisse der beiden Objektgruppen der dominanten Distanzwahrnehmung.[316] Es schließt sich das hügelige, nur von den Spitzen einiger Zelte durchbrochene Hinterland an. Nach unten hin wird der dunkle Hügelbereich durch die dicht aufeinanderfolgenden Schiffe fortgesetzt, die mit gerefften Segeln auf die Küste zusteuern. Oberhalb der Landzunge, die in halber Höhe des Blattes endet, erzeugt die schraffurfreie Fläche eine über den Bildrand hinausragende, maritime Weite. Während die Küste durch die Dichte der Bildelemente wie Festung, Artillerie, Schiffe, Häuser, Kompassrose und Schriftzüge charakterisiert ist, zeichnet sich das Hinterland durch die Abwesenheit raumfüllender Objekte aus. Das rückwärtige Land ist ein aktionsloser Raum. Unterstützt wird der Kontrast von geräumiger Weite und Aktionsraum durch die runde Sanftheit der Gebirgskette. Im Handlungszentrum wird der Bogen des Hinterlandes durch die Anordnung der menschengemachten Objekte aufgenommen: Der Flottenverband ist halbkreisförmig um die Halbinsel gruppiert. Ein annähernd halbkreisrunder, die Örtlichkeit ausweisender Schriftzug unterstützt die Anordnung der Schiffe und geht in das bogenförmige Zeltlager über. Der Gebirgszug verläuft nahezu parallel zur äußeren Verteidigungsmauer, so wie der rechte, gefaltete Kartenrand zur Küstenlinie.

Die Festung bildet das Zentrum dieses elliptischen Bildausschnitts. Man kann sagen, dass die Kompassrose den Blick in eine Routine des Kreisens lenkt. In der rechten, unteren Ecke des Bildes ist schräg ein Medaillon platziert, auf dem das Thema des Blattes in vier Schriftzeilen zusammengefasst ist. Der Faltenwurf darüber lässt den Kupfer als einen Bildträger erkennbar werden, bei dem es sich um einen Gobelin, eine Leinwand oder einen Vorhang handelt. Halb ver-

---

Hogenbergs Drucke brachten weniger die großen und kleinen Sensationen des Alltags ins Bild als dass sie in (relativ) objektiver Weise bedeutsame Ereignisse der Zeit (die immer auch Marktwert besaßen) wiedergaben, vgl. Fritz Hellwigs Einleitung in Franz Hogenberg: Geschichtsblätter. Hg. u. eingel. v. F. Hellwig. Nördlingen 1983, S. 10-21.

316 Der zentralperspektivische Sehcode simuliert normalerweise die retinale Projektion einer visuellen Distanzwahrnehmung, aufgrund der entfernte Objekte verkleinert erscheinen.

deckt dahinter steht ein in Ketten gelegter Türke, der die Leinwand so zur Seite hält, dass die Schriftzüge des Medaillons sichtbar sind. Das Blatt ist zudem von Ziffern und Buchstaben durchsetzt. Sie verschalten Bildelemente mit Erläuterungen in dem achtzeiligen Schriftband unterhalb des Bildes. Von A-Z und 1-9 werden Bildelemente in der Registerzeile zwar bezeichnet, aber die Indizes verzeitlichen das Bild nicht in dem Sinne, dass es durch die Angaben sequenzialisiert würde. Weder die Ziffern noch die Buchstaben gewährleisten also eine Wahrnehmungsreihenfolge des Blattes zum Zweck seiner Sinnerschließung. Interessanterweise bleiben aber das Meer und der Küstenbereich vorwiegend den Zahlen, das Festland den Buchstaben vorbehalten. Dieses Phänomen mag technische Gründe haben: Nachdem die Buchstaben ausgegangen waren, musste die restlichen, noch zu indizierenden Bildelemente mit Ziffern verschaltet werden. Festzuhalten ist, dass, statt an einer narrativen Handlungslogik ausgerichtet zu sein, die Indizes den Naturraum geo- und topographisch systematisieren.

Als historisches Artefakt thematisiert das Blatt die Belagerung des türkisch besetzten Coron durch die venezianische Armada von Juni bis August 1685, in deren Verlauf die Festung von den Venezianern und ihren Verbündeten eingenommen wurde. Die Schlacht war Teil der Rückeroberung des Peloponnes in einer nahezu fünfjährigen Kampagne zwischen 1684 und 1688. Das Blatt ‚friert' ein durch andere Quellen bestätigtes Geschehen in einem Tableau ein.[317] Es tut dies mittels eines Kompositionsprinzips, das den in der momenthaften Ausschnittartigkeit komprimierten ‚statischen Verlauf' als Ereignisabfolge von Anfahrt der Armada, Belagerung, Angriffen und Erstürmung der Festung imaginativ zu verlebendigen erlaubt. Eingeschrieben sind dem Blatt (mindestens) drei Lesemodi.

317 Nach der Einnahme Konstantinopels (1453) folgten türkische Expansionen in der Levante. Territorien, zuvor in venezianischer Hand, gingen an das Osmanische Reich. Unter der Führung von Francesco Morosini gelang es den Venezianern, viele der Territorien, darunter den Peloponnes, zurückzuerobern. Im Frieden von Karlowitz (1699) wurde der neue Status quo besiegelt, der jedoch, bis 1718, nur von kurzer Dauer war, vgl. im Theatrum Europaeum, 12. Teil: Denck- und Merckwuerdigster Geschichten, [...] vom Jahr 1679 an bis 1687 sich begeben [...] Jahr MDCXCI, 942ff.; die „Kurtze doch warhafftige Erzehlung Von Der Preißwürdigen Eroberung der starcken Vestung und Haupt-Stadt in Morea Coron", inkl. den Kupfer „Abrieß der HaubtStadt Coron in Morea" mit einer Vignette und dem Antlitz des „Gennerals Maurosinis" in der Flugschrift „Vierfacher Curieuser und ganz neuer umständlicher Bericht aller sich jüngst zugetragner Actionen der christlichen Völker" (Nürnberg, bei L. Loschge 1685), S. 59-66 sowie das Flugblatt „Eigendliche Abbildung der beruehmten Vestung Coron", Augsburg bei J. Koppmayer 1685 (das Exemplar in der HAB Wolfenbüttel, Sign.: Einbl. Xb FM 100). Die Angaben zur Dauer des Unternehmens schwanken zwischen 49 Tagen (2. Quelle) und 44 Tagen (3. Quelle).

a) Das Blatt als Nachrichtenträger

Mit den auf Massenproduktion angelegten typo- und ikonographischen Vervielfältigungsverfahren veränderte sich die Kommunikationslandschaft. Die Herausbildung eines neuen Schrift- und Bildmarktes[318] bedingte eine entsprechende Berufszunft sowie neue Leser- und Betrachterkonsumenten. In einer neuen Form von Öffentlichkeit[319] notierte das Flugblatt Ereignisse, die in der bimedialen Handschriftenkultur nicht in demselben Maße eine ‚mediale Abdeckung‘ erfahren hatten. Das Typographeum weitete die publizistische Berichterstattung aus und inkludierte zunehmend Themen und Ereignisse, deren Mitteilungswert einen frühneuzeitlichen Informationshunger befriedigte und einer empirischen Weltaneignung zuarbeitete.[320] Da die Venezianer im Mittelmeerraum immer auch ökonomische Interessen verfolgten, wird die Darstellung nicht nur als religiös bedeutsame, weil heilsgeschichtlich interpretierbare, sondern zugleich als säkularisierte, ökonomische Auseinandersetzung lesbar, der als ‚Börsenmeldung‘ Nachrichtenwert zukam.

b) Das Blatt als Karte

In dem Blatt kontrastiert eine präzise ikonische Kompositorik mit einer eher statisch wirkenden Schematik. Es sind Muster erkennbar, die kartographischen Gepflogenheiten der Zeit entsprechen. Die Authentizität der Ort-Zeit-Verankerung wird nicht länger wie in den mittelalterlichen T-O-Karten, den *mappae mundi*,[321] durch die Autorität kollektiver Überlieferung gemäß christozentrischem Weltbild fundiert, sondern mit dem Anspruch wissenschaftlicher Exaktheit dargeboten.

---

318 Trotz der Dominantsetzung des Wortes und einer prinzipiell ablehnenden Haltung gegenüber Bildern im Kontext des protestantischen Glaubensbekenntnisses (*sola scriptura*) nimmt auch die Bildverbreitung zu; vgl. Jörg Jochen Berns: Umrüstung der Mnemotechnik im Kontext von Reformation und Gutenbergs Erfindung. In: Ars memorativa. Hg. v. dems. u. Wolfgang Neuber. Tübingen 1993, S. 35-72, hier: S. 38-41.

319 Vgl. Michael Schilling: Bildpublizistik, a.a.O., hier: S. 160-162.

320 Das Typographeum steht der religiösen und theologisch-konfessionellen Kommunikation weiterhin zur Verfügung. An der großen Gruppe von Wunderblättern wird das Verschmelzen des christlichen Buches der Natur mit einem wissenschaftlich-experimentellen, durch Neugierde angetriebenen Zugang zu Naturphänomenen augenfällig.

321 T-O Karten (Ebstorfer oder Hereforder Weltkarte) projizieren die Erde als Scheibenrund und orientieren ihre Darstellung am Orient, weshalb sie den Osten zuoberst verorten. Die bekannte Ökumene wird nach dem T-Schema aufgeteilt, wobei die obere Hälfte Asien gehört, unten links Europa und unten rechts Afrika liegen. Das Mittelmeer als T-Schaft, das Asowsche bzw. Schwarze Meer, der Don (*Tanais fluvius*) und der Nil (*Nilus fluvius*) trennen die Kontinente voneinander. Am Weltrand fließt der Ozean als breiter Strom.

Das hügelige Hinterland ist korrekt als „Monte Tilemathia“ ausgewiesen, der Verlauf der Küstenlinien entspricht nahezu der geographischen Gegebenheit. Die Lage der Halbinsel korrespondiert mit der Ausrichtung entsprechend den Himmelsrichtungen, wobei die Kompassnadel die Nordausrichtung anzeigt. Die Darstellung ist jedoch gesüdet, wobei eine exakte Südung zugunsten eines dramaturgischen Kalküls aufgegeben wurde. Gemessen an der fortgeschrittenen Seekartographie des 17. Jahrhunderts erinnert das Kartenbild ferner an eine altertümliche Portolankarte, doch fehlen dazu mehrere Häfen, zwischen denen Richtungslinien verlaufen, oder aber dem Küstenverlauf und den Küstengewässern müssten Gefahrenstellen und andere Besonderheiten eingezeichnet sein.[322] Der partiellen topographischen Präzision der Szenerie mangelt es andererseits an einem stringenten zentralperspektivischen ‚Realismus‘. Das Blatt als ganzes ist demnach als Kombination aus einer vor- und ganzperspektivischen Blickzurichtung und einer Synthese aus früh- und neuzeitlicher, kartographischer Präsentation zu bestimmen.[323]

c) Das Blatt als Theaterbühne

Die Inszenierung eines Teleblicks, der strukturelle Ähnlichkeit mit einem Fernrohrblick besitzt, versetzt den entrückten Rezipienten in die Position des Generalissimus: Vom Feldherrnhügel aus wird auf das Kampfgeschehen hinabgeschaut. An dieser privilegierten Position wird eine Tendenz ablesbar, die sich in der Frühen Neuzeit und im Barock verstärkt. War für mittelalterliche Darstellungen der Nahblick konstitutiv, so ist es für die Frühe Neuzeit der Fernblick, der die Macht des Herrschers dadurch zum Ausdruck bringt, dass ihm eine Zusammenschau von Vergangenem, Gegenwärtigem und Zukünftigem möglich ist. Der Herrscher steht nicht selbst im Zentrum, stattdessen wird mit seinen Augen geschaut. Das Coron-Blatt schafft zum Zwecke der repräsentativen Vorstellung eines „denckwuerdigen Geschehens“ eine Bild-Bühne, auf der die Auseinandersetzung zwischen Venezianern und Türken inszeniert wird, um re-präsentiert, also wiedervergegenwärtigt werden zu können. Die Vorbildlichkeit des venezianischen Heeres wird durch seine Inklusion in den ubiquitären Blick hervorgehoben. Auf dem

322 Zur Geschichte der Kartographie vgl. Günter Hake, Dietmar Grünreich und Liquin Meng: Kartographie. Visualisierung raum-zeitlicher Informationen. Berlin/New York 2002, S. 529-547. Gegen Ende des 17. Jahrhunderts ist die stereographische Projektion seekartographische Konvention, nachdem sie 100 Jahre zuvor durch Mercator entwickelt wurde.

323 Polyfokalität ist konstitutiv für mittelalterliche Bildzeugnisse – etwa auf Reliquiaren, in kombinatorisch zu erschließenden Mehrfeldbildern wie Passionszyklen, auf Ikonen und Miniaturen in bebilderten Handschriften. Polyfokale Darstellungen haben mehrere Foki, ihre Mehransichtigkeit evoziert nicht zuletzt eine Wahrnehmung von Zeitlichkeit durch den potentiell möglichen Rückblick auf Vorzeitiges und den Vorblick auf Nachzeitiges, vgl. Werner Hofmann: Die Moderne im Rückspiegel. München 1998, S. 31-50.

Medaillon wird der Titel des ‚Schauspiels' angegeben, wobei die Kompassnadel den Blick in das Zentrum des Handlungsgeschehens zu der von den Türken verteidigten Festung führt und weiter auf den moslemischen ‚Theaterdiener'. Dieser hält die Siegesmeldung. Während er aber außerhalb des kampferfüllten Geschehens bildlich stillgestellt ist, sind die Venezianer als Hauptakteure im Bildraum präsent, auch wenn sie nur durch die Galeassen, mikroskopisch gezeichnete Ruderer und den Markuslöwen über dem Eingangstor vertreten sind. Den Venezianern ist das dynamische Moment zugewiesen (Schiffe, Mündungsfeuer), die Türken sind in die Statik der Festung sowie die mit Halbmonden beflaggten, unbewegten Zelte verbannt. Aus dieser Inszenierung resultiert die propagandistisch-glorifizierende Wirkung des ‚Bühnenspektakels', das zugleich als heilsgeschichtliche Auseinandersetzung zwischen Abendland und Morgenland lesbar ist.[324]

Was den Objektstatus des Bildes/Blattes anbetrifft, so weist er grundsätzlich eine Affinität zum Theater auf: Er changiert zwischen Theatervorhang und Kartenleinwand. Das Bild bzw. Blatt gibt sich als ‚selbstbewusst' zu erkennen, insofern es etwas zeigt und im gleichen Augenblick klarmacht, dass es nicht das ist, was es zeigt. Mit dem Vorhang oder der Leinwand verweist es auf sich selbst und macht sich damit zum Gegenstand der Darstellung.[325] ‚Theater' wiederum meint im Barock nicht nur die Bühne des Schauspiels, sondern jeden Ort, an dem es etwas zu sehen und zu schauen gibt. Entsprechend gibt es ‚Bild-Bühnen' im übertragenen Sinn als Schauräume für unterschiedliche Gegenstände, wie die zu jener Zeit aufkommenden Kriegs- und Friedenstheater, Staats- und Welttheater. Barockes ‚theatrum' (grch. *theatron*, *thea* ~ anschauen, Anblick) betont den Aspekt des Sehens und der Sichtbarkeit, insbesondere die intensivierte Anschaulichkeit eines vorzustellenden Gegenstandes oder einer Idee.[326] Dem Anschauen des Vor-

---

324 Am Ende des 17. Jahrhunderts war die Bedrohung durch die Türken nicht mehr akut. Weniger angstbesetzte Vorstellungsbilder vom vormals ‚blutrünstigen', auch ‚hyperpotenten' Türken begannen sich durchzusetzen. Der bezwungene Moslem wird, wie im vorliegenden Blatt, nicht mehr als Barbar gezeichnet, sondern man gesteht ihm ein vergleichsweise menschliches Aussehen zu. Zum Wesen und Wandel des Türkenbildes, vgl. Frank-Matthias Kammel: Gefährliche Heiden und gezähmte Exoten. Bemerkungen zum europäischen Türkenbild im 17. und im frühen 18. Jahrhundert. In: Frieden und Krieg in der Frühen Neuzeit. Hg. v. R. G. Asch, W. E. Voß und M. Wrede. München 2001, S. 503-525, insb. S. 517; Michael Schilling: Aspekte des Türkenbildes in Literatur und Publizistik der frühen Neuzeit. In: Die Begegnung mit dem Islamischen Kulturraum in Geschichte und Gegenwart. Hg. v. Stefan Krimm u. Dieter Zerlin. München 1992, S. 43-60.

325 Vgl. Victor I. Stoichita: Das selbstbewusste Bild. Vom Ursprung der Metamalerei. München 1998.

326 ‚Theatrum' ist vom 16. bis zur Mitte des 18. Jahrhunderts weit verbreitete Titulatur von Büchern, Kompendien und enzyklopädischen Darstellungen. Zur Produktivität des barocken Theaterbegriffs, seinen epistemologischen Implikationen und Anschlussmöglichkeiten, vgl. Thomas Kirchner: Der Theaterbegriff des Barock. In:

geführten wurde gleichsam ein emphatischer Sinn unterlegt, der auf dessen Künstlichkeit und Herausgehobenheit abzielte. Zugleich impliziert das barocke Konzept von Theatrum eine Ordnung, die der Repräsentation beigegeben wird, wenn nicht gar eine repräsentative Ordnung, und weniger, wie Peter Matussek konstatiert, den Aspekt einer inszenatorischen Form der Darstellung.[327] Die kartographischen und informationstechnischen Aspekte des Blattes lassen sich als genuiner Teil einer regelgeleiteten Repräsentationspraxis beschreiben, die das Blatt als theatrales Bühnen-Bild zur Aufführung bringt.

Dem Blatt liegt ein geometrisches Konstruktionsprinzip zugrunde, das bei einer Konzentration des Blicks auf die Festung und das Zeltlager einerseits, auf das Medaillon, den Türken und die pastorale Landschaft andererseits nachvollziehbar werden sollte. Mir scheint vorstellbar, dass das Layout durch drei Konstruktionslinien so regiert wird, dass vier bis sechs Kompartimente entstehen, die unterschiedliche Handlungsräume rahmen. Ein annähernder Goldener Schnitt teilt bspw. die Graphik in der Horizontalen dort, wo die innere Ringmauer die Küste berührt. An derselben Stelle teilt eine Vertikale das Blatt in zwei gleiche Hälften. Parallel zum unteren Stück der äußeren ringförmigen Verteidigungsmauer lässt sich eine weitere Vertikale einzeichnen, die die Graphik in Längsrichtung in weitere Feldsegmente aufgliedert. Nachfolgend versuche ich die wahrnehmungsdynamisierenden Aspekte des Blattes zu bestimmen, die aus diesen dramaturgischen Kompartimentierungen entstehen. (Kompartimentierung)

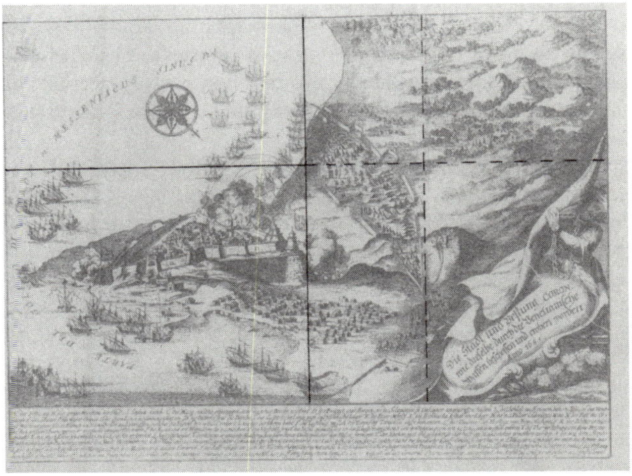

Maske und Kothurn 31 (1985), S. 131-140; vgl. auch Horst Bredekamp: Die Fenster der Monade. Berlin 2004, S. 34ff.

327 Vgl. Peter Matussek: Die Memoria erschüttern. Zur Aktualität der Gedächtnistheater. In Bühnen des Wissens. Hg. v. Helmar Schramm. Berlin 2002, S. 214-225, hier: S. 214f.

Ohne vollends klären zu können, wie ein zeitgenössischer Rezipient den Ablauf des historischen Ereignisses anhand des Blattes re-konstruieren konnte, ist ein genauer Blick auf die graphisch-narrativen Mittel aufschlussreich, mit denen das Bild die Konstruktion eines dynamischen Sinnzusammenhangs ermöglicht. Für einen solchen ist Zeitlichkeit konstitutiv. Anders als Kreuzgänge oder Teppiche mit Bildprogrammen (wie den Teppich von Bayeux), besitzt das Flugblatt nicht die Möglichkeit, den Betrachter durch das Abschreiten der Szenen, also die raumverändernde Bewegung seiner selbst in die Temporalität eines mehrphasigen Ereignisses einzubinden.[328] Das Blatt bündelt stattdessen seinen Darstellungsgehalt räumlich in einem komplexen Geschehenskontinuum. Zwar bieten das Medaillon, der kreisförmige Schriftzug und das Textband Informationen, doch sind sie weder einer chronologischen Entfaltung des Ereignisses verpflichtet, noch bestimmen sie die primäre Wahrnehmung. Es dominiert das Bild als ‚Schlagbild', das visuell besticht. Das Coron-Blatt dürfte darauf angelegt gewesen sein, anhand seiner Komposition Versatzstücke für Szenarien zu bieten, die vom Rezipienten unterschiedlich aktualisiert werden konnten und sollten. Weniger um die Darstellung und Kommunikation *der* Geschichte im Sinne des historischen Coron-Ereignisses ging es, als um Geschichten, die sich aus den graphisch-narrativen Strategien ergeben können. Zu fragen ist danach, welche Art von Blicknavigation im Coron-Blatt wirksam ist? Wie narrativiert das Bild-Text-Indizes-Gefüge die Komposition? Aufgrund der subtilen Verteilung der Indizes im Gegensatz zum Blickfang der Graphik, sollte die Verschlagwortung nicht überbewertet werden. Ich konzentriere mich auf die graphischen Kompositionselemente und skizziere einen möglichen Wahrnehmungsablauf.[329] Dazu greife ich auf die Ergebnisse eines *eye tracking*-Versuchs zurück, bei dem fünf Probanden eine Blickbewegung empirisch annähernd bestätigten, wie sie m.E. die Blicknavigationsvalenz im Bild nahelegt.[330] Es ergibt sich ein Blickverlauf in sechs

328 Vgl. Werner Hofmann: Die Moderne im Rückspiegel, a.a.O., hier: S. 31-50. Zur Auffelderung von Bildern durch Rahmen und der daraus resultierenden Emergenz von Zeitlichkeit, vgl. auch Rolf Wilhelm Brednich: Die Liedpublizistik im Flugblatt, a.a.O., hier: S. 241-250.

329 Sabine Groß zufolge evozieren Bildkomponenten mit indexikalischer Funktion eine syntaktische Valenz, die für das visuelle Abtasten verantwortlich ist. Mir scheint, dass auch das Zusammenspiel geometrischer Bildelemente so etwas wie syntaktische Valenz erzeugt. Generell vollzieht sich die Augenbewegung bei der Wahrnehmung in Saccaden, d.h. in ruckartigen Vor- und Rückwärtsbewegungen. Unterbrochen wird diese Richtungsänderung durch kurze Fixationen, die informationstechnisch relevante Punkte des Wahrzunehmenden fokussieren. Damit lassen sich visuelle Abtastbahnen in Bildern, so genannte *scanpaths* bestimmen, die die zeitliche Abfolge des Wahrnehmungsvorgangs nachvollziehbar werden lassen, vgl. Sabine Groß: Die Zeit des Augen-Blicks. In: Zeit-Zeichen. Hg. v. Georg Christoph Tholen u. Michael O. Scholl. Weinheim 1990, S. 231-246.

330 Der Versuch geht auf meine Zusammenarbeit mit Nadia Ghattas zurück; Philipp von Hilgers unterstützte uns mit der Bereitstellung der iView-Software, Version 3.01, von SMI (SensoMotoric Instruments; die Software wird u.a. in der medizini-

Schritten, an dessen Ende der Plot für einen *möglichen* Geschehensablauf steht (Blickverlaufslinien):

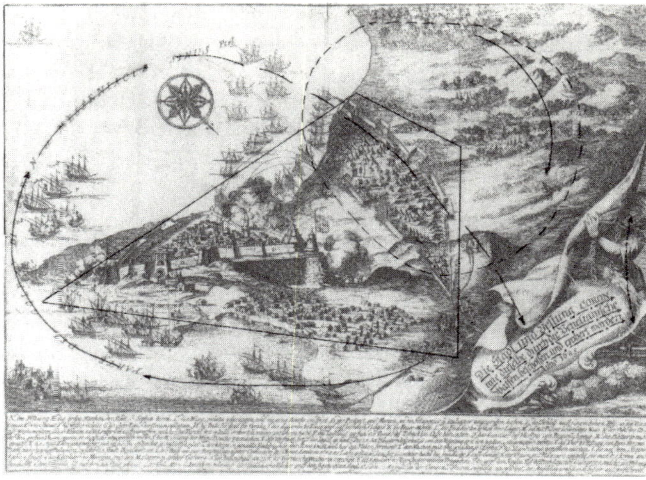

1. Schritt:
Eine Art Spannung zwischen der Festung und dem sichelförmigen Zeltlager fängt durch die Dichte der abgebildeten Details, durch die dreiecksförmige, in die Bildtiefe zulaufende Festung und das optisch klar gegliederte Zeltlager einen oszillierenden Blick ein (*durchgezogene Linie*).

2. Schritt:
Die Helligkeit des Zeltlagers und des ihm angegliederten, hügeligen Hinterlandes kontrastiert gegen die überwiegend dunkel gestochene und sich gegen die schraffurlose Farblosigkeit des Meeres abhebende Festungsumgebung.

3. Schritt:
Damit wird durch das Zeltlager der Blick irritiert und aus der Festungsumgebung nach rechts, in die weniger dicht besetzen, in ihrer Helligkeit auffälligen Kompartimente der Graphik gezogen (*gestrichelter Kreis*).

---

schen Diagnostik und für die Analyse bildbasierter Werbeeffekte eingesetzt). Bei einem Durchlauf von einer Minute pro Proband und einer Einteilung in 10 Messintervalle à 6 Sekunden ergab sich, dass, abgesehen von Detailwahrnehmungen, alle Probanden im Kreiszentrum um die Festung mit ihrer Bildlektüre beginnen. Danach schweifen sie entweder entlang der Linie Kompass-Zeltlager zum Medaillon oder Hinterland. Vom Medaillon wandert der Blick zumeist zum Textband, von dort zum Hinterland und zurück in den Kreis.

4. Schritt:
Im Anschluss daran vollführt der Blick eine Schleife entlang der Gebirgslinie und dem gehobenen Kartenrand zurück in das elliptische Rund. Dieses wird gebildet aus äußerer Verteidigungsmauer des Zeltlagers (nordwestlich), den am unteren Bildrand platzierten Schiffen, die in den Schriftzug der geographischen Ortsbestimmung übergehen und, ihm weiter folgend, wieder auf die äußere Zeltlagerfortifikation zurückführen. Die Kompassnadel weist dabei in die Richtung der auf die Küste zusteuernden Schiffe, verstärkt ihren Bewegungsimpuls und impliziert indirekt die Windrichtung.

5. Schritt:
Das Rund initiiert eine Blickbewegung, die – auch gegen den Uhrzeigersinn gerichtet – zwischen der impulsgebenden Spitze des Zeltlagers, dem Entziffern des Schriftzuges und dem kreisförmigen Kompassrosensymbol in den Uhrzeigersinn wechselt (*durchgezogene Pfeile*).
Während der Kompass den Blick im Kreisfeld bindet, bildet sein Richtungspfeil zusammen mit der gegen Norden auslaufenden Spitze des Zeltlagers eine dominante Linie. An dieser entlang gleitet der Blick auf das Medaillon ab. Auf diesem wird die Siegesmeldung der venezianischen Flotte verkündet (*unterbrochene Pfeile*).

6. Schritt:
Die Leserichtung des Medaillontextes wiederum deutet dreimal in Folge auf die, in der Figur des in Ketten gelegten Türken personifizierte Niederlage der Feinde. Das Medaillon nimmt auf ikonoskriptueller Ebene eine an der Schrift ausgebildete Blickrichtung auf, die sich beinahe symmetrisch zum Bildaufbau entfaltet: Der Text und seine Fließrichtung lassen den Blick aus der Karte hinauslaufen bzw. in die Figur des Türken einmünden. Als Besiegter, als Zeuge und als Resultat manifestiert sich in ihm das Ergebnis der Unternehmung, das die Lektüre des Blattes zum Abschluss bringt (*punktgestrichelte Pfeile*).

Dieser Leserichtung korrespondiert eine Symbolentfaltung, die selbst eine narrative Abfolge hervorbringt. Von links kommend, bewegen sich die Schiffe (bis auf wenige Ausnahmen) mit ihrem Bug nach rechts zeigend an der Spitze der Landzunge entlang auf die Küste zu. Im linken Drittel der Graphik konzentriert sich das Kampfgeschehen. Das hier vorherrschende Chaos wird in der Verlängerung nach rechts geordnet und mündet ein in die pastorale Hügellandschaft. Unter der befriedeten Landschaft wiederum befindet sich der bezwungene Türke. Durch die im Bild angelegte Blickstrukturierung wird also ein Nachvollzug des temporalen Ereignisses ‚Belagerung und Eroberung der Festungsanlage Coron' inszeniert. Vorläufiger Zielpunkt des handlungserfassenden Blicks ist die Verkündung des Sieges auf dem Medaillon. Interessanterweise bestätigen die Buchstabenindizes in etwa diese Blicknavigation: So konzentrieren sich die ersten Buchstaben des Alphabets auf die Festung als Handlungszentrum, während die nachfolgenden Buchstaben darüber hinausgehen und entlang der Kreisform die übrigen Elemente im Uhrzeigersinn anzeigen. So wenig, wie sie der chronologischen Abfolge des Ereignisses folgen, so wenig tun dies die Zahlenindizes. Stattdessen reichern sie das Bild mit Informationen an, die der Imagination neue Nahrung geben. Wenngleich nicht jede individuelle Blickerfahrung diese Ausführungen bestätigt, so scheint mir für die Blicknavigation des Blattes konstitutiv, dass jedwede Augenbewegung zwischen dem spannungsgeladenen, kampferfüllten Festungskreis und den pastoralen Kompartimenten der Graphik hin- und herwandert. Die Abstände zwischen dichten und weniger dicht belegten Bildfeldern, über die das Auge gleitet, spielen eine entscheidende Rolle bei der Evokation von Zeitlichkeit.

Das für die moderne Comic-Kunst charakteristische Erzählprinzip der Panellierung lässt sich auch für das Coron-Blatt festmachen.[331] Kennzeichnend für gerahmte Einzelbilder im Comic (Panel) sind folgende Eigenschaften: Die Panel einer zusammengehörenden Folge zerlegen Zeit und Raum zu einem stakkatohaften Rhythmus getrennter Augenblicke. Zwischen den einzelnen Panel befinden sich ‚Panelspalten', so genannte Rinnsteine. Diese ‚spatialisieren' den Zeit-Punkt, in dem im Bruchteil einer Sekunde eine ‚Induktion' stattfindet, welche die kognitive Erfassung des Erzählzusammenhangs der Panelfolge gewährleistet.[332] Handlungsfolgen können nicht nur durch explizit voneinander getrennte Panel, sondern auch durch implizite Panel (Hiati) erzeugt werden. ‚Hiatus' bezeichnet dabei den trennenden Abstand zwischen den impliziten Panel, deren Bildraum nicht durch rahmende Linien begrenzt wird. Wenn man solche impliziten ‚Rinnsteine' zwischen den verschiedenen Kompartimenten einer Graphik ausmachen kann, würden diese die Konstruktion verbindender Vorstellungsbilder induzieren. Auf die Frage, ob es möglich sei „for any sequence of panels to be totally unrelated to each other?", antwortet bspw. Scott McCloud, „[that] a relationship of some sort will inevitably develop", unabhängig davon, wie ‚eng' oder ‚weit' aufeinander bezogen zwei aufeinanderfolgende Panel sein mögen. Im Umkehrschluss heißt das, dass ein Panoramabild, das auf den ersten Blick statisch wirken mag, durch den Induktionsimpuls impliziter Panellierung die Wahrnehmung des Rezipienten dynamisieren kann. Im Coron-Blatt lassen sich implizite Panel ausmachen, die bedingt sind durch das geometrisierte Layout, die Durchmischung der Perspektiven oder die Unterschiede zwischen dicht und weniger dicht schraffierten Handlungsorten. Kontrastive Flächen bestehen bspw. zwischen der gezackten Linie, welche Festung und Vorstadt trennt, dem hellen

---

331 Die Übertragung der Begrifflichkeit des Comic auf Flugblätter ist nicht neu. Wechselbeziehungen zwischen beiden hat David Kunzle herausgestellt, vgl.: The early comic strip. Narrative strips and picture stories in the European broadsheet from c. 1450 to 1825. Berkeley 1973; vgl. auch Dietrich Grünewald: Vom Umgang mit Comics. Berlin 1991, Scott McClouds Wirkungstheorie der ‚neunten Kunst': Comics richtig lesen. Hamburg 1995 sowie Michael Hein, Michael Hüners und Torsten Michaelsen, Hgg.: Ästhetik des Comic. Berlin 2002.

332 Vgl. Scott McCloud: Comics richtig lesen, a.a.O., S. 71-75.

Feld und der inneren Festungsmauer des Zeltlagers, zwischen der äußeren Fortifikationslinie des Zeltlagers und dem Hinterland, ferner zwischen der Küstenlinie und den schwach schraffierten Falten, die den Übergang zwischen Karte und Medaillon bilden. Der schweifende Blick wird von diesen ‚Brüchen' (Hiati) affiziert. Weitere handlungsdynamisierende Bestandteile, wie sie für den Comic typisch sind, sind die Bewegungslinien der Projektile, Schattierungen für Explosionen und Mündungsfeuer sowie das Nebeneinander von gestalterischer Detailliertheit und schablonenhafter Andeutung.

Die spezifische Bild-Text-Indizes-Anordnung im Coron-Blatt wird als diagrammatisch-historiographische Repräsentation lesbar. Anders als eine diskursiv-narrativierende, historische Quelle determiniert sie keine chronologische Ordnung, sondern bietet Möglichkeiten, eine solche zu konstruieren. Die Temporalität des Ereignisses, die in der Spatialität der Simultandarstellung eingefroren ist, wird bei der individualisierenden Bildkonstitution ‚aufgetaut'. Das Bild-Lesen ist im Grunde genommen vergleichbar mit der sprunghaften Text-Lektüre. Die Zeitlichkeit des Bildes hängt wesentlich mit dem nicht linearen Erschließungsweg des Auges zusammen, der Blick streift hin und her, wobei der Sehakt Gleichzeitigkeit lehrt.[333] Im Zusammenspiel von Blicksteuerung und textueller Hervorhebung zentraler Elemente des Kampfgeschehens wird das Blatt durch seine theatrale Inszenierung zu einer symbolgesättigten Schaubühne, die ein ‚denckwuerdiges' Geschehen als fragmentierte Ein-Bild-Bildgeschichte aufführt.

Ein aus der Kölner Hogenberg-Werkstatt stammender Druck von 1584, der das Attentat auf Wilhelm von Oranien am 10. Juli desselben Jahres zum Inhalt hat, veranschaulicht und schildert den Tathergang und die anschließende Flucht und Festnahme des Mörders.[334] Der Druck präsentiert das Geschehen wie auf einer Theaterbühne. Im Vordergrund sind das Interieur eines herrschaftlichen Palastes und dessen Zugangsbereich zu sehen, im Hintergrund ein Teil des angegliederten Wirtschaftshofes. Analog dem Coron-Blatt, fungieren architektonische Elemente als Raumteiler, so der teilweise zurückgeschlagene, ein Jagdmotiv zeigende Gobelin, die Außenwand des Palastes und der Treppenbereich mit Säule und Balustrade. Sie kompartimentieren das Darstellungsfeld in Aktionsbereiche. Während im hinteren Raum der durch Beischrift identifizierte Prinz von Oranien, sein Diener sowie andere Personen an einer Tafel sitzen oder stehen, wird im vorderen, perspektivisch weit geöffneten Eingangsbereich die Ermordung ins Bild gesetzt. Der herbeieilende Page, der abermals durch eine Textzeile kenntlich gemacht ist, aber auch der hierher ortsversetzte Prinz und dessen Mörder Balthasar

---

[333] Vgl. Gottfried Boehm: Bild und Zeit, a.a.O.

[334] Der Titel des Blattes „Zu Delft in Hollant 10. Julij 1584" befindet sich (schwer erkennbar) über dem Gobelin und dem Eingang zum Hinterraum.

Gérard[335] markieren den raum-zeitlichen Verlauf des Geschehens. Vor allem die Laufbewegung des Pagen kann als Richtungspfeil gedeutet werden (Abb. 34):

An ihm wird ablesbar, wie sich der Tathergang aus dem ursprünglichen Beisammensein im Hinterzimmer, von rechts hinten, schräg links nach vorn zum *locus criminis* vollzieht. Interessant ist, wie dem Betrachter ein Einblick in den eigentlich geschlossenen Raum herrschaftlicher Exklusivität geboten wird: Die gesamte Fassade des Palastes ist entfernt und das Gebäude einsichtig gemacht, die tiefräumliche Fokussierung korrespondiert der Intrusion des Mörders, der Einbruch wird als architektonischer ‚Aufbruch' inszeniert.

Es schließt sich die Flucht des Attentäters parallel zur Bildbühne, horizontal nach links aus dem Palast über die Treppe an. Das Hinzueilen des Wachpersonals wird gezeigt und schlussendlich die Festnahme Balthasars hinter der Säule im Hof. Unter der dort nunmehr nur noch schemenhaft gezeichneten Personengruppe sind Page und Mörder abermals sprachlich kenntlich gemacht. Der Text konkretisiert die Bildaussage, er gibt Auskunft über einen früheren Attentatsversuch auf Wilhelm, nennt die Identität des Mörders und fügt Details zum Ablauf der Ermordung hinzu: „Demnach ein Spaniardt in Brabant; Wie das ietz uber all bekant/Zum Prins sich ins gemach begeben, Umb zu benemen ihm sein leben. [...] Dan ein Burgunder, Baltsar genant, Als wen er mitt brieff zu im gesant, Ins

335 Gérard war Wilhelm von Oranien als Bediensteter bekannt. Er wurde als potentieller, jedoch unerkannter Attentäter beim Prinzen angekündigt, weshalb dieser sich ihm ohne Personenschutz näherte.

gmach zum hern Prins frei gehet, Einen schus mit drei kuglen theett. Zur flucht sich geben in der frist/Doch im t(r)ill er gefangen ist.“[336]

Das gefelderte Simultanbild ‚friert‘ ebenfalls im Modus der Gleichzeitigkeit von Ungleichzeitigem ein Handlungskontinuum ein, das der Betrachter im Wahrnehmungsprozess ‚verflüssigen‘, sprich imaginativ in eine chronologische Sequenzialität überführen muss. Betrachterfreundlich im Sinne einer ‚Leerstellenminimierung‘, inszeniert die polyfokale Darstellung eine ‚einsichtige‘ Mehransichtigkeit und lässt durch die in dem Bild angelegten Rück- und Vor-Blicke auf Vorzeitiges bzw. Nachzeitiges unterschiedliche Stadien des Tathergangs sichtbar, rekonstruierbar, gleichsam fließend nachvollziehbar werden.

Eine andere Art von Blickzurichtung und Visualisierung wird in der „Abbildung der Vestung Hohendwiel/neben der Belagerung/so im Jahr 1641. im Monat October vorgenommen worden.“ von 1641 erfahrbar. Das Blatt setzt sich aus einem dominanten Hauptbild, einem Nebenbild in einem Kasten oben links sowie drei Spalten mit ausführlicher Prosa und einer Registerspalte, ganz rechts, zusammen (Abb. 35):

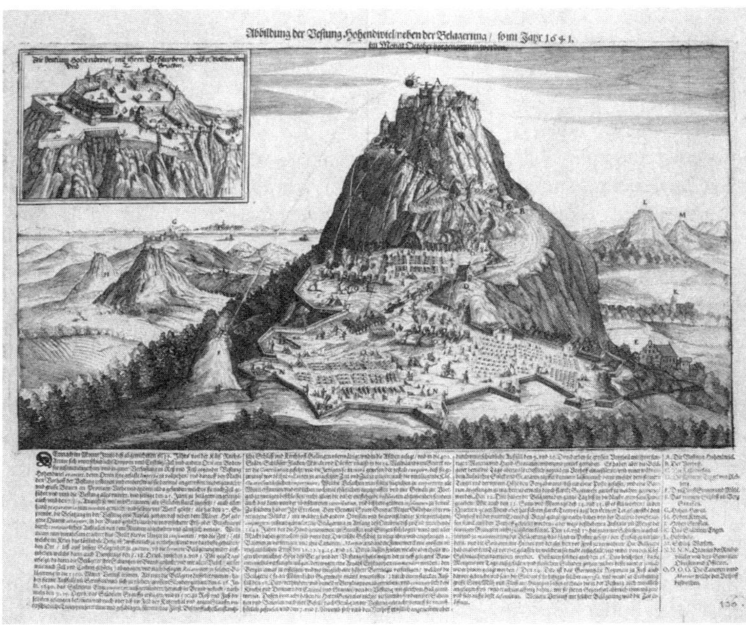

[336] Vgl. Michael Schillings Blattkommentar, der auch die Hintergründe und Vorgeschichte des Mordes beleuchtet, in: Deutsche illustrierte Flugblätter, Bd. VII, S. 149.

Während der Text Auskunft gibt über mehrere, erfolglos gebliebene Belagerungen der Festung Hohend(t)wiel durch die kaiserlichen Truppen der katholischen Liga, angefangen im Juni 1639 bis November 1641, offeriert das Bild ‚nur' einen Ausschnitt aus dieser Ereignisfolge. Dieser fand laut Titel im Oktober 1641 statt. Zu sehen ist ein tiefenperspektivisch entworfener Landschaftsraum in der Württembergischen Ebene, westlich des Bodensees (heutiger Landkreis Konstanz), aus dem sich Berge und andere Höhenzüge markant erheben.[337] Sie sind zum Teil indiziert und in der Registerkolumne benannt, ebenso wie einige Ortschaften und Schlösser (bspw. E für das „Dorff Singen" ~ das heutige Singen, nach Konstanz die zweitgrößte Stadt im Landkreis). Prominent zentral sind im Vordergrund der Festungsberg und das ihm vorgelagerte, gerodete oder entwaldete Bergfußareal ins Bild gesetzt. Auf dem Areal haben die Angreifer einen eigenen Befestigungsparcours errichtet, von dem aus sie den Berg, den einzigen Zugang zu seinem Gipfel und den ebenfalls durch Buchstabenindex identifizierbaren Vorhof der Festung (B) mit Artillerie bestreichen. Außerhalb des Basislagers, von einem miniaturisiert dargestellten Schlossberg aus, wird eine flammende Mörsergranate direkt bis in die Hauptfestung auf dem Berggipfel verschossen. Die ballistischen Projektilbahnen sind durch Linienführung in ihrem Flug nachgezeichnet, wodurch sich der Eindruck einer Aktionsdynamik ergibt. Neben der zugleich detaillierten wie auch schematischen Bildgestaltung fasziniert das Bildinsert. Offensichtlich reichte es dem Radierer oder Stecher nicht, auf die Vorstellungskraft des Betrachters zu setzen, der sich imaginativ die Beschaffenheit der attackierten, aber nicht unmittelbar einsehbaren Festung vor das innere Auge stellen, also vergegenwärtigen konnte. Mittels einer ‚geteilten Perspektive' wird das Festungsinnere in dem Tableau extra veranschaulicht. Wie in einem virtuellen Flug wird der Betrachter in die Lage versetzt, bei zwar annähernd gleichbleibender Distanz zum Geschehen, dafür aber aus einem erhöhten und privilegierten Blickwinkel heraus, das Hauptfestungswerk auf der Bergspitze in Augenschein zu nehmen. Für die Ansicht wurde dabei ein Moment gewählt, der nicht im unmittelbaren Geschehenszusammenhang zu stehen scheint, da in der Festung nichts auf eine Aufgeregtheit schließen lässt, wie sie die Bedrohung als Folge haben sollte. Der Ausschnitt korrespondiert insofern mit dem Hauptbild, als die Festung durch den Index A identifiziert und durch die nach allen Seiten ausgerichteten Kanonen im Verteidigungszustand angedeutet ist. Der Unterschied besteht in der Blickrichtung und der veränderten Maßstäblichkeit, mit der die geteilte Perspektive entworfen wurde. Die offerierte Mehransichtigkeit des Blattes jedenfalls bewirkt durch den spektakulären Einblick ein ikonisch-visuelles Surplus für den Betrachter, das nicht zuletzt der Befriedigung einer optischen Sensationslust zuarbeitet.

[337] Vgl. die Darstellung der Ereignisse um Hohend(t)wiel in Zedlers Universal-Lexicon, a.a.O., hier: Bd. 7, S. 864f., unter <http://www.zedler-lexikon.de/index.html>, Stand September 2007.

Die Kombination unterschiedlicher Maßstabsrelationen von Darstellungselementen in ein und demselben (Gesamt)Bild, wie sie eingeschobene Blickfenster erfahrbar machen, dynamisiert ferner Ereignisschilderungen aus dem Befreiungskrieg der Niederländer gegen die spanischen Besatzer. Hier sind es Blicke aus zum Teil riesigen Höhen, die für atemberaubende Perspektivwechsel sorgen. Die in einer Miniserie dargebotene Darstellungsfolge auf zwei Hogenberg-Kupfern präsentiert eine Pontonbrücke über die Schelde, die als technische Leistung vorgestellt wird, und schildert einen späteren Angriff auf sie[338] (Abb. 36 u. Folgeblatt):

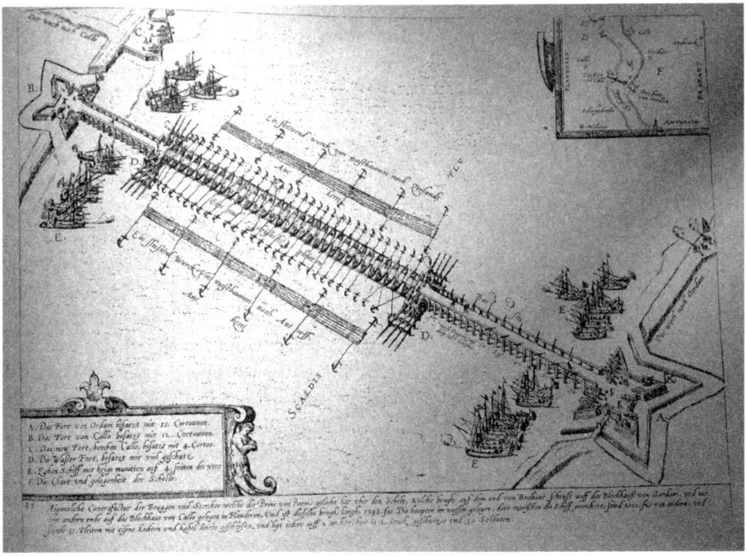

Dank der Brückenkonstruktion gelang es den Spaniern im Frühjahr 1585, eine Blockade gegen Antwerpen zu verhängen, so dass es den Seegeusen (Nordprovinzen) unmöglich war, die belagerte Stadt über den *Scaldus fluvius* zu entsetzen. Das linke Blatt präsentiert als „Aigentliche Contrafactur" die „Bruggen und [ihre] Sterckte" aus einer leicht schrägen Vogelperspektive. Von zwei sich gegenüberliegenden, befestigten Forts am Flandrischen und Brabantischen Ufer der Schelde aus, die durch Indizes im Registerfeld links unten im Bild identifiziert

338 Zum Aspekt des Seriellen, vgl. die Ausführungen in Kap. IV; die beiden Blätter sind mit den laufenden Nummern 82 und 83 versehen (unten links), doch wurde die Nummerierung erst nachträglich eingefügt. Gleichwohl nehmen die Blätter aufeinander Bezug und das serielle Moment ist trotz des zeitlichen Abstands der Publikation beider Blätter gegeben.

sind, führen Holzstege in Richtung Flussmitte. Mit eisernen Ketten sind 31 Lastkähne aneinandergebunden und an den Stegen vertäut. Der Ponton schafft einen Übergang über den Fluss, zugleich ist er mit Geschützen an beiden Seiten bewehrt und ihm sind bewaffnete Schiffe wie auch „werck von mastbaumen" (Sperrflöße) als Perimeterhindernisse flussauf- und abwärts vorgelagert. Die Ausführungen im Registerfeld und im Prosa-Text im Schriftband konkretisieren die bildliche Darstellung durch exakte Informationen, die Angaben über die Länge der Brücke sowie die Bewaffnungs- und Mannschaftsstärke der Brückenbewachung bieten. Man kann dem Blatt einen graphischen und begrifflichen Technizismus attestieren, insofern technische Details nachvollziehbar im Bild umgesetzt und eine um Sachlichkeit bemühte Darstellung offeriert wird.[339] Hochinteressant für meinen Argumentationszusammenhang ist indessen die Überbietung der ohnehin im ‚Luftaufnahmemodus' gestalteten Perspektive durch das Bildinsert oben rechts. Der Blickstandard wird durch die maßstäblich extrem veränderte Teleperspektive aufgebrochen. Der Bildeinschub fungiert als kartographisch-geopolitischer Zusatz, mit dessen Hilfe die Szenerie in ihrem Umland verortet werden kann. Wie mit einem gottähnlichen Blick wird ein Überblick geboten, der die lokale Begrenzung ausweitet. Im medialen Schauraum des Blattes wird die optisch-visuelle Machbarkeit und Möglichkeit einer extremen Teleperspektive (Turm-, Bergblick) für einen in der niederländischen Tiefebene nur schwer zu erreichenden, vergleichbaren Höhenblick, insbesondere in der hier umgesetzten Maßstäblichkeit, ausprobiert und vorweggenommen. Das Blatt als ganzes, so darf behauptet werden, stellt eine darstellerische Synthese aus zeitgenössischer Vogelperspektive, kartographischer Repräsentation und optotechnischer Phantasie[340] dar.

Die Urszene für eine teleoptische Bildgebung mag in den bereits erwähnten, mittelalterlichen T-O-Karten vorliegen, die das Erdrund aus einem zwar nicht unvorstellbaren, dafür unmöglichen, da Gott vorbehaltenen Höhenblick heraus ins Bild setzen. Erinnert ist man des Weiteren an die spektakuläre, Nicolaus Meldemann oder Hans Sebald Beham zugeschriebene Rundumsicht auf die von den Türken belagerte Stadt Wien von 1529/30.[341] Der Gestalter entwarf, analog

---

339 Der Begriff „wirklichkeitserfassendes und zugleich gewissermaßen technologisch orientiertes Sachbild" bietet sich an, vgl. Rainer u. Trudl Wohlfeil: Landsknechte im Bild, a.a.O., hier: S. 116.

340 Sehr lange war der wirkliche Standpunkt des Wahrnehmenden an die Erdoberfläche gebunden, sie ließ sich nur imaginär verlassen, was (auch) zu zahlreichen Bilderfindungen und Texten führte. Dazu gehörten nicht nur die Himmelfahrten, sondern auch profane Gedanken, die Forscher oder Könige tauchen oder fliegen ließen, man denke etwa an Alexander den Großen, vgl. Christoph Geissmar-Brandi u. Eleonora Louis: Glaube Liebe Hoffnung Tod, a.a.O., hier: S. 7.

341 Der ausführliche Titel des kolorierten, außerordentlich großen Holzschnitts (Format 81,2 × 85,6 cm) lautet: „Der Stadt Wien belegerung/wie die auff dem hohen sant Steffans thurn allenthalben gerings vm die gantze stadt/zu wasser vnd landt mit allen dingen anzusehen gswest ist/Un von einem berumpten maler/der on das

zur Weltkartenikonographie, Wien als Scheibenrund und ökumenischen Mikrokosmos, an dessen Rändern und um den herum das ‚Unbekannte‘ verortet ist. Der Stephansdom befindet sich, gleich Jerusalem, als Nabel im Zentrum der Welt, die geordnet erscheint. Die Stadtmauer begrenzt (diese) Ökumene, vor der – analog den unbekannten Völkern und Kreaturen auf den Weltkarten – die ‚ungläubigen‘ Türken lauern. Der namenlose Künstler, der dem Titel nach den Entwurf schuf, den ihm dann der ‚Medienentrepreneur‘ Meldemann (oder Beham) abkaufte, war – ebenfalls laut Titel – auf den Domturm gestiegen, von dem aus er mit phantastischem Weit- und Rundblick das Belagerungsgeschehen erfasste und bildlich umsetzte.

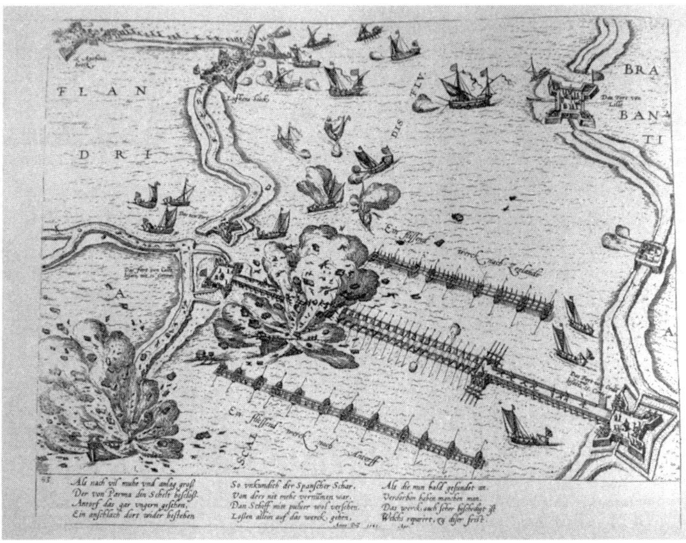

Das zweite Blatt der Ponton-Folge schließt inhaltlich an das erste Blatt an, indem es aus prinzipiell vergleichbarer Perspektive, aber in einem vergrößerten Bildausschnitt, den Angriff der Seegeusen auf das Brückenwerk präsentiert. Was hier fehlt, ist ein vergleichbares Bildfenster mit einem entsprechenden kartographisch-geopolitischen Höhenblick. Wie aus dem Blatt und anderen zeitgenössi-

auff s. Steffans thurn in der selbe belegerng verordent gewest ist/mit gantzem fleiß verzeychnet vnd abgemacht/gescheen nach Christi geburt. M. ccccc. xxix. vnd im xxx. in truck gepracht.“ Für eine Wiedergabe des Drucks, vgl. Max Geisberg: The German Single-Leaf Woodcut: 1500-1550. Rev. and ed. by Walter L. Strauss. Bd. I., New York 1974, S. 261ff. Der Druck ist in Segmente zergliedert, die auf einzelnen Seiten wiedergegeben sind.

schen Quellen zu erfahren ist,[342] steuerten die Aufständischen im November 1585 Brander und mit Explosionsmitteln beladene Schiffe auf die Brücke. Zwar wurde ein Teil der Brücke dabei zerstört, doch blieb sie funktionstüchtig. Das 2. Blatt gibt darüber hinaus Aufschluss, mit welcher Zeitökonomie und mit welchem Aktualitätsbezug die publizistische Berichterstattung um 1585 darstellungsrelevante Ereignisse aufnahm und kommunizierte. Am Ende des Textes, der in drei Spalten unter dem Bild steht, ist angemerkt, dass die Brücke durch den Angriff zwar stark beschädigt wurde, jedoch „reparirt, zu diser frist“ sei. Diese Mitteilung impliziert die ‚nacheilende‘ Schnelligkeit des Mediums zu seinem Gegenstand: Angezeigt ist, dass das publizistische Interesse auch nach Abschluss der ‚medialen Abdeckung‘ des Ereignisses auf dieses ausgerichtet bleibt, um unter Umständen zurückzukehren zu einem Inhalt, der sich als Darstellung zirkulieren und vertreiben lässt.

---

[342] Mehrere Flugblätter haben das Ereignis zum Thema. Der Titel eines kolorierten Holzschnitts von 1585 aus Augsburg lautet: „Wahrhaffiger und eygentlicher bericht/und Abconterfactur/der gewaltigen vor nie erhörten Festung und Schiffbruck/[...] vor Antorff auff dem Schiffreichen Wasser die Schelda genant/hat bawen lassen/im 1585. Jar.“, vgl. in: Deutsche illustrierte Flugblätter, Bd. VII, S. 159.

II Technische Bilder

1. »Serielle Logik, Vor-Film und technischer Graphismus«

Während der Begriff des ‚technischen Bildes' auch auf Blätter mit Klapp-, Dreh- und Faltelementen zutrifft, insofern er ihre apparative Verfasstheit wie auch den reproduktionstechnischen Aspekt ihrer Herstellung betont, verwende ich ihn als übergeordnete Kategorie für die in dieses Kapitel aufgenommenen Exemplare. Er bietet sich als Spezifikator ihrer poetisch-darstellungstechnischen Wesensart an, weil er Aspekten wie seriell evozierten Imaginationslenkungen ebenso wie Perspektivsynthesen in technologisch orientierten Sachblättern eine charakteristische poetologische Qualität zuweist. Daneben impliziert er für diese Blätter ihre Verankerung im technologisch avancierten Typographeum der Zeit. Als ertragreich hat sich für meinen Blick auf die vorzustellenden Materialien zudem die Forschungsarbeit der dem Helmholtz-Zentrum für Kulturtechnik zugehörigen Abteilung „Das technische Bild" erwiesen. Gerade die Leistungen von technischen Bildern, die naturwissenschaftliche, technische und medizinische Zusammenhänge in einer spezifischen ästhetischen Weise visualisieren – indem sie häufig als vollzugsorientierte visuelle Konstrukte in Prozessen ihre Gültigkeit haben und betont deiktisch sind –, werden dort mit dem kunstwissenschaftlichen Instrumentarium einer fundierten Bildkritik unterzogen. Innerhalb dieses Referenzrahmens positioniere und interpretiere ich die Darstellungs- und Veranschaulichungsstrategien und Leistungen der ausgewählten frühneuzeitlichen Flugblätter.[343]

Im Sog des Typographeums wirken Flugblätter mit an der Veränderung eines Publikationsmarktes, der sie reziprok beeinflusst. Schon vor den ab 1609 aufkommenden (Newen) Zeitungen, tendieren Einblattdrucke und Flugblätter zu medialen Vereinheitlichungen,[344] die an Format- und Layoutgestaltungen, an einer sprachlichen und bildlichen Formelhaftigkeit sowie an dem Bemühen um Aktualität, Authentizität und Publizität nachvollziehbar werden. Eine gesteigerte

---

343 Vgl. das programmatische Editorial sowie den einleitenden Beitrag „Bildwelten des Wissens" v. Horst Bredekamp, Angela Fischel, Brigit Schneider u. Gabriele Werner in: Bildwelten des Wissens. Kunsthist. Jahrbuch für Bildkritik. Bd. 1,1 (Bilder in Prozessen). Hg. v. Horst Bredekamp u. Gabriele Werner. Berlin 2003, S. 7-20; zudem die Zielsetzung und die Forschungsfelder auf der homepage des Projekts unter http://www2.hu-berlin.de/kulturtechnik/dtb.php, Stand Juli 2008.

344 Die ‚Newen Zeitungen' sind Abkömmlinge der Flugblätter. Zu den Wesensmerkmalen der Zeitung (Aktualität, Authentizität, Periodizität, Publizität, Universalität), vgl. Johannes Weber: Der große Krieg und die frühe Zeitung, a.a.O., hier: S. 23ff.

Nachfrage an publizistischen Medien bedingt mehr Konkurrenz, bedingt wiedererkennbare Signa von Herstellern und Produkten, bedingt standardisierte Erscheinungsbilder der Kommunikationsträger. Die Anforderungen des Marktes tragen dazu bei, dass Drucker-Verleger, Verfasser und Autoren, Bildentwerfer, Stecher und Radierer sowie Kolporteure zunehmend in festen Intervallen Blätter herstellen und vertreiben. Druckwerkstätten wie die Hogenbergsche in Köln produzieren bspw. in regelmäßigen Abständen Blätter zu aktuellen Ereignissen. Zudem entwickeln sie Blatttypen wie die ‚Geschichtsblätter' und ‚versachlichen' Darstellungen durch diagrammatisch-kartographische Präsentationsmodi. Die Bildpublizistik und das Kleinschriftentum stellen im Zuge dieser Entwicklungen auch auf Serienproduktion um, wobei die Serienprodukte wiederum die Rezipienten konditionieren. Die Serienbildungstendenzen hängen nicht zuletzt mit den neuartigen Möglichkeiten der Herstellung einer potentiell unendlichen Anzahl identischer oder variierender Repliken eines originären Entwurfs zusammen.[345] Das Serielle als Strategie einer Illusionssteigerung erzeugt eine ökonomische Spannung, wobei am Anfang, möglicherweise auch am Ende einer Folge von aufeinander Bezug nehmenden Darstellungen die Erwartungshaltung des Betrachters nach Fortsetzungen steht.

Wenn Serie (lat. *seriēs*) ‚Reihe, Zeitlauf oder Kette ineinandergreifender Gegenstände bzw. aufeinander bezogener Dinge/Darstellungen mit inhaltlichem und/oder materiellem Bezug' meint, und Serialität so etwas wie das ‚einende Merkmal einer solchen Reihe, Sequenz, oder Folge' darstellt, dann wird man auch bei Flugblättern fündig.[346] Die vorzustellenden Blattfolgen präsentieren unterschiedliche Geschehensverläufe, die in zeitlicher Abfolge und zum Teil mit zunehmender Detailgenauigkeit und Scharfeinstellung wiedergegeben werden. Zu fragen ist, wie Serialität bei der Darstellung mehrphasiger Ereignisverläufe erfahrbar wird? Wie beeinflusst eine serielle Logik Imaginationsprozesse des Betrachters in Wahrnehmungsvorgängen? Wie stark mögen kaufmännische Erwägungen die Herstellung von Blattfolgen bestimmt haben? Zudem zeige ich ein ‚Sachblatt', in dem eine kartographisch-diagrammatische Perspektive den Präsentationsmodus bestimmt. Was genau ist als ‚kartographisch-diagrammatischer Graphismus' bestimmbar? Welche Imaginationsanforderungen stellt er?

In Anlehnung an Untersuchungen zur Imaginationslenkung in Bild-Text-Zeugnissen allgemein, bringt mich (m)eine medienhistorische Neugierde dazu, Präsentationsmodi zu untersuchen, die gemäß dem Wunsch nach Steuerung eines „inneren Films"[347] Imagination und Wahrnehmung des Betrachters in Flugblät-

345 Vgl. Jörg Jochen Berns: Frühformen des Seriellen in Theaterpraxis und Erzählliteratur des 15. bis 17. Jahrhunderts, a.a.O., hier: S. 18f.

346 Vgl. Günter Giesenfeld: Serialität als Erzählstrategie in der Literatur. In: Endlose Geschichten, a.a.O., S. 1-11; Umberto Eco: Die Innovation im Seriellen. In: Über Spiegel und andere Phänomene, a.a.O., S. 155-181.

347 Im Rückgriff auf Jörg Jochen Berns meint Film alle Arten von bewegten Bildern: innerlich-imaginative wie äußerlich-technische, d.h. in Kino, TV oder PC erzeugte,

tern lenken und strukturieren. Minimieren bspw. detaillierte und informationsgesättigte Blätter imaginationsrelevante ‚Leerstellen', wenn sie durch ‚bewegte' Szenenfolgen Handlungskontinua erzeugen? Wird die Phantasie der Betrachter dadurch womöglich eingeengt und begrenzt?[348] Theoretisch inspiriert ist meine Suchrichtung zum einen durch Jörg Jochen Berns' Studien zu imaginativer Bilddrift, Strategien und Geräten christlich-meditativer Imaginationserzeugung, zum anderen durch Arbeiten von Thomas Lentes zu Darstellungsformen rechter Gottesschau im Spannungsverhältnis von privatem Gebet und institutionalisierter Liturgie.[349] Beide operieren mit dem Begriff des ‚inneren Films' und meinen den bildhaften Imaginationsfluss im Kopf des meditierenden Betenden. Beide arbeiten heraus, welche Versuche im Mittelalter und in der frühen Buchdruckzeit unternommen wurden, den Imaginationsfluss auf christlich-erbaulichen, heilsgeschichtlich wirkmächtigen Bildern durch Einspeisung äußerer Bildreihen zu steuern.[350] Das kann mittels graphischer Sequenzierung durch ein kompositorisches Arrangement von zentral gestelltem Hauptbild (*superimago*) und peripher angeordneten Nebenbildern (*subimagines*) wie bei Andachtsszenen mit den arma Christi geschehen,[351] oder auch durch rotierende Bildsequenzen mittels kreisförmiger Projektionsscheiben. Ein früher Holzschnitt, in dem eine Intervention in die Phantasie des Adoranten stattfindet und in dem sich darüber hinaus ein explizites, kritisches Bewusstsein gegenüber einer eigenständigen imaginativen Bilddrift äußert, trägt den Titel „Der Titel des Creutzs in drey sprach". Der Druck dürfte um 1500 entstanden sein.[352] Annähernd im Zentrum des Bildes ist Jesus am Kreuz zu sehen. Er wird von Maria und Johannes flankiert. Um den zentralen Tondo herum sind in den vier Ecken von links oben im Uhrzeigersinn die Gregorsmesse, die Stigmatisation des Franziskus, eine unbekannte Schutzheilige mit

---

vgl.: Rosarium und Bilddrift. Zur präcinematischen Bedeutung des Rosenkranzgebets. In: Der Rosenkranz. Hg. v. Urs-Beat Frei u. Fredy Bühler. Bern 2003, S. 303-319, hier: S. 317 u. ders.: Film vor dem Film, a.a.O., hier: S. 7ff.

348 Die ausgewählten Flugblätter lassen sich mit Marshall McLuhan womöglich als „heiße Medien" bezeichnen. Den unscharfen, aber griffigen Terminus verwendete McLuhan seinerzeit für Medien, die nur einen Sinn des Menschen ansprechen, die material- und detailreich sind und vom Rezipienten nur geringe Beteiligung fordern. „Kalte Medien" hingegen adressieren mehrere Sinne, sind detailarm, bieten also nur wenig Material, geben aber dem Rezipienten Raum zur aktiven Beteiligung, vgl. Marshall McLuhan: Die magischen Kanäle. Understanding Media. Dresden/Basel 1995, S. 44-61.

349 Vgl. Jörg Jochen Berns: Der Rosenkranz, a.a.O.; ders.: Film vor dem Film, a.a.O.; Thomas Lentes: Bildertotale des Heils. Himmlischer Rosenkranz und Gregorsmesse. In: Der Rosenkranz, a.a.O., S. 69-89.

350 Die Bilder sind in den meisten Fällen nicht exklusiv ikonisch, sondern es handelt sich bei ihnen um Bild-Text/Schrift-Kombinationen.

351 Vgl. Jörg Jochen Berns: Film vor dem Film, a.a.O., hier: S. 35-39.

352 Gisela Ecker datiert das Blatt auf ca. 1505, vgl. in: Einblattdrucke von den Anfängen bis 1555, a.a.O., hier: Bd. II, Abb. 55.

einer Monstranz oder dem Modell eines Kirchenbaus sowie der Hl. Antonius platziert. Imaginationslenkend helfen diese vier Miniaturszenen als Erinnerungszeichen, die imaginative Aneignung der Hauptszene zu gewährleisten, indem sie einen orthodoxen Deutungsrahmen für das private Andachtsbild schaffen.[353] Die vier Peripheriebilder sind zwar aufeinander bezogen, vor allem aber auf das hierarchisch dominante *superimago* hin ausgerichtet. Horizontale Textstrophen unter dem Bild sowie vertikale zu seiner Linken und Rechten ermahnen die Gläubigen zur rechten Gottesschau sowie zu einer akkumulierbaren Gebetsleistung von Paternoster-Gebeten und Ave Maria-Gebeten. Verbunden wird die Paränese mit der Aussicht auf päpstlichen Sündenablass. Im ersten Absatz des Textes unter der Darstellung wird der Betrachter schließlich angehalten, „die hefftigkeit der grossen haubtwee vertreung un daumlung der syn Jesu in seine leyden“ zu betrachten.

> Sprich. 1. Pater noster und. 1. Ave maria. Fur all fantaseysch verpildung und Beschwerung deiner gedanken/un sprich. O herr Jesu/so du volpracht hetest alle ding/naygestu in toedlicher angst dein krannks haubt auffgebent deinen geyst in die hendt des vatters. Erledig mein haubt von allem gespenst Amen.

Hier wird ein eigener Diskurs über die richtige Betrachtung des Blattes, mithin über eine rechte Gottesschau eröffnet. Es wird die Verdrängung von Andachtswidrigem expliziert. Die Zeilen kommentieren den Wahrnehmungs- und Aneignungsprozess des Holzschnitts und machen auf die Gefahren aufmerksam, die sich aus einer Betrachtung und Lektüre ergeben, die durch „verpildung und Beschwerung“ in die Irre führt. Mit anderen Worten, nur wer in rechter Weise betet, Jesu Leiden und Triumph recht nachvollzieht, dem wird Gottes Gnade zuteil und Ablass gewährt. Vor allem wegen der im Blatt miteinander verknüpften, gebetstechnisch bedeutsamen Gregorsmesse und Stigmatisation des Franziskus werden die Darstellung und das private Gebet in den gemeinschaftlichen und päpstlich sanktionierten Gebetsvollzug ein- und zurückgebunden. Zurückgebunden insofern, als die beiden, idealen Erinnerungsbilder der Gregorsmesse und der Stigmatisation den Imaginationsfluss des privat andächtigen Adoranten in vorgewiesene Bahnen lenken. Es geht in diesem Holzschnitt mithin um nicht weniger als um die Hoheit über die Entfaltung individueller Wahrnehmung und Phantasie.

Die Flugblätter des ersten Exemplarclusters sind 70 Jahre jünger als der Holzschnitt. In ihnen werden weder eschatologische noch gebetsrelevante Aspekte thematisiert, sondern sie setzen ein kriegerisches Ereignis von historischer Bedeutsamkeit in Bild und Text. Gleichwohl lässt sich in ihnen ein repräsentativer Querschnitt (an)erkennen, so dass sie – darin sind sie dem christologisch inspirierten Holzschnitt vergleichbar –, stellvertretend für verbreitete Kommunikations- und Wahrnehmungspraktiken in Medien ihrer Zeit stehen. Folglich können sie vor dem Hintergrund des skizzierten Problemhorizonts exemplarisch Auskunft über darstellungsstrategische und imaginationsrelevante Aspekte geben.

353 Vgl. Thomas Lentes: Bildertotale des Heils, a.a.O., hier: S. 82-89.

Die (mindestens) fünfteilige Serie zur „Eroberung von Antwerpen durch die Spanier im November 1576“[354] vermittelt Ereignisse aus der Zeit des Niederländischen Unabhängigkeitskrieges. Konkret geht es um die ‚Spanische Furie‘ in Antorff/Antwerpen, bei der Anfang November 1576 die spanische Soldateska mehrere Tage lang die flämische Handelsmetropole an der Schelde plünderte und Hunderte Einwohner massakrierte oder in die Flucht trieb.[355] Auf der (ungefähr) zeitgleich zum Ereignis in der Kölner Hogenberg-Werkstatt entstandenen Blattfolge erfährt das Publikum weitere Details über den Verlauf der kriegerischen Auseinandersetzung. Als Bildberichterstattung konzipiert, um auf einem zunehmend schnelllebigen und ausdifferenzierten Publikationsmarkt als tagesaktuelle Nachrichten verkauft zu werden, fanden die Blätter auch als Beilage zu Newen Zeitungen Verwendung. Später wurden sie in historischen Kompendien wie dem Theatrum Europaeum, in Stadtbüchern und Kartensammlungen zum Teil neu aufgelegt.[356]

Das erste Blatt vom 4. November 1576 bietet in schräger Draufsicht einen topographischen Überblick und Stadtplan Antorffs. Aufgrund des Schelde-Verlaufs (*Scaldus fluvius*), des Stadtgrundrisses und der Apsislage der Kirche mit dem hohen Turm im Zentrum (*Unser Frawen Kirch*, Index 1) lässt sich die Blickrichtung als Süd-Nord präzisieren. Während die Spanier als Truppenverband durch die im südwestlichen Vorfeld der Stadt gelegene Schanze vordringen und sich als einzelne Söldner kämpfend den Weg bahnen, laufen bzw. fliehen zahlreiche Personen durch die Straßen und aus der Stadt, vor allem ganz im Norden durch das *Custerne Portz* (Index 23).[357] Ein anderer Zugang an der südöstlichen Stadtflanke, das *Kipdorpf Portz* (Index 20) wird vermutlich von einer zweiten spanischen Abteilung erstürmt, während weiter nördlich auf derselben Seite Antorffer aus dem *Roy Portz* (Index 22) die Flucht ergreifen. Im westlichen

---

354 Vgl. hierzu auch meinen Aufsatz Verführung der Augen: Imaginationslenkung in Flugblättern. In: Imagination und Deixis. Hg. v. Kathryn Starkey u. Horst Wenzel. Stuttgart 2007, S. 191-207, hier: S. 194-199, in dem ich drei Blätter der Folge im Zusammenhang von Deixis und Wahrnehmung im Spätmittelalter untersucht habe.

355 Die Stadt als kaufmännisches, aufsteigendes intellektuelles und künstlerisches Zentrum konnte sich lange Zeit nicht von den Auswirkungen der Spanischen Furie erholen, vgl. David Kunzle: The Early Comic Strip, a.a.O., S. 53-55.

356 Franz Hogenberg, später sein Sohn Abraham, begann, die in seiner Werkstatt entstandenen Blätter zu thematischen Folgen als Dokumentation des Zeitgeschehens zusammenzufassen. Fast alle Hogenbergblätter bringen die Angaben von Jahr und Kalendertag für das dargestellte Ereignis, sofern das Bild nicht mehrere Ereignisse zusammenfasst oder einen größeren Zeitraum in Szene setzt. Zur Nummerierung der Platten, vgl. weiter oben.

357 Es lässt sich nicht mit Gewissheit sagen, ob die in der Südmauer durch Großbuchstaben mit spanischen Verweisen indizierte Schanze (z.B. C.-Buluardo de Toledo, D.-Buluardo de Alva) bereits den spanischen Habsburgern gehört. Aus den ‚Buluardo‘ (dt. Bollwerk) dürfte sich das heute für Antwerpen typische Boulevardsystem ergeben haben.

Stadtteil stehen Personen am Flusshafen auf Befestigungspunkten, denen einige Schiffe vorlagern und auf denen Kanonen positioniert sind (Abb. 37 und vier Folgeblätter):

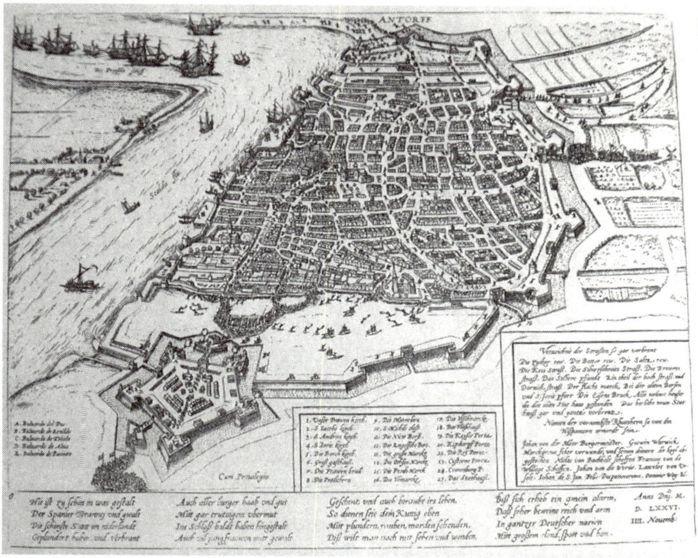

Die vierzeiligen Verse unterstützen die Bildaussage: „[…] in was gestalt/Der Spanier Tyrannej und gewalt/Die schönste Statt im niderlandt/Geplundert haben und verbrant […]“. Die Kombination von überproportionaler Grafik und kommentierendem Textband wird durch Buchstaben- und Ziffern-Indizes ergänzt, die die eingezeichneten Gebäude und Plätze identifizieren helfen. Zudem sind zwei gerahmte Registerfelder mit den verbrannten Straßen und ermordeten Antorffer Honoratioren in die rechte untere Ecke ins Bild eingefügt. Diese historisch verifizierbaren Fakten verstärken den Status des Blattes als objektiver Ereignisbericht und sichern ihm einen erhöhten Authentizitätsgrad. Die präzise, einer orientierenden wie überprüfenden Nachvollziehbarkeit verpflichtete Zuordnung in eine geopolitische Aktualität dürfte für die Wahrnehmung der gesamten Folge bedeutsam sein.

Das zweite Blatt vom selben Tag führt den Blick aus der Distanz in einer ersten Annäherung an das Geschehen, indem nun, weiterhin im Rücken der Spanier, von der Stadtmauer aus auf das Geschehen geschaut wird.

Obwohl nicht auszumachen ist, an welcher Stelle der Verteidigungsmauer genau der Einbruch der Söldner in die Stadt erfolgt, besticht die Szene durch ihre makroskopische Plastizität, die Lebendigkeit der Figuren und des Handlungsraumes. Auch hier korrespondiert der Text der Grafik, allerdings ohne zusätzliche Informationen zu bieten: „Nachdem die Spanier […]/Antorff […] ubereilen baldt, Und nemens in mit großer gwalt/Ermorden arm, reich, jung und alt./Die stat verwusten der gestalt. Mit rauben, morden, und mit brennen/Mit unzucht, und mit Weiber schenden/Dern ubergroße tyrannej, Nitt ist gehurt in der Turchej." Die Darstellungsstrategie, die in dieser Einzelaufnahme und in der Art des Anschlusses an die 1. Szene erkennbar wird, kann man als mediale Bewegungserzeugung beschreiben, die die Dramatisierung des Geschehens zum Ziel hat. Die äußere, *bewegte* Bewegung soll sich idealiter als innere, die Imagination *bewegende* Bewegung replizieren.

Anschließend verbleibt der Betrachter in einer distanzierten Zuschauerposition und folgt den sukzessiv ins Stadtzentrum vordringenden Angreifern. Geraten zunächst die Brandschatzung des Rathauses und die sich davor abspielenden Kämpfe zwischen den Spaniern und Antwerper Einwohnern in den Blick, wird der Betrachter im weiteren Verlauf zum Zeugen der verzweifelten Flucht der Stadtbewohner.

Im letzten Blatt der Serie wird dem Betrachter als Kulmination der Einnahme und Verwüstung der Stadt das Spektrum an Grausamkeiten vorgeführt, das die Spanier einen Tag später, am 5. November, an den Einwohnern exerzieren: „[…]

man und weib/Die ietz verliern gut, eher, und leib/Gemarttert werden nackt und bloß/Vexiert mit schand und unzucht groß."

Erneut fällt die Detailgenauigkeit auf, mit der die Szene entworfen und umgesetzt ist. Dem Auge werden nun Einblicke in geschlossene Räume ermöglicht, indem wie auf der Theaterbühne im Attentat-Blatt Hauswände entfernt sind, hinter denen sich die Torturen abspielen. Der topographischen Verankerung des Geschehens am Anfang korrespondiert eine zunehmende tiefenräumliche Staffelung und Fokussierung, wobei die spanischen *Ausschreitungen* als *Überschreitungen* inszeniert sind. Verschränkt werden eine den Stadtraum abrissartig vorstellende mise-en-scène und (eine) choreographierte Bühnenanordnung(en) miteinander.[358] Diese letzte Szene mutet zugleich wie ein moralisierendes Schlusstableau an, das zur Empathie mit dem Schicksal der Stadt und seinen Bewohnern auffordert. Interessant ist, wie Bildelemente bzw. Motive aus anderen, berühmten Bildzusammenhängen zitiert werden: Der links an der Häuserwand sitzende, ältere Mann mit Kiepe erinnert bspw. an eine Figur aus dem Bilduniversum des Pieter Brueghel dem Älteren (1525/30-1569); die spanischen Söldner mit ihren erhobenen Säbeln ähneln den ikonographisch verfestigten Soldaten des Herodes beim Kindermord in Bethlehem. Warum das Flugblatt seine Präsentation auf diese Weise anreichert, ist nicht eindeutig zu erklären. Womöglich sind die Übernahmen aus den Bildwelten mit höherem Prestige dadurch motiviert, dass sie als universell bekannte und schnell verfügbare Versatzstücke die Gestaltung beschleunigen und die Aussageintention vereindeutigen. Vielleicht sind sie auch angetan, das empathische Mitgefühl zu verstärken (Kindermord in Bethlehem – Mord in Antwerpen). Womöglich folgen die Stecher und Bildentwerfer schlicht einem ludischen

358 Vgl. Karsten Müller: Politische Bildräume. In: Politische Räume. Stadt und Land in der Frühneuzeit. Hg. v. Cornelia Jöchner. Berlin 2003, S. 23-44, hier: S. 27-31.

Impuls, indem sie Bekanntes (Brueghels Alter) in ihr eigenes Figurenensemble und Motivinventar problemlos aufnehmen.

Die unterschiedlichen Stadien der Eroberung und Inbesitznahme vollzieht die Antorff-Serie somit über die graduelle Annäherung und das Eindringen in den Schauplatz des Geschehens. Formal-gestalterisch vereinheitlicht, geben die bilddominanten, zum Teil durch Legenden kommentierten und durch Register erläuterten Tableaus das Ereignis aus verschiedenen Perspektiven zu unterschiedlichen Momenten wieder. Führt die Ersteinstellung durch eine Totale die Stadt vor, fokussieren die nachgestellten Aufnahmen den Blick und belassen den Betrachter in einer exponierten Zuschauer- und Zeugenposition: Aus *Überblick* und *Distanzblick* wird *Nahblick*. Die Tiefenschärfe setzt sich in den Blättern fort, wenn die Handlung von der Befestigungsmauer und dem Wassergraben durch die Straßen zum Hauptmarkt und brennenden Rathaus bis in artifiziell freigegebene Innenräume verfolgt werden kann: Aus *Nahblicken* werden *Einblicke*. Während die Drucke den Handlungsverlauf als chronologische Ordnung mehr oder weniger zwingend, ihrer Abfolge entsprechend, vorgeben, sollte der Betrachter diese mühelos als Erzählfluss imaginativ verlebendigen können. Es werden mit anderen Worten ‚Leerstellen' in der Serie aufgrund der durch die Einzelblätter vorgegebenen, detail- und informationsreichen Anschließbarkeit und Bezugnahme medienspezifisch durch das Material selbst minimiert. Eine komplexe imaginative Vervollständigung durch den Betrachter ist nicht unbedingt nötig. Mir scheint der Begriff ‚imaginationsgesättigt' zutreffend, um die Wahrnehmungslenkung dieser Blattfolge zu charakterisieren.

Die „Ware Contrafactur Der Statt Antorff, sambt Darin verloffnen Handlungen Anno 1576 den 4 Novembris" gibt dasselbe Geschehen wieder wie die fünf vorgängigen Tableaus (Abb. 38):

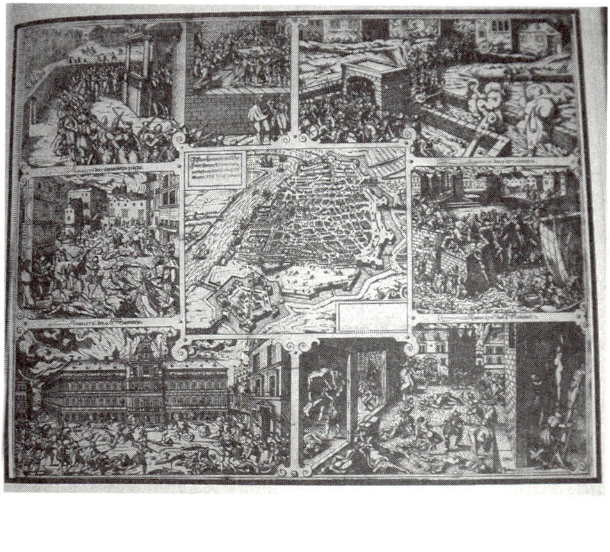

Statt als Folge von Einzelblättern, werden die zeitlich getrennten Szenen (plus zwei zusätzliche) hier in ein und denselben Darstellungsraum als verdichtete Gleichzeitigkeit von Ungleichzeitigem zusammengeführt. Damit wird der Korrelation von individuellem Ereignisgeschehen, Ereignisraum und Ereigniszeit durch die Einheit im Präsentationsraum weitgehend entsprochen. Aussage und Funktion des Blattes bleiben als um Objektivität bemühter Ereignisbericht erhalten, der übrigens wie die Blattfolge auch ein Sensationsbedürfnis befriedigt.[359]

Um die zentrale Überblicksdarstellung herum sind sechs Bilder arrangiert, wobei das Zentralbild gegenüber der die Serie eröffnenden Aufnahme modifiziert ist: Die Vogelschauperspektive scheint maßstäblich verändert, da sie aus größerer Entfernung entworfen ist, und es sind der Gesamttitel links oben sowie ein leeres Rechteck rechts unten eingefügt. Drei der Nebenbilder nehmen die im Haupttitel bereits angeführte Zeitangabe als Unterschrift in ihren schmalen Rahmen auf, eine verändert sie. Dabei handelt es sich um eine neue Szene, die in der linken oberen Ecke den narrativen Anfang markiert, da sie ihrer mitgelieferten Angabe entsprechend die Verhaftung dreier Ständevertreter der niederländischen Generalstaaten durch die Spanier in Brüssel am 3. November zeigt. Wird der Handlungsverlauf durch die temporalen Markierungen vorgegeben, und kann der Betrachter diesen auch durch die inhaltliche Szenengestaltung rekonstruieren, so bleibt er andererseits variabel. Der Spielraum der imaginativen Vervollständigung ist hier insofern größer als bei der Serie, als der vorgezeichnete Handlungsverlauf keine stringente Chronologie zwingend vorgibt. Weisen nämlich die beiden Kupfer in der Mitte links und rechts des Zentralbildes dasselbe Datum auf, sind die beiden darunter gestellten Momentaufnahmen zeitlich gar nicht festgelegt. So entfaltet sich aufgrund der inhaltlich-temporalen Gleichrangigkeit dieser Aufnahmen eine individuelle Bild-Erzählung, die mit der bis zu diesem Punkt vorgegebenen in Beziehung zu setzen ist. Die Darstellung zielt auf eine Imaginationssättigung ab, indem das mehrphasige Geschehen durch detailreiche, handlungskontinuierende Szenen präsentiert wird. Anders als bei der Serie legt aber keine Blattfolge das Nacheinander der Ereignisse fest, sondern das Blatt synthetisiert die unterschiedlichen Geschehensmomente durch das raum-zeitliche Nebeneinander zu einer ‚dichten' Zusammenschau. Geht man so weit und vergleicht das gemarterte Antorff dem gekreuzigten Heiland, dann lässt sich die Darstellung als Variation eines Passionsbildes lesen. Zentral im Bild befindet sich das Opfer, um das herum die Stationen seine grausame Verfolgung und sein bemitleidenswertes Martyrium zeigen.

Die folgenden beiden Blätter stehen im Kontext des Dreißigjährigen Krieges und präsentieren vor dem Hintergrund eines Ereignisses mit militärischer und politischer Tragweite eine fiktive Kurzgeschichte. Das erste Blatt trägt den Titel „Der jauchtzende Bothe/So den 6. Septembris ... abgangen" (1632). In ihm kommt die Überheblichkeit der kaiserlichen Soldaten vor der Schlacht bei Breitenfeld (7.

[359] Es ist nicht klar, ob dieses Blatt zur gleichen Zeit wie die Folge in der Hogenberg-Werkstatt entstanden ist.

September 1631) zum Ausdruck. Das Bild zeigt einen offenbar gutgelaunten und beschwingten Boten „aus dem Tyllischen Läger vor Leipzig“, der sich im Laufschritt „FRANCKFVRT am MAIN“ nähert (s. Inschrift über der Stadt). In der linken Hand hält er einen langen Spieß oder Botenstab, in der rechten schwingt er seinen Hut, in der Herzgegend auf seiner Jacke prangt ein Abzeichen, das den kaiserlichen Doppeladler zeigt, und auf seinem Rücken hat er ein Traggestell.[360] Im Text, der dem Boten in den Mund gelegt ist, brüstet er sich mit der Unbesiegbarkeit der kaiserlichen Truppen: Leipzig werde demnächst eingenommen, dann Torgau und Dresden, wonach der treulose sächsische Kurfürst zur Rechenschaft gezogen werde. Abschließend gibt der Bote seine Hoffnung auf ein gutes Botengeld kund (Abb. 39):

Der jauchtzende Bothe /
So den 6. Septembris / Anno 1631. früh aus dem Tyllischen Läger vor Leipzig / nacher Franckfurt am Mayn abgangen.

ES mus vns doch nur wol vnd glücklich gehen künnen,
Vor was wir ziehen nur / das haben wir schon jnen.
Wir sind der Leute Furcht, wir köñen fallen nicht /
Was sich nur vnser Macht entgegen setzt / zubricht.
Wie lacht ich doch bey mir / daß Leipzig sich wolt halten /
Das arme Leipzig das. Ja / wer es dergestalten
Doch nur gefahren fort: Es hette sollen sehn /
Was mancher frechen Stadt durch vnser Volck geschehn.
Sie hofften sehnlich drauff / jhr Churfürst solt sie schützen.
Ja / dacht ich / dieser Schutz wird euch ein trefflichs nützen.
Darzu / wo ist er nun? wie man in Warheit sagt /
So wil bey Gott mit vns ers lassen vngewagt.
Er fleucht auff Dreßden zu. doch last jhn immer fliehen /
Wir wollen sehen doch / ob Er für vns denn ziehen
Wird können aus der Welt. Wie feste Dreßden sey /
Das stehet auff der Prob. es ist vns ohne schew.
Es ist vns eine Lust. Er hat vns nun im Lande,
Er bring vns wieder naus / acht't ers jhm eine Schande
Wir haben lange satt auff sein Confect gehofft.
Wie wol bekömpts vns doch / nach dem so offt vnd offt
Sich mancher Held gesehnt. Der meiste Theil des Landes
Ist nunmehr vnser schon. es ist an statt des Pfandes /
Daß alles vnser sol / weil Er gewichen ist;
Daß Er so seines Eyds / vnd trewe seyns vergist.
Die Stiffter sind nun port / die er nicht wolte missen.
Darüber Er noch gar sol werden außgeschmissen.
Weil Er den Keyser trutzt / vnd jhre Heiligkeit /
Wie wir denn haben des von beyden den Bescheid.
Wie wirds Jhn rewen doch / daß Er hat außgeschrieben
Den gantz nichtnützen Tag; darumb Er doch vertrieben
Von Land vnd Leuten wird. So geht es allen doch /
Die sich entbrechen aus der Obrigkeiten Joch /
Vnd wollen zeitlich Frey vnd Vnbeherrschte heissen.
Du hast vns wol gespart / du außgefülltes Meissen.
So manchen guten Muth hab ich gehabt schon hier.
Noch morgen kosten wir / O Torgaw / deine Bier /
Vnd / Dreßden / deinen Wein. Es mus darzu noch kommen /
Daß wir die gantze Welt wolln haben eingenommen.
Was gilts / die gute Post sol mir was bringen ein /
Darauff ich diesen Tag noch lustig satt wil seyn.

Gedruckt im Jahr M DC XXXII.

Der Entwurf des Blattes und seine Aussage spiegeln die Situation am Vorabend der Schlacht von Breitenfeld wieder, bei der die kaiserlichen Truppen eine verheerende Niederlage erlitten. Die gute Ausgangsposition des kaiserlichen Heeres begründet den Optimismus und Übermut des Boten, der in ihren Diensten steht.

360 Vgl. auch den Blattkommentar, in: Deutsche illustrierte Flugblätter, Bd. II, S. 488.

Das Publikum, das dieses Blatt erst 1632, also mindestens ein halbes Jahr nach der Schlacht zu lesen und zu sehen bekam, war folglich über den Ausgang und die tatsächlichen Ergebnisse und Entwicklungen bestens informiert. Ihm musste das prahlerische Verhalten des Boten völlig unangebracht erscheinen. Das informierte, ‚besserwissende' Publikum konnte und durfte mit einer Gegendarstellung rechnen.

Eine solche liefert das Folgeblatt mit dem Titel „Der hinckende Bothe/So den 7. Septembris ... abgangen" (ebenfalls 1632). Nunmehr mit Krücke und Beinprothese schleppt sich der „hinckende Bothe" nach verlorener Schlacht Frankfurt entgegen. Vom Kampf gezeichnet, steckt sein Arm in einer Schlinge, und an seiner abgerissenen Kleidung manifestieren sich ebenfalls die Spuren kriegerischer Handlung (Abb. 40):

Der hinckende Bothe /
So den 7. Septembris / Anno 1631. Abends halbweg zehen Uhr / von Halle nacher Franckfurt am Mayn abgangen.

Ach! aber dich erbarm / O fromme Mutter Gottes /
Des vberhäufften Leids / des vnerhörten Spottes /
Der jetzo vns betrifft / O keinem gleicher Hohn /
Den vnser flüchtigs Volck zur Beute bringt dar- (von.
So war es müglich denn / daß wir geschlagen werden
Vnd kundten feige seyn. Der gantze Creis der Erden
Entsetzte sich für vns / vnd für der grossen Macht /
So wir nach langer Zeit nun auff die Beine bracht.
Wo wir nur zogen hin / da lieff man vns entgegen.
Wie muste man vns doch zur Mildigkeit bewegen /
Die ach! wie thewer war. Wie trug man vns vollauff /
Wie war doch alles nur für vns in gutem Kauff.
Jetzt wird vns eingetränckt / was wir für Vppigkeiten /
Für grimme Tyranney in dickbejahrten Zeiten
So trotzig außgeübt. Nun wendet sich das Blat.
Jetzt glauben wir erst auch / daß sey ein Glückes Rad /
Daß vns so lange nun nach wündschen vmbgeflogen /
Vnd erst wird wandelbar. Die Sage hat gelogen /
Die vns nur gestern noch vnvberwindlich hielt.
O alles auffgesetzt! O alles auch verspielt!
Wo ist nun vnsre Furcht / die wir in alle jagten?
Wo vnser glückhafft seyn / darüber nie wir klagten?
Des Papsts Autoritet, die Reputation
Des Keysers / Ey / ey / ey / ist hin nun vnd darvon!
Hin ist sie vnd darvon! O hette man verschonet
Des trewen Sachsens doch / vnd Jhm nicht so belohnet
Sein allzutrewe Trew / ach! ach! wie stünds noch fein.
So weren wir vnd Er / wer wir gewesen seyn:
Wir ein gefürchtet Volck / Er jetzt noch kein Soldate.
Ey must es alles doch der Jesuiter Rathe /
Dem mörderischen Rath / anheim gestellet seyn /
Was sie nur schlugen für / da gab den Willen drein
Der fromme Ferdinand. Verzeihs euch Gott / jhr Brüder /
Daß wir durch ewren Witz so sind geschlagen nieder.
Daß nun das gantze Reich von vnserm Pabste felt.
Wo wolt jhr bleiben doch / vnd Er / in gantzer Welt?
Wer't jhr gewesen nie / so wer ich auch ohn zweiffel
Noch ein gesunder Mann. so hab ich armer Teuffel
Auch ein Gedenckmal kriegt vom Sächsischen Confect /
Ein jeder jäckt mich an: Mein Kerl / wie hats geschmeckt?
Was seum ich aber mich / ich solte schneller eilen.
Hilff Gott / wie hat es doch in Meissen sawre Meilen.
Wie mühsam gehn sie sich. besonders wer wie ich /
So eine böse Post vnd Schäden hat bey sich.
Ich war / wie vbel ich auch sonsten bin zuschlagen /
Doch der Gesündste noch / die jhre Beine tragen
Auff Halle zu vermocht. da war wol keiner nicht /
Der ärger nicht / als ich / gewesen zugericht.
Er selbst / der General / wie must er seyn zupuffet /
Wie krächst er doch so sehr. Er war wol abgekuffet.
Wer weis / ist er schon tod. In dessen sehn ich mich /
Wie man zu Franckfurt doch wird meiner frewen sich.

Gedruckt im Jahr M DC XXXII.

Kleinlaut ist er geworden, seine jämmerliche Gestalt verkörpert den gefallenen Über- und Hochmut. Links unten, klein im Bild, sind ein Reiter und ein Wanderer zu sehen. Letzterer ähnelt dem „jauchtzenden Bothe" vom Vortag. Das Blatt widerlegt die siegessichere Haltung des Vorgängers dieses Boten und löst das historische Wissen der längst unterrichteten Leser und Betrachter ein.

Die Exemplare bilden ein narratives Duett, dessen Verklammerung über die gestalterisch-formale Ähnlichkeit und die thematisch-inhaltliche Anschließbarkeit der Blätter hergestellt wird. Der Wirkeffekt der Miniserie lässt sich partiell mit dem Begriff des ‚cliff-hangers' beschreiben, auch wenn nicht von einer von Anfang an kalkulierten Nachfolgedarstellung auf das erste Blatt ausgegangen werden kann.[361] Den Blättern liegt eine inszenierte Diskrepanz zwischen fiktiver Darstellung und Wirklichkeit zugrunde, die als Stimulans der Neugier fungiert und nach Auflösung verlangt. Nach dem ersten Blatt drängt sich die Frage auf, ob die Darstellung allein für sich stehen soll: Gibt es kein Mehr, das die (historisch-faktisch unvollendete) Geschichte der Wirklichkeit entsprechend berichtigt? Das zweite Blatt beantwortet diese Frage. Die interessierten Betrachter und Leser jedenfalls sind gezwungen, nach dem ersten Blatt das zweiten zu erwerben, wenn sie wissen wollen, auf welche Art in einer (dann tatsächlich unterhaltsamen) Weitererzählung dem ersten Boten das Lachen vergehen wird. Dem Vorspann einer heutigen Serie analog, wird der Wiedererkennbarkeit halber die mise-en-scène identisch reproduziert, was unbedingt als Effekt technischer Reproduzierbarkeit mitzudenken ist. Handlungstechnisch gesprochen, setzt die Fortsetzung am Vorherigen an, erweitert und dehnt es aus. Der Gestalter-Produzent wird als jemand erkennbar, der bereit und in der Lage war, Blätter solchen Zuschnitts und Format innerhalb einer kalkulierten Zeitspanne auf den Markt zu bringen. Als potentielle Käufer traten womöglich bereits entsprechend konditionierte Rezipienten hervor, die begierig und kaufstark genug waren, Blattfolgen wie diese als fingierte Darstellungen wahrzunehmen, anzuerkennen und zu erwerben.

Als kaufmännischer Erklärungsansatz für die Produktion der Zweierfolge mag gelten, dass ein eindimensionales Ereignis nur einmal gewinnbringend verkauft werden kann. Also versucht man zu ‚tricksen', um zwei Blätter zu produzieren, die im Grunde genommen dieselbe Aussage machen. Das serielle Moment betrifft die Thematik, das Milieu und das Figurenensemble, was wiederum die darstellerische Anschließbarkeit der Blätter bedingt. Die Blätter sind ‚Fernseher' in eine entfernte Welt, die genauso gut eine vertraute und nahe ist, insofern die Kriegsthematik, die Schauplätze, zum Teil auch die Protagonisten wiedererkennbar sind und Anschließbarkeit bis heute garantieren.

Die nächste Dreierfolge hat abermals ein Kampfereignis zum Inhalt, wobei es diesmal um eine Schlacht während der Hugenottenkriege (1562-1598) geht. Hogenbergs Stecher inszenieren und rekonstruieren im seriellen Modus auf drei Platten einen Bewegungsablauf, der sich auf die historisch belegte Schlacht von Dreux bezieht, einem etwa 90 Kilometer westlich von Paris gelegenen Ort. Dabei

361 Der ‚cliff-hanger' ist die Ausrichtung jeder Folge einer Serie auf ein spannungsgeladenes, nicht-aufgelöstes Ende, das Auflösung in der Fortsetzung verspricht, dieses Versprechen bestenfalls natürlich nicht einhält.

wurden am 19. Dezember 1562 die protestantischen Truppen unter Ludwig I., Prinz von Condé und Admiral Gaspard von Coligny von der katholischen Armee unter François de Lorraine besiegt. Der Schlachtverlauf mag sich Hans Delbrücks „Geschichte der Kriegskunst“ zufolge wie folgt zugetragen haben:

> Die Protestanten sind an Reitern, die Katholiken an Infanterie (Schweizer, Landsknechte, Spanier, Franzosen) und Geschützen erheblich überlegen. Mehrere Infanterie-Haufen hüben und drüben werden von den Reitern gesprengt, und die ‚schwarzen Reiter‘ der Hugenotten setzen auch dem Gevierthaufen der Schweizer hart zu, werden aber schließlich doch abgeschlagen. Auch ein französisches Bataillon behauptet sich gegen die Angriffe der Gensdarmen und Reiter, indem er vor seine Pikeniere drei Glieder Arkebusiere aufstellt, die jene in Respekt halten. So siegen endlich die Katholiken.[362]

So verknappt sich Delbrücks Rekonstruktion des Kampfes liest, so schwierig ist es (zumindest für den heutigen Betrachter), sich ein detailliertes Bild vom Schlachtverlauf anhand der Blätter zu machen, ganz zu schweigen davon, dass sich die Gruppen- und Personenidentitäten bestimmen ließen. Nichtsdestotrotz lassen sich einzelne Ausführungen der militärgeschichtlichen Darstellung in den Tableaus erkennen, etwa das Zersprengen von Infanteriehaufen durch die Kavallerie oder den Schweizer Gevierthaufen, dem die hugenottischen ‚Schwarzen Reiter‘ zusetzen. Die Blätter inszenieren die Schlacht in drei Angriffsfolgen, wobei es fast so scheint, als handelte es sich bei ihnen um Film-*stills* (Abb. 41 und zwei Folgeblätter):

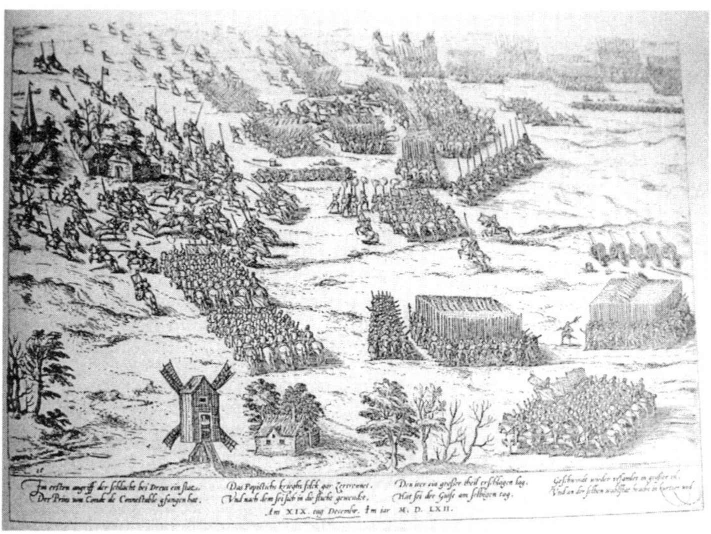

[362] Vgl. Hans Delbrück: Geschichte der Kriegskunst. 4. Teil (Neuzeit), 2. Bd. (Das Zeitalter der Religionskriege). Berlin 1920, S. 222. Delbrücks Werk ist ein Klassiker der Militärgeschichtsschreibung, auf den nach wie vor zurückgegriffen wird.

Martin Warnke ist in einem kurzen Beitrag zu Bildern, die in Prozessen ihre Gültigkeit haben, der Geschichte von graphischen Auftragungsformen nachgegangen, die militärische Bewegungen veranschaulichen. Aus gleichsam ‚gefrorenen' Verlaufsdarstellungen, die Kampfformationen in geometrischer Statik und topographisch-räumlicher Umgebung regungslos-geordnet dem Auge vorführen, werden zunehmend im und durch das Bildmedium dynamisierte, nach und nach keinerlei topographisches oder sonstiges Hindernis mehr aufführende, in der Moderne dann ausschließlich pfeilvektorisierte, raumgreifende Graphiken.[363] Mit Bezug auf die Frage nach den Wahrnehmungseffekten serialisierter Darstellungen wie in der Dreux-Dreierfolge fällt die beeindruckende Bewegtheit des Aktionsflusses auf, der in den zügig in Augenschein genommenen Bild-Text-Tafeln spürbar wird. Abgesehen von der 3. Szene, in der die Mühle im Kontrast zu den Mühlen in den Vorszenen seitengespiegelt steht und sich die Kirche und das Anwesen nicht mehr im oberen linken Bildbereich ausmachen lassen, ergibt sich für die Szenen 1 und 2 eine fließende, bild- und textbasierte Anschließbarkeit. Während der Betrachter in allen drei Darstellungen, ähnlich dem Coron-Blatt, privilegiert wie vom Feldherrnhügel auf das Geschehen schaut, zieht sein Blick in den ersten beiden Blättern mit den kämpfenden Hauptscharen mit, und zwar von rechts nach links.

363 Warnke, Martin: Raumgreifende Graphik. In: Bildwelten des Wissens. Bd. 1,1, a.a.O., S. 79-88.

So wie der Blick Seite an Seite mit den nach links drängenden Truppen wandert, sind die Mühle und der bereits erwähnte, obige Gebäudekomplex in der 2. Szene nach rechts gerückt. Ein in der ersten Szene nur durch wenige Bäume markiertes Untergehölz zur Linken der Mühle ist im Verlauf hervorgetreten und nunmehr als kleiner Waldhain erkennbar. Der Text des ersten Kupfers endet mit dem ‚verheißungsvollen' Hinweis, dass die katholischen Truppen nach einer anfänglichen Niederlage und ihrer Flucht von ihrem Anführer wieder gesammelt und ausgerichtet wurden; der zweite fährt fort, dass die Katholiken den zweiten Angriff am selben Tag vornahmen. Die dritte Szene hat den Blickwinkel in irritierender Drehung und Verzerrung verändert. Fast scheint es, als wäre der Bildchronist mit seiner ‚Kamera' in einem Halbkreisbogen nach links oben bis hinter das Anwesen gerückt, um von hier aus den Verlauf des dritten Angriffs im Bild festzuhalten.

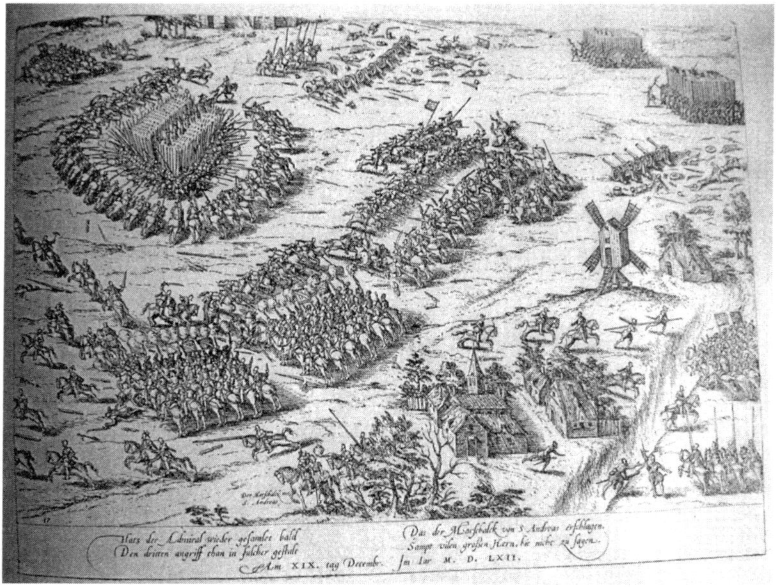

Konstatieren lässt sich, dass in dieser Folge so etwas wie ein faszinierendes ‚Frühkino' erfahrbar wird. Eine innerbildliche figürliche Dynamik wird mittels eng aneinander anschließender Szenen weiter dynamisiert und in Bewegung gehalten. Es ist davon auszugehen, dass ein und derselbe Kupfer oder Teile daraus für die nachfolgenden Druckvorlagen wiederverwendet oder retouchiert wurden. So konnten Figuren und Bildelemente übernommen, ausgetauscht und reproduziert oder aber neue in bereits bestehende Arrangements eingefügt werden. Es lässt sich an den Blättern nicht nur eine Tendenz zu einem medialen In-

Bewegung-Setzen der Bilder vergegenwärtigen, sondern auch produktionstechnische Aspekte werden manifest, die Teil einer neuen visuellen Kultur sind.

Abschließend geht es um den „Abriß vnd verzeichnus deß orts VDENHEIM und deren gelegenheit" von 1618, der ebenfalls aus der Hogenbergschen Offizin stammt[364] (Abb. 42):

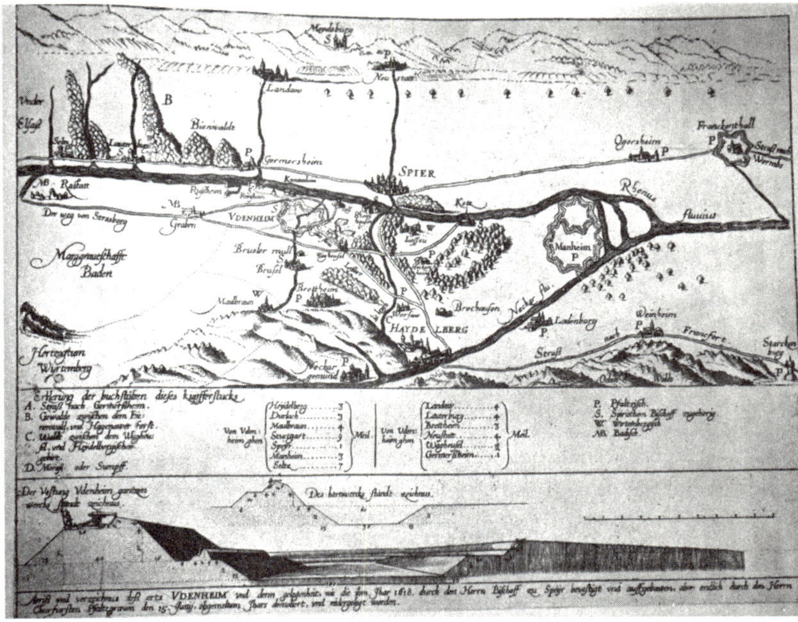

Entsprechend der im Titel angekündigten Doppelfunktion des Blattes (Abriß vnd verzeichnus), bietet das in drei Bildstreifen unterteilte ‚Hybridtableau' unterschiedliche, zugleich aufeinander bezogene Ansichten. Der obere, flächenmäßig umfangreichste Bildstreifen zeigt in einer Kombination aus zweidimensionalem Grundriss mit Blick von oben und dreidimensionaler Tiefenperspektive mit schräg-horizontalem Blick die Lage des Ortes V/Udenheim in der Rhein-Neckar-Ebene an. Interessanterweise ist der Ort nicht explizit hervorgehoben, sondern nur einer unter vielen inmitten der mit großem Maßstab entworfenen, dicht belegten Darstellung: Nicht nur ist diese mit zahlreichen anderen Städten, Dörfern, Befestigungsringen, schablonierten Gebäuden als Erkennungszeichen, Straßen sowie Herrschaftsraum- und Naturraummarkierungen angefüllt (Marggraveschafft Baden, Hertzogtum Wyrtemberg, Rhenus und Neckar fluv., Zollstation,

364 Vgl. auch meinen Aufsatz zur Wahrnehmung und Deixis in mittelalterlichen und frühneuzeitlichen Bild-Text-Zusammenhängen: Verführung der Augen, a.a.O., hier: S. 203-205.

Bienwaldt, Elsaß). Neben die unterschiedlich gestochenen Inskriptionen treten auch Großbuchstaben und Ligaturen.

Während es beim ersten Blick auf diesen kartographierten, jedoch nicht nach Himmelsrichtung mittels Kompassrose ausgerichteten Landschaftsraum des suchenden Auges bedarf, um Udenheim auszumachen, buchstabiert das Register im parallel darunter befindlichen Streifen den Raum aus und sorgt durch die Belegung der Buchstaben sowie die Angabe von mindestens 13 Wegzeiten abgehend von Udenheim für eine objektivierende ‚Hochauflösung' des Gezeigten. Es wird, verallgemeinernd gesprochen, der An-Ordnung durch die Indizes-Belegung präzisierende Referenz zur geopolitischen Wirklichkeit verliehen. Während Karte und Register unmittelbar nachvollziehbar, wechselseitig eng aufeinander bezogen sind, steht der dritte, untere Bildstreifen insofern eher für sich allein, als hier perspektivisch mitten hinein in die oben angezeigte, sternförmige Fortifikation Udenheims gesprungen wird. Außer der sprachlichen Kennzeichnung leistet dabei kein bildliches Element einen Bezug zu Udenheim oder seine Umgebung. Das ‚Parabild' gibt im Modus einer verdoppelten, und zwar in den Vordergrund gerückten Gesamt- und distanzierten Teilquerschnittsaufnahme das „zeichnus" sowohl der „Vestung Vdenheims gantzen wercks standt" als auch des „hornwercks standt"[365] wieder. Anhand der beiden Querschnitte werden Form und Struktur der gesamten Fortifikation und der ihr vorgelagerten Bastion ins Bild gesetzt, indem in einer Art technischer Graphismus die Aufschüttungshöhen und Schanzenstärken inklusive numerisch-maßstäblicher Vermessungsnotation präsentiert werden. Die historischen Vorgaben der gesamten Darstellung laden spätestens jetzt dazu ein, retrospektiv mit der heutigen Situation abgeglichen und geschichtlich kontextualisiert zu werden. So handelt es sich bei Udenheim um das später umbenannte, heutige Philippsburg, das (übereinstimmend mit der Darstellung) südlich der Linie Speyer-Heidelberg, gegenüber Germersheim, auf der östlichen Seite des Rheins gelegen ist. Während heutige Standardkarten ihre Ansichten nach Nord ausrichten, fällt der Blick im Flugblatt von Osten auf Udenheim und seine Umgebung. Einem Eintrag im Theatrum Europaeum zufolge, ließ Philipp Christopf von Sötern, ab 1610 Bischoff von Speyer, den Ort ab ca. 1615 befestigen. Machtfragen, die sich zu handfesten Streitigkeiten zwischen der Stadt Speyer und dem Pfälzischen Kurfürsten einerseits und Udenheim bzw. dem Bischoff andererseits entwickelten, führten schließlich dazu, dass die Festung am 15. Juni 1618 „ohne einigen Schuß eröffnet/und das Volk [Kurpfälzische Truppen] eingelassen worden. Da dann so bald an der Zerschleiffung der Anfang gemacht/die neue Wäll und Bollwerck niedergerissen/die Schubkarren und andere Instrumenten/so allda gefunden/in die Gräben geworffen/und alles mit Erden bedecket und aufgefüllet worden."[366] Obwohl der ausführliche Titel

365 Beim Hornwerk handelt es sich um eine Befestigungslinie, die der Hauptbastion vorgelagert ist.

366 Vgl. Theatrum Europaeum, [...] vom Jahr Christi 1617. biß auff das Jahr 1629, Bd. I, a.a.O., Kupfer 4 (nicht-paginiert), S. 29ff.; dort auch Auskunft über die Hintergründe der Befestigung durch den Speyerer Bischof.

des Blattes die beschriebene Demolierung der Festung mit angibt, ist sie offenbar weder in die technische Zeichnung noch in die Karte aufgenommen.

Frappierend ist, wie das Flugblatt drei unterschiedliche Darstellungsformen kombiniert und miteinander in Beziehung setzt; zudem wie das Blatt für sich allein und im Zusammenspiel mit anderen, zeitgenössischen Quellen für eine empirische Rekonstruktion der (historischen) Lage und Situation eines Ortes und einer Festung herangezogen werden kann. Trotz oder gerade wegen des expliziten Fokus auf den fortifikatorischen Aspekt bleibt hinsichtlich eines intendierten Leser-Betrachters für diesen Druck offen, ob er Festungsspezialist oder Interessent war, ob es sich bei dem Blatt vielleicht um eine Auftragsarbeit im Zusammenhang mit Fragen des Festungsbaus oder territorialer Neuordnung handelte, oder aber ob der Kupfer zum normalen Repertoire der Hogenbergschen Flugblattproduktion gehörte.

Imaginationstechnisch relevant ist, dass das Blatt keinerlei Erzählung in Gang setzt, wohl aber durch die kartographische Form, die schablonenhafte Gestaltung von Städten und Festungsgrundrissen, die entworfene Landschaftstopographie, die sprachlichen Erläuterungen im Register sowie vor allem die detaillierte, technische Bauwerksstudie eine spezifische Ordnungsleistung bewirkt. Sie schafft einen großen, gleichwohl beschränkten Vorstellungsraum, in dem sich der Betrachter, den bildlichen, sprachlichen, indexikalischen und technischen Detailvorgaben gemäß, den Raum Udenheim, seine befestigungs- und machtstrategische Einbettung, damit seine konkrete Lage im engeren Sinne vor Augen führen kann.

Die darstellerischen Vorgaben der Flugblätter dieses Kapitels – die serielle Logik im dichten Nebeneinander von Szenen, deren simultane, synchrone Zusammenschau oder auch der technische Graphismus in Text-(Para)Bild-Hybriden – strukturieren die Wahrnehmung mehr oder weniger erheblich. Die Blätter tun ihr Bestmögliches, den Betrachter visuell-ikonisch und textuell-informativ zu ‚bestürmen', ihn damit zugleich rezeptiv unter ihre Vorgaben zu zwingen. Gerade die szenisch fortlaufenden, Handlungssequenzen vermittelnden Exemplare kanalisieren die Imaginationsdrift im Kopf des Betrachters, indem sie (immer vorhandene) ‚Leerstellen' minimieren und Lücken des Geschehensablaufs reduzieren. Ihr Bestreben ist es, das zu vermittelnden Ereignis in *bewegten* Bildern so zu dynamisieren, dass es dadurch verlebendigt wirkt. Sie nehmen mit anderen Worten das Laufen der Bilder medial, aus sich selbst heraus vorweg. Durch dichte Darstellungsfolgen und geschehensinvolvierte Perspektiven wird beim Betrachter zudem eine Erwartungshaltung für Fortsetzungen aufgebaut, die nicht zuletzt auf kommerzielle Bedürfnisse reagiert. Allen gezeigten Exemplaren ist gemein, dass, illusionsgeschichtlich gesprochen, durch intensive und extensive Details in den Bild- und Textvorgaben die innere Bildverarbeitung beim Rezipienten stark beeinflusst wird.

Schon mittelalterliche Bilder-Texte werden durch äußere Eingriffe in ihrer imaginativen Entfaltungskraft beeinflusst, wobei für sie immer die Rückversicherung auf eine omnipräsente *auctoritas* mit zu bedenken ist.[367] Frühneuzeitliche Medien bauen zunehmend auf ein ‚In-Bewegung-Setzen' der Bilder, ohne dass dadurch ein die inneren Bilder *bewegendes* Potential im Kopf des Betrachters vernachlässigt würde.[368] In den vorgestellten Flugblättern wird aber eine Tendenz zu einer verstärkt einsinnigen, ‚heißen' Stimulation der Wahrnehmung erfahrbar, wenn die Darstellungen die Augen optosensorisch verführen.

---

367 Im gottgesetzten *ordo* sind alle Dinge auf den einen gemeinsamen Ursprung zurückführbar und aufeinander bezogen: *Nihil novum sub sole*.

368 Vgl. Peter Matussek: Bewegte und bewegende Bilder. Animationstechniken im historischen Vergleich. In: Kunst der Bewegung, a.a.O., S. 9-21.

Fazit und Ausblick

Ich habe frühneuzeitliche Flugblätter untersucht und danach gefragt, mit welchen ästhetischen, poetischen und kulturtechnischen Leistungen ihre Darstellungen ein kognitives Begreifen der Zeichenarrangements befördern, steuern und prästrukturieren. Statt eines ausschließlich objektbetonten Forschungsinteresses wurde meine Suchrichtung von einer kulturtechnischen und performativen Perspektive auf die Objekte geleitet.

In Teil A stand grundsätzlich die Hand im Mittelpunkt. Während die Hand als Hand-Zeichen eine imaginierte Händigkeit evoziert, macht sich die Werkzeughand als berührendes, bewegendes und zurichtendes Organ in den Flugblättern bemerkbar. Die Hand als ‚manipulatives' Agens besetzt und erfüllt Leerstellen, die die Blätter in Form von Klappen, Drehscheiben und Faltroutinen kalkulieren und vorgeben. Erst im Prozess der performativen Auseinandersetzung mit den Medien, in deren Verlauf der Rezipient zu einem ‚Papieroperateur' wird, gelangen die Blätter als Werk zur Vollendung. Die abwesend-anwesende, doch sich bewegende Hand ist mithin Teil der performativen Semantik, die die Medien als kinetische Objekte auszeichnet. In den Verwendungsweisen der Hand wird evolutionsbiologisch gesprochen die Tatsache manifest, dass ein handbasiertes symbolisches oder tatsächliches ‚Umfassen' von Wissenszusammenhängen kognitive Aneignungs- und Verstehensprozesse befördert, wenn nicht ermöglicht.

Methodologisch habe ich keine ausführliche Mediengeschichte der Hand erarbeitet, sondern sie als Symbol, Bild und Körperteil untersucht, die die poetisch-materielle Verfasstheit von Zeichensystemen in der frühen Buchdruckzeit wesentlich mitbestimmen. Mir ging es nicht um einen Ausgleich zwischen zum Teil disparaten Positionen der Medientheorie und der historischen Anthropologie der Medien, sondern um den Versuch einer produktiven Vermittlung beider Bereiche. Grundsätzlich sind am Beispiel der Hand und ihrem Auftreten in skriptographischen und typographischen Medien unterschiedliche Dinge manifest geworden: In der Hand ist eine Gleichzeitigkeit von symbolischem, organisatorischem, darstellerischem, mnemotechnischem, indexikalischem und manuell-zurichtendem Vermögen erkennbar. An ihrem Einsatz tritt medienübergreifend die Kombination der Kulturtechniken Bild, Schrift und Zahl hervor, wobei sie die jeweiligen Darstellungsbedingungen der Einzelmedien erweitert und optimiert: indem sie 1.) Schrift, Bild und Zahl verbindet, 2.) die Narration aus ihrer Linearität erhebt, 3.) die Bildlichkeit in eine sequenzielle Ordnung überführen und organisieren hilft, und 4.) auf den Körper zurückspiegelt. Die Hand wird folglich in mehrfacher Hinsicht wichtig: a) als Teil der Mediengeschichte,

b) als Teil historischer Orthopraktiken und c) als wesentliches Konstituens von symbolischen Kulturen.

In Teil B habe ich meine Fragen an die Flugblätter von der Beobachtung leiten lassen, dass in zahlreichen Exemplaren optische Armaturen wie Brillen, Spiegel und Lesegläser als Bildelemente prominent zum Einsatz gelangen. Darüber hinaus appropriieren Blätter für die Gestaltung ihres Layouts Effekte wie Vergrößerung und Verkleinerung, Verzerrung, Fokussierung und Zusammenschau. Mich interessierte, wie genau die optischen Armaturen, optotechnischen Effekte und Phantasien in den Blättern Visibilität herstellen und das Sehen beeinflussen. Die Antwort weist auf mediale Codierungen, die dafür sorgen, dass die zeitgenössischen Optika zu Visualisierungswerkzeugen transformiert werden, die in die Blattoberfächen ‚einwandern'. Genau besehen suggerieren die Blätter dem Betrachter das Angebot eines interaktiven Wechselspiels mit den prominent in Szene gesetzten Armaturen. Dieses Angebot lösen sie indessen selbst ein, denn Brille, Spiegel oder Lupenglas sind nicht wirklich zu handhaben. Gleichwohl ist durch die Optika die leitmotivisch herausgehobene Hand als technisch bewehrte Steuerungs- und Haltewerkzeug latent mitkalkuliertes Konstituens und Agens in den Blättern. Die Strategie eines ‚optischen Begreifens' ermöglicht folglich die mediale Erweiterung des Blicks, wobei die augmentierten Repräsentationsräume Aufschluss geben über ein zeitgenössisches Bedürfnis, privilegierte Blickperspektiven durch ein instrumentell gestütztes Sehen herzustellen. In den Blättern werden damit Frühformen einer technisch vermittelten (Audio)Visualität nachvollziehbar.

Im vierten und letzten Kapitel hat sich gezeigt, mit welchem Raffinement auch die synchrone Zusammenschau von Szenen sowie privilegierte Perspektiven als Formen ‚optischen Begreifens' darstellungstechnisch und imaginationspsychologisch wirksam werden. In Blattfolgen, insbesondere aus dem Hogenbergschen Fundus, wird eine serielle Logik nachvollziehbar, die zusammen mit technischen Graphismen Flugblätter als ‚technische Bilder' im Dispositv des Typographeums verorten. Darüber hinaus ‚bestürmen' Text-(Para)Bild-Hybride den Betrachter visuell-ikonisch und textuell-informativ. Sie bereiten Präsentationsmodi vor, die die Grundlage von technologisch orientierten Sachdarstellungen bilden.

Ein kulturtechnisches Potential tritt besonders in den Blättern hervor, wo in einer Synthese aus sprachlicher, ikonischer und numerologischer Poetik die Hand als Zeichen und die Hand als Zugriffsorgan dienstbar gemacht sind sowie optische Effekte medialisiert werden. Flugblätter nutzen eine mindestens zweifache Zurichtung, um Erkennbarkeit herzustellen: Sie übernehmen die biologische Hand als feststehendes Ausdrucksmotiv, Gedächtnishilfsmittel und Zeigwerkzeug, und sie strukturieren ihre Darstellungsflächen durch Rezeptionsvorgaben, die von der Buchdrucktechnologie vorgegeben bzw. ermöglicht werden und verschiedene Visualisierungsverfahren meinen: Klappbilder, Drehelemente, Faltvarianten, eine serielle Logik sowie elaborierte Perspektiven als kulturtechnische Avancierung einer Blickraumeinrichtung. Die Blätter werden als mehrfach lesbare und polyfunktionale Objekte erkennbar, für die eine innovativ-experimentelle, künstlerische und zugleich durch technische Sachdienlichkeiten bestimmte Machart kennzeichnend ist, die hier unbedingt gewürdigt wurde. Das Spannungsverhältnis zwischen einer ‚Handhabbarmachung' einerseits (Kulturtechniken 1. Ordnung) und einer zeichenhaften Codierung andererseits (Kulturtechniken 2. Ordnung) ist für viele Exemplare grundlegend und lässt sie als ‚Kunst-Hand-Werke' interpretierbar werden, in denen sich Ästhetik und Technik, Artistik und Mechanik, dinglich-handwerklicher Zugriff und symbolisches Begreifen überschneiden.

Die Entgegensetzung von digitalem Hypertext und einer ‚schlichten' Linearität der Druckträger ist völlig unhaltbar. Der Buchdruck ist nicht nur eine Technik ‚des schnellen Abschreibens', sondern auch ein Medium für die Koppelung von Text und Bild, für die Indienstnahme von Indizes und Auszeichnungselementen zur Feinstrukturierung des Wahrnehmungsterrains, für Vordergrund- und Hintergrundgestaltung, für Sehexperimente wie auch für Haptik. Die Blätter exemplifizieren auf faszinierende Weise, dass Kommunikation mehr als ein zweikanaliger, ‚nur' über Auge und Ohr ablaufender Prozess ist. Das Spektrum an Ausdrucks- und Mitteilungsformen basiert vielfach auf zeichenhaften wie interaktiven ‚Hand-Griffen', die im Rückgriff auf eine traditionell verankerte Handsymbolik, aber auch durch händige Eingriffe den Körperbezug als wesentliches Konstituens der Medien unterstreicht. Durch das enge Miteinander von Hand und Auge werden die Blätter zu Papierapparaten und Handlungsräumen, die die originäre Verbindung von Greifen und Begreifen eindringlich erfahrbar werden lassen.

Im Anschluss an diese Studie ist mit Bezug auf das Potential einer dreidimensionalen Körper- und Objekthaftigkeit, das zweidimensionalen, ‚flachen' Papierträgern im Typographeum eignet, festzuhalten, dass noch ein erheblicher Forschungsbedarf besteht. Das gilt sowohl unter dem Gesichtspunkt einer Aufarbeitung des historischen Quellenfundus wie auch unter dem der Medienvielfalt der Buchdruckkultur. Es gibt zahlreiche, unaufgearbeitete Flugblattbestände, die weit in das 17. Jahrhundert hineinreichen und darüber hinausgehen, für die mir eine entsprechende Untersuchung vielversprechend scheint. Zum anderen darf sich eine auf händige Zurichtungen abzielende, medienanthropologische Bestimmung der Verwandlungsfähigkeit und Polyfunktionalität papierner Kommunikationsträger nicht auf Einblattdrucke beschränken, sondern muss Bücher und andere Druckwerke (Festungsbautraktate, Atlasse, Enzyklopädien) einschließen.

Was die Beobachtungen und Ergebnisse zu den medientechnisch avancierten Visualisierungsformen betrifft, so erwartet die literar- und mediengeschichtliche, kunstästhetische und wissenschaftsgeschichtliche Erforschung des Typographeums die Aufgabe, das große Korpus an Flugblättern in Verbindung mit anderen Darstellungen, die im militärisch-kriegerischen Kontext stehen, zu untersuchen. In den ersten beiden Dezennien des 17. Jahrhunderts, das als das Jahrhundert der Festungskriege gilt, folgen ein Festungsbautraktat, eine Artillerie-

und Waffenkunde auf die nächste. Sie stehen in einem Traditionsstrom, der auf Albrecht Dürer, Leonardo da Vinci und die oberitalienischen Festungskonzeptionen zurückgeht. Über das Jahr 1700 hinaus nehmen Publikationen zu dieser Thematik nicht ab. Dem militärischen Diskurs kommt große Aufmerksamkeit zu, und die Auflagen lassen auf eine hohe Popularität im Sinne von Nachfrage und Zirkulation schließen. Die Festungsbautraktate und Artillerielehrbücher, ebenso wie die Flugblätter, sind als Sachdarstellungen wahrzunehmen, die Auskunft über die *artes militaris* geben, für die das Zusammenwirken verschiedener ‚Künste' konstitutiv ist. Die Medien und Artefakte, die eine hohe Bild- und Diagrammdichte aufweisen, sind nicht nur Wissensquellen, sondern sie bringen fachspezifische Erkenntnisse mit hervor, formieren sie und werden damit in den jeweiligen Wissenfeldern selbst wirksam, indem sie demonstrative, performative und/oder persuasive Kraft gewinnen. So gleichen die Materialien teilweise Kunstwerken mit ästhetischen und poetischen wie auch diagrammatisch-sachorientierten Inszenierungsleistungen und Appellstrukturen. Das Zusammenspiel von begrifflicher Explikation, visueller Argumentation und numerologischer Deixis in den Bild-Text-Gefügen ist von faszinierender Komplexität. Vor dem Hintergrund der aktuellen Diskussion um den Status von Bildern, stellt sich für mich insbesondere die Frage nach dem Zusammenspiel von begrifflicher Deskription und Visualisierung. Dabei ist der Erkenntniswert von Bildern in Flugblättern und Militaria in diachroner wie zeitgenössischer Perspektive zu diskutieren.

Anhang

Quellensammlungen/Editionsprojekte

Alexander, Dorothy u. Walter L. Strauss, Hgg.: The German single-leaf woodcut, 1600-1700. 2 Bde. New York 1977.

Bacon, Francis (1620/1990): Neues Organon (1620). Hg. v. Wolfgang Krohn. Hamburg 1990.

Blockbücher des Mittelalters. Bilderfolgen als Lektüre. Hg. v. d. Gutenberg-Gesellschaft u. d. Gutenberg-Museum. Bearb. v. Sabine Mertens. Mainz 1991.

Boccaccio, Giovanni: Das Dekameron. Frankfurt a.M. 1999.

Bohatcová, Mirjam: Irrgarten der Schicksale. Einblattdrucke vom Anfang des Dreißigjährigen Krieges. Prag 1966.

Brückner, Wolfgang: Populäre Druckgraphik Europas. Deutschland vom 15. bis zum 20. Jahrhundert. München 1969/1975.

Carlino, Andrea: Paper Bodies. A Catalogue of Anatomical Fugitive Sheets, 1538-1687. (Medical History, Supplement 19). London 1999.

Coupe, William A.: The German Illustrated Broadsheet in the 17th Century. Historical and Iconographical Studies. 2 Bde. Bibliographical Index and 145 plates. Baden-Baden 1966/1967.

Deutsche Einblattholzschnitte 1500-1700. Digitale Bibliothek. Sonderband, CD-ROM mit 3400 Digitalisaten aus Max Geisberg: The German Single-Leaf Woodcut 1500-1550. Rev. and ed. by Walter L. Strauss. New York 1974; Walter L. Strauss: The German Single-Leaf Woodcut 1550-1600. New York 1975; Dorothy Alexander: The German Single-Leaf Woodcut 1600-1700. In collaboration with Walter L. Strauss, Vol. 1-2. New York 1977. Hg. v. Directmedia Publishing. Berlin 2003.

Deutsche Lyrik des Mittelalters. Auswahl und Übersetzung von Max Wehrli. Mit 36 Abbildungen aus der Manessischen Liederhandschrift. 7., durchg. Aufl. Zürich 1988.

Die Frühzeit des Holzschnitts. Katalog zur gleichnamigen Ausstellung der Staatlichen Graphischen Sammlung München, 25.05.-23.08.1970. Hg. v. Dieter Kuhrmann. München 1970.

Dürer, Albrecht: Schriften und Briefe. Hg. v. Ernst Ullmann. Leipzig 1973.

Faust, Ingrid: Zoologische Einblattdrucke und Flugschriften vor 1800. 5 Bde. Stuttgart 1998ff.

Fehr, Hans: Massenkunst im 16. Jahrhundert. Flugblätter aus der Sammlung Wickiana. Berlin 1924.

Frau Hoeffart & Monsieur Alamode. Modekritik auf illustrierten Flugblättern des 16. und 17. Jahrhunderts. Katalog zur Ausstellung vom 21.06.-19.07.1998 in der Staatlichen Galerie Moritzburg Halle. Hg. v. Bärbel Zausch. Red.: Ulrike Graul. Halle 1998.

Gryphius, Andreas: Horribilicribifax. Teutsch. Scherzspiel. Abdruck der ersten Ausgabe (1663). Halle/Saale 1883.

Harms, Wolfgang, Hg: Deutsche illustrierte Flugblätter des 16. und 17. Jahrhunderts. Hg. v. W. Harms, unter Mitarbeit verschiedener Wissenschaftler. 6/7 Bde. Tübingen 1979/80ff.

Harms, Wolfgang, Hg.: Illustrierte Flugblätter aus den Jahrhunderten der Reformation und der Glaubenskämpfe. (Veröffentlichungen der Kunstsammlungen der Veste Coburg, 40). Bearb. v. Beate Rattay. Coburg 1983.

Harms, Wolfgang, John Roger Paas, Michael Schilling u. Andreas Wang, Hgg.: Illustrierte Flugblätter des Barock. Eine Auswahl. Tübingen 1983.

Hartlieb, Johannes: Das Buch der verbotenen Künste. Aberglaube und Zauberei im Mittelalter. Aus dem Mittelhochdeutschen übersetzt, kommentiert und mit einem Glossar versehen v. Falk Eisermann u. Eckhard Graf. München 1998.

Heitz, Paul, Hg.: Einblattdrucke des XV. Jahrhunderts. 100 Bde. Straßburg 1899-1942.

Hofmann-Randall, Christina: Monster, Wunder und Kometen. Sensationsberichte auf Flugblättern des 16. bis 18. Jahrhunderts. Eine Ausstellung der Universitätsbibliothek, 19.11.-12.12.1999. Erlangen Universitätsbibliothek 1999.

Hofmann-Randall, Christina, Hg.: Die Einblattdrucke der Universitätsbibliothek Erlangen-Nürnberg. Erlangen 2003.

Hogenberg, Franz u. Abraham: Geschichtsblätter. Hg. u. eingel. v. Fritz Hellwig. Faksimile-Ausg. Nördlingen 1983.

Konrad von Megenberg: Das Buch der Natur. Die erste Naturgeschichte in deutscher Sprache. Hg. v. Franz Pfeiffer. Hildesheim/Zürich/New York 1994.

Kramer, Karl-S. u. Joachim Kruse: Das Scheibenbuch des Herzogs Johann Casimir von Sachsen-Coburg. Adelig-bürgerliche Bilderwelt auf Schießscheiben im frühen Barock. Kunstsammlungen der Veste Coburg. Coburg 1989.

Kunzle, David: The History of the Comic Strip. Bd. I – The Early Comic Strip. Narrative Strips and Picture Stories in the European Broadsheet from c. 1450 to 1825. Berkeley 1973.

Laube, Adolf u. H.W. Seiffert, Hgg.: Flugschriften der frühen Reformationsbewegung. 1518-1524. 2 Bde. Berlin 1983.

Maché, Ulrich u. Volker Meid, Hgg: Gedichte des Barock. Stuttgart 1980.

Märker, Peter, Hg.: Das vervielfältigte Bild. Deutsche Druckgraphik 1480-1550 aus dem Besitz der Eberhard-Karls-Universität Tübingen. Tübingen 1983.

Meuche, Hermann u. Ingeburg Neumeister, Hgg.: Flugblätter der Reformation und des Bauernkrieges. 50 Blätter aus der Sammlung des Schlossmuseums Gotha. Leipzig 1976.

Moscherosch, Johann Michael: Visiones de Don Quevedo. Wunderliche und wahrhaftige Gesichte Philanders von Sittewalt. Nachdr. d. Ausg. Strassburg 1642-1643. Hildesheim 1974.

Paas, John Roger: The German Political Broadsheet 1600-1700. 9/10 Bde. Wiesbaden 1985ff.

Reiniger, Wolfgang u. Klaus Stopp: Wahrhafftige Abbildung derjenigen Stätt Schlösser und Flecken welche Ambrosius Spinola in der Chur Pfaltz am Rhein eingenommen im Jahr 1620 und 1621. Ein Katalog der zeitgenössischen topographischen Flugblätter über die Einnahme der Pfalz durch Spinola. Mit einem Verzeichnis der abgebildeten Orte in der Pfalz und in der Wetterau. Bad Kreuznach 1982.

Reuchlin, Johann: Augenspiegel. Faks.-Druck, nach der Ausgabe v. Thoma Anshelm „Doctor Johannsen Reuchlins Augenspiegel" (1511). Mit einem Nachwort v. Josef Benzing. München 1961.

Scheible, Johann, Hg.: Die Fliegenden Blätter des 16. und 17. Jahrhunderts, in sogenannten Einblatt-Drucken mit Kupferstichen und Holzschnitten. (Nachdr. der Ausgabe Stuttgart 1850). Hildesheim 1972.

Schröder, Eduard, Hg.: Die goldene Schmiede des Konrad von Würzburg. Göttingen 1926.

Simon, Karl, Hg. Deutsche Flugschriften zur Reformation: 1525-1530. Stuttgart 1980.

Spielerische Seiten. Spiele und Spielebücher in der Herzog August Bibliothek. (HAB Kleine Ausstellungen, Bd. 4). Hg. v. Georg Ruppelt. Katalog: Petra Feuerstein u. Hans-Christian Winters. HAB Wolfenbüttel 1992.

Strauss, Walter L. u. Max Geisberg, Hgg.: The German single-leaf woodcut, 1500-1550. 4 Bde. New York 1974.

Strauss, Walter L., Hg.: The German single-leaf woodcut, 1550-1600. 3 Bde. New York 1975.

Theatrum Europaeum, Oder/Außfuehrliche und Warhafftige Beschreibung aller und jeder denckwuerdiger Geschichten/so sich hin und wieder in der Welt/ fuernemblich aber in Europa, und Teutschlanden/so wol im Religion- als Prophan-Wesen/ vom Jahr Christi 1617. biß auff [...] sich zugetragen haben/[...]. Beschrieben durch M. Joannem Philippum Abelinum, Argentoratensem. Mit vieler fuernehmer Herrn und Potentaten Contrafacturen/wie auch beruehmter Staedten/Vestungen/[...] eygentlichen Delineationen und Abrissen gezieret [...]/und jetzo [...]/an Tag gegeben und verlegt/Durch Weyland Matthaei Merians seel. Erben in Franckfurt. Mit Roem. Keys. Mayestaet sonderbarer Gnade und Privilegio. Gedruckt zu Franckfurt am Mayn/ bey Daniel Fievet/ Im Jahr nach Christi Geburt MDCLXII. Franckfurt am Mayn 1635 bis 1738, 21 Bde.

Theatrum Europaeum. Hg. v. Johann Philipp Abelinus et al. 21 Bde., Frankfurt a.M. 1648-1738. Ein Digitalisierungs- und Editionsprojekt der Universitätsbibliothek Augsburg, <http://www.bibliothek.uni-augsburg.de/dda/dr/hist/we_00001-00021/>.

VD 17, Verzeichnis der im deutschen Sprachraum erschienenen Drucke des 17. Jahrhunderts <http://www.vd17.de>.

von Keller, Adelbert, Hg.: Fastnachtspiele aus dem 15. Jahrhundert. Teile 1-3 u. Nachlese. (Nachdruck der Ausgabe Stuttgart 1853/58). Darmstadt 1965/66.

Wäscher, Hermann: Das deutsche illustrierte Flugblatt. Von den Anfängen bis zu den Befreiungskriegen. Bd. 1. Dresden 1955.

Wolfram von Eschenbach: Willehalm. Nach der Hs. 857 der Stiftsbibliothek St. Gallen. Hg. v. Joachim Heinzle. Tübingen 1994.

Wolfram von Eschenbach: Parzival. Mittelhochdeutscher Text, nach der Ausgabe von Karl Lachmann. 2 Bde. Übersetzung und Nachwort v. Wolfgang Spiewok. Stuttgart 1996.

Literaturverzeichnis

Nachschlagewerke

Baufeld, Christa: Kleines frühneuhochdeutsches Wörterbuch. Lexik aus Dichtung und Fachliteratur des Frühneuhochdeutschen. Tübingen 1996.

Bibel. Neue Jerusalemer Bibel. Neu bearb. u. erw. Ausg.. Hg. v. Alfons Deissler u. Anton Vögtle. Freiburg i.Br. 1985.

Deutsches Wörterbuch von Jacob und Wilhelm Grimm. 31 Bde. Nachdr. München 1991.

Das Deutsche Wörterbuch von Jacob und Wilhelm Grimm im Internet. Ein Projekt des Kompetenzzentrums für elektronische Erschließungs- und Publikationsverfahren in den Geisteswissenschaften an der Universität Trier, in Verbindung mit der Berlin-Brandenburgischen Akademie der Wissenschaften Berlin, <http://germazope.uni-trier.de/Projects/DWB>.

Die deutsche Literatur des Mittelalters. Verfasserlexikon. Begründet v. Wolfgang Stammler, hg. v. Kurt Ruh et al., ab Bd. 9 v. Burghart Wachinger et al. Berlin/New York 1978ff.

Duden. Das große Fremdwörterbuch. Herkunft und Bedeutung der Fremdwörter. Hg. u. bearb. v. Wissenschaftlichen Rat der Dudenredaktion. Mannheim/Leipzig/Wien/ Zürich 2000.

Emblemata. Handbuch zur Sinnbildkunst des 16. und 17. Jahrhunderts. Hg. v. Arthur Henkel u. Albrecht Schöne. Stuttgart 1996.

Enzyklopädie des Märchens. Handwörterbuch zur historischen und vergleichenden Erzählforschung. Begr. v. Kurt Ranke, hg. v. Rolf Wilhelm Brednich. Bislang 12 Bde. Berlin/New York 1977ff.

Frühneuhochdeutsche Grammatik. Hg. v. Oskar Reichmann u. Klaus-Peter Wegera. Tübingen 1993.

Frühneuhochdeutsches Wörterbuch. Hg. v. Ulrich Goebel u. Oskar Reichmann. Bislang 1-4/12 Bde., plus zahlreiche Lieferungen zu Folgebänden. Berlin/New York 1989.

Fuchs, Eduard: Illustrierte Sittengeschichte. 6 Bde., insb. die Bd. 2, 3 und 4 (Renaissance, Galante Zeit). Frankfurt a.M. 1988.

Grimm, Jacob: Deutsche Rechtsalterthümer. 3., mit der 2. Aufl. von 1854 unv. Aufl.. Göttingen 1881.

Grundzüge der Literaturwissenschaft. Hg. v. Heinz Ludwig Arnold u. Heinrich Detering. München 2001.

Handwörterbuch des deutschen Aberglaubens (HWDA). Hg. v. Hanns Bächtold-Stäubli. 10 Bde. Berlin/Leipzig 1927/42.

Handwörterbuch zur deutschen Rechtsgeschichte (HRG). Hg. v. Adalbert Erler u. Ekkehard Kaufmann, unter philologischer Mitarbeit v. Ruth Schmidt-Wiegand. 5 Bde. Berlin 1971-1998.

Hartweg, Frédéric u. Klaus-Peter Wegera: Frühneuhochdeutsch. Eine Einführung in die deutsche Sprache des Spätmittelalters und der frühen Neuzeit. Tübingen 1989.

Hennig, Beate: Kleines Mittelhochdeutsches Wörterbuch. In Zusammenarbeit mit Christa Hepfer und unter redaktioneller Mitwirkung von Wolfgang Bachofer. 4., verb. Aufl. Tübingen 2001.

Kindlers Neues Literaturlexikon. Hg. v. Walter Jens. 20 Bde. München 1988-1992.

Kluge, Friedrich. Etymologisches Wörterbuch der deutschen Sprache. Bearb. v. Elmar Seebold. Berlin 1995.

Lexikon der antiken Gestalten in den deutschen Texten des Mittelalters. Hg. v. Manfred Kern u. Alfred Ebenbauer. Berlin 2003.

Lexikon der christlichen Ikonographie (LCI). 8 Bde, 1-4 hg. v. Engelbert Kirschbaum; 5-8 hg. v. Wolfgang Braunfels. Rom/Freiburg/Basel/Wien 1968/76.

Lexikon der Kunst. Architektur, bildende Kunst, angewandte Kunst, Industrieformgestaltung, Kunsttheorie. 7 Bde. Hg. v. Harald Olbrich et al. Leipzig 1987ff.

Lexikon des Mittelalters. Hg. v. Robert Auty, Robert-Henri Bautier et al. München/Zürich 1980ff.

Lexikon für Theologie und Kirche. Begr. v. Michael Buchberger, hg. v. Walter Kasper. 11 Bde. Freiburg i.Br. 1993ff.

Medienwissenschaft. Ein Handbuch zur Entwicklung der Medien und Kommunikationsformen. Hg. v. Joachim-Felix Leonhard, Hans-Werner Ludwig, Dietrich Schwarze u. Erich Straßner. 2 Bde. Berlin/New York 1999.

Nova Vulgata. Bibliorum Sacrorum. Editio. Sacro. Oecum. Concilii Vaticani II Ratione Habita Iussu Pauli PP. VI Recognita Auctoritate Ioannis Paul PP. II Promulgata. Editio typica altera. Libreria Editrice Vaticana 1986.

Sachwörterbuch der Mediävistik. Hg. v. Peter Dinzelbacher. Stuttgart 1992.

Paul, Hermann: Deutsches Wörterbuch. 9., vollst. neu bearb. Aufl., hg. v. Helmut Menne u. Georg Objartel. Tübingen 1992.

Polenz, Peter von: Deutsche Sprachgeschichte vom Spätmittelalter bis zur Gegenwart. Bd. 1. Berlin/New York 1991.

Reallexikon zur deutschen Kunstgeschichte. Hg. v. Otto Schmidt et al. Stuttgart/München 1937ff.

Reallexikon der deutschen Literaturwissenschaft. Hg. v. Klaus Weimar, gemeinsam mit Harald Fricke, Klaus Grubmüller u. Jan-Dirk Müller. 4 Bde. Berlin/New York 1997.

Stuttgarter Erklärungsbibel. Die Heilige Schrift nach der Übersetzung Martin Luthers. Mit Einführungen und Erklärungen. Hg. v. d. Deutschen Bibelgesellschaft. Stuttgart 1992.

Universal-Lexicon. Hg. v. Johann Heinrich Zedler. 68 Bde. Leipzig/Halle 1731-1754. <http://www.zedler-lexikon.de/index.html>, Stand September 2007.

Sekundärliteratur

Althans, Birgit: Zeitungszeit und Gerüchtezeit. In: FREITAG, 21. Mai 1999.

Baltrušaitis. Jurgis: Der Spiegel. Entdeckungen, Täuschungen, Phantasien. Gießen 1996.

Bangerter-Schmid, Eva-Maria: Erbauliche illustrierte Flugblätter aus den Jahren 1570-1670. Frankfurt a.M./Bern/New York 1986.

Barner, Wilfried: Barockrhetorik. Untersuchungen zu ihren geschichtlichen Grundlagen. Tübingen 1970.

Behringer, Wolfgang: Thurn und Taxis. Geschichte ihrer Post und ihrer Unternehmen. München 1990.

Behringer, Wolfgang: Veränderungen der Raum-Zeit-Relation. Zur Bedeutung des Zeitungs- und Nachrichtenwesens während der Zeit des Dreißigjährigen Krieges. In: Zwischen Alltag und Katastrophe. Der Dreißigjährige Krieg aus der Nähe. Hg. v. Benigna von Krusenstjern u. Hans Medick. Göttingen 1999, S. 39-81.

Behringer, Wolfgang: Kulturelle Konsequenzen der „Kleinen Eiszeit". Veröffentlichungen des Max-Planck-Instituts für Geschichte, 212. Göttingen 2005.

Belting, Hans: Bildanthropologie. Entwürfe für eine Bildwissenschaft. München 2001.

Berns, Jörg Jochen: Umrüstung der Mnemotechnik im Kontext von Reformation und Gutenbergs Erfindung. In: Ars memorativa. Zur kulturgeschichtlichen Bedeutung der Gedächtniskunst 1400-1750. Hg. v. Jörg Jochen Berns u. Wolfgang Neuber. Tübingen 1993, S. 35-72.

Berns, Jörg Jochen: Frühformen des Seriellen in Theaterpraxis und Erzählliteratur des 15. bis 17. Jahrhunderts. In: Endlose Geschichten. Serialität in den Medien. Ein Sammelband. Hg. v. Günter Giesenfeld. Hildesheim/Zürich/New York 1994, S. 12-24.

Berns, Jörg Jochen: Film vor dem Film. Bewegende und bewegliche Bilder als Mittel der Imaginationssteuerung in Mittelalter und Früher Neuzeit. Marburg 2000.

Berns, Jörg Jochen: Horribilicinefax. Von Geburt und Gebaren des Daumenkino-Flipp-Flick-Muto-Blow-&Gaukelbuchs. In: Daumenkino – The Flip Book Show. Katalog zur gleichnamigen Ausstellung in der Kunsthalle Düsseldorf, 7.05.-17.07.2005. Hg. v. d. Kunsthalle Düsseldorf. Red.: Daniel Gethmann. Köln 2005, S. 26-33.

Beyer, Franz-Heinrich: Eigenart und Wirkung des reformatorisch-polemischen Flugblatts im Zusammenhang der Publizistik der Reformationszeit. Frankfurt a.M./Bern/New York 1994.

Boehm, Gottfried: Bild und Zeit. In: Das Phänomen Zeit in Kunst und Wissenschaft. Hg. v. Hannelore Paflik. Weinheim 1987, S. 1-23.

Boehm, Gottfried: Zwischen Auge und Hand. Bilder als Instrumente der Erkenntnis. In: Konstruktionen Sichtbarkeiten (Interventionen, 8). Hg. v. Jörg Huber u. Martin Heller. Basel 1999, S. 215-227.

Böhme, Hartmut: Vom Cultus zur Kultur(wissenschaft). Zur historischen Semantik des Kulturbegriffs. In: Kulturwissenschaft – Literaturwissenschaft. Positionen, Themen, Perspektiven. Hg. v. Renate Glaser u. Matthias Luserke. Wiesbaden 1996, S. 48-68.

Böhme, Hartmut: Der Körper als Bühne. Zur Protogeschichte der Anatomie. In: Bühnen des Wissens. Interferenzen zwischen Wissenschaft und Kunst. Hg. v. Helmar Schramm, gemeinsam mit Hans-Christian von Herrmann, Florian Nelle, Wolfgang Schäffner, Henning Schmidgen u. Bernhard Siegert. Berlin 2003, S. 110-139.

Bohatcová, Mirjam: Tschechische Einblattdrucke des 15. bis 18. Jahrhunderts. In: Gutenberg-Jahrbuch 1978, S. 246-52.

Bohnsack, Petra: Gutenberg und die Bibel. Verbreitung und kulturelle Bedeutung. In: Lesekultur. Populäre Lesestoffe von Gutenberg bis zum Internet. Hg. v. Petra Bohnsack u. Hans-Friedrich Foltin. Marburg 1999, S. 7-28.

Bolte, Johannes: Zur Geschichte der Punktier- und Losbücher. In: Jahrbuch für historische Volkskunde 1 (1925), S. 185-214

Borst, Arno: Zeit und Zahl in der Geschichte Europas. Berlin 1990.

Bredekamp, Horst u. Gabriele Werner, Hgg.: Bildwelten des Wissen. Kunsthistorisches Jahrbuch für Bildkritik, Bd. 1,1 (Bilder in Prozessen). Berlin 2003.

Bredekamp, Horst. Die Fenster der Monade. Gottfried Wilhelm Leibniz' Theater der Natur und Kunst. Berlin 2004.

Brednich, Rolf Wilhelm: Die Liedpublizistik im Flugblatt des 15. bis 17. Jahrhunderts. 2 Bde. Baden-Baden 1974/75.

Brodeßer, Heinrich: Die Pfaffenmütz. Eine bemerkenswerte Inselfestung im Mündungsdelta der Sieg und das Land an der unteren Sieg zu Beginn des 17. Jahrhunderts. Stadt Troisdorf 1990.

Brückner, Wolfgang: Hand und Heil im ‚Schatzbehalter' und auf volkstümlicher Graphik. In: Anzeiger des Germanischen Nationalmuseums, Nürnberg 1965, S. 60-109.

Brückner, Wolfgang: Bildkatechese und Seelentraining. Geistliche Hände in der religiösen Unterweisungspraxis seit dem Spätmittelalter. In: Anzeiger des Germanischen Nationalmuseums, Nürnberg 1978, S. 35-70.

Brückner, Wolfgang: Massenbilderforschung 1968-78, Teil 1: Die traditionellen Gattungen der populären Druckgraphik des 15. bis 19. Jahrhunderts. In: IASL (Internationales Archiv für Sozialgeschichte der deutschen Literatur) 4 (1979), S. 130-178.

Brückner, Wolfgang: Spiegel-Erkenntnis. Mittelalterliche Realien und doppeldeutige Metapher. In: Ambivalenz. Studien zum kulturtheoretischen und empirischen Gehalt einer Kategorie der Erschließung des Unbestimmten. Hg. v. Otto Luthe u. Rainer E. Wiedemann. Opladen 1997, S. 83-107.

Buck, Susanne: Der geschärfte Blick. Zur Geschichte der Brille und ihrer Verwendung in Deutschland seit 1850. <http://archiv.ub.uni-marburg.de/diss/z2002/0109/pdf/Titelseite-Inhaltsverzeichnis.pdf> Stand Juli 2007.

Bühler, Karl: Sprachtheorie. Die Darstellungsfunktion der Sprache. Mit einem Geleitwort von Friedrich Kainz. Stuttgart 1999.

Burke, Peter: Eyewitnessing. The uses of images as historical evidence. Ithaca 2001.

Büttner, Frank: Die Macht des Bildes über den Betrachter. Thesen zur Bildwahrnehmung, Optik und Perspektive im Übergang vom Mittealter zur Frühen Neuzeit. In: Autorität der Form – Autorisierungen – institutionelle Autoritäten. Hg. v. Wulf Oesterreicher, Gerhard Regn u. Winfried Schulze. Münster 2003, S. 17-36.

Carpo, Mario: Alberti's Media Lab. Alberti on reproduction and reproducibility of text, pictures, and numbers. Unver. Typoskript eines Vortrags, gehalten auf der Konferenz „Between Graphics, Instruments, and Fiction. Tools of Power in Early Modern Europe", am ZfL, Berlin, 11.05.2001.

Carpo, Mario: Architecture in the Age of Printing. Orality, Writing, Typography, and Printed Images in the History of Architectural Theory. Cambridge/London 2001.

Chojewska, Ewa: Serienmäßigkeit und Individualität europäischer Graphik des ausgehenden Mittelalters. Zwischen ‚Massenmedium' und ‚konzeptueller Schablone'. In: Gutenberg-Jahrbuch 1988, S. 252-256.

Clausberg, Karl: Gummiband und Gummilinse. Mittelalterliche Vorbilder für graphische Benutzeroberflächen. In: Zeitschrift für Semiotik, 16:1/2 (1994), S. 5-9.

Coy, Wolfgang: Gutenberg & Turing. Fünf Thesen zur Geburt der Hypermedien. In: Zeitschrift für Semiotik, 16:1/2 (1994), S. 69-74.

Delbrück, Hans: Geschichte der Kriegskunst im Rahmen der politischen Geschichte. 4 Bde. Berlin 1920.

Diedrichs, Christof L.: Vom Glauben zum Sehen – Die Sichtbarkeit der Reliquie im Reliquiar. Ein Beitrag zur Geschichte des Sehens. Berlin 2000.

Diedrichs, Christof L.: ‚Man zeigte uns den Kopf des Heiligen'. Bausteine zu einer Ereigniskultur in Mittelalter und Früher Neuzeit. Berlin 2008.

Dienst, Barbara: Der Kosmos des Peter Flötner. Eine Bildwelt der Renaissance in Deutschland. München 2002.

Dotzler, Bernhard J.: Papiermaschinen. Versuch über Communication & Control in Literatur und Technik. Berlin 1996.

Dröse, Albrecht: Anfänge der Reformation. In: Die Literatur im Übergang vom Mittelalter zur Neuzeit. Hg. v. Werner Röcke u. Marina Münkler. München/Wien 2004, S. 198-241.

Ecker, Gisela: Einblattdrucke von den Anfängen bis 1555. Untersuchungen zu einer Publikationsform literarischer Texte, 2 Bde. Göppingen 1981.

Eco, Umberto: Über Spiegel. In: Über Spiegel und andere Phänomene. München 1993, S. 26-61.

Eco, Umberto: Die Innovation im Seriellen. In: Über Spiegel und andere Phänomene. München 1993, S. 155-181.

Edwards, Mark U.: Printing, Propaganda, and Martin Luther. Berkeley/Los Angeles/London 1994.

Ernst, Ulrich: Labyrinthe aus Lettern. Visuelle Poesie als Konstante europäischer Literatur. In: Ders.: Intermedialität im europäischen Kulturzusammenhang. Beiträge zur Theorie und Geschichte der visuellen Lyrik. Berlin 2002, S. 225-252.

Ewinkel, Irene: De monstris. Deutung und Funktion von Wundergeburten auf Flugblättern im Deutschland des 16. Jahrhunderts. Tübingen 1995.

Falke, Jacob: Monsieur Alamode, der Stutzer des dreißigjährigen Krieges. In: Zeitschrift für deutsche Kulturgeschichte 1 (1856), S. 157-188.

Fest, Joachim: Der Tanzende Tod. Über Ursprung und Formen des Totentanzes vom Mittelalter bis zur Gegenwart. Kunsthaus Lübeck 1986.

Fischer, Kai: Zwischen Blutrausch, Ballhaus und Barrikaden. Der tanzende Tod im Takt des Industriezeitalters. In: Totentanz. Skulpturen und Drucke von Klaus Hack. Bremen 2001, S. 68-91.

Flusser, Vilém: Die Auswanderung der Zahlen aus dem alphanumerischen Code. In: Literatur im Informationszeitalter. Hg. v. Dirk Matejovski u. Friedrich A. Kittler. Frankfurt a.M./New York 1996, S. 9-14.

Frugoni, Chiara: Das Mittelalter auf der Nase. Brillen, Bücher, Bankgeschäfte und andere Erfindungen des Mittelalters. München 2003.

Funk, Julika: Text als Figur. Visuelle Poesie von der Antike bis zur Moderne. Den Buchstaben ein optisches Gefäß geben. Konstanz 1988.

Füsslin, Georg u. Ewald Hentze: Anamorphosen. Geheime Bilderwelten. Stuttgart 1999.

Gebauer, Gunter: Hand. In: Vom Menschen. Handbuch Historische Anthropologie. Hg. v. Christoph Wulf. Weinheim/Basel 1997, S. 479-489.

Gerhardt, Christoph: Morte tua vivis. Die Gedächtnistafel des Joh. Frid. Sellin in der Stadtkirche St. Maria und St. Johannes in Malchin (Kr. Malchin, Bez. Neubrandenburg, DDR). In: Euphorion 80/1 (1986), S. 1-25.

Gerhardt, Christoph: Die Tote und der Jüngling. Zu zwei Kupferstichen der Brüder Conradt Golz und Hendrick Goltzius. Mitteilungen und Verzeichnisse aus der Bibliothek des Bischöflichen Priesterseminars zu Trier, 14. Trier 2000.

Ghattas, Nadia u. Jörn Münkner: Dynamische Bildlichkeit als Erzählstrategie. Das illustrierte Flugblatt der Frühen Neuzeit zwischen Schaubühne und Nachrichtenträger. In: Sprache und Literatur, 91/92 (2003), S. 54-68.

Giesecke, Michael: Sinnenwandel – Sprachwandel – Kulturwandel. Studien zur Vorgeschichte der Informationsgesellschaft. Frankfurt a.M. 1992.

Giesecke, Michael: Die typographische Konstruktion der ‚Neuen Welt'. In: Gutenberg und die Neue Welt. Hg. v. Horst Wenzel, in Zusammenarbeit mit Friedrich A. Kittler u. Manfred Schneider. München 1994, S. 15-31.

Giesecke, Michael: Der Buchdruck in der frühen Neuzeit. Eine historische Fallstudie über die Durchsetzung neuer Informations- und Kommunikationstechnologien. Frankfurt a.M. 1998.

Giesecke, Michael: Der Verlust der zentralen Perspektive und die Renaissance der Multimedialität. In: Carlo Ginzburg – Die Venus von Giorgione, u.a. Vorträge aus dem Warburg-Haus, Bd. 2. Berlin 1998, S. 85-116.

Giesenfeld, Günter: Serialität als Erzählstrategie in der Literatur. In: Endlose Geschichten. Serialität in den Medien. Ein Sammelband. Hg. v. Günter Giesenfeld. Hildesheim/Zürich/New York 1994, S. 1-11.

Grabes, Herbert: Speculum, Mirror und Looking-glass. Kontinuität und Originalität der Spiegelmetapher in den Buchtiteln des Mittelalters und der englischen Literatur des 13.-17. Jahrhunderts. Tübingen 1973.

Greef, Richard: Eine Fälschung aus der Geschichte der Brille. In: Sammlung wissenschaftlicher Aufsätze und Berichte über die Brille und ihre Geschichte. Hg. v. den Firmen Carl Zeiss, Oberkochen u. Marwitz & Hauser, Brillenmacher, Stuttgart 1958, S. 126-127.

Griese, Sabine: ‚Dirigierte Kommunikation'. Beobachtungen zu xylographischen Einblattdrucken und ihren Textsorten im 15. Jahrhundert. In: Das illustrierte Flugblatt in der Kultur der Frühen Neuzeit. Wolfenbütteler Arbeitsgespräch 1997. Hg. v. Wolfgang Harms u. Michael Schilling. Frankfurt a.M. 1998, S. 75-99.

Griese, Sabine: Gebrauchsformen und Gebrauchsräume von Einblattdrucken des 15. und frühen 16. Jahrhunderts. In: Einblattdrucke des 15. und frühen 16. Jahrhunderts. Probleme – Perspektiven – Fallstudien. Hg. v. Volker Honemann, Sabine Griese, Falk Eisermann u. Marcus Ostermann. Tübingen 2000, S. 179-208.

Griese, Sabine: ‚viel Andacht gehabt vor den heiligen Briefen'. Der private Gebrauch des gedruckten Bildes im 15. Jahrhundert. In: Im Zeichen des Christkinds. Privates Bild und Frömmigkeit im Spätmittelalter. Ergebnisse der Ausstellung „Spiegel der Seligkeit". Hg. v. Frank Matthias Kammel. Nürnberg 2003, S. 16-29.

Griese, Sabine: Heilige im Druck – Einblatt-Holzschnitte des 15. Jahrhunderts als Zeichen und Symbole. In: Literatur – Geschichte – Literaturgeschichte. Beiträge zur mediävistischen Literaturwissenschaft. Hg. v. Nine Miedema u. Rudolf Suntrup. Frankfurt a.M./Bern 2003, S. 783-807.

Groß, Sabine: Die Zeit des Augen-Blicks. In: Zeit-Zeichen. Aufschübe und Interferenzen zwischen Endzeit und Echtzeit. Hg. v. Georg Christoph Tholen u. Michael O. Scholl. Weinheim 1990, S. 231-246.

Grünewald, Dietrich: Vom Umgang mit Comics. Berlin 1991.

Hake, Günter, Dietmar Grünreich u. Liquin Meng: Kartographie. Visualisierung raumzeitlicher Informationen. Berlin/New York 2002.

Harms, Wolfgang u. Michael Schilling: Zum illustrierten Flugblatt der Barockzeit. In: Illustrierte Flugblätter des Barock. Eine Auswahl. Hg. v. Wolfgang Harms, John Roger Paas, Michael Schilling u. Andreas Wang. Tübingen 1983, S. VII-XVI.

Harms, Wolfgang: Einleitung. In: Deutsche illustrierte Flugblätter des 16. und 17. Jahrhunderts. Bd. I, KA: Ethica. Physica (Die Sammlung der Herzog August Bibliothek in Wolfenbüttel). Hg. v. Wolfgang Harms u. Michael Schilling, zusammen mit Barbara Bauer und Cornelia Kemp. Tübingen 1985, S. VII-XXX.

Harms, Wolfgang u. Cornelia Kemp: Einleitung. In: Deutsche illustrierte Flugblätter des 16. und 17. Jahrhunderts, Bd. IV, KA (Die Sammlungen der Hessischen Landes- u. Hochschulbibliothek in Darmstadt). Hg. v. Wolfgang Harms u. Cornelia Kemp. Tübingen 1987, S. VII-XVIII.

Harms, Wolfgang u. Michael Schilling, Hgg.: Das illustrierte Flugblatt in der Kultur der Frühen Neuzeit. Frankfurt a.M./Berlin 1998.

Harms, Wolfgang u. Michael Schilling: Einleitung. In: Deutsche illustrierte Flugblätter des 16. und 17. Jahrhunderts. Bd. VI, KA, Teil I: Die Wickiana, 1500-1569 (Die Sammlung der Zentralbibliothek Zürich). Hg. v. Wolfgang Harms u. Michael Schilling Tübingen 2005, S. VII-XII.

Harms, Wolfgang u. Michael Schilling: Das illustrierte Flugblatt der frühen Neuzeit. Traditionen – Wirkungen – Kontexte. Stuttgart 2008.

Haubl, Rolf: Unter lauter Spiegelbildern ... Zur Kulturgeschichte des Spiegels. 2 Bde. Frankfurt a.M. 1991.

Hein, Michael, Michael Hüners u. Torsten Michaelsen, Hgg.: Ästhetik des Comic. Berlin 2002.

Herrlinger, Robert: Geschichte der medizinischen Abbildung. Bd. I: Von der Antike bis um 1600. München 1967.

Hofmann, Werner: Die Moderne im Rückspiegel. Hauptwege der Kunstgeschichte. München 1998.

Holländer, Hans, Hg.: Erkenntnis – Erfindung – Konstruktion. Studien zur Bildgeschichte von Naturwissenschaft und Technik vom 16. bis zum 19. Jahrhundert. Berlin 2000.

Honemann, Volker: Frühe Flugblätter. Zum deutschen Einblattdruck des 15. und frühen 16. Jahrhunderts. In: Humanismus und früher Buchdruck. Pirckheimer-Jahrbuch, 11. Hg. v. Stephan Füssel, i. Auftr. des Vorstandes d. Willibald-Pirckheimer-Gesellschaft. Nürnberg 1996, S. 15-41.

Honemann, Volker, Sabine Griese u. Falk Eisermann: Zu Wesen und Bedeutung des textierten Einblattdrucks im 15. und frühen 16. Jahrhundert. In: Schriftlichkeit und Lebenspraxis im Mittelalter. Erfassen, Bewahren, Verändern. Hg. v. Hagen Keller,

Christel Meier u. Thomas Scharff. Akten des Int. Kolloquiums, 8.06.-10.06.1995. München 1999, S. 333-348.

Honemann, Volker, Sabine Griese, Falk Eisermann u. Marcus Ostermann, Hgg.: Einblattdrucke des 15. und frühen 16. Jahrhunderts. Probleme – Perspektiven – Fallstudien. Tübingen 2000.

Jäger, Ludwig: Sprache als Medium. Über die Sprache als audio-visuelles Dispositiv des Medialen. In: Audiovisualität vor und nach Gutenberg. Zur Kulturgeschichte der medialen Umbrüche. Hg. v. Horst Wenzel, Wilfried Seipel u. Gotthart Wunberg. Wien/Mailand 2001, S. 19-42.

Jäger, Ludwig u. Gisela Fehrmann: Sprachbewegung und Raumerinnerung. Zur topographischen Medialität der Gebärdensprache. In: Kinästhetische Wahrnehmung und Probehandeln in virtuellen Welten. Hg. v. Christina Lechtermann u. Carsten Morsch. (Publikationen zur Zeitschrift für Germanistik, N.F., 8). Bern/Berlin 2004, S. 311-34.

Jursch, Hanna u. Ilse Jursch: Hände als Symbol und Gestalt. Berlin 1964.

Kahl, Günther: Plurs. Zur Geschichte der Darstellungen des Fleckens vor und nach dem Bergsturz von 1618. In: Zeitschrift für Schweizerische Archäologie und Kunstgeschichte, 41 (1984), S. 249-281.

Kammel, Frank Matthias: Gefährliche Heiden und gezähmte Exoten. Bemerkungen zum europäischen Türkenbild im 17. und im frühen 18. Jahrhundert. In: Frieden und Krieg in der Frühen Neuzeit. Die europäische Staatenordnung und die außereuropäische Welt. Hg. v. R. G. Asch, W. E. Voß u. M. Wrede. München 2001, S. 503-525.

Kammel, Frank Matthias, Hg.: Im Zeichen des Christkinds. Privates Bild und Frömmigkeit im Spätmittelalter. Ergebnisse der Ausstellung „Spiegel der Seligkeit" im Germanischen Nationalmuseum Nürnberg. Nürnberg 2003.

Kampmann; Dirk: Das Rebusflugblatt. Studien zum Konnex von literarischer Gattung und publizistischem Medium. Köln/Weimar/Wien 1993.

Karr Schmidt, Suzanne: Art – A User's Guide. Interactive and Sculptural Printmaking in the Renaissance. Dissertation, Yale University 2006 (Microform Edition, UMI Microform 3214230).

Karr Schmidt, Suzanne: Constructions Both Sacred and Profane. Serpents, Angels, and Pointing Fingers in Renaissance Books with Moving Parts. In: Yale University Library Gazette, April (2004), S. 101-127.

Kastner, Ruth: Geistlicher Rauffhandel. Illustrierte Flugblätter zum Reformationsjubiläum 1617 in ihrem historischen und publizistischen Kontext. Frankfurt a.M. Bern/New York 1982.

Keller, Hildegard Elisabeth: Inversion des Veilchens. Ein Vergleich zwischen dem St. Pauler Neidhartspiel und dem Grossen Neidhartspiel. In: Textallianzen am Schnittpunkt der germanistischen Disziplinen. Hg. v. Alexander Schwarz u. Laure Abplanalp Luscher. Bern 2003, S. 333-350.

Keller, Hildegard Elisabeth: Der Dritte im Bund. Mimetische Konstellationen um den Tod in mittelalterlichen und frühneuzeitlichen Medien. In: Liebe und Tod. Gegensätze – Abhängigkeiten – Wechselwirkungen. Hg. v. Peter Rusterholz u. Sara Margarita Zwahlen. Bern 2006, S. 53-75.

Kiening, Christian: ‚Gradus visionis'. Reflexion des Sehens in der Cusanischen Philosophie. In: Mitteilungen und Forschungsbeiträge der Cusanus-Gesellschaft, 19 (1991), S. 243-272.

Kimminich, Eva: Information, Edukation und Manipulation im Spiel. Graphische Spieltafeln der Vergangenheit und Gegenwart. In: Bayerisches Jahrbuch für Volkskunde, 1989, S. 52-62.

Kirchner, Thomas: Der Theaterbegriff des Barock. In: Maske und Kothurn, 31 (1985), S. 131-140.

Kittler, Friedrich A.: Grammophon – Film – Typewriter. Berlin 1986.

Kittler, Friedrich A.: Buchstaben – Zahlen – Codes. In: Audiovisualität vor und nach Gutenberg. Zur Kulturgeschichte der medialen Umbrüche. Hg. v. Horst Wenzel, Wilfried Seipel u. Gotthart Wunberg. Schriften des Kunsthistorischen Museums Wien, 6. Wien 2001, S. 43-49.

Körber, Hans-Günther: Zur Geschichte der Konstruktion von Sonnenuhren und Kompassen des 16. bis 18. Jahrhunderts. Veröffentlichungen des Staatlichen Mathematisch-Physikalischen Salons, Forschungsstelle Dresden-Zwinger, Bd. 3. Berlin 1965.

Krämer, Sybille: Zentralperspektive, Kalkül, Virtuelle Realität. Sieben Thesen über die Weltbildimplikationen symbolischer Formen. In: Medien – Welten – Wirklichkeiten. Hg. v. Gianni Vattimo u. Wolfgang Welsch. München 1998, S. 27-37.

Krämer, Sybille: Sagen und Zeigen. Sechs Perspektiven, in denen das Diskursive und das Ikonische in der Sprache konvergieren. In: Zeitschrift für Germanistik (Schwerpunktheft: Bild-Schrift-Zahl. Hg. v. Horst Wenzel) N.F. XIII/3 (2003), S. 509-519.

Krämer, Sybille u. Horst Bredekamp: Kultur, Technik, Kulturtechnik. Wider die Diskursivierung der Kultur. In: Bild – Schrift – Zahl. Hg. v. Sybille Krämer u. Horst Bredekamp. München 2003, S. 11-22.

Krämer, Sybille u. Horst Bredekamp: Technik und Kultur als Bedingungsgeflecht. Ein Nachwort. In: Bild – Schrift – Zahl. Hg. v. Sybille Krämer u. Horst Bredekamp. München 2003, S. 207-210.

Krämer, Sybille: Von der sprachkritischen zur medienkritischen Wende? Sieben Thesen zur Mediendebatte. Einleitung zu einer im Internet basierten Textsammlung v. Sybille Krämer, Hg.: Über Medien. Geistes- und kulturwissenschaftliche Perspektiven. <http://userpage.fu-berlin.de/~sybkram/medium/inhalt.html>, Stand Juli 2007, S. 1-3.

Kröll, Katrin: Der schalkhaft beredsame Leib als Medium verborgener Wahrheit. Zur Bedeutung von „Entblößungsgebärden" in mittelalterlicher Bildkunst, Literatur und darstellendem Spiel. In: Mein ganzer Körper ist Gesicht. Groteske Darstellungen in der europäischen Kunst und Literatur des Mittelalters. Hg. v. Katrin Kröll u. Hugo Steger. Freiburg i.Br. 1994, S. 239-294.

Kruse, Joachim: Vorwort. In: Illustrierte Flugblätter aus den Jahrhunderten der Reformation und der Glaubenskämpfe. (Veröffentlichungen der Kunstsammlungen der Veste Coburg, 40). Hg. v. Wolfgang Harms. Bearb. v. Beate Rattay. Coburg 1983, S. V-VI.

Künzel, Werner u. Peter Bexte: Maschinendenken – Denkmaschinen. An den Schaltstellen zweier Kulturen. Frankfurt a.M./Leipzig 1996.

Lavater, Johann Caspar: Über die Hände. In: Physiognomische Fragmente zur Beförderung der Menschenkenntnis und der Menschenliebe. Stuttgart 1992, S. 197-202.

Lechtermann, Christina u. Carsten Morsch: Einführung. In: Kunst der Bewegung. Kinästhetische Wahrnehmung und Probehandeln in virtuellen Welten. Hg. v. Christina Lechtermann u. Carsten Morsch. (Publikationen zur Zeitschrift für Germanistik, N.F., 8). Bern/Berlin 2004, S. I-XIV.

Lechtermann, Christina: Maßnahmen – Die Wunde zwischen Schrift, Bild und Zahl. In: Vom Körper zur Schrift. Hg. v. Maria Schnitter, Elisabeth Vavra u. Horst Wenzel. Sofia 2007, S. 231-252.

Lenk, Werner: Martin Luthers Kampf um die Öffentlichkeit. In: Martin Luther. Leben, Werk, Wirkung. Hg. v. Günter Vogler, in Zusammenarbeit mit Siegfried Hoyer und Adolf Laube. Berlin 1986, S. 53-71.

Lentes, Thomas: Einleitung. In: Nikolaus Paulus. Geschichte des Ablasses im Mittelalter. Vom Ursprunge bis zur Mitte des 14. Jahrhunderts. 1/3 Bde. Mit einer Einl. u. Bibliogr. v. Thomas Lentes. Darmstadt 2000, S. 7-39.

Leroi-Gourhan, André: Hand und Wort. Die Evolution von Technik, Sprache und Kunst. Frankfurt a.M. 1980.

Lüders, Imke: Totenreigen – Totentanz. Zur Totentanzillustration auf Flugblättern des 17. und 18. Jahrhunderts. In: L'Art macabre. Jahrbuch der Europäischen Totentanz-Vereinigung 1, Düsseldorf 2000, S. 97-113.

Luhmann, Niklas: Die Wissenschaft der Gesellschaft. Frankfurt a.M. 1990.

Macho, Thomas: Narziß und der Spiegel. Selbstrepräsentation in der Geschichte der Optik. In: Narcissus. Ein Mythos von der Antike bis zum Cyberspace. Hg. v. Almut-Barbara Renger. Stuttgart/Weimar 2002, S. 13-25.

Macho, Thomas: Die Bäume des Alphabets. In: Neue Rundschau, 116/2 (2005). Hg. v. Hans Jürgen Balmes, Jörg Bong u. Helmut Mayer, S. 66-80.

Mann, Heinz Herbert: Augenglas und Perspektiv. Studien zur Ikonographie zweier Bildmotive. Berlin 1992.

Mann, Heinz Herbert: Optische Instrumente. In: Erkenntnis – Erfindung – Konstruktion. Studien zur Bildgeschichte von Naturwissenschaft und Technik vom 16. bis zum 19. Jahrhundert. Hg. v. Hans Holländer. Berlin 2000, S. 357-408.

Marsch, Angelika: Bilder zur Augsburger Konfession und ihren Jubiläen. Mit einem Beitrag von Helmut Baier. Weißenhorn 1980.

Matussek, Peter: Die Memoria erschüttern. Zur Aktualität der Gedächtnistheater. In: Bühnen des Wissens. Interferenzen zwischen Wissenschaft und Kunst. Hg. v. Helmar Schramm. Berlin 2002, S. 214-225.

Matussek, Peter: Bewegte und bewegende Bilder. Animationstechniken im historischen Vergleich. In: Kunst der Bewegung. Kinästhetische Wahrnehmung und Probehandeln in virtuellen Welten. Hg. v. Christina Lechtermann u. Carsten Morsch. (Publikationen zur Zeitschrift für Germanistik, N.F., 8). Bern/Berlin 2004, S. 9-21.

Mauelshagen, Franz u. Benedikt Mauer, Hgg.: Medien und Weltbilder im Wandel der frühen Neuzeit. Augsburg 2000.

McCloud, Scott: Comics richtig lesen. Hamburg 1995.

McLuhan, Marshall: Die Gutenberg-Galaxis: Das Ende des Buchzeitalters. Düsseldorf/Wien 1968.

McLuhan, Marshall: Die magischen Kanäle. Understanding Media. Ein Reader. Dresden/Basel 1995.

Metken, Sigrid: Der Kampf um die Hose. Geschlechterstreit und die Macht im Haus – Die Geschichte eines Symbols. Frankfurt a.M./New York 1996.

Michel, Paul u. Cornelia Rizek-Pfister: Physik, Trug, Ideologie, Zauber und Symbolik des Spiegels. In: Präsenz ohne Substanz. Beiträge zur Symbolik des Spiegels. Hg. v. Paul Michel. Zürich 2003, S. 1-57.

Müller, Karsten: Politische Bildräume. In: Politische Räume. Stadt und Land in der Frühneuzeit. Hg. v. Cornelia Jöchner. Berlin 2003, S. 23-44.

Münkner, Jörn: Formen ‚instrumentellen Sehens' in illustrierten Flugblättern der Frühen Neuzeit. In: Das Mittelalter. Perspektiven mediävistischer Forschung, 9/1 (2004), S. 77-86.

Münkner, Jörn: Verführung der Augen: Imaginationslenkung in Flugblättern. In: Imagination und Deixis. Studien zur Wahrnehmung im Mittelalter. Hg. v. Kathryn Starkey u. Horst Wenzel, in Verbindung mit Wolfgang Harms, C. Stephen Jaeger, Peter Strohschneider u. Carsten Morsch. Stuttgart 2007, S. 191-207.

Münkner, Jörn: Tote Li/ebende – li/ebende Tote. Blicke unter Röcke und in Schädel auf Flugblättern. In: L'art macabre, 8. Jahrbuch der Europäischen Totentanz-Vereinigung. Bamberg 2007, S. 161-176.

Oelke, Harry: Die Konfessionsbildung des 16. Jahrhunderts im Spiegel illustrierter Flugblätter. Berlin 1992.

Oelmann, Burkhard: Auslösen/Abtrennen. Fotografierende und fotografierte Hände. In: Körperteile. Eine kulturelle Anatomie. Hg. v. Claudia Benthien u. Christoph Wulf. Reinbek b. Hamburg 2001, S. 461-484.

Oettermann, Stephan: Allesfresser, Schau-Schlucker, Hungerkünstler, Kunstfurzer. Über den Geschmack am Anderen. In: Kursbuch 79. Hg. v. Karl Markus Michel u. Tilman Spengler. Berlin 1985, S. 115-130.

Ohly, Friedrich: Vom geistigen Sinn des Wortes im Mittelalter. In: Schriften zur mittelalterlichen Bedeutungsforschung. Darmstadt 1977, S. 1-31.

Panati, Charles: Universalgeschichte der ganz gewöhnlichen Dinge. Frankfurt a.M. 1996.

Papesch, Christine: Dürers Entwicklung zum Kunsttheoretiker der Renaissance und seine „Unterweisung der Messung". Appendix zu Albrecht Dürer: Die Unterweisung der Messung mit dem Zirkel und Richtscheit. Faksimiledruck, nach d. Urausgabe v. 1525. (Exemplarnummer: 428). Dietikon/Zürich 1966, S. 183-200.

Parshall, Peter u. Rainer Schoch, Hgg.: Die Anfänge der europäischen Druckgraphik. Holzschnitte des 15. Jahrhunderts und ihr Gebrauch. (Origins of European Printmaking. National Gallery of Art, Washington, 4.09.-27.11.2005; Germanisches Nationalmuseum, Nürnberg, 15.12.2005-19.03.2006.) Nürnberg/GNM 2005.

Patrizio, Andrew u. Dawn Kemp, Hgg.: Anatomy Acts. How we come to know ourselves. Edinburgh/Birlinn 2006.

Pias, Claus: Malen nach Zahlen. Alberti misstraute der Illustration und ließ seine Leser selbst zeichnen. In: FAZ, 15. August 2001. <http://www.uni-essen.de/~bj0063/texte/alberti.html>, Stand September 2007.

Pieske, Christa: Die Memento-mori-Klappbilder. In: Philobiblon 4:2 (1960), S. 127-145.

Rautenberg, Ursula: Warum Einblattdrucke einseitig bedruckt sind. Zum Zusammenhang von Druckverfahren und medialem Typus. In: Einblattdrucke des 15. und frühen 16. Jahrhunderts. Probleme – Perspektiven – Fallstudien. Hg. v. Volker Honemann, Sabine Griese, Falk Eisermann u. Marcus Ostermann. Tübingen 2000, S. 129-142.

Reinitzer, Heimo: Gesetz und Evangelium. Über ein reformatorisches Bildthema, seine Tradition, Funktion und Wirkungsgeschichte. Hamburg 2006.

Rosoff Encarnación, Karen: The Image Dissected. Reformation Anatomical Fugitive Sheets and the Transformation of Visual Attention. Unv. Typoskript eines Vortrags, gehalten auf dem 10. Studientag des MPIWG, 12. Juli 2003, 13 Seiten.

Schanze, Frieder: Der Buchdruck eine Medienrevolution? In: Mittelalter und frühe Neuzeit. Übergänge, Umbrüche und Neuansätze. Hg. v. Walter Haug. Tübingen 1999, S. 286-311.

Schenda, Rudolf: Bilder vom Lesen – Lesen von Bildern. In: IASL, 12 (1987), S. 82-106.

Schilling, Michael: Bildpublizistik der frühen Neuzeit. Aufgaben und Leistungen des illustrierten Flugblatts in Deutschland bis um 1700. Tübingen 1990.

Schilling, Michael: Illustrierte Flugblätter der Frühen Neuzeit als historische Bildquellen. Beispiele, Chancen, Probleme. In: Historische Bildkunde. Probleme – Wege – Beispiele. Hg. v. Brigitte Tolkemitt u. Rainer Wohlfeil. Berlin 1991, S. 107-119.

Schilling, Michael: Aspekte des Türkenbildes in Literatur und Publizistik der frühen Neuzeit. In: Die Begegnung mit dem Islamischen Kulturraum in Geschichte und Gegenwart. Hg. v. Stefan Krimm u. Dieter Zerlin. München 1992, S. 43-60.

Schleusener-Eichholz, Gudrun: Das Auge im Mittelalter. 2 Bde. München 1985.

Schmidt, Peter: Beschrieben, bemalt, zerschnitten. Tegernseer Mönche interpretieren einen Holzschnitt. In: Einblattdrucke des 15. und frühen 16. Jahrhunderts. Probleme – Perspektiven – Fallstudien. Hg. v. Volker Honemann, Sabine Griese, Falk Eisermann u. Marcus Ostermann. Tübingen 2000, S. 245-276.

Schmidt, Peter: Gedruckte Bilder in handgeschriebenen Büchern. Zum Gebrauch von Druckgraphik im 15. Jahrhundert. Köln/Weimar/Wien 2003.

Schmidt, Peter: Die Anfänge des vervielfältigten Bildes im 15. Jahrhundert, oder: Was eigentlich reproduziert das Reproduktionsmedium Druckgraphik? In: Übertragungen. Formen und Konzepte von Reproduktion in Mittelalter und Früher Neuzeit. Hg. v. Britta Bußmann, Albrecht Hausmann, Annelie Kreft u. Cornelia Logemann. Berlin 2005, S. 129-156.

Schneegans, Christian: Faltbildchen. Religiöse Bildbotschaften zur ‚aktiven Aneignung'. In: Volkskunst 7 (1984), S. 8-14.

Scholz Williams, Gerhild: Ways of Knowing in Early Modern Germany. Johannes Praetorius as a Witness to his Time. Aldershot/Burlington 2006.

Scholz Williams, Gerhild: Formen der Aufrichtigkeit. Zeitgeschehen in Wort und Bild im Theatrum Europaeum (1618-1718). In: Die Kunst der Aufrichtigkeit im 17. Jahrhundert. Hg. v. Claudia Benthien u. Steffen Martus. Tübingen 2006, S. 343-373.

Schramm, Fritz: Schlagworte der Alamodezeit. In: Zeitschrift für deutsche Wortforschung, Beiheft 15 (1914), Strassburg, S. 12-30.

Sherman, Claire Richter, Hg.: Writing on Hands. Memory and Knowledge in Early Modern Europe. Seattle/Washington UP 2001.

Siegel, Steffen: Der haptische Blick oder: Vom Begreifen der Bilder. In: Jenseits des Poststrukturalismus? Eine Sondierung. Hg. v. Marcel Lepper, Steffen Siegel u. Sophie Wennerscheid. Frankfurt a.M. 2005, S. 127-147.

Siegel, Steffen: Einblicke. Das Innere des menschlichen Körpers als Bildproblem in der Frühen Neuzeit. In: Verwandte Bilder. Die Fragen der Bildwissenschaft. Hg. v. Ingeborg Reichle, Steffen Siegel u. Achim Spelten. Berlin 2007, S. 33-55.

Smits van Waesberghe, Joseph: Musikerziehung. Lehre und Theorie der Musik im Mittelalter. Leipzig 1969.

Stammler, Wolfgang: Frau Welt. Eine mittelalterliche Allegorie. Freiburg i.Ü. 1959.

Starkey, Kathryn, Horst Wenzel u. Carsten Morsch: Einleitung: In: Imagination und Deixis. Studien zur Wahrnehmung im Mittelalter. Hg. v. Kathryn Starkey u. Horst Wenzel, in Verbindung mit Wolfgang Harms, C. Stephen Jaeger, Peter Strohschneider u. Carsten Morsch. Stuttgart 2007, S. 7-11.

Stoichita, Victor I.: Das selbstbewusste Bild. Vom Ursprung der Metamalerei. München 1998.

Straßner, Erich: Text-Bild-Kommunikation. Bild-Text-Kommunikation. Tübingen 2002.

Talkenberger, Heike: Historische Erkenntnis durch Bilder? Zur Methode und Praxis der Historischen Bildkunde. In: Bilder als Quellen der Erziehungsgeschichte. Hg. v. Hanno Schmitt, Jörg-W. Link u. Frank Tosch. Bad Heilbrunn 1997, S. 11-26.

Timmermann, Waltraud: Die illustrierten Flugblätter des Nürnberger Predigers Johann Saubert. In: Bayerisches Jahrbuch für Volkskunde, 1983/84, S. 117-135.

Tobler, Walter: Oben lebend, unten tot. Bemerkungen zu einem Memento mori-Motiv. In: Schweizer Volkskunde 3 (1960), S. 37-45.

Ullmann, Ernst: Vorwort. In: Albrecht Dürer. Schriften und Briefe. Hg. v. Ernst Ullmann. Leipzig 1973, S. 5-40.

Unverfehrt, Gerd, Hg.: Gerissen und Gestochen. Graphik der Dürer-Zeit. Aus der Kunstsammlung der Universität Göttingen. Göttingen 2001.

Vavra, Elisabeth: Neue Medien – Neue Inhalte. Zur Entwicklung der Druckgraphik im 15. Jahrhundert. In: Kommunikation und Alltag im Spätmittelalter. (Veröffentlichungen des Instituts für Realienkunde des Mittelalters und der frühen Neuzeit, 15). Wien 1992, S. 339-378.

Voulliéme, Ernst, Hg.: Losbuch. Ein scherzhaftes Wahrsagebuch gedruckt von Martin Flach in Basel um 1485. Berlin 1923.

Warncke, Carsten-Peter: Die ornamentale Groteske in Deutschland, 1500-1650. 2 Bde. Berlin 1979.

Warnke, Martin: Raumgreifende Graphik. In: Bildwelten des Wissens. Kunsthistorisches Jahrbuch für Bildkritik, Bd. 1,1 (Bilder in Prozessen). Hg. v. Horst Bredekamp u. Gabriele Werner. Berlin 2003, S. 79-88.

Weber, Johannes: Der große Krieg und die frühe Zeitung. Gestalt und Entwicklung der deutschen Nachrichtenpresse in der ersten Hälfte des 17. Jahrhunderts. In: Jahrbuch für Kommunikationsgeschichte 1 (1999), S. 23-61.

Wehde, Susanne: Typographische Kultur. Eine zeichentheoretische und kulturgeschichtliche Studie zur Typographie und ihrer Entwicklung. Tübingen 2000.

Wenzel, Horst: Hören und Sehen – Schrift und Bild. München 1995.

Wenzel, Horst: Visualität. Zur Vorgeschichte der kinästhetischen Wahrnehmung (Editorial). In: Zeitschrift für Germanistik, N.F. IX/3 (1999), S. 549-556.

Wenzel, Horst: Luthers Briefe im Medienwechsel von der Manuskriptkultur zur Buchdruck. In: Die deutsche Reformation zwischen Spätmittelalter und Früher Neuzeit. Hg. v. Thomas A. Brady. München 2001, S. 203-229.

Wenzel, Horst: Der Heyden Schul. Die doppelte Lesbarkeit des illustrierten Flugblatts. In: Wahrnehmungsgeschichte und Wissensdiskurs im illustrierten Flugblatt der frühen Neuzeit (1450-1700). Hg. v. Wolfgang Harms u. Alfred Messerli. Basel 2002, S. 60-77.

Wenzel, Horst: Bild-Schrift-Zahl (Editorial). In: Zeitschrift für Germanistik (Schwerpunktheft: Bild-Schrift-Zahl. Hg. v. Horst Wenzel). N.F. XIII/3 (2003), S. 505-508.

Wenzel, Horst: Hand-Zeichen. Zur Mediengeschichte der Hand als Datenträger. In: Mehrdeutigkeit. Die Ambivalenz von Gedächtnis und Erinnerung. Hg. v. Moritz Csáky u. Peter Stachel. Wien 2003, S. 179-202.

Wenzel, Horst: Schrift, Bild und Zahl im illustrierten Flugblatt. In: Wissen und neue Medien. Bilder und Zeichen von 800 bis 2000. Hg. v. Ulrich Schmitz u. Horst Wenzel. Berlin 2003, S. 113-133.

Wenzel, Horst: Von der Gotteshand zum Datenhandschuh. Zur Medialität des Begreifens. In: Bild-Schrift-Zahl. Hg. v. Sybille Krämer u. Horst Bredekamp. München 2003, S. 25-56.

Wenzel, Horst u. C. Stephen Jaeger: Einleitung. In: Visualisierungsstrategien in mittelalterlichen Bildern und Texten. Hg. v. Horst Wenzel u. C. Stephen Jaeger. Berlin 2006, S. 7-16.

Wenzel, Horst: Deixis und Initialisierung. Zeighände in alten und neuen Medien. In: Deixis. Vom Denken mit dem Zeigefinger. Hg. v. Heike Gfrereis u. Marcel Lepper. Göttingen 2007, S. 110-142.

Wenzel, Horst: Vom Anfang und vom Ende der Gutenberg-Galaxis. In: Über Medien. Geistes- und kulturwissenschaftliche Perspektiven. Hg. v. Sybille Krämer. <http://userpage.fu-berlin.de/~sybkram/medium/wenzel.html>, Stand Juli 2007, S. 4-19.

Wilson, Frank R.: Die Hand – Geniestreich der Evolution. Ihr Einfluß auf Gehirn, Sprache und Kultur des Menschen. Stuttgart 2000.

Winkler, Hartmut: Docuverse. Zur Medientheorie der Computer. Regensburg 1997.

Wohlfeil, Rainer u. Trudl: Landsknechte im Bild. Überlegungen zur ‚Historischen Bildkunde'. In: Bauer, Reich und Reformation. Hg. v. Peter Blickle. Stuttgart 1982, S. 104-119.

Wolf, Gerhard: Verehrte Füße. Prolegomena zur Geschichte eines Körperteils. In: Körperteile. Eine kulturelle Anatomie. Hg. v. Claudia Benthien u. Christoph Wulf. Reinbek 2001, S. 500-523.

Worm, Andrea: Steine und Fußspuren Christi auf dem Ölberg. Zu zwei ungewöhnlichen Motiven bei Darstellungen der Himmelfahrt Christi. In: Zeitschrift für Kunstgeschichte, 66/3 (2003), S. 297-320.

Wunderlich, Uli: Tod und Tödin als Paar? In: Totentanz aktuell, N.F. 4, H. 44 (2002), S. 8-10.

Zur Westen, Walter von: Graphische Spieltafeln. In: Zeitschrift für Bücherfreunde 39 (1935), S. 121-132.

Einträge in Lexika und Ausstellungsbände

Adam, Wolfgang: Theorien des Flugblatts und der Flugschrift. In: Medienwissenschaft. Ein Handbuch zur Entwicklung der Medien und Kommunikationsformen. Hg. v. Joachim-Felix Leonhard, et al., 1. Teilband. Berlin/New York 1999, S. 132-142.

Areford, David S.: Das Maß der Seitenwunde und die Länge Christi. In: Die Anfänge der europäischen Druckgraphik. Holzschnitte des 15. Jahrhunderts und ihr Gebrauch. Hg. v. Peter Parshall u. Rainer Schoch. Nürnberg/GNM 2005, S. 258-260, Objekt 78.

Bangerter-Schmid, Eva-Maria: Herstellung und Verteilung von Flugblättern und Flugschriften in ihrer gesellschaftlichen Entwicklung. In: Medienwissenschaft. Ein Handbuch zur Entwicklung der Medien und Kommunikationsformen. Hg. v. Joachim-Felix Leonhard, et al., 1. Teilband. Berlin/New York 1999, S. 785-789.

Berns, Jörg Jochen: Rosarium und Bilddrift. Zur präcinematischen Bedeutung des Rosenkranzgebets. In: Der Rosenkranz. Andacht – Geschichte – Kunst. Begleitband zur Ausstellung „Zeitinseln – Ankerperlen. Geschichten um den Rosenkranz“, Museum Bruder Klaus Sachseln, 25.05.-26.10.2003. Hg. v. Urs-Beat Frei u. Fredy Bühler. Bern 2003, S. 303-319.

Beyrer, Klaus: Post, Postillion, Postkutsche. Eine Straße durch die europäische Geschichte. Katalog zur gleichnamigen Ausstellung im Ruhrlandmuseum Essen, 15.05.- 21.09.1997. Hg. v. Ferdinand Seibt. Bottrop/Essen 1997, S. 468-472.

Boghardt, Martin: Der Buchdruck und das Prinzip des typographischen Kreislaufs. In: Gutenberg. 550 Jahre Buchdruck in Europa. Katalog zur gleichnamigen Ausstellung in der Herzog August Bibliothek Wolfenbüttel, 5.05.-30.09.1990. Hg. v. HAB Wolfenbüttel. Ausstellungskonzept u. Katalog: Paul Raabe. Wolfenbüttel 1990, S. 24-44.

Boehm, Fritz: Los/losen; Losbücher. In: Handwörterbuch des deutschen Aberglaubens (HWDA), Bd. V (1932/33), Sp. 1351-1401.

Brednich, Rolf Wilhelm: Comics. In: Enzyklopädie des Märchens, Bd. 3 (1981), Sp. 88-101.

Brednich, Rolf Wilhelm: Flugblatt/Flugschrift. In: Enzyklopädie des Märchens, Bd. 4 (1984), Sp. 1339-1358.

Brückner, Wolfgang: Mode. In: Enzyklopädie des Märchens, Bd. 9 (1999), Sp. 744-746.

Cilleßen, Wolfgang: Vorboten des Krieges. Politische Graphik und Bildsatire im späten 17. Jahrhundert. In: Krieg der Bilder. Druckgraphik als Medium politischer Auseinandersetzung im Europa des Absolutismus. Anlässlich der gleichnamigen Ausstellung, 18.12.1997-3.3.1998 im Deutschen Historischen Museum. Hg. v. Wolfgang Cilleßen. Berlin 1997, S. 11-36.

Copenhaver, Brian P.: A Show of Hands. In: Writing on Hands. Memory and Knowledge in Early Modern Europe. Hg. v. Claire Richter Sherman. Seattle/Washington UP 2001, S. 46-59.

Daxelmüller, Christoph: Fuß/Fußspuren. In: Enzyklopädie des Märchens, Bd. 5 (1987), Sp. 600-622.

Daxelmüller, Christoph: Hand. In: Enzyklopädie des Märchens, Bd. 5 (1987), Sp. 436-447.

Der Winterkönig – Friedrich von der Pfalz. Bayern und Europa im Zeitalter des Dreißigjährigen Krieges. CD-Rom Katalog zur Bayerischen Landesausstellung 2003. Hg. v. Haus der Bayerischen Geschichte. Red.: Peter Wolf. Stuttgart 2003.

Didi-Huberman, Georges: Christi Himmelfahrt. In: Glaube Hoffnung Liebe Tod. Von der Entwicklung religiöser Bildkonzepte. Katalog zur gleichnamigen Ausstellung. Hg. v. Christoph Geissmar-Brandi u. Eleonora Louis. Klagenfurt 1995, S. 460-461.

Eckstein, F.: Entblößung. In: Handwörterbuch des deutschen Aberglaubens (HWDA). Bd. II, (1929/30), Sp. 846-849.

Engemann, Josef: Hand Gottes. In: Lexikon des Mittelalters, Bd. IV (1989), Sp. 1902.

Erler, Adalbert: Fuß. In: Handwörterbuch zur deutschen Rechtsgeschichte (HRG), Bd. I (1971), Sp. 1363-1364.

Fink, A.: Knien. In: Handwörterbuch zur deutschen Rechtsgeschichte (HRG), Bd. II (1978), Sp. 901-903.

Frei, Urs-Beat u. Fredy Bühler, Hgg.: Der Rosenkranz. Andacht – Geschichte – Kunst. Begleitband zur Ausstellung „Zeitinseln – Ankerperlen. Geschichten um den Rosenkranz“, Museum Bruder Klaus Sachseln, 25.05.-26.10.2003. Bern 2003.

Fuß. In: Reallexikon für Antike und Christentum, Bd. VIII (1972), Sp. 722-743.

Geissmar-Brandi, Christoph u. Eleonora Louis, Hgg.: Glaube Hoffnung Liebe Tod. Von der Entwicklung religiöser Bildkonzepte. Katalog zur gleichnamigen Ausstellung. Kunsthalle Wien. Klagenfurt 1995.

Geissmar-Brandi, Christoph u. Eleonora Louis: Glaube Liebe Hoffnung Tod. Die Beständigkeit einiger Bildkonzepte im 15., 16. und 20. Jahrhundert. In: Glaube Liebe Hoffnung Tod. Katalog zur gleichnamigen Ausstellung. Hg. v. Christoph Geissmar-Brandi u. Eleonora Louis. Klagenfurt 1995, S. 6-12.

Hand; Gottes Hand. In: Reallexikon für Antike und Christentum, Bd. VIII (1972), col. 722-743, col. 739.

Harms, Wolfgang: Einblattdruck. In: Lexikon des gesamten Buchwesens, Bd. 2 (1989), S. 437.

Harms, Wolfgang: Flugblatt. In: Lexikon des gesamten Buchwesens, Bd. 2 (1989), S. 622-623.

Harms, Wolfgang: Forschungsgeschichte der Flugblätter und Flugschriften. In: Medienwissenschaft. Ein Handbuch zur Entwicklung der Medien und Kommunikationsformen. Hg. v. Joachim-Felix Leonhard et al., 1. Teilband. Berlin/New York 1999, S. 790-793.

Hörisch, Jochen: Die entfernte Entfernung. Annäherungen an Probleme der Telekommunikation. In: Das Netz. Sinn und Sinnlichkeit vernetzter Systeme. Hg. v. Klaus Beyrer u. Michael Andritzky. Buch zur Ausstellung „Das Netz. Sinn und Sinnlichkeit vernetzter Systeme“ im Museum für Kommunikation Frankfurt a.M., 28.02.-1.09.2002. Heidelberg 2002, S. 233-242.

Jaritz, Gerhard: Spiegel. In: Lexikon des Mittelalters. Bd. VII (1995), Sp. 2100-2101.

Kammel, Frank Matthias: Devotio postmoderna. Religiöse Zeichen und Bilder im „Life after God“. In: Spiegel der Seligkeit. Privates Bild und Frömmigkeit im Spätmittelalter. Katalog zur Ausstellung „Spiegel der Seligkeit. Sakrale Kunst im Spätmittelalter“, Germanisches Nationalmuseum, Nürnberg, 31.05.-8.10.2000. Hg. v. G. Ulrich Großmann. Ausstellung u. Katalog: Frank Matthias Kammel. Nürnberg/GNM 2000, S. 137-160.

Kemp, Martin: “The Handy Worke of the Incomprehensible Creator”. In: Writing on Hands. Memory and Knowledge in Early Modern Europe. Hg. v. Claire Richter Sherman. Seattle/Washington UP 2001, S. 22-27.

Kusukawa, Sachiko: A Manual Computer for Reckoning Time. In: Writing on Hands. Memory and Knowledge in Early Modern Europe. Hg. v. Claire Richter Sherman. Seattle/Washington UP 2001, S. 28-34.

Lentes, Thomas: Die Vermessung des Christus-Körpers. In: Glaube Liebe Hoffnung Tod. Von der Entwicklung religiöser Bildkonzepte. Katalog zur gleichnamigen Ausstellung. Hg. v. Christoph Geissmar-Brandi u. Eleonora Louis. Klagenfurt 1995, S. 144-147.

Lentes, Thomas: Bildertotale des Heils. Himmlischer Rosenkranz und Gregorsmesse. In: Der Rosenkranz. Andacht – Geschichte – Kunst. Begleitband zur Ausstellung „Zeitinseln – Ankerperlen. Geschichten um den Rosenkranz“, Museum Bruder Klaus Sachseln, 25.05.-26.10.2003. Hg. v. Urs-Beat Frei u. Fredy Bühler. Bern 2003, S. 69-89.

Nickel, Holger: Buchdruck als neues Medium. ‚Welch grosser Nutzen und welche Seligkeit kommt von den Leuten, die gedruckte Bücher machen!‘. In: Aderlass und Seelentrost. Die Überlieferung deutscher Texte im Spiegel Berliner Handschriften und Inkunabeln. Katalog zur gleichnamigen Ausstellung in der Staatsbibliothek zu Berlin, Preußischer Kulturbesitz, 48. Hg. v. Peter Jörg Becker u. Eef Overgaauw. Mainz 2003, S. 445-458.

Pirker-Aurenhammer, Veronika: Losbücher. In: Alpha & Omega. Geschichten vom Ende und Anfang der Welt. Hg. v. Hans Petschar. Wien/New York 2000, S. 232

Ranke, Kurt: Arsch. In: Enzyklopädie des Märchens, Bd. 1 (1977), Sp. 823-827.

Schilling, Michael: Geschichte von Flugblatt und Flugschrift bis um 1700. In: Medienwissenschaft. Ein Handbuch zur Entwicklung der Medien und Kommunikationsformen. Hg. v. Joachim-Felix Leonhard, et al., 1. Teilband. Berlin/New York 1999, S. 817-820.

Schilling, Michael: Pest und Flugblatt. In: ‚Gotts verhengnis und seine straffe‘. Zur Geschichte der Seuchen in der Frühen Neuzeit. Katalog zur gleichnamigen Ausstellung in der HAB, Nr. 84. Hg. v. d. Herzog August Bibliothek. Konzeption u. Katalog Petra Feuerstein-Herz. Wolfenbüttel 2005, S. 93-99.

Schmidt, Peter: Bildgebrauch und Frömmigkeitspraxis: Bemerkungen zur Benutzung früher Druckgraphik. In: Spiegel der Seligkeit. Privates Bild und Frömmigkeit im Spätmittelalter. Katalog zur Ausstellung im Germanischen Nationalmuseum Nürnberg. Hg. v. G. Ulrich Großmann. Ausstellungskonzept u. Katalog: Frank Matthias Kammel. Nürnberg 2000, S. 69-83.

Schmitt, Anneliese: Wahrsagebücher – Ortenburger Losbuch, Kat-Nr. 171; Losbuch, Kat-Nr. 172. In: Aderlass und Seelentrost. Die Überlieferung deutscher Texte im Spiegel Berliner Handschriften und Inkunabeln. Katalog zur gleichnamigen Ausstellung in der Staatsbibliothek zu Berlin, Preußischer Kulturbesitz, 48. Hg. v. Peter Jörg Becker u. Eef Overgaauw. Mainz 2003, S. 359-363.

Schoch, Rainer: Die Nürnberger Heiltümer. In: Die Anfänge der europäischen Druckgraphik. Holzschnitte des 15. Jahrhunderts und ihr Gebrauch. Hg. v. Peter Parshall u. Rainer Schoch. Nürnberg/GNM 2005, S. 212-214, Objekt 59.

Schulte, Brigitte: Totentanz. In: Reallexikon der deutschen Literaturwissenschaft. Bd. III (2003), S. 657-660.

Sehsucht. Das Panorama als Massenunterhaltung des 19. Jahrhunderts. Hg. v. d. Kunst- u. Ausstellungshalle der Bundesrepublik Deutschland. Red.: Marie-Louise von Plessen u. Ulrich Giersch. Basel/Frankfurt a.M. 1993.

Spiegel der Seligkeit. Privates Bild und Frömmigkeit im Spätmittelalter. Katalog zur Ausstellung „Spiegel der Seligkeit. Sakrale Kunst im Spätmittelalter“ im Germanischen Nationalmuseum, Nürnberg, 31.05.-8.10.2000. Hg. v. G. Ulrich Großmann. Ausstellungskonzept u. Katalog: Frank Matthias Kammel. Nürnberg 2000.

Witthöft, Harald: Fuß – Fußkuss/Fußwaschung. In: Lexikon des Mittelalters, Bd. IV (1989), Sp. 1059 u. 1063-1066.

Wolf, Gerhard: Fels und Wolke. In: Glaube Hoffnung Liebe Tod. Von der Entwicklung religiöser Bildkonzepte. Katalog zur gleichnamigen Ausstellung. Hg. v. Christoph Geissmar-Brandi u. Eleonora Louis. Klagenfurt 1995, S. 454-459.

Verzeichnis der primär besprochenen Flugblätter

Abb. 01, S. 32
„SCHOLA GENTILIUM, Der Heyden Schul vnd Unterweisung"
1627, Nürnberg, Kupferstich/Typendruck, Satzspiegel 53,5/35,4 cm
Herzog August Bibliothek Wolfenbüttel [IE 7]
In: Deutsche illustrierte Flugblätter, Bd. I, S. 26, Abb. 8.

Abb. 02, S. 34
„Geistlicher Eckstein: vnd ewigwärendes Liecht"
1632, (Straßburg), Radierung, Satzspiegel 30,3/25,2 cm
Sammlungen der Hessischen Landes- u. Hochschulbibliothek Darmstadt [Günd. 8045, fol. 54a]
In: Deutsche illustrierte Flugblätter, Bd. IV, S. 255, Abb. 199.

Abb. 03, S. 36
„Die Hauptst[ück christli]cher Religion"
(vor 1573), o.O., Holzschnitt/Typendruck, Fragment: die rechte Hälfte des Blattes fehlt
Zentralbibliothek Zürich, Graphische Sammlung [PAS II 10/9 (aus F 22, 288)]
In: Deutsche illustrierte Flugblätter, Bd. VII, S. 63, Abb. 31.

Abb. 04, S. 38
„MANVALE EXAMINIS CONSCIĒTIÆ Ein klarer spiegel"
1. Drittel 17. Jahrhundert, Köln, Kupferstich/gravierte Verse, Satzspiegel 28,9/20,5 cm
Herzog August Bibliothek Wolfenbüttel [IT 76]
In: Deutsche illustrierte Flugblätter, Bd. III, S. 167, Abb. 86.

Abb. 05, S. 41
„Deß Sterns Kurtze Beschreibung/Welcher den Weisen/"
(1623), Nürnberg, Figurentext, Typendruck, Satzspiegel 35,7/24,5 cm
VG 17 [VD17 75:682937B], Stand Mai 2007.

Abb. 06, S. 42
„Christliche Dancksagung eines Andächtigen/Hertzen"
zwischen 1618 und 1647, Augsburg, Figurengedicht, Typendruck, Satzspiegel 37,4/24,8 cm
Herzog August Bibliothek Wolfenbüttel [68.3 Aug 2°, fol. 4]
In: Deutsche illustrierte Flugblätter, Bd. III, S. 59, Abb. 27.

Abb. 07, S. 57
„Forma seu Vestigia Pedis DNI" [Incipit]
um 1626, (Rom), Kupferstich/gravierter Text, Satzspiegel 28,8/33,7 cm
Germanisches Nationalmuseum Nürnberg [H.B. 24741/1248]
In: Illustrierte Flugblätter des Barock. Hg. v. Wolfgang Harms et al. Tübingen 1983, S. 23, Abb. 10.

Abb. 08, S. 61
„Siehe allhier hastu der du solches anschauest“ [Incipit]
2. Hälfte 17. Jahrhundert, (Nürnberg), Kupferstich/gravierter Text, Satzspiegel 38,2/29,2 cm
Herzog August Bibliothek Wolfenbüttel [IH 619]
In: Deutsche illustrierte Flugblätter, Bd. III, S. 151, Abb. 77.

Abb. 09, S. 66
„Fleuch wa du wilt, des todtes bild“
ca. 1617, (Straßburg), Kupferstich/gravierter Text, Satzspiegel 41,7/30,1 cm
Herzog August Bibliothek Wolfenbüttel [23.2 Aug 2°, fol. 5]
In: Deutsche illustrierte Flugblätter, Bd. III, S. 243, Abb. 125.

Abb. 10, S. 72
„Ach Gott wie ists so baldt gethon“ [Incipit]
2. Viertel 17. Jahrhundert, o.O., Kupferstich/gravierter Text, Satzspiegel 16,8/25,3 cm
Herzog August Bibliothek Wolfenbüttel [IT 91]
In: Deutsche illustrierte Flugblätter, Bd. III, S. 237, Abb. 122.

Abb. 11, S. 75
„Die Länge der Spann Jacob Damman“
1613, o.O., Holzschnitt/Typendruck, Eintrag v. alter Hand, Satzspiegel 28/35 cm
Herzog August Bibliothek Wolfenbüttel [52.1 Aug 2°, Innendeckel]
In: Deutsche illustrierte Flugblätter, Bd. I, S. 475, Abb. 231.

Abb. 12, S. 90
„Omnis Caro Foenvm et Gloria Eivs Sicvt Flos Agri“ [Motto]
1596, Köln, Kupferstich/gravierter Text, Satzspiegel ca. 18/11 cm
bpk / Handschriftenabteilung, Staatsbibliothek zu Berlin – Preußischer Kulturbesitz [YA2840].

Abb. 13, S. 95
„DER WIRT. Heut wird werden“ [Incipit]
Anfang 17. Jahrhundert, o.O., Kupferstich/gravierter Text, Satzspiegel 17,7/22,9 cm
Herzog August Bibliothek Wolfenbüttel [IE 121]
In: Deutsche illustrierte Flugblätter, Bd. I, S. 219, Abb. 100.

Abb. 14, S. 99
„Warhaffte abbildung deß fläckens PLVRS“
1618, Zürich, Radierung (Klappbild)/Typendruck (Bildlegende), Satzspiegel 50,8/39,2 cm
Herzog August Bibliothek Wolfenbüttel [IP 18]
In: Deutsche illustrierte Flugblätter, Bd. I, S. 437, Abb. 212.

Abb. 15, S. 103
„Allomodischer DefensionSpiegel:/Warhafftige Abbildung"
1629, o.O., Kupferstich/Bilder auf drei separaten Platten/Typendruck, gravierte Inschriften, Satzspiegel ca. 40,5/33,5 cm
Herzog August Bibliothek Wolfenbüttel [Einbl. XB FM 27].

Abb. 16, S. 124
„Der Jesuiter/samt ihrer Gesellschafft/Trew vnd Redligkeit"
1632, o.O., Radierung mit 2 Klappbildern/Typendruck, Satzspiegel 33,2/26,1 cm
Herzog August Bibliothek Wolfenbüttel [IH 123]
In: Deutsche illustrierte Flugblätter, Bd. II, S. 517, Abb. 295.

Abb. 17, S. 128
„Kurtze abbiltung vnd verthonung von dem ... kreigh"
(1615), o.O., Radierung mit Klappbild/Typendruck in 4 Spalten, gravierte Inschriften, Satzspiegel 32,4/40,8 cm
Herzog August Bibliothek Wolfenbüttel [IH 41.1]
In: Deutsche illustrierte Flugblätter, Bd. II, S. 178, Abb. 102.

Abb. 18, S. 130
„Anathomia oder abconterfettung eynes Mans leib/"
1539, Straßburg, kolorierter Holzschnitt mit mehreren Klappen/Typendruck, Satzspiegel ca. 28/18 cm
bpk / Handschriftenabteilung, Staatsbibliothek zu Berlin – Preußischer Kulturbesitz [YA249gr].

Abb. 19, S. 131
„Anothomia oder abconterfectung eynes Weybs leib/"
1538, Straßburg, kolorierter Holzschnitt mit mehreren Klappen/Typendruck, Satzspiegel ca. 28/18 cm
In: Andrea Carlino: Paper Bodies. London 1999, S. 119, Abb. Cat. 1ff.

Abb. 20, S. 147
„Römisch Cathol. Wunderseltzames Glückrad/"
1620, o.O., Kupferstich mit Drehscheibe/Typendruck, Satzspiegel ca. 38/20,7 cm (Volvelle Ø ca. 12,5 cm)
Herzog August Bibliothek Wolfenbüttel [HAB, Einbl. XB FM40].

Abb. 21, S. 150
„BAPST GEBOT IST WIDER GOTT"
(1558), (Frankfurt a.M.), Kupferstich/gravierter Text, Satzspiegel Ø 12 cm
Sammlungen der Hessischen Landes- u. Hochschulbibliothek Darmstadt [Hs. 1971, Bd. 19, fol. 81]
In: Deutsche illustrierte Flugblätter, Bd. IV, S. 33, Abb. 18.

Abb. 22, S. 153

„Bleib werthes Augspurg, bleib, auf ...“ [Incipit]

1730, Augsburg, Radierung/gravierter Text, doppelseitig bedrucktes Blatt mit Innen- u. Außenansicht, Satzspiegel 18,3/29,5 cm

Kunstsammlungen der Veste Coburg [o.Sig.]

In: Illustrierte Flugblätter aus den Jahrhunderten der Reformation und der Glaubenskämpfe. Hg. v. Wolfgang, Harms. Coburg 1983, S. 73, Abb. 36 u. 36a.

Abb. 23, S. 157

„Abbildung der fürnembsten Stadt Schlösser vnd Flecken“

1620/21, o.O., Radierung, gravierter Bildtitel

Sammlungen der Hessischen Landes- u. Hochschulbibliothek Darmstadt [K 5015]

In: Deutsche illustrierte Flugblätter, Bd. IV, S. 180, Abb. 133.

Abb. 24, S. 158

„Des Schweden macht und sein gelück“ [Incipit]

(1621), o.O., Kupferstich/gravierte In- und Beischriften, Satzspiegel 20,5/29,5 cm

In: William Coupe: The German Illustrated Broadsheet in the 17th Century. Baden-Baden 1966/1967, Bd. II, Nr. 197b, pl. 67.

Abb. 25, S. 165

„Parallela/Deß grossen vnnd kleinen Brills/“

ca. 1621/22, o.O., Radierung/Kupferstich/Typendruck, Satzspiegel 36,8/28,6 cm

Sammlungen der Hessischen Landes- u. Hochschulbibliothek Darmstadt [Günd. 8045, fol. 20]

In: Deutsche illustrierte Flugblätter, Bd. IV, S. 157, Abb. 113.

Abb. 26, S. 169

„Erclärung Vber den 82. Psalm“

1668, (Darmstadt), Schreibmeisterblatt/Schrift-Bild-Gravur, Satzspiegel 40,8/30,6 cm

Sammlungen der Hessischen Landes- u. Hochschulbibliothek Darmstadt [Günd. 8045, fol. 136]

In: Deutsche illustrierte Flugblätter, Bd. IV, S. 367, Abb. 272.

Abb. 27, S. 174

„MYSTERIUM RATIONIS HUMANÆ ET certa ... via“

nach 1637, (Nürnberg), Kupferstich/Typendruck, gravierte Inschriften, Satzspiegel 38,1/25,5 cm

Herzog August Bibliothek Wolfenbüttel [IT 75]

In: Deutsche illustrierte Flugblätter, Bd. III, S. 191, Abb. 98.

Abb. 28, S. 181

„Spiegel der Vernunft“

ca. 1490, o.O., unkolorierter Reiberdruck/xylographischer Text, Satzspiegel 40,4/29,1 cm

In: Die Frühzeit des Holzschnitts. Hg. v. Dieter Kuhrmann. München 1970, S. 33-34, Nr. 91.

Abb. 29, S. 184
„Ein schöne Newe Fasten Spiegel, darin zu sehen ieden Tag"
zwischen 1613 u. 1672, Köln, Kupferstich/gravierter Text
In: Eva-Maria Bangerter-Schmid: Erbauliche illustrierte Flugblätter aus den Jahren 1570-1670. Frankfurt a.M./Bern/New York 1986, Abb. 20, Nr. 44.

Abb. 30, S. 186
„VANITÆS ET VANITATES"
frühes 17. Jahrhundert, (Köln), Radierung/gravierter Text, Satzspiegel 23,4/26,6 cm
Bayerische Staatsbibliothek München, [Einbl. II,16 i]
In: Illustrierte Flugblätter des Barock. Hg. v. Wolfgang Harms et al. Tübingen 1983, S. 65, Abb. 31.

Abb. 31, S. 188
„Spiegel Menschliches Lebens"
1619, Speyer, Radierung/Kupferstich, gravierter Text, Satzspiegel 37,2/30 cm
Germanisches Nationalmuseum Nürnberg [HB 25047/1336a]
In: Illustrierte Flugblätter des Barock. Hg. v. Wolfgang Harms et al. Tübingen 1983, S. 29, Abb. 13.

Abb. 32, S. 190
„Speculum Hominis"
1668, Darmstadt, Schreibmeisterblatt: gestochen und radiert/gravierter Text, Satzspiegel 39/30,5 cm
Sammlungen der Hessischen Landes- u. Hochschulbibliothek Darmstadt [Günd. 8045, fol. 135]
In: Deutsche illustrierte Flugblätter, Bd. IV, S. 363, Abb. 270.

Abb. 33, S. 193
„Die Stadt und Festung CORON"
1685, o.O., Kupferstich/Typendruck, Satzspiegel 30/40,4 cm
Herzog August Bibliothek Wolfenbüttel [IH 617]
In: Deutsche illustrierte Flugblätter, Bd. II, S. 636, Abb. 380.

Abb. 34, S. 205
„Zu Delft in Hollant 10. Julij 1584"
1584, Köln, Kupferstich/gravierter Text, Satzspiegel ca. 20,4/28 cm
Zentralbibliothek Zürich, Graphische Sammlung [PAS II 21/11 (aus F 32, 234)]
In: Deutsche illustrierte Flugblätter, Bd. VII, S. 301, Abb. 149.

Abb. 35, S. 206
„Abbildung der Vestung Hohendwiel/"

1641, o.O., Radierung/Typendruck, Satzspiegel ca. 36/43,2 cm
Herzog August Bibliothek Wolfenbüttel [IH 570]
In: Deutsche illustrierte Flugblätter, Bd. II, S. 546, Abb. 313.

Abb. 36, S. 208
„Aigentliche Contrafactur der Bruggen vnd Sterckte" [Incipit]
1585, (Köln), Kupferstich/gravierter Text, Satzspiegel ca. 21/28 cm
In: Franz u. Abraham Hogenberg: Geschichtsblätter. Faks.-Ausg. Nördlingen 1983, Blattnummern: 82, 83; S. 270, 271.

Abb. 37, S. 217
„Einnahme von Antwerpen"
1576, Köln, Kupferstiche/gravierter Text, Satzspiegel ca. 21/28 cm
In: Franz u. Abraham Hogenberg: Geschichtsblätter. Faks.-Ausg. Nördlingen 1983, Blattnummern: 6,7,8,9,11; S. 166-171.

Abb. 38, S. 221
„Ware Contrafactur Der Statt Antorff"
(1576), (Köln), Kupferstich/gravierter Text, Satzspiegel ca. 21/28 cm
In: David Kunzle: The Early Comic Strip. Los Angeles/London 1973, S. 55.

Abb. 39, S. 223
„Der jauchtzende Bothe/So den 6. Septembris/Anno 1631. früh"
1632, (Frankfurt a.M.), Radierung/Typendruck, Satzspiegel 31,2/25,7 cm
Herzog August Bibliothek Wolfenbüttel [IH 185]
In: Deutsche illustrierte Flugblätter, Bd. II, S. 489, Abb. 280.

Abb. 40, S. 224
„Der hinckende Bothe/So den 7. Septembris/Anno 1631. Abends"
1632, (Frankfurt a.M.), Radierung/Typendruck, Satzspiegel 34/26 cm
Herzog August Bibliothek Wolfenbüttel [IH 186]
In: Deutsche illustrierte Flugblätter, Bd. II, S. 491, Abb. 281.

Abb. 41, S. 226
„Im ersten angriff der schlacht bei Dreus"
1562, Köln, Kupferstich/gravierter Text
In: Franz u. Abraham Hogenberg: Geschichtsblätter. Faks.-Ausg. Nördlingen 1983 Blattnummern 15-17, S. 34-36.

Abb. 42, S. 229
„Abriß vnd verzeichnus deß orts VDENHEIM und deren gelegenheit"
1618, Köln, Kupferstich/gravierter Text, Satzspiegel ca. 21/28 cm
In: Franz u. Abraham Hogenberg: Geschichtsblätter. Faks.-Ausg. Nördlingen 1983, keine Blattnummer, S. 423.

Danksagung

Vorliegende Studie ist während meiner Mitarbeit im germanistischen Teilprojekt „Die Lesbarkeit der Welt“ (geleitet von Prof. Dr. Horst Wenzel) innerhalb der interdisziplinären Forschergruppe „Bild-Schrift-Zahl“ am Hermann von Helmholtz-Zentrum für Kulturtechnik (HZK) an der Humboldt-Universität zu Berlin entstanden. Mehreren Personen, die mich auf unterschiedliche Weise unterstützt haben, gebührt mein Dank. An erster Stelle stehen meine (ehemaligen) Berliner Kollegen Carsten Morsch, Christina Lechtermann, Moritz Wedell und Christof L. Diedrichs sowie Christoph Gerhardt (Trier), die mir fachlich mehrmals die bessere Richtung wiesen. Für unterschiedliche Hilfestellung stehe ich bei Tatjana Petzer, Peter Haupt, Burkhardt Wolf, Ulrich Schreinert, Matthias Busse und Tom Kühne, Matthew R. Price und vor allem Anke Säbsch in der Schuld: Herzlichen Dank! Der Zusammenarbeit mit Anita Hermannstädter und Claudia Heckel am gemeinschaftlichen Ausstellungsprojekt „Aufgedeckt und rumgedreht – Interaktive Flugblätter der Frühen Neuzeit“ verdanke ich den Willen zum *mâze halten* bei der Auseinandersetzung mit dem Thema. Meinem Betreuer und akademischen Lehrer, Prof. Horst Wenzel, schulde ich für seine stete Förderung und Herausforderung großen Dank, zudem für die Aufnahme der Arbeit in die Reihe *Philologische Studien und Quellen* des Erich Schmidt Verlags und vor allem dafür, mir einleuchtend vor Augen geführt zu haben, inwiefern das Thema dieser Arbeit ‚auf der Hand liegt‘. Herrn Prof. Horst Bredekamp bin ich für die kurzfristige Übernahme des Zweitgutachtens zu Dank verpflichtet. Ohne Verena Haun vom Erich Schmidt Verlag und ihr sorgfältiges wie fachlich und ästhetisch versiertes Lektorat hätte dieses Buch keine Form angenommen – vielen Dank! Frau Dr. Carina Lehnen, ebenfalls vom Erich Schmidt Verlag, danke ich für die nachsichtige Strenge, mit der sie die Arbeit an dem Buch befördert und sein Erscheinen grundsätzlich ermöglicht hat. Meinen Eltern danke ich für ihren handfesten Zuspruch; zu Anna Maria, Stella und Miłosz, Weronika und Anna, und insbesondere zu meiner Schwester sage ich: Wie gut, dass ihr da seid!

Berlin, im September 2008 Jörn Münkner